高中思想政治教学设计丛书

总主编　李晓东

高中思想政治教学设计
逻辑与思维

主　编　王国芳

副主编　何振华　沈毓春　邢方方　马宇婷

课件下载

复旦大學 出版社

内容提要

　　本书是"高中思想政治教学设计丛书"中的一册。"高中思想政治教学设计丛书"（共7册）是依据《普通高中思想政治课程标准（2017年版2020年修订）》，基于教育部统编思想政治教材而编写的高中思想政治教学设计参考用书。

　　本丛书以培养学生的思想政治学科核心素养为目标，对课程标准、教材内容进行解读；遵循"活动型课程""议题式教学"的要求，按照学情分析、教学目标、教学重难点、教学方法、教学流程等要素进行教学设计，为广大思政教师提供教学参考，助力提升课堂教学的效果。

　　本丛书可与"高中思想政治教学资源及拓展丛书"（共7册）配套使用，初中或中职的思想政治教学均可参考。

总　序

2019 年 3 月 18 日,习近平总书记在学校思想政治理论课教师座谈会上明确提出"推动思想政治理论课改革创新,要不断增强思政课的思想性、理论性和亲和力、针对性"的问题,明确提出:"讲好思政课不仅有'术',也有'学',更有'道'······思政课的政治性、思想性、学术性、专业性是紧密联系在一起的,其学术深度广度和学术含金量不亚于任何一门哲学社会科学!"这些论断,为中小学思政课教学的改进提供了根本依据。自 2019 年秋季学期开始,北京、天津、上海、山东、海南、辽宁等地开始使用以学科核心素养培育为指向的思想政治统编新教材,新一轮的中学思政课改革从普通高中的教学改革开始正式进入教学实践。此后,各省陆续开展新课标新教材的教学,思政课教学的"核心素养时代"正式来临。一时间,"学科核心素养""活动型学科课程""议题式教学"风靡大江南北,成为思政课教师关注的热点话题。

与此"热闹场景"不匹配的,就是很多教师只是"人进了新课程",对于素养培育的新课程该怎么教、怎么学等还处于懵懂状态。于是乎,各种各样的"应对招式"也就冒了出来。这样的状态,显然与习近平总书记提出的要求,以及思政课应然的状态,有着不小的差距。正如习近平总书记所说,"课堂教学效果还需要提升,教学研究力度需要加大、思路需要拓展",要落实习近平总书记提出的坚持"八个相统一"的要求,就必须为教师们提供可资借鉴的正确样本和可资利用的教学素材。我们与复旦大学出版社联手组织编写的"高中思想政治教学设计丛书""高中思想政治教学资源及拓展丛书",就是为解决这一问题所进行的尝试。

两个系列各有侧重。"高中思想政治教学设计丛书"(共 7 册)的主要功能是样例示范,由广东、北京、浙江三地的一线优秀教师撰写教学设计,为教师授课作示范。这些设计不能说是完美的,但比较真实地反映了一线教师对于新课程、新教学的理解。三位教研员的把关和点评,既是对课程新理念的理解与诠释,也是体现课改探索的思考与尝试。"高中思想政治教学资源及拓展丛书"(共 7 册)的主要功能是提升,为广大教师在原有教学设计的基础上丰富资源、实现拓展和提升提供思路。为了体现两个系列的阶梯上升,我们专门采取了"同一作者、两个系列"的布局,即由同一位作者就自己所负责的内容同时完成两部分内容的写作。这样,可以更好地体现对相关内容的深入理解,为落实素养培育要求提供可借鉴、可操作的示范文本。

这两个系列丛书是由大中小学德育一体化国家教材建设重点研究基地组织完成的,是基地承担的 2019 年度教材建设研究教育部规划项目"新时代大中小学思政课一体化建设研究"(项目号 2019GH-ZD-ZH-Y-01)的第一批系列丛书。通过这两个系列丛书的组织实施,我们试图在思政课教学的一体化建设方面积累更多经验,探索发展规律,为大中小学思政课在教学实施等方面的发展提供有益的指导和参考。非常感谢陈式华、刘媛、王国芳三位老师的热心组织以及各位老师的辛苦写作,也感谢复旦大学出版社的教育情怀和精心把关,让这两个系列的丛书可以给广大普通高中思政课教师提供实施教学的参照、改进教学的思考。

"征途漫漫,惟有奋斗!"相信会有越来越多的老师加入课程改革的洪流,用智慧和坚毅,为国家未来建设者和接班人的成长提供精神之光。我们愿意与各位老师一起,为实现这一目标而不懈努力。

尽管作者和编者已非常审慎地对待这项任务,本书仍不免存在不完美及错讹之处。对此,我们非常期待各位读者能不吝赐教,以便我们今后改正、完善。在此先行谢过!

李晓东①

2021 年 12 月

---

① 北京师范大学马克思主义学院、大中小学德育一体化国家教材建设重点研究基地副教授,博士生导师,普通高中思想政治课程标准修订组核心成员。

目　录

第三单元　运用辩证思维方法

第四单元　提高创新思维能力

第一单元

树立科学思维观念

第一课
走进思维世界

第一框题　思维的含义与特征

湖州市第一中学　王　丽

本框课件下载

一、理论基础和依据

2016 年,习近平总书记在哲学社会科学工作座谈会上的讲话中指出:"我国广大哲学社会科学工作者要自觉坚持以马克思主义为指导,自觉把中国特色社会主义理论体系贯穿研究和教学全过程,转化为清醒的理论自觉、坚定的政治信念、科学的思维方法。"在开展高中思想政治选择性必修 3"逻辑与思维"的教学中,必须坚持用辩证唯物主义和历史唯物主义的基本观点,以习近平新时代中国特色社会主义思想为指导,引导学生认识科学思维的本质和规律,学习科学思维、提升科学精神素养。科学思维是"符合认识规律、遵循逻辑规则的思维,是能够达到正确认识结果的思维"。反之,那些主观臆想的、不合逻辑的、片面僵化的思维都不是科学思维。科学思维不是与逻辑思维、辩证思维和创新思维相并列的思维形态,而是对实践中遵循逻辑思维要求、运用辩证思维方法、创新性地解决问题的思维方式的统称。

人类特有的理性思维能力是构成认识和改造世界能力的关键性因素。学习科学的思想方法和工作方法,要提高战略思维能力,高瞻远瞩、统揽全局,把握事物发展总体趋势和方向;提高历史思维能力,以史为鉴、知古鉴今,运用历史眼光认识发展规律、把握前进方向、指导现实工作;提高辩证思维能力,承认矛盾、分析矛盾、解决矛盾,抓住关键、找准重点,洞察事物发展规律;提高创新思维能力,破除迷信、超越成规,因时制宜、知难而进,开拓创新;提高底线思维能力,客观地设定最低目标,确定不容逾越的底线,凡事从坏处准备,努力争取最好的结果。

二、课标要求

《普通高中思想政治课程标准(2017 年版 2020 年修订)》内容要求:1.1 描述常见的思维活动,体会思维是人所特有的属性,了解思维的特征。

教学提示[①]:以"什么是思维"为议题,探究思维的含义和特征。可以北京冬奥会开幕式

---

① 本书教学提示为撰稿教师所拟,仅供参考。

为情境,聚焦开幕式节目的内容和形式,探究思维的含义。可结合生活实际,从二十四节气的智慧中把握思维的特征。

三、学情分析

经过高二阶段学习,学生对于"意识""认识""思维"等知识已有一定了解,教师可以在"哲学与文化"课程模块相关内容的基础上进行拓展和延伸,从而更好地讲清楚思维的相关原理。

学生学习"逻辑与思维"课程模块,需要主动思考,尤其在第一课认识思维的过程中。学生初次接触新知识会感到陌生,且对思维没有感性的直观认识,需要通过审视和反思才能感悟思维的奥秘,因此,不宜将教材的内容讲得过于深奥和宽泛。教师需联系生活实际,挖掘学生身边的素材,通过情境的体验、问题的引导、活动的参与等环节驱动学生思维,带领学生走进思维世界的学习。

四、教学目标

(一)核心素养培育目标

1. 科学精神

在交流和解读北京冬奥会开幕式节目等课堂活动中了解思维的基本知识,初步走入思维世界;结合生活实际,感受二十四节气蕴含的智慧,从中正确把握思维的特征,学习科学思维方式,发展科学精神素养。

2. 公共参与

在科学思维的浸染中感悟生活智慧,过有意义的生活,以主人翁的意识和负责任的态度参与社会公共事务,讲好冬奥故事,讲好中国故事。

3. 政治认同

在北京冬奥会等情境素材中,增强民族自信心和自豪感,在听得懂、看得见、说得好的课堂参与中增强文化自信,认知并认同"人类命运共同体"理念。

(二)学科能力目标

1. 学习理解

理解思维的含义,体会思维是人所特有的属性,知道人们认识事物、把握事物规律的重要方式。了解思维的间接性、概括性和能动性特征,知道思维与实践之间的关系,懂得思维在实践中产生,在实践中发展,又反作用于实践。

2. 实践应用

通过评价冬奥会开幕式,实现感性认识上升到理性认识,学会通过现象认识事物本质,理解思维的作用。结合二十四节气的智慧阐述思维的特征。

3. 迁移创新

学会举一反三,避免思维局限,运用科学思维解释生活中的现象,解决日常生活和工作中的问题。

五、教学重难点

1. 教学重点:了解思维的特征

人人都会思维,面对生活和工作中的一些问题时,不同的人会给出不同的解决方法。但不论是哪一种风格的思维,都具有思维的共同特征——间接性、概括性和能动性。对思维特征的提炼是一个从感性认识上升到理性认识的过程,需要学生借助思维对直接感受到的事物的现象、外部联系等感性材料进行概括、整理,形成关于事物本质、内部联系和事物自身规律性的认识。将学生置于具体的情境中,在问题的解决、任务的驱动中探究思维的特征,可以引导他们运用明确概念、恰当判断等思维方法,进行形而下的"器"之层面的训练,同时,涵养以事实为依据、以实践为检验认识的真理性标准的科学精神,进行达到形而上的"道"之层面的提升。

2. 教学难点:把握思维的含义

恩格斯把思维誉为"地球上最美丽的花朵",人的一切创造性活动都与思维能力有关。每个人都有思维,兼有感性认识和理性认识。两者是人们对客观世界的两种不同水平的反映形式,也是认识过程中的两个不同阶段。经过"哲学与文化"模块学习,学生已具备一定的哲学思维能力,对于"思维""意识"有一定了解,但"逻辑与思维"中所说的"思维"是从狭义角度来讲的,指认识的高级阶段,是对事物的本质及其规律的反映。学生对于新模块"思维"含义的理解容易受到固有认识的限制和影响,需要引导其聚焦新知识领域,在走进创新思维、辩证思维等具体科学思维方式的理解中把握思维的含义,为后面科学思维概念的学习和领会奠定基础。理性认识依赖感性认识,感性认识有待于上升到理性认识,高中生对于"思维"概念的把握需要借助具体的感性材料。学生真实感受到思维的奥妙,有助于其对思维的世界产生好奇心和探索欲,逐步练习并获得重要的思维方式。

六、教学方法

1. 情境教学法

思维具有抽象性,理解思维的内容具有一定难度。运用情境教学法,通过情境创设、问题引导、活动参与等,寓抽象的教学内容于具象的情境之中,引导学生在生动具体的场景中学会思考,在分析问题和解决问题的过程中理解思维的原理。

2. 小组合作学习法

在教师引导下,小组合作学习可以让学生深度参与学习过程、深刻把握学习内容。学生在"讨论——综合——展示"的过程中充分发挥自身主体性、主动性,同时也有助于提升自学能力、合作意识、创新精神和实践能力。

七、教学流程

(一)课堂导入

教师:有位老师为了测试他的三个学生哪一个最聪明,就给了他们每人100元,让他们用有限的100元去买东西,想办法装满一个巨大的房间。假如你是其中一位学生,请设计一个方案。

学生1:可以买五颜六色的气球,放满屋子,而且很好看。

学生2:买许多干草,塞满屋子。

学生3:买很多蜡烛,蜡烛小小的火光能把满屋子照得亮堂起来。

教师小结:面对同一个问题,大家给出了不同的解决方法。不同做法,反映的是思维方法的差异。在生活和学习中,人们常常会遇到一些问题,总要"想一想"怎么办。"想"的过程就是思维的过程。思维看上去很神秘,看不见,摸不着,来无影,去无踪,它却实实在在地存在着,并起着非常重要的作用。科学的思维方法是照亮人们前进方向的智慧明灯。

【设计意图】 引导学生在"想""考虑"的活动中切身体会思维,在不同的解决方案中体会思维的差异性,感受到思维的魅力,明白思维科学,解决问题便能事半功倍,进而对于思维产生探索的欲望,为本节课的教学营造氛围,铺垫情感。

(二)新课教学

环节一:分享北京冬奥记忆 揭开思维的面纱

教师:"一起向未来"的北京冬奥会在全世界的瞩目中圆满落幕,开幕式表演惊艳世界,各项赛事精彩纷呈,多国媒体纷纷对此次冬奥会的"绿色味""科技味""文化味"给予了高度评价。如果你在街头遇到了记者采访,你会如何回答以下问题?

(1)本届冬奥会运动员中,你最喜欢谁?请说说理由。

(2)北京冬奥会圆满落幕,有哪些瞬间让你记忆深刻?

(3)假如你是一名北京冬奥会宣传志愿者,你会怎样讲好中国故事?

学生活动:交流分享,模拟答记者问。

学生1:最爱18岁的谷爱凌。她热爱滑雪、刻苦训练、追求卓越,在北京冬奥会做出前人没有做出的动作,为国争光,是青年的榜样。印象最深的瞬间就是她的最后一跳,她没有听妈妈的话,坚持"放大招"超越自己,获得金牌。我会以冬奥会中国运动员赛前和赛场上的拼搏故事为内容,向世界展示一个努力奋进的中国。

学生2:日本花滑选手羽生结弦翩然归来,他的每一个动作、每一场比赛,都是带着全力以赴的心态去比,让人敬佩。我记忆深刻的瞬间是开幕式上用希腊语唱奥林匹克会歌的山里娃,脱贫后的孩子淳朴、自信,用歌声传达成长的力量。我非常喜欢开幕式上的节目,我会以中华优秀传统文化为题材,讲好中国人的文化自信。

学生3:梦想的弧线在二十年后完美收官,用坚持不懈书写青春的徐梦桃让我喜爱。太爱新晋"顶流"冰墩墩、雪容融了,吉祥物的每一次出场给人印象深刻。我会以冬奥会吉祥物为切入点,拉近和世界人民的距离,讲讲它们背后的设计理念、故事等。

教师:大家思考记者提问的过程就是思维的过程。无论学习生活,还是工作活动,都离不开思维。人人都会思维,但不同的人有不同的思维风格,思维具有差异性。因此,对于这一组三个问题,不同的同学给出了不同的答案。只要我们在"想"、在"考虑",就能切身体会到我们在思维。特别是记者的第三个问题,非常考验一个人的思维能力。思路是否清晰、全面、科学,影响着做好宣传中国这件事的效果。

【设计意图】　聚焦本节课的主情境素材北京冬奥会,通过一组冬奥会的记者采访问题引发学生思考,激发学生学习兴趣,驱动学生思维火花。学生在交流分享中体会到面对同样的冬奥会、同样的问题,思考结果却不同,方法效果有高低,进而深度体会思维的价值。

环节二:欣赏冬奥开幕式节目　走进思维的世界

教师:2022年立春之夜,第二十四届冬奥会在北京精彩开幕。五洲四海的老友新朋在世界的东方汇聚一堂,人类社会共同发出"一起向未来"的和音。我们来看一段2分钟的开幕式精彩剪辑。请问你印象最深刻的是哪个节目? 你知道该节目有怎样的寓意?

学生活动:欣赏剪辑,交流分享。

学生1:用二十四节气来进行倒计时让我惊喜,二十四节气与第二十四届冬奥会完美融合,配合着古诗文或谚语、俗语,华夏大地的魅力风光和冰雪健儿的运动场景交相辉映。古老的文化魅力在不经意间散发出来,显示了厚重的文化底蕴和强大的文化自信。

学生2:伴随着《雪花》的音乐声起,500名小学生扮演的"和平鸽"吸引了众人目光,他们身穿传统元素服装随性而快活地摆动着身体,将中国儿童的天真烂漫、活泼可爱表现得淋漓尽致。和平鸽展示环节的一个细节温暖了在场的所有人:一只小鸽子掉队了,另外一只小鸽子从队伍里跑出来,把掉队的小鸽子拉进队伍中。这样的设计更好地诠释了"更团结"的奥林匹克格言。

学生3:主火炬和点火方式一直是开幕式上最受瞩目的部分。点火成为最大的亮点,以"不点火"代替"点燃",以"微火"取代"熊熊的大火",火炬代表了全世界,"微火"践行低碳环保的理念,这一幕成为奥史上的经典瞬间。

教师小结:大家对开幕式节目的评价有感性表达,也有理性分析。广义的思维与意识同义,狭义的思维与理性认识同义。感性认识是人脑对客观事物的现象和外部联系的反映,是认识的初级阶段。"逻辑与思维"中所说的"思维"主要是从狭义角度来讲的,指认识的高级阶段,是对事物的本质及其规律的反映。同学们对节目的形象表达、直观感受属于广义上的思维。对于节目背后的寓意分析是一种理性的认识,能够透过表象看出实质,属于课本定义的思维。

教师:冬奥会开幕式表达了中国人的浪漫,创作团队运用了怎样的思维方式使节目表演赢得全世界"点赞"?

学生活动:自主思考,并回答。

学生4:熊熊燃烧的火炬是奥运精神的象征,冬奥会火炬在鸟巢点燃,以一种从未有过的方式,张艺谋主创团队以"星星之火,可以燎原"的"微火"火炬取代"大火",是一种创新思维的运用,彰显了中国人发自内心的自信。

学生5：倒计时常常选用的是从60开始或者是从30开始或者从10开始,我们从24开始数,从二十四节气开始倒计时,向全世界讲中国的传统文化,很有创意,体现了创新思维。

学生6：开幕式"掉队的小鸽子"温暖人心。其实,这温馨的一幕来自一位小学生排练中的一次真实掉队。表演中10岁的徐书元掉队了,找不到应该站到哪儿,团队的一位小姐姐跑出来把她拉到正确的位置上。这个插曲被张艺谋导演以及和平鸽环节分场导演看到后,他们把这个细节创造性地加入整个表演中,诠释了奥林匹克精神新增的"更团结"的格言。这是对原节目的创新。

教师点拨：创新思维是一种重要的思维方式,指以新颖独创的方法解决问题的思维过程。通过这种思维能突破常规思维的局限,以超常规甚至反常规的方法、视角去思考问题,提出与众不同的解决方案,从而产生新颖的、独到的、有意义的思维成果。以张艺谋为总导演的创作团队,正是正确运用了创新思维,给世界呈现了一场凝聚中国特色,富有历史感和时代感的精彩开幕式。

创新思维、战略思维、历史思维、辩证思维、法治思维、底线思维这"六大思维"是对人类理性认识方式的高度概括,是人们认识事物本质、把握事物规律的一种重要的思维方式。党的十八大以来,习近平总书记多次强调各级领导干部要努力学习掌握科学的思维方法,防止出现"新办法不会用,老办法不管用,硬办法不敢用,软办法不顶用"的情况,以科学的思维方法保证各项改革顺利推进。这六种重要的思维方式是具有指导性和针对性的科学的思想方法和工作方法,引导人们能够掌握科学的思想方法和工作方法,推动实践走向成功。

【设计意图】"很美很中国"的北京冬奥会开幕式惊艳了世界,给全世界展示了中华文化的博大精深,也充分展示了中国的文化自信。以此为情境引发学生热议,激发民族自信心,在感受分享、发现寓意、精彩评析的活动中积极思考,全面认识节目的内容形式等,实现从感性认识到理性认识,从而理解思维的含义,把握"创新思维"等重要思维方式。

环节三:感悟二十四节气智慧　把握思维的奥妙

教师：(播放北京冬奥会开幕式倒计时短视频)盛典以二十四节气为序曲,以美轮美奂的视觉设计呈现,从"雨水"开始,一路倒数,最终行至"立春"。

学生活动：欣赏生动、直观、形象的图文画面,品味著名的诗词或谚语,感受中国独有的浪漫。

材料一　《二十四节气歌》

春雨惊春清谷天,

夏满芒夏暑相连;

秋处露秋寒霜降,

冬雪雪冬小大寒。

材料二　雨水,草木萌动;霜降,草木黄落;立秋,凉风至……先人观察太阳周年运动,发明节气,总结出一年中时令、气候、物候等方面的变化规律,把自然界的变化、动植物呈现的状态以及我们人体内部功能的状态和变化都反映出来。二十四节气作为中国人祖辈发明的时间制度,是中国农业文明的智慧结晶,一直指导着春耕、夏耘、秋收、冬藏的农事活动。

教师：请同学们阅读材料,结合生活实际,以前后四人为讨论小组,从二十四节气的思想智慧中探究思维的特征。

学生活动：小组合作，集中团队智慧。

小组1：春回大地，大自然生机勃发，人们感受到风和日暖，万物开始复苏，在这段时间里定立一年中第一个节气"立春"，标志着万物闭藏的冬季已过。通过观察自然界的变化、动植物呈现的状态等，总结出一年中时令、气候等的变化规律，反映事物内在的、共同的、本质的属性。人们通过观察太阳的运行、认知外在事物的变化规律，概括形成二十四节气，说明思维具有概括性。

教师点拨：思维的概括性使人们能够从多种事物及其各种各样的属性中，舍去表面的、非本质的属性，抓住内在的、共同的、本质的属性，把握事物的共同本质。比如：面对五颜六色的苹果、柑橘、香蕉、菠萝，统称它们"水果"，甚至称之为"植物的果实"；面对千姿百态的大雁、海燕、仙鹤、天鹅，统称它们"飞禽"，甚至"鸟纲"，就是思维概括性的体现。

小组2：人们根据已有的节气知识，推断出该节气后气温、降水、湿度等变化，实现对未知事物的认识和判断，如"寒露"节气后，人们即便不出门直接感知天气，也能推断出时有冷空气南下，昼夜温差较大，伴有明显秋燥，体现了思维具有间接性。

教师点拨：因为思维具有间接性，能够凭借获得的感性材料、已有的经验和知识，透过事物的现象，揭示其本质和规律，实现对未知事物的认识。思维的间接性能够摆脱个体感知觉的限制，摆脱时间以及空间上的限制，通过一些与某个事物相联系的外部现象去认识这个事物。例如，人们可以通过一些动物的反常现象预报地震，医生能够根据病人的一些化验报告、血压和体温来推断病人的病情。

小组3：二十四节气来源于生活，又用于生活。"清明忙种粟，谷雨种大田"。农民依据节气安排生产劳动，人们根据节气安排衣食住行，二十四节气深刻影响着人们的思维方式和行为准则，这说明思维具有能动性，在实践中产生，并反作用于实践，对实践具有指导作用。

教师点拨：思维具有能动性，二十四节气不仅对农业生产有指导作用，还影响着人们的衣食住行。特别提醒，正确的思维能如实地反映认识对象，错误的思维歪曲地反映认识对象。

小组4：面对同一节气，不同的群体关注点却很不同。比如，到了芒种节气，地理专家说："气温升高，降水多，空气湿度增加。"中医专家说："芒种时天气开始炎热，是消耗体力较多的时节，要注意补充水分，多喝水。"农学家说："农事耕种以芒种节气为界，过此之后种植成活率就越来越低，需要抓紧时间播种。"这说明思维带有一定的差异性。

教师小结：所谓"一千个观众就有一千个哈姆雷特"，不同人对于节气的态度和想法是不一样的，这体现了人人都会思维，不同的人有不同的思维风格，但无论哪一种风格的思维，都包含着思维的共同特征——间接性、概括性和能动性。

教师：给大家讲个小故事：东汉时候，王戎和几个小朋友到野外玩耍。看到路边有棵李子树，树上结满了李子，小朋友们纷纷跑上去摘李子，王戎却站在一边不动。小朋友们就问他为什么不摘李子吃，王戎说："李子树长在路边，结满了李子，却没人吃，说明李子是苦的。"小朋友们一尝，果然是苦的。王戎没有直接品尝就对事物的属性作出了正确的判断，体现了思维的哪个特征？

学生：体现了思维的间接性。王戎没有直接品尝，没有直接通过感觉器官，而是通过其他媒介,即看到路边的李子树结满了李子,却没人吃的现象来认识客观事物。

教师点拨:思维的间接性和概括性这两大特点并不是孤立存在的,二者是相互联系的。思维间接性的体现是以概括性为前提的,就好比医生能够根据病人的化验报告、血压等作出诊断,是因为医生已经有了相关疾病的一些具体表现的知识经验并加以概括,从而把握了因果关系,才能通过这些间接手段了解病情。

【设计意图】 二十四节气是中国人传统的生存智慧与生命哲学,本环节在组织学生欣赏节目、感悟生活、阅读材料后,引导学生从不同角度感受二十四节气的智慧,以此为典型案例分析与理解思维的共同特征,也在潜移默化中激发学生的文化自信。同时,通过穿插小例子、小故事的讲解帮助学生更清晰、更深刻地把握思维特征的区别和联系。

(三)课堂总结

人类的视野常常受到"三重雾霾"的遮拦,唯寻求三大指引:理性、科学和逻辑,可得寸进。解决生活之问的方法、北京冬奥会的精彩展示、二十四节气的中国智慧、习近平新时代中国特色社会主义思想中蕴含的六大思维,都是科学思维的反映。让我们保持对思维的好奇,不断探索思维的奥秘,揭开思维的层层面纱。

【设计意图】 情感升华,回顾本节课的收获,再次强调思维的价值,激发学生在课后对思维深入学习和深度体验的兴趣。

八、板书设计

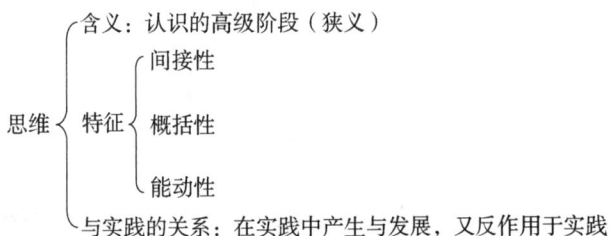

九、教学反思

1. **积累情境素材,构建教学共同体。** 思维的概念等知识本身具有抽象性,学生的抽象思维能力还未成熟,对于新模块原理的学习会有一定压力。为此,第一节课教学主要采用情境教学法,创设有趣味、有生活味、有深度的情境,让学生由境生情,激发情感体验,主动思考。苏格拉底说,"教育不是灌输,而是点燃火焰"。如何创设一个能够激发、推动学生认知活动、情感活动以及实践活动的情境,是教师运用情境式教学面临着的严峻的问题。教师要有敏锐的学科视角,增加"隐性专业思维时间",对生活中的事件、热点、新闻等能够"捕风捉影",运用于教学中。

2. **优选情境素材,构建生本课堂。** 环节一"记者三问"引发学生思考,在交流分享中培养学生发散性思维和创新能力，未学"思维"已用"思维"，真切感受到思维源于生活。环节二冬奥节目欣赏，学生在具体生动的节目中探寻思维的成果，从浅层的观感分享到深层的理念揭秘，在"真情境"中感悟思维的意义。二十四节气是中国古人思维的智慧，至今指导人们的衣食住行，以此为情境驱动学生思维，点燃学生的文化自信。

十、专家点评[①]

1. **学为中心，提升教学温度。**思政课应该是有温度的。王老师这节课的教学设计，贯彻学为中心的理念，尊重学生的认知基础，结合学生的生活经验，寻找学习的切入点，优化活动设计，搭建学生思考、交流、展示的平台，让学生在交流中碰撞思维，在表达中学习思维，在活动中优化思维，始终将学生置于课堂的中心，是一堂有温度的思政课。

2. **联系实际，提高教学热度。**思政课也应该是有热度的，思政课的热度来自现实生活的热度。王老师本节课的教学，坚持理论联系实际，以北京冬奥会为主题情境，通过分享冬奥会的记忆、欣赏开幕式的精彩、感悟二十四节气的智慧，将学科学习融于现实生活、热点话题之中，很好地实现思政小课堂与社会大课堂的结合，彰显了思政课的时代感、生命力。

第二框题　思维形态及其特征

湖州市第一中学　王　丽

本框课件下载

一、理论基础和依据

思维形态一般是指思维形式，即思维借以实现的形式。概念、判断、推理、证明是不同的思维形式，具有不同结构的判断形式、推理形式、证明形式，也是不同的思维形式。在具体思维中，思维形式和思维内容总是结合在一起的，既不存在没有思维形式的思维内容，也不存在没有思维内容的思维形式。但是思维形式对于思维内容具有相对的独立性，所以逻辑学可以把思维形式抽出来作为自己的研究对象。

形象思维、抽象思维、灵感思维是三种普遍的思维形态。解决一个问题，做一项工作或某个思维过程，至少是两种思维并用。两种，就是抽象思维和形象思维；所谓三种，就加上灵感思维。抽象思维是运用概念、判断、推理等来反映现实的思维过程，亦称逻辑思维。抽象思维具有抽象性和逻辑性，撇开事物的具体形象而提取其本质，是合理展开、科学抽取事物本质的过程。形象思维是借助于具体形象来展开的思维过程，亦称直感思维。由于艺术家、文学家在进行创造活动时较多地运用形象思维，所以也有人称之为艺术思维。形象思维有以下三个特征：以事物的具体形象为基础；从客观世界获取材料并且运用想象；形象思维不

---

① 本书的"专家点评"均由浙江省教育厅教研室王国芳撰写。

像抽象思维中的归纳和演绎那样直接,它的过程可能比较复杂。灵感思维又称为顿悟,是借助直觉启示,快速迸发领悟或理解的思维形式。

从思维的方向上,可将思维分为聚合思维和发散思维两种形态。聚合思维,又称求同思维,是指从不同来源、不同材料、不同方向探求一个正确答案的思维过程和方法。发散思维是根据已有的某一点信息,然后运用已知的知识、经验,通过推测、想象,沿着不同的方向去思考,重组记忆中的信息和眼前的信息,产生新的信息。它可分为流畅性、变通性、独创性三个层次。

从思维对认识对象的思考角度上,可将思维分为分析思维和综合思维两种形态。分析思维用于把握事物的基本结构、属性和特征,就是把客观事物分解为各个部分分别加以研究。分析思维方式有定性分析、定量分析、结构分析、功能分析、信息分析、模式分析以及流程分析等。综合思维是把对事物各个部分、侧面或属性等统一为整体的思维方式,旨在从整体上把握事物的本质和规律。综合是按事物的内在联系把事物整体在思维中再现出来。分析和综合是辩证的统一的,两者既互相区别,又互相依存。一方面,分析是综合的基础,没有分析,思维就不能具体深入,不能把握事物的各个部分、侧面和属性的具体规定性,当然无从综合;另一方面,分析也离不开综合,分析总是要以某种综合的成果为指导进行的,并且以综合为目的。没有综合,思维的信息材料是零碎、片断的,不能统一为整体,也难以对各个部分、侧面和属性有确切的了解。

二、课标要求

《普通高中思想政治课程标准(2017 年版 2020 年修订)》内容要求:1.1 了解思维的基本形态;1.2 区分抽象思维和形象思维。

教学提示:以"思维的形态及特征"为议题,探究思维的两种基本形态。可在班级设计思维训练活动,精选能启发思维的故事,引导学生探究不同思维形态的差异;可联系数学、文学等学科中形象思维和抽象思维的运用,引导学生探究二者的区别和联系。

三、学情分析

高中生认知水平在不断发展中,看问题处于感性认识向理性认识发展阶段,形象思维比较强,抽象思维在逐步发展。大部分高中生处于具体形象思维向抽象逻辑思维的过渡时期,他们的抽象逻辑思维极大程度需要感性经验的支持。教师在教学中可结合身边具体事例,利用贴近学生思想、生活、经验的素材,运用创设情境、活动设计、故事启思等方式锻炼和培养学生的思维能力。抽象思维能力作为综合素质的重要内容,对学生发展有重要作用。教师在教学过程中需重视多样化教学手段、教学方式的应用,对培养高中生抽象思维能力的重要性有清晰认知,并结合学生身心发展特点,制订培养学生抽象思维能力的教学策略,推动高中生思想政治学科核心素养的不断提升。

四、教学目标

（一）核心素养培育目标

1. 科学精神

通过参与小游戏、故事阅读分享等课堂活动，正确认识不同的思维形态；在解读不同人的思维中区分抽象思维和形象思维。练习用辩证思维认识和分析事物，意识到思维对改造世界具有重要的反作用，能够主动锻炼和培养正确的思维方式。

2. 公共参与

通过活动体验，认识到人的思维方式对认识世界和改造世界有重要的影响，学会用分析思维等看待社会现象，尝试用辩证思维等为社会治理建言献策，随着思维能力的提升，增强参与公共事务的素养和能力。

（二）学科能力目标

1. 学习理解

了解思维的基本形态，把握区分不同思维形态的依据。理解抽象思维与形象思维的含义，认识抽象思维与形象思维各自的功用，把握二者之间相辅相成的关系。

2. 实践应用

在积极参与课堂互动游戏中训练思维，在故事中获得启发，感悟辩证思维的价值，对比不同人的思维表达，综合归纳抽象思维和形象思维的关系。

3. 迁移创新

领会不同思维形态的特征，在生活和学习中合理运用不同的思维去发现问题和解决问题。

五、教学重难点

1. 教学重点：把握抽象思维和形象思维的特征

根据思维运用的基本单元的不同，可以将思维分为形象思维和抽象思维两种基本形态，两者有自身的特殊性。前者伴随着形象，灌注着情感，充满着想象力，是富于个性的思维方式；后者则是人们在认识过程中借助概念、判断、推理，揭示事物的本质和规律。高中生在学习和生活中会自觉或不自觉地运用这两种思维，但对于各自的特殊性缺乏认知。把握两种思维的特征，从概念、基本特征、主要表现等方面对思维的两种基本形态进行全面区分，有助于学生学会用辩证思维分析和把握事物，在实际生活中有意识地发展和培养自身的抽象思维能力。

2. 教学难点：理解抽象思维和形象思维的关系

抽象思维和形象思维各有其独特的功能。教材中重点对两种基本思维形态进行了区分。在实际思维活动中，两者是相对的，是对立统一、相辅相成的关系。学生初学两种思维，容易忽视两者的联系，误以为进行某项活动只运用了一种思维，如认为"科学家用抽象思维来思考，艺术家则用形象思维来思考"。教师需要在解读这两种思维的区别后，结合具体实例,引导学生理解抽象思维和形象思维是意识的整体性活动,两种思维在不同性质的工作中都得到运用,只不过各有侧重。理解两种思维形态的关系也是具体运用辩证思维的过程,考验学生的思维水平。

六、教学方法

1. 体验教学法

参与和体验是活动型课堂不可或缺的重要方式。根据教学要求和学生获取知识的过程,为学生创设"畅谈我和我的班级""分享故事启发"等活动,丰富学生情感、促进思维成长,使课堂教学由"被动灌输式"向学生"主动参与式"转变。

2. 情境教学法

思维具有抽象性,理解抽象思维和形象思维的关系具有一定难度。运用情境教学法,寓抽象的教学内容于具体、形象的情境之中,学生在融入情境、辨析观点、参与活动后,对思维知识的把握从感性认识上升为理性认识。

3. 小组合作法

针对教学难点,设计"不同人的思维解读"和"观点评析"等任务,开展小组合作探究与分享,激发学生学习兴趣,将被动接受的"学"转为主动自觉的"学"。同时,小组讨论可以活跃课堂氛围,彰显集体的智慧,提升学生学习的获得感。

七、教学流程

(一)课堂导入

教师:班级是大家在学校的家,是我们最熟悉的集体。如果用一段文字介绍你的班级,你会写些什么呢? 请大家来看两位同学写的文字,比较两段文字在思维表达上的差异。

材料一 小贾与小弈的班级介绍

学生小贾:非学无以成才,非志无以成学。高二(1)班由 43 名同学组成。全班同学思想积极,进取向上,积极参加各类文体活动、社会实践活动,宿舍团结友爱,师生关系融洽,在高一学年中取得了优异的成绩。

学生小弈:逐梦路上,有你有我。43 个精彩而又跃动的音符飘到了美丽的生态城市,在弥漫着书香与人文气息的校园天空中汇聚在一起,谱写出了一曲积极向上又昂扬奋进的青春之歌。我们是前进路上最靓丽的风景线,是生活油画上那抹最鲜明的色彩。

学生活动:分享交流读后感。

学生 1:小贾的班级介绍很直白、朴实,小弈的文字很文艺,有画面感。

学生 2:第一段文字用"积极""向上""融洽"等词汇概括了班级的特色,第二段把班级个体比喻成音符、风景、色彩,文字形象生动。

学生 3:两段文字表达的主题都是班级风貌,小弈是用形象思维的语言表达,把班级想象为音符,而小贾主要用"融洽""积极"等概念介绍班级,用的是抽象思维的语言。

教师小结:三位同学都找到了两段文字的不同,相同的主题却运用了不同方式来表达。我们把目光聚焦文字背后反映的思维形态,可发现两段文字的差异体现了抽象思维和形象思维的差异。小贾运用的是以概念为思维的基本单元表达思想的抽象思维,小弈运用的是以感性形象为思维的基本单元表达思想的形象思维。

【设计意图】 学生通过比较发现相同主题的两段班级介绍在思维表达上的差异,初步直观感受和对比形象思维和抽象思维,在感悟两段材料差异的基础上,认识到思维方法的区别,为课堂第一环节的参与和学习思维形态的内容作铺垫。

(二)新课教学

环节一:畅谈我和我的班级

教师:请一个同学上台,在心里想一个班级同学,台下的同学通过用"是不是……"的句式提问,来猜人物。

学生活动:参与游戏"提问猜人名",并思考玩这个游戏的秘诀是什么。小李同学上台确定一个人名,其他同学提问。

学生1:是不是男生?

小李:不是。

学生2:是不是戴眼镜的?

小李:是。

学生3:是不是热情外向的?

小李:是。

学生4:是不是学科课代表?

小李:是。

学生5:是不是身高很高的?

小李:不是。

学生6:是不是爱笑的?

小李:是。

学生7:是不是地理课代表?

小李:是。

教师:我们换一个玩法,先说一个同学的名字,请大家说说对这位同学的认识。

学生活动:参与活动"说人名畅谈",并思考该活动与上个活动有何区别。小王同学上台确定一个人物,其他同学从外貌性格、优点缺点、兴趣特长、学习表现、校外表现等不同角度对该同学进行描述。

小王:我们的班长。

学生1:热情开朗,乐于助人。

学生2:爱好运动,工作负责,喜欢讲笑话。

学生3:成绩优异,特别是数学天赋突出。

学生4:有爱心,热心参与校内校外志愿服务活动。

教师:请大家对比两个活动,想一想这两个活动有什么差别。

学生活动:交流分享。

学生1:第一个活动通过提问一步步缩小范围,不断聚焦目标任务,范围足够小,猜出的可能性越大。第二个活动,没有固定标准答案,大家可以畅所欲言,从多角度评价人物。

学生2:"提问猜人名"游戏是在班级范围内,将提问得到的信息进行综合,一步一步思考,最终确定答案。"说人名畅谈"活动中,一个问题有多个解答,信息来源可以多样化。

教师小结:两位同学掌握了游戏的精髓。第一个活动,用提问不断缩小范围,综合考虑信息,最终确定唯一答案,是一种聚合思维。第二个活动,大家从多个角度去表达了对该同学的认识和评价,没有固定答案,正如"条条道路通罗马",体现了一种发散思维。从思维的方向看,有向不同方向扩散的发散思维和向同一方向收敛的聚合思维。

教师:每个人都期待在好的班级中学习,在良好的班风中成长。假如你是一个班级的班主任,你会如何管理班级呢?

学生活动:角色体验,思考和分享班级的管理方法。

学生1:班主任是管理班级的核心力量,需要进行顶层设计,也要联合其他学科老师、家长一起管理。同时,学生是班级的主体,需重视学生的自主管理。

学生2:班级管理以学风建设为抓手,重日常、抓落实,建设优良学风班风。通过将日常督查和特色活动相结合,将学风建设落到实处。

学生3:我想到一个完整的工作方法——班级管理"四部曲":约之以规、动之以情、晓之以理、导之以行。

教师小结:有同学把班级看作一个由家校生(家长、教师、学生)有机结合的学习成长系统,提出班级建设需要三方共同努力,从整体对班级进行顶层设计,运用的是综合思维。班级建设的建议中,有同学重视学习氛围和考试成绩,有同学关注环境卫生和文化氛围,也有同学强调活动开展和行为规范,大家关注的是管理班级的不同具体层面,体现的是分析思维。从思维对象的思考角度看,有整体地认识对象的综合思维和分别地认识对象的分析思维。综合思维强调整体和归纳,如我们熟悉的中医,将人体看作一个整体,运用身体脏器之间的依存和制约关系,从全局着眼。而建立在人体解剖学基础上的西医,则更多注重分析思维,强调部分和个体,把人体的生理结构分为几大系统,从而解释病理现象。

【设计意图】 结合学习内容,以"我和我的班级"为生活化情境,开展"提问猜人名""说人名畅谈"的活动,活跃课堂气氛,让学生深刻体会聚合思维和发散思维的不同。以"如何管理班级"引发学生情感共鸣,引导学生在不同管理方案的对比中把握综合思维和分析思维的区别。创设生活化的活动情境,设置问题,让学生在课堂上进行充分讨论,让核心素养之花在活动型课堂中绽放。

环节二:分享故事里的启示

材料二 一位老婆婆去找大师说:"我每天都很忧愁,大师能否帮帮我?"大师问是为何。老婆婆说:"我有两个女儿,大女儿嫁给卖伞的,小女儿嫁给卖帽子的。如果是晴天,我就担心大女儿家没生意。如果是雨天,我就担心小女儿家没生意。因此,每一天都很忧愁。"大师笑笑:"你应该每天都开心呀。如果是晴天,小女儿家生意好。如果是雨天,大女儿家生意好。这样来看,天天是好天。"

　　材料三　有一位秀才进京赶考,做了两个梦。一是梦见墙上种白菜;二是梦见自己戴斗笠又打伞。于是秀才请算命先生解梦。算命先生说:"墙上种白菜是白费劲;又戴斗笠又打伞是多此一举。"秀才很失望,准备回家放弃赶考,收拾行李退店。恰巧店老板也会解梦,说:"墙上种白菜是高中(种);梦见又戴斗笠又打伞是有备无患。"听店老板一解,秀才精神倍增,继续进京赶考。后来,秀才获得了第三名。

　　教师:请同学们阅读材料,思考材料二中老婆婆和大师、材料三中算命先生和店老板的思维有何不同,谈谈从两个故事中收获的启示。

　　学生活动:分享故事启示。

　　学生1:马克思主义哲学告诉我们,任何事物都包含着既对立又统一的两个方面,我们应学会用一分为二的观点看问题。在生活中看待事物时,不能只看到一面。材料中的老婆婆和算命先生只是片面地关注事物消极的一面,而大师和店老板能用辩证的眼光审视事件。

　　学生2:材料二中老婆婆用孤立、静止、片面的观点看待事物和思考问题,属于形而上学思维。大师能够一分为二看待天气,用联系、发展、全面的观点看待事物和思考问题,属于辩证思维。材料三中算命先生用消极的心态考虑不好的一面,店老板以积极的心态关注事物好的一面,积极的心态能把坏的事情变好,消极的心态能把好的事情变坏。

　　教师小结:两位同学能联系必修4"哲学与文化"的知识点,精准看到了辩证思维和形而上学思维的差异。"塞翁失马,焉知非福"启示我们任何事物都包含着既对立又统一的两个方面,应学会用辩证思维看待事物。辩证思维正是上一框题中提到的重要科学思维方式之一,是具有指导性和针对性的科学的思想方法和工作方法。我们熟知的《盲人摸象》故事的主人公把部分当成整体,《刻舟求剑》故事的主人公静止地看问题,都是形而上学思维,应该反对。

　　【设计意图】　故事是开展思政教学的有效载体。通过精选两个生动具体、诠释哲理内涵的小故事创设学习情境,引发学生的有意体验和关注,启发学生思考,提升科学素养,从而提高教学的有效性和针对性。

环节三:解读不同人的思维

　　材料四　有一道数学题,题目是一个笼子里装了鸡和兔子,从上面数,可以数到10个头,从下面数,可以数到34只脚。请问,笼子里有多少只鸡? 多少只兔子? 来看一位低年级小学生的解题思路和过程:想象一下,所有的小兔子突然都抬起前脚、站起来了,从下面数,就能数到20只脚。从原来数到的34只脚变成20只脚,少了14只脚,那应是兔子抬起来的前脚,所以兔子有7只,鸡有3只。

　　教师:作为高中生的你会如何解这道题?

　　学生活动:展示解题方法。

　　学生1:我们要从每只鸡有2条腿、每只兔子有4条腿这个差上面入手,每只兔子比鸡多出2条腿,算出来的总的差14除以个体的差2就是兔子的只数。兔子的只数有了,有几只鸡就自然知道了。

　　学生2:用方程式解答,假设鸡有 x 只,兔子有 y 只。

列出式子:$\begin{cases} 2x+4y=34 \\ x+y=10 \end{cases}$

算出 x 是 3，y 是 7。

教师:请对比小学生和高中生的解法,思考小学生和高中生分别运用的是何种思维。

学生活动:对小学生和高中生不同解题过程背后所体现的思维形态差异进行分享交流。

学生3:小学生凭借想象兔子"站起来"找出答案,以感性形象作为思维运行的基本单元,运用的是形象思维。高中生或从差入手,推算出一个组的个数,得出另外一组的个数,或用方程式推理计算,以概念为基本单元进行思维,运用的是抽象思维。

教师小结:说得很对,根据思维运行的基本单元的不同,我们将思维分为抽象思维和形象思维,这是思维的两种基本形态。

材料五 草地上有2只羊,在艺术家、生物学家、物理学家、数学家眼中有不同的理解,下面是他们的描述。

艺术家:"蓝天、碧水、绿草、白羊,美哉自然。"

生物学家:"雄雌一对,生生不息。"

物理学家:"大羊静卧,没有位移;小羊漫步,在做机械运动。"

数学家:"1+1=2。"

文学家:"天苍苍,野茫茫。风吹草低见牛羊。"

教师:结合材料,小组讨论,这些人的思维分别属于哪种基本形态? 理由是什么?

学生活动:小组讨论,交流分享。

小组1:艺术家和文学家借助具体的事物描绘具有自然美的画面,运用的是形象思维;生物学家关注生命,物理学家关注运动与静止,数学家从色彩、性别、状态中抽象出数量关系:1+1=2,这些属于思维抽象性的体现,运用的是抽象思维。

小组2:我们的归类和第1小组一样。艺术家、文学家的思维是形象思维。形象思维是在感觉、知觉和表象的基础上,运用联想、想象和幻想等反映认识对象,触及事物的本质和规律。文学与绘画是形象思维的典型表现。生物学家、物理学家、数学家的思维为抽象思维。抽象思维以概念、判断和推理等反映认识对象,揭示事物的本质和规律。

教师小结:在此情境中,两组都有效区分了思维的两种基本形态。抽象思维是人的思维抽象和概括了事物的共同属性,通过语词将其巩固下来,形成概念。抽象思维以概念作为思维的基本单元,其主要特征是基本单元的概念性、运行方式的指导性、思维表达的严谨性。形象思维是人的思维抽象和概括了事物的形象特征,并以感性形象作为思维的基本单元,其主要特征是基本单元的形象性、运行方式的想象性、思维表达的情感性。

教师:有人提出"科学家用抽象思维来思考,而艺术家则用形象思维来思考",该如何评价这一观点?

学生活动:小组继续讨论、辨析。

小组1:该观点是片面的。抽象思维与形象思维的区分是相对的,不是绝对的。形象思维并不仅仅属于艺术家,它也是科学家进行科学发现和创造的一种重要的思维形态。没有抽象思维的运用,艺术工作就不能聚焦,就无法通过某个主题表达其思想和情感。同样,科学研究工作也无法抛弃形象思维,很多重大科学发现和发明都离不开形象思维的作用。

小组2:观点不科学。抽象思维与形象思维虽然各有功能和作用,但又是相辅相成的。

无论是形象思维,还是抽象思维,都来源于实践。形象思维是抽象思维的基础,抽象思维依赖于形象思维,形象思维有待于上升到抽象思维。例如,艺术家用诗词表达时,一般以形象思维为主,也会运用抽象思维。"羌笛何须怨杨柳,春风不度玉门关""独怜幽草涧边生,上有黄鹂深树鸣""月落乌啼霜满天,江枫渔火对愁眠",这些诗虽然以借助意象表达情感为主,但也用"愁""怨""怜"等感情词进行抽象表达,形象思维和抽象思维兼有。

教师小结:两个小组说得都很有道理。形象思维不仅属于艺术家,同时也属于科学家,艺术家也有抽象思维。因此,我们只能说,不同性质的工作在形象思维和抽象思维的运用方面各自有所侧重而已,就如科学家爱因斯坦曾经这样描述他的思维过程:"我思考问题时,不是用语言进行思考,而是用活动的跳跃的形象进行思考,当这种思考完成以后,我要花很大力气把它们转换成语言。"

【设计意图】 融汇多学科,讲好思政课。抽象性是数学的基本特点之一,学生用不同方法解决"鸡兔同笼"的数学题,体会形象思维和抽象思维运行的方式。通过对不同专家的描述进行思维形态分类的活动,引导学生将生活和原理结合起来,分小组充分讨论材料。教师点拨小结等方式紧扣主旨,讲清原理,帮助学生由浅入深理解两种思维形态的区别和联系,从而促进科学思维的训练和养成。

(三)课堂总结

诺贝尔物理学奖获得者李政道教授说:"科学和艺术是不可分的,两者都在寻求真理的普遍性。普遍性一定植根于自然,而对自然的探索则是人类创造性的最崇高的表现。事实上如一个硬币的两面,科学和艺术源于人类活动最高尚的部分,都追求着深刻性、普遍性、永恒和富有意义。"老子曰:"万物负阴而抱阳,冲气以为和。"希望我们不断追求形象思维和抽象思维的智慧,让生活更美好。

【设计意图】 引用名家名言引导学生深刻感悟形象思维和抽象思维的价值和魅力,激发学生对两种思维基本形态的深刻感悟和理解。

八、板书设计

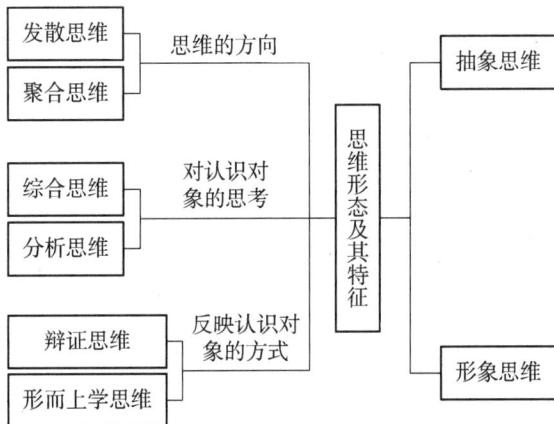

九、教学反思

1. **丰富活动形式,增加学生学习活力。**环节一的游戏活动点燃了学生的学习热情,学生在笑声中完成猜人物和说人物活动,在真实体验后区分发散思维和聚合思维。环节二的哲理故事将学生从热闹的环境带入相对静态的思考,调动学生已储备的哲学知识,感受辩证思维的作用。环节三中的解题方法揭秘引导学生从感性认识上升到理性认识,在数学思维中感受抽象思维和形象思维。

2. **落实核心素养,构建活动型课堂。**为进一步提升课堂效益,打造高效课堂,基于"活动型"课堂要求,通过情境创设氛围、游戏训练思维、故事启发思考、解题方法探究等多种活动驱动学生思考,在思维"动"起来中把握思维的原理。从授课效果来看,"动中学"的课堂是有活力的课堂。多样活动可以"盘活"课堂,本节课的活动设计为学生所喜闻乐见,因而学生关注度、参与度、理解度较好。这启示我不拘一格教思政,回应学生对知识课堂的所盼所需,从而获得更多的教学魅力,获得更大的教学效益。

十、专家点评

1. **游戏活动显思政魅力。**思政课教学中老师设计一些游戏环节,能很好地调动学生参与的积极性。王老师教学设计的第一个环节,也是游戏活动。通过描述猜同学和为同学"画像",在领会聚合思维和发散思维的过程中,学生也能去观察、关注和关心身边的同学;通过分享交流班级管理方案,学习综合思维和分析思维,同时也是进行班集体建设、增强学生责任感的有效途径。这样的游戏设计与实施,显示了思政课独特的育人魅力,让人眼睛一亮。

2. **学科融合悟思维道理。**对学生逻辑与思维能力的培养,不仅仅在"逻辑与思维"模块的教学中。逻辑与思维的教学,尤其需要强调学科的融合与跨界。本节课教学的第二环节,王老师通过故事分享把逻辑与思维的学习和哲学的学习相融合。第三环节中,对数学解题的反思和对艺术家、生物学家、物理学家、数学家就"草地上有2只羊"的描述分析等,都是跨学科融合的有益尝试。其实,任何一个学科、任何一个模块的学习,都是培养学生逻辑思维能力的有效阵地,如何对学生进行相关的引导与强调,是"逻辑与思维"模块教学值得研究的一个问题。

第二课

把握逻辑要义

第一框题 "逻辑"的多种含义

湖州市第二中学 丁毅斌

本框课件下载

一、理论基础和依据

"逻辑"一词在现代汉语中,有多种释义。主要有:第一,指客观事物发展的必然规律,强调事物发展中新旧更替的必然性;第二,指思维活动(思考)的规律与规则;第三,指某种思维方法或观点,常运用某种逻辑关系的形式,表述合乎(或不合乎)事理的观点;第四,指逻辑学科,常指广义上的"逻辑"。人们对"逻辑"一词的多种解释,说明对逻辑的研究在长期的历史发展中,已深入各个领域,几乎涉及人类思维的所有方面。作为一门学科,逻辑学有广义和狭义两种理解。广义逻辑学主要有形式逻辑和辩证逻辑两大分支;狭义的逻辑学仅指形式逻辑。

形式逻辑特别关注推理问题。推理是从一个或者一些已知的命题得出新命题的思维过程或思维形式。其中已知的命题是前提,得出的新命题是结论。逻辑推理所涉及的,不是前提本身之真假问题,因为前提真假靠经验判断,不是逻辑推理研究的对象。因此,逻辑学研究的推理,是决定哪些规律可以保证推理有效的问题,即一切推理所必须依据的形式,其任务是识别正确的推理与错误的推理的标准,并教会人们正确地进行推理,揭露和反驳错误的推理。

论证是用某些理由去支持或者反驳某个观点的过程或语言形式,通常由论题、论点、论据和论证方式构成。论点即论证者所主张并且在论证过程中要加以证明的观点。论点本身可以成为论题,但论题还可以是论辩双方所讨论的对象,例如"是否应该用法律形式来禁止虐待动物"。论据是论证者用来支持或反驳某个论点的理由,它们可以是某种公认的一般性原理,也可以是某个事实性断言。论证要使用推理,甚至可以说就是推理:一个简单的论证就是一个推理,它的论据相当于推理的前提,论点相当于推理的结论,从论据导出论点的过程(即论证形式)相当于推理形式。一个复杂的论证则是由一连串相同或者不同的推理构成,只不过其中的推理过程和形式可能错综复杂。正是在这个意义上,常常把论证和推理同等看待。不过,推理和论证之间的区别在于:推理并不要求前提真,假命题之间完全可以进行合乎逻辑的推理,但论证要求论据必须真实,以假命题作为论据不能证明任何东西。

二、课标要求

《普通高中思想政治课程标准(2017年版2020年修订)》内容要求:1.1懂得正确思维的基本条件。

教学提示:以"走进逻辑的世界"为议题,可通过词语分析把握"逻辑"的多重含义;列举生活中的故事,剖析正确的推理形式;通过组织辩论赛等活动,提高学生推理、论证和论辩的能力。

三、教学目标

(一)核心素养培育目标

1. 科学精神

通过解读"逻辑"一词的不同用法,了解"逻辑"的多重释义;通过评析生活中常见的逻辑错误,领会"逻辑学"的研究内容,理解推理的核心任务,初步学会论证和论辩的技巧,在思考与合作交流中增强思维的逻辑性。

2. 公共参与

通过组织和参与辩论赛,明晰相应的活动规则,主动、有序地参与辩论活动,提升在对话协商、沟通与合作中表达观点、解决问题的能力。

(二)学科能力目标

1. 学习理解

了解逻辑的多重释义,以及广义逻辑学和狭义逻辑学的研究内容;理解推理的结构及其核心任务,理解论证和论辩的结构。

2. 实践应用

提高辨析能力,能够识别和驳斥生活中的一些逻辑错误。

3. 迁移创新

初步掌握推理和论证的方法,能够自觉将其运用于生活和学习中。

四、学情分析

高二的语文、数学等学科已经涉及了逻辑学知识,学生也能简单运用逻辑学知识,比如运用三段论进行推理,运用数学中的充分、必要、充分必要条件进行论证,但是学生并不理解推理与论证背后的规律及要求。如何在学生已有逻辑知识的基础上,进一步引导其从逻辑学的学科视角进行更加专业化、系统化的学习,反思自身的逻辑思维能力,需要我们在教学中加以重视与指导。

五、教学重难点

1. 教学重点:理解狭义逻辑学中的推理问题

从教材结构来看,形式逻辑特别关注推理问题,推理是形式逻辑的核心要点,更是提升科学精神的必备知识。因此,深入理解什么是推理、为什么要推理、怎样进行推理等一系列问题,既为学生后续的学习奠定基础,也对学生掌握推理、论证和论辩的方法,增强思维的逻辑性具有重要意义。

2. 教学难点:把握形式逻辑的核心任务

形式逻辑在研究推理时,并不是要去研究一个个具有具体内容的概念、判断和推理,而是去研究它们所分别具有的最一般形式,即思维内容之间的联系方式。形式逻辑常用公式或者符号来表示思维形式,因此,对于高中学生而言,从思维形式的角度来研究推理的有效性问题,这是高度抽象性的,其中的一系列学科术语是令人费解的。但是学好抽象思维形式可以培养学生的抽象思维能力,有助于学生更深刻、更正确、更完整地认识客观事物。

六、教学方法

1. 情境教学法

通过精选案例、优化活动设计等,将学生所见、所闻及亲身经历过的生活场景移入课堂,引导学生在具体情境中分析和解决实际问题,从而较好地达成教学目标。本框题教学引入了生活实例、寓言故事等情境,为学生提供真实表现的机会,让学生在任务解决中提升核心素养。

2. 议题式教学法

本节课教学以"走进逻辑的世界"为核心议题,创设具有故事性的教学情境,通过对情境的结构化处理,推进议学活动有序展开。教学过程分为三个环节:逻辑、形式逻辑、逻辑论辩,这一设计意在引导学生运用逻辑思维工具,进一步深化对"逻辑学"的学习。

七、教学流程

(一) 课堂导入

材料一　播放短视频《什么是逻辑?》,并在 PPT 上呈现需要思考的问题

当有人指出你没有逻辑的时候,他到底在说什么? 我们如何判断一个人的观点,到底是天方夜谭的胡扯,还是逻辑严谨的推理。本期所说的"逻辑"指狭义上的形式逻辑,因为辩证逻辑、数理逻辑大家都学过。首先,形式逻辑要求所有的对象都有一个确定的概念名称,这个名称是确定的、绝对的,不能是模糊的、流变的……其次,名称定义的内涵和外延是具有明确的指向的……明确概念的内涵和外延非常重要,因为如果连基本的定义都不一致,就不可能作出一致的判断。……所以,我们必须先对定义达成共识,才有探讨的基础……明确了共

识之后,形式逻辑就是我们判断的依据,这种判断被亚里士多德归纳为逻辑三段论……三段论的推理形式是一种最基本的逻辑方式,它让人类具备了基本的思维能力……以上只是形式逻辑的入门,如果想要了解更多,需要大家去系统学习相关的资料。

思考:当有人指出你说话没有逻辑的时候,他所说的"逻辑"指什么?

【教学意图】 以短视频和问题直接导入本框题教学,一方面营造了积极的学习氛围,另一方面也揭示了学习的主题。

(二)新课教学

环节一:"逻辑"——蕴含多种含义的词语

教师:有个人到饭店吃饭,要了一碗面。当店小二端来一碗面时,这个人又说不想吃面了,要求换两个馒头。于是店小二端回这碗面,又端来两个馒头,那个人拿了两个馒头就走了。馒头既然是换的,便不用付钱;面又没吃,当然也不用付钱。如果你是店家,你会如何让自己不吃这个哑巴亏?

学生1:你是真糊涂还是假糊涂? 火气甚旺地责问消费者。

学生2:以粗暴的简单对付复杂的荒唐,如"少废话,还得交钱"。

学生3:那笔账已经清了,这笔账还要另外结算——把对方的糊涂顶回去。

……

教师:如果我们从逻辑的角度来看,"一碗面"等值于"两个馒头",等值于吃了饭店同等价钱的东西。"没有吃面"是真的,但是"没有吃馒头"是假的,即"没有吃饭店同等价钱的东西"为假判断。所以,那个人犯了逻辑错误。

【设计意图】 把故事中的逻辑谬误展现给学生,让学生通过分析和交流,识别逻辑错误及其背后的原因,从而提高学生思维的活跃度。

教师:那么,什么是"逻辑"? 请大家思考我们平时在什么时候会用到"逻辑"这个词。

材料二 我们在什么情境下会用到"逻辑"这个词?

1. 这个想法也许不合逻辑,在情理上却有根据。

2. 这是历史的逻辑,也是生活的逻辑。

3. 我们要在历史前进的逻辑中前进,在时代发展的潮流中发展。

4. 黑李并不黑,只是在左眉上有个大黑痣,因此他是黑李;弟弟没有那个记号,所以是白李;这在给他们送外号的中学生们看,是很合逻辑的。

5. 霸权主义奉行的是强盗逻辑。

6. 学点逻辑学对自己思维能力提升大有帮助。

教师:材料二中的"逻辑"各指什么?

学生活动:学生分小组进行议学活动。建议每个小组对上述语句中的"逻辑"一词进行探究,在成果交流中,每个小组可侧重一个语句作深入解读。

学生1:"这个想法也许不合逻辑"中的"逻辑"一词,指思维活动的规律与规则。也就是说,"这个想法也许不符合思维活动的规律与规则"。

学生2:"历史的逻辑""生活的逻辑"中的"逻辑"指客观规律,强调客观事物发展的必然性。

　　学生3:"我们要在历史前进的逻辑中前进"中的"逻辑"一词,也是指事物发展的客观规律。

　　学生4:"这在给他们送外号的中学生们看,是很合逻辑的"中"逻辑"一词,指认识问题的某种思维方法。也就是说,根据外部特征送外号的做法是符合中学生的思维方法的。

　　学生5:"霸权主义奉行的是强盗逻辑"中"逻辑"一词指一种思维方法,或者也可以指某种观点或言论。在这句话中,"强盗逻辑"是霸权主义的思维方法及其所表现出来的观点。

　　学生6:"学点逻辑学对自己思维能力提升大有帮助"中的"逻辑"一词就是指逻辑学,是一门学科的意思。

　　【设计意图】　引导学生从逻辑的四种含义中解释上述语句中出现的"逻辑",体会逻辑释义的多样性,感悟逻辑学科已经深入多个学科领域的研究之中。

　　教师小结:我们看到"逻辑"在汉语中是一个多义词,当它指"逻辑规律与规则"或"思维方法"时,它才是逻辑学研究的对象。逻辑学就是要研究正确的思维方法,它是为把握思维规律服务的。

　　当我们把逻辑当作一门学科来学习时,我们会发现关于逻辑的参考书五花八门,由此我们应该知道逻辑这门学科是分化了的。人们把研究思维形式结构及其规律的形式逻辑视为狭义的逻辑学,而把含有狭义的逻辑学和研究辩证思维中的规律、规则与方法的辩证逻辑等视为广义的逻辑学。

　　【设计意图】　利用学生自身的知识储备,发挥学生自主学习的能动性,将特定语境中的"逻辑"一词同教学中的"逻辑"一词联系起来,让陌生的知识找到建构的基点。

环节二:形式逻辑——关于正确推理形式的科学

　　材料三　《狗和海螺》(摘自《伊索寓言》)

　　有一只狗习惯于吃鸡蛋,久而久之,它意识到"一切鸡蛋都是圆的"。有一次,它看见一个圆圆的海螺,就以为是鸡蛋,于是张大了嘴,一大口就把海螺吞下肚去。后来觉得肚里很沉重,很是痛苦,说道:"我真是活该,相信一切圆的都是鸡蛋。"

　　教师:这只狗的推理为什么是错误的? 正确的推理应该是怎样的?

　　学生活动:针对上述推理,学生分小组进行议学活动。建议每个小组能够结合具体的推理过程,深入认识抽象的推理形式。

　　学生1:"一切鸡蛋都是圆的"是真的,但是不能由这个真前提推理出"一切圆的都是鸡蛋",这一推理是错误的。正确推理应该是"有些圆的是鸡蛋"。

　　学生2:依据上述同学的具体推理,我们可以总结出正确的推理形式,由"所有 S 都是 P",可以推出"有些 P 是 S"。

　　教师小结:"一切鸡蛋都是圆的,所以,一切圆的都是鸡蛋",其推理形式是"所有 S 都是 P,因此,所有 P 都是 S",从形式上来看是无效的,因为我们无法从真的前提推导出真结论。事实上,"所有 S 都是 P,因此,有些 P 是 S",这一推理形式才是有效的。

　　【设计意图】　形式逻辑特别关注推理问题,逻辑学中的推理关注的是推理形式,而非推理前提的真假。因此,通过引入一些具有趣味性的故事,引导学生在情境分析中,逐步理解推理形式。

教师:逻辑学研究的不是具体的某次推理,它关注推理的一般形式,我们来看两则推理:

推理1

所有的老师都是知识分子

小陈是老师

所以小陈是知识分子

推理2

所有的校运动员都爱运动

小王是校运动员

所以小王爱运动

请同学们思考,上面两则推理共同的推理形式是什么?

学生活动:学生运用简单三段论的知识,找出两者共同的推理形式,并进一步验证这种推理形式的正确性。

学生:推理1、2都由三个判断组成,且每个语词出现了两次,其共同的推理形式是

所有 M 都是 P

S 是 M

所以 S 是 P

教师:逻辑学要区分正确的思维方法和不正确的思维方法,推理形式也分正确的推理形式和错误的推理形式。我们再来看两则推理,他们的推理形式是什么? 这样的推理形式是否正确?

推理3

一切杨梅都是酸的

香瓜不是杨梅

所以,香瓜不是酸的

推理4

所有金属都是导体

铜是导体

所以铜是金属

学生活动:针对上述推理,运用简单的三段论推理方法开展自主探究。教师引导学生从这些推理中找到逻辑错误,并从推理形式的角度驳斥上述错误。

学生1:推理3的推理形式是

所有 M 都是 P

S 不是 M

所以 S 不是 P

这种推理形式是无效的,结论不必然,可以找到反例,比如,一切杨梅都是酸的,醋不是杨梅,所以醋不是酸的。

学生2:推理4的推理形式是

所有 P 都是 M

　　S是M

　　所以，S是P

　　这种推理形式是无效的，结论不必然，可以找到反例，比如，所有金属都是导体，石墨是导体，所以，石墨是金属。

　　教师小结：判断推理形式是否正确有一个简单的办法就是举出反例，但是事例是永远举不完的，且有些同学根据自己的知识储备可能举不出反例。这怎么办呢？所以，我们要通过学习逻辑学，掌握从真前提推导出真结论的规律和规则，这样我们就能判断一个推理正确与否。

　　【设计意图】　逻辑学在研究推理时，并不是要去研究每个推理前提内容的真假，而是去研究推理所具有的最一般的形式。如果推理形式错误，那么推理过程和结果就不具有保真性。通过比较正确和错误的推理形式，可以让学生认识到推理形式的重要性，并初步学会一些推理的规则。

环节三：逻辑论辩——以论证服人

　　材料四　我们每个人都会在人生的某个阶段经历顺境还有逆境，一些人在顺境中成为人生赢家，而有些人在逆境中弯道超车。对于人的成长来说，顺境更有利还是逆境更有利呢？

　　教师：请同学们辩一辩：正方——顺境更有利于人成长；反方——逆境更有利于人成长。

　　学生活动：1.学生分成正反两组和一个评价组；2.小组代表阐述观点1分钟（立论）；3.自由辩论三分钟（反驳）；4.评价组根据辩论过程对正反方进行点评。

　　学生1（正方一辩）：第一，顺境更有利于人的身心健康。长期身处逆境不利于人身心健康，太多的挫折与困难使人退缩、压抑、否定自己。第二，良好的社会环境更有利于人的成才。良好的环境氛围对人格的培养是潜移默化的，通过积极的教育手段，能够健全人格。第三，和平安定的国家、和谐的社会更有利于成才。国家提供的发展平台、给予的一系列支持政策，都为人的发展提供了良好的环境。

　　学生2（反方一辩）：第一，逆境是把砺人之剑，让人获得更多的成长。逆境给人提供了宝贵的磨砺机会，可以有效激发人的身体潜能，而顺境中的成长虽然来得容易，却没有逆境中来得实在。第二，逆境是熔人之炉，让人实现华丽的成长转变。顺境中的发展看似"奇速"，却无法让人理解成长的真正含义。第三，逆境是推进历史车轮前进的源源动力，促使人类社会不断飞奔向前。纵观人类历史发展长河，顺境会令人丧失直面挑战的机会，使得社会停滞不前、原地踏步。

　　学生3（反方反驳）：正方认为，顺境的作用首先表现在身心发展上，可是身心真的是在顺境当中比较容易发展吗？人体内具有抗体，正是因为我们的身体受到了病原体的袭击。如果遇到一个严格的老师，严厉的教学风格应该更有利于学生的发展。如果身在一个受到父母极度宠爱的顺遂环境里，人的品格会健全发展吗？

　　学生4（正方反驳）：人生就像是一棵树的成长，需要有一个稳定的环境加以保障，对方混淆的是什么？在逆境中，人可以成长和逆境有利于人的成长，是两个截然不同的概念。爱迪生通过实验总结出自己的经验，是因为他有一流的实验设备和一流的实验室，如果这些都匮乏的话,切莫说爱迪生试验 5 万种材料,恐怕连进行科学研究都成问题。

......

评价组:第一,点评两组同学的论点是否鲜明、论据是否充分;第二,点评两组同学在辩论中是否有效运用推理的相关知识;第三,总结两组同学的观点,阐明在成长过程中,不仅要重视环境对人的影响,更应重视自己的主观能动性的发挥。

教师小结:我们在提出一个论点后,应当用有效的论据进行证明,把推理的理由讲出来就是"论证",用论证的方式说服他人或者反驳他人就构成了论辩。在论证和论辩中,推理是否有效,也就是我们运用的推理其推理形式是否正确,将直接影响说服的效果。谢谢同学们奉献了一场精彩的辩论,在辩论中同学们对于这样一个人们不断争论的话题有了更多方面、更深刻的认识。

【设计意图】 通过辩论赛的形式,丰富课堂活动,调动学生进行自主思考和合作讨论,引导学生利用所学知识进行有效的逻辑论证,把课本知识带入现实生活中。同时通过辩论,双方增进对对方立场的理解,有利于引出狭义逻辑学与广义逻辑之间的联系。

(三)课堂总结

逻辑学为人们明辨是非开启了一扇大门,通过它,我们会对网络的争论、社会的讨论、别人的理论有更加深刻的认识。在时代飞速发展的今天,我们要发展我们的理性,做一个会思考的社会人。

八、板书设计

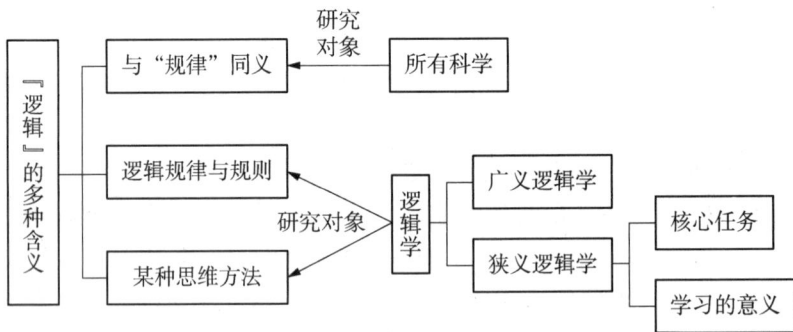

九、教学反思

1. **有效的学习活动需要建构议题与生活世界的关系。**围绕"核心议题"所展开的"议",离不开学生的生活世界以及学科内容背后所承载的社会现实和历史文化。本节课所涉及的知识,如"逻辑""推理""论证"等概念对学生来说比较陌生和抽象。因此,教学中尽可能从学生的生活、熟悉的经典故事、热点的事件中找寻建构情境的材料,让学生感受身边的逻辑问题,让学生在鲜活的情境中进行探究和讨论,理解相关的概念与原理。

2. **有效的学习活动需要统筹议题与学科任务的关系。**围绕"核心议题"所展开的学习活动,需要通过序列化的、激活思维的问题链或活动来推进。因此,在选择与设计学科任务时,需要将议题转化为一定情境中的具体问题或活动任务,学习活动就是通过这些问题或活动来落实学习任务的。本教学设计引导学生通过核心知识的再建构来解决情境中的问题,让学生充分调动自己的生活经验和知识储备服务于新知的学习活动。学习活动从举例、简述到辩论,思维层次由低到高,让学生循序渐进展开学习。

十、专家点评

1. **找准起点,激活学生。**本框题内容理论性强、抽象度高,况且作为"逻辑与思维"模块开头几框题内容之一,教学中找准学生的起点非常重要。丁老师在本框题教学中,前两个环节均用有趣的小故事引入,让学生寻找故事中蕴含的推理错误;在第三个环节中,让学生开展课堂小辩论,可以说是很好地找准了学生学习的起点,让学生在相对抽象的内容中学有趣味、学有收获。

2. **巧设任务,层层推进。**学习需要由浅入深、逐层递进。丁老师这节课的教学,通过巧妙的任务设计,很好地把握了这一要求。环节一、二虽然都通过有趣的故事引入,但并没有停留在故事解读层面。环节一中由故事上升到概念理解,环节二中由故事上升到公式推理,再由环节一、二的分享交流拓展到环节三的辩论,让学科知识在理解的基础上得到感悟与运用。这样的设计既调动了学生学习的积极性,又保证了课堂的思维含量。

第二框题　逻辑思维的基本要求

湖州市第二中学　丁毅斌

本框课件下载

一、理论基础和依据

思维是客观现实在人们头脑中的反映,人们头脑中的思维活动和它所反映的客观世界一样,也是有规律性的,即按逻辑的基本规律进行的。

任何一门学科都有许多的规则和规律,这些规则和规律有的只涉及学科的某一部分,有的涉及学科的几个部分,有的涉及学科的全部。涉及学科全部的并且各个部分都必须遵守的规律,称为这一门学科的基本规律。

逻辑这门学科,也有许多规则和规律。如定义、换质位推理、三段论推理等都有自己的特殊规则,这些特殊规则的作用都不同,它们涉及的范围也只是学科的某一部分。但是我们在思维过程中,除了要遵守这些特殊规则以外,还必须遵守一些基本的、广泛适用的逻辑规律,如同一律、矛盾律、排中律。它们不但适用于逻辑这门学科的全部内容,而且也是逻辑这门学科各个部分都必须首先遵守的规律,普遍适用于一切思维形式,贯穿于全部思维过程之中。各种逻辑形式的具体规则是由基本规律产生出来的,是基本规律在各种逻辑形式中的具体体现。

同一律、矛盾律、排中律,这三条普通逻辑的基本规律是思维具有确定性、一致性、明确性的保证。遵守这些逻辑规律,就可以使人们的思维首尾一贯,可以保持思维的同一性和确定性,从而做到概念明确,判断恰当,推理有逻辑性,论证有说服力。如果违反了这些规律的要求,人们的思维就会出现混乱不清、自相矛盾、模棱两可的逻辑错误。这样,人们就不能正确地表达思想,不能进行正常的思想交流和正确地认识事物。

逻辑的基本规律是思维规律,思维虽然是客观事物在人脑中的反映,但思维规律不是客观事物本身的规律,而是人们思维中的规律。思维规律的形成离不开客观事物,但它不等同于客观事物,客观事物本身并不存在是否遵守同一律、矛盾律、排中律的问题。思维规律只存在于人的主观意识之中,只在思维领域里发生作用,所以,不能把普通逻辑的基本规律混同于客观事物的基本规律。

二、课标要求

《普通高中思想政治课程标准(2017 年版 2020 年修订)》内容要求:1.1 懂得正确思维的基本条件;2.4 辨析常见的逻辑错误,掌握形式逻辑的三个基本规律。

教学提示:以"如何让理性的光芒照进现实"为议题,探究形式逻辑的基本规律,掌握正确思维的基本条件。可创设辨析性情境,剖析违背逻辑基本要求的错误;分享运用形式逻辑规律认识和解决思维中的问题的成功经验。

三、教学目标

(一)核心素养培育目标

1. 科学精神
通过阅读与评析《铃铛之辩》《鳄鱼悖论》《鲍西亚的三个匣子》三个故事,深入理解形式逻辑基本规律的内容,学会遵循逻辑思维的规律,识别并驳斥生活中违背逻辑规律的错误。

(二)学科能力目标

1. 学习理解
识记同一律、矛盾律和排中律的公式和含义;明晰运用同一律、矛盾律和排中律时的注意点;掌握逻辑思维的基本要求。

2. 实践应用
提高辨析能力,能够运用形式逻辑的基本规律批驳生活中的逻辑错误。

3. 迁移创新
自觉遵循形式逻辑的基本规律,并发挥其在人际交流、课堂表达、亲子沟通等方面的作用。

四、学情分析

高二学生已经在语文学科的学习中初步了解了逻辑思维的基本要求,能够理解同一律、矛盾律和排中律的内涵,识别一些简单的逻辑错误,这为本框题内容的学习提供了基础。本框题内容具有高度概括性、抽象性和思辨性,学生在学习中存在着三个思维上的困惑:第一,逻辑思维的基本要求和形式逻辑的基本规律是怎样的关系?第二,矛盾律和排中律有何区别?第三,如何从逻辑学的角度来辨析各种逻辑错误?因此,本框题教学需要借助案例来展开议学活动,使学生在案例分析中解开上述困惑。

五、教学重难点

1. 教学重点:掌握形式逻辑的基本规律

合乎逻辑的思维是具有确定性、一致性和明确性的思维,这就要求人们在思维过程中遵循同一律、矛盾律和排中律。形式逻辑的基本规律既是具体逻辑规则的基础,更是培养科学精神的知识依托,掌握这些基本规律,可以夯实学科知识的基础,有利于学生准确把握概念,正确运用判断,作出合乎逻辑的推理,并识别和驳斥生活中的逻辑错误。

2. 教学难点:辨别违反形式逻辑的基本规律所导致的错误

学习形式逻辑的基本规律的难点在于实际运用:首先,是否能够识别违反形式逻辑的基本规律的逻辑错误,如"偷换概念""偷换论题""自相矛盾""两不可"等;其次,是否能够分析产生上述逻辑错误的原因;最后,是否能够阐述正确的逻辑思维。这就需要解决从知识到素养的转化问题,而解决这一问题的关键,应该是通过情境中的学习任务驱动,培养学生的科学精神。

六、教学方法

1. 情境教学法

真实而具体的问题情境既是学生核心素养形成和发展的重要载体,也为学生的核心素养提供了真实的表现机会。本框题教学以故事所蕴含的理性思维为主题,进一步优化具体情境的功能,创设三个真实的问题情境,从而有效支持学科核心概念的学习和学科核心素养的培育。

2. 合作探究式教学法

本节课教学依托故事情境的可拓展性意义,基于可研讨的问题组织学生进行小组合作学习。在故事人物评价、悖论解析、真假鉴别等学习任务中,引导学生合作探究,突破重难点。

七、教学流程

(一)课堂导入

教师:事物的运动变化是有规律的,那么,人的思维有没有规律可循?今天,我们就通过三则故事来解析形式逻辑的基本规律,防止自己的思维陷入混乱与错误,让我们的思维能够理性地运行。

(二)新课教学

环节一:从"铃铛之辩"看思维的确定性要求

材料一 有一个脑子不开窍的营丘人,平时很喜欢追着别人问问题,可对别人的讲解,又不太能明白,经常会把人问得烦躁不已。

一天,营丘人问艾子:"拉大车的骆驼,为什么脖子上要挂一个铃铛?"

艾子告诉他:"大车和骆驼都是庞然大物,且经常在夜里赶路,怕狭路相逢,难以避让,所以就挂个铃铛,听到铃声对方就能做好让路的准备。"

营丘人点点头,又问:"高塔上挂铃铛,也是为了夜里行路相互避让吗?"

艾子说:"你怎么不通事理? 鸟雀们都喜欢在高处建巢,把鸟粪拉得到处都是,高塔上挂铃铛,是为了借风吹响,赶跑鸟雀,这跟骆驼挂铃铛不是一回事。"

营丘人挠挠头,继续问:"老鹰的尾巴上也挂了铃铛,可没有鸟雀在老鹰的尾巴上搭建巢穴啊,这怎么解释呢?"

艾子无奈地说:"你这个人真奇怪,老鹰捕捉小动物,如果不小心飞进树林里,脚被树枝绊住,只要拍拍翅膀,铃声一响,主人就能循着声音找过去,这跟高塔挂铃铛防止鸟雀筑巢怎么能是一回事呢?"

营丘人还是不明白,又问:"以前我看过出丧,前面的挽郎唱着歌,摇着铃,那时候不知道他为什么要这样做。现在我明白了,他是为了脚被树枝绊住时,能让人尽快找到他。"

艾子再也忍不住了,恼怒地说:"那是给死人开路! 死人活着的时候,喜欢跟别人瞎争论,所以死后人们摇铃,是为了让他开心!"

教师:"营丘士,性不通慧。每多事,好折难而不中理",这是苏轼对营丘人的评价,你是否赞同? 请说明理由。

学生活动:学生分小组进行议学活动,每个小组结合故事以及逻辑学知识,从不同的角度对营丘人的言行进行批判。各小组派代表发言。

学生1:营丘人总是会错意,骆驼挂铃铛和高塔挂铃铛根本就不是一个情境,营丘人却混为一谈。

学生2:营丘人故意刁难艾子,他和营丘人说的根本就不是一回事。

学生3:营丘人在偷换概念,违背了同一律,所以他的话是"不中理"的。

教师小结:同一律是指在同一时间、从同一方面、对同一对象所形成的论断"A",如果是真的,就是真的;如果是假的,就是假的。公式为"A是A"。常见的错误是"偷换概念""偷换论题"。骆驼挂铃铛,是为了提醒人们夜里行路相互避让;高塔上挂铃铛,是为了借风吹响,赶跑鸟雀。而营丘人却把高塔上挂铃铛的理由说成是为了夜里行路相互避让,偷换了概念,违背了同一律。同学们,切忌像营丘人一样只抓住事物的表面去和别人盲目地争论。

【设计意图】 寓言故事既具有趣味性,又富含思辨的理性。营丘人不断地问难艾子,实质就是拿表面相似的铃铛穿凿附会,这属于偷换概念的诡辩。学生在驳斥营丘人的狡辩中,能够识别违背同一律的逻辑错误,进而理解遵循同一律的内涵与要求。

环节二:从"鳄鱼悖论"看思维的一致性要求

材料二 有一天,一条鳄鱼从一位母亲的手中抢走了她的孩子。这位母亲苦苦地哀求鳄鱼:"我只有这么一个孩子,求求你千万不要伤害他,你提出什么条件我都答应你。"

鳄鱼听了非常得意,就对这位母亲说:"那好,我向你提一个问题,让你猜,如果你答对了,我就不伤害你的孩子,并把孩子还给你;如果你答错了,我就要吃掉你的孩子。"

鳄鱼说:"我的问题就是,你猜我会不会吃掉你的孩子?"

这位母亲仔细琢磨了片刻说:"……"

教师:这位母亲会选择哪一句话:①你会放了我的孩子;②你会吃掉我的孩子。请说出你的推理过程。

学生活动:学生分小组进行议学活动,各小组派代表发言。

学生1:如果选择第一句话"你会放了我的孩子",鳄鱼就享有"吃"或"不吃"的自由,不会出现自相矛盾。如果选择第二句话"你会吃掉我的孩子",那么,不管鳄鱼怎么回答都会陷入自相矛盾的境地。

学生2:如果选择第一句话,鳄鱼会回答"答错了",然后吃掉孩子,但是如果选择第二句话,鳄鱼就不好回答了。

……

教师小结:如果母亲回答"你会放了我的孩子",鳄鱼一定会回答说"你猜错了",然后鳄鱼便会信守承诺,吃掉孩子。但是,如果母亲回答"你会吃掉我的孩子",就出现了悖论。鳄鱼如果说,你答错了,我不会吃掉你的孩子,就与之前鳄鱼说的"如果你答错了,我就要吃掉你的孩子"自相矛盾。鳄鱼如果说你答对了,也同样会产生这样自相矛盾的结果。所以到底什么是悖论,我们再来深入剖析一下。

鳄鱼如果说猜错了,那么按照他之前提出的条件,会吃掉孩子;但是猜错了"你会吃掉我的孩子",也就意味着鳄鱼不会吃掉孩子。"吃掉孩子"与"不吃掉孩子"两个互相矛盾的命题都是符合鳄鱼的条件的,也就是说命题"A"和命题"非A"同时为真了,所以悖论也就产生了。

矛盾律,即在同一时间、从同一方面、对同一对象所形成的论断"A"和它的否定论断"非A",不能同真,其中必有一假。公式为"A不是非A"。常见的逻辑错误是"自相矛盾"。例如,"聋子听见哑巴说瞎子看见了爱情""我最大的缺点就是没有缺点""今年过节不收礼,收礼只收脑白金"。

【设计意图】 "悖论"意味着"理智的困境","消解悖论"意味着"理智的突围"。通过解读"鳄鱼悖论",学生不仅可以理解矛盾律的内涵与要求,也为学生打开一个新的思维世界,提供新的思维空间。

环节三:从"鲍西亚的三个匣子"看思维的明确性要求

材料三 鲍西亚的三个匣子

父亲准备了一个金匣子、一个银匣子,还有一个铅匣子,其中,只有一个匣子装着鲍西亚的照片。金匣子上刻着"肖像不在此匣中";银匣子上刻着"肖像在金匣子中";铅匣子上刻着

"肖像不在此匣中"。这三句话只有一句话为真。

鲍西亚的父亲留下遗言,如果根据上述三句话,准确猜中了哪个匣子里装着鲍西亚的肖像,那他就可以迎娶鲍西亚。除此之外,求婚者在猜之前,还要答应两个条件:第一,必须宣誓,如果没有猜中,绝不告诉其他人自己猜的是哪一个匣子;第二,必须宣誓,如果猜不中,将永远不得娶妻。

很多人看到这样的条件,担心自己猜不准后将付出巨大代价,就都退缩了。只有一些真心喜欢鲍西亚的小伙子,选择留了下来。很可惜,没有一个人猜对……

教师:请同学们判断肖像在哪一个匣子中,并说明推理过程。

学生活动:学生分小组进行议学活动,各小组派代表发言。

学生1:假设肖像在金盒子中,那么银匣子和铅匣子的话都是真的,不符合要求;假设肖像在银匣子中,那么金匣子和铅匣子的话都是真的,不符合要求;假设肖像在铅匣子中,只有金匣子的话是真的,符合要求。

学生2:金匣子和银匣子的话是自相矛盾的,根据题意"只有一句话为真",所以这两句话必有一真,那么铅匣子的话肯定是假的,所以肖像在铅匣子中。

……

教师小结:金匣子和银匣子上的两句话是矛盾关系,根据"只有一句话为真"即可判断这两句话必有一真,则铅匣子上的话一定是假话,所以肖像在铅匣子中。这时,我们用到了排中律,即在同一时间、从同一方面、对同一对象所形成的论断"A"和"非A"不能同假,其中必有一真。公式为"A或者非A"。常见的逻辑错误是"两不可"。

材料四 金、银、铅三个匣子,匣子里面分别是死人的骷髅、傻瓜的画像和鲍西亚的画像。金匣子中有一段话:发光的不全是黄金,古人的话没有骗人;多少世人出卖了一生,不过看到了我的外形,蛀虫占据着镀金的坟。银匣子中有一段话:有的人终身向幻影追逐,只好在幻影里寻求满足。我知道世上尽有些呆鸟,空有着一个镀银的外表;随你娶一个怎样的妻房,摆脱不了这傻瓜的皮囊。

教师:请同学们品读金匣子和银匣子里的话,谈谈我们从中获得的启发。

学生活动:学生在教师指导下解读材料四中的相关信息,进行小组合作学习讨论。

学生1:看待事物不能只凭外表,更要探寻事物的本质,这种探寻的精神或许才是真正闪光的金子。

学生2:求真务实的精神,逻辑推理和论证的能力,观察事物、分析问题、解决矛盾的能力,这才是真正闪光的东西。

……

教师小结:在我们的一生中会遇到许许多多的诱惑,有些时候我们会被表象所迷惑,沉浸在虚无的快乐中,逐渐成为被温水煮熟的青蛙。所以,除了黄金,人的理性才是这个世界上真正闪闪发光的东西。

【设计意图】 本环节设计了两项任务,在第一项任务中,引导学生围绕"鲍西亚的三个盒子"这一故事展开思考,意在让学生了解排中律的基本要求,防止犯"两不可"错误,同时学生也可进一步理解矛盾关系的命题的真假值情况,为理解矛盾律和排中律的区别与联系提供支撑。第二项任务旨在引导学生树立正确的价值观,主动培养自己的理性思维,从而防止一些逻辑错误。

（三）课堂总结

纪伯伦曾说："你的心灵常常是战场。你的理智、判断总在那里和你的热情、嗜好打仗。"没错，感性的生活是好的，但是如果没有理性精神，那么我们也就失去了正确前进的光，失去了方向。同学们，希望大家今后能在日常生活中坚持理性精神，让我们的生活变得坚定而有方向！

八、板书设计

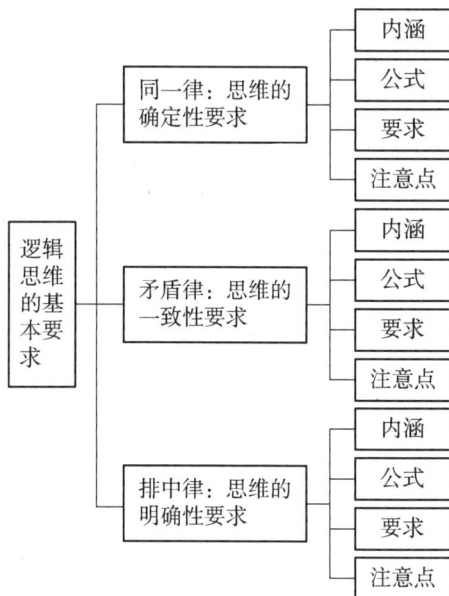

九、教学反思

1. **形象的故事与抽象的知识相结合。**逻辑知识是抽象的，对于学生来说是晦涩难懂的。开展相关教学，往往需要借助形象的故事来帮助学生理解抽象的知识。本节课依托故事情境，将指向核心知识的学科问题转化为任务驱动性问题，引导学生在剖析故事的过程中，理解与运用逻辑学知识。这一教学设计以小见大，先讲故事再探究升华，呈现了每个故事背后的知识与智慧，引发了学生的思考。

2. **逻辑思维与辩证思维相统一。**课堂呈现的三则故事不仅仅包含逻辑思维，也蕴含了一定的辩证思维，旨在让学生深入思考，领悟一定的人生哲理。探究"铃铛之辩"，学生能够在批驳诡辩者中领会化被动为主动的智慧；在深入探讨"鳄鱼悖论"中，学生能够辩证地看待悖论的作用；"鲍西亚的三个匣子"则启迪学生看待事物不能仅仅停留于表面，更要透过现象看本质。

3. **把思维训练、表达提升、素养培育落实于教学活动。**课堂通过设置一系列问题，并采用一系列小组讨论的学习方式去引导学生解决逻辑问题。在讨论过程中,学生的思维是开放的、多层次的,有助于学生进行思维互补,提升自身的思维水平;组内交流以及小组成果的展示能够帮助学生提升语言表达能力;讨论也有助于学生提升学科核心素养。

十、专家点评

1. **故事入课,串珠成链。**作为教学资源,或者情境材料,一个故事相当于一颗珍珠,但把一颗一颗的珍珠串连起来,变成手链、变成项链,其价值也就增加了。丁老师用三个故事,串起了本框题同一律、矛盾律和排中律形式逻辑三大基本规律的教学,正是串珠成链,让课有了独特味道。

2. **"浅入深出",转知成智。**故事是通俗的,是生动的,但逻辑与思维的教学不能停留在讲故事本身上面,而是需要"浅入深出"。首先是要讲出故事背后的知识深度、学科深度,让学生通过故事理解知识;其次是要在讲故事的过程中,强调学生参与的深度,让学生在深度参与中提升能力、锤炼思维;再次是要挖掘故事背后的育人价值,真正转知成智,让知识内化为学生的素养。

第三课

领会科学思维

第一框题　科学思维的含义与特征

湖州市第二中学　朱欣苗

一、理论基础和依据

强调用科学的思维方法观察、思考、分析问题,是党的十八大以来以习近平同志为核心的党中央治国理政的一个重要特点。

科学思维的上层概念是思维。思维在社会实践的基础上,对感性材料进行分析和综合,通过概念、判断、推理的形式,形成合乎逻辑的理论体系,反映客观事物的本质属性和运动规律。具体而言,科学思维包括比较与分类、归纳与演绎、分析与综合、抽象与概括、批判性思维等,是形成概念、建构模型的重要思维。

要用科学思维进行科学探索和创新,必须要有思维工具、实验工具和探索对象、实验材料等,其中,逻辑是最为基础的,这是由逻辑的基本属性决定的。从研究对象看,逻辑以思维的最一般的形式结构作为自己的研究对象;从研究的基本内容看,逻辑所揭示的是思维最一般、最普遍的规律。这从亚里士多德的《工具论》和培根的《新工具》两本逻辑著作的名称中也可以得到印证。

科学思维也包含辩证思维,辩证思维的主要特征是用联系、发展、全面的观点看待事物、思考问题。事物是普遍联系和变化发展的。辩证思维是对事物的联系和变化发展的属性的反映。事物的联系方式是多种多样的,变化和发展的方式也是多种多样的,辩证思维在反映事物的联系方式和变化发展方式中也有多种多样的思维方式。辩证的分析与综合、以质变量变相统一的方式把握事物、在辩证的否定中把握事物的发展规律等都是辩证思维不可或缺的思维方式。相反,用孤立、静止、片面的观点看待事物、认识问题的形而上学思维方式,就不能正确地反映事物的本质和规律。

科学思维具有三个特征:追求认识的客观性指科学思维应该是从实际出发的,它能如实地反映事物的本质和规律,即力图真实地去反映认识的对象。结果具有预见性指随着认识的发展和认识能力的提高,随着各种思维手段和认识工具的不断完善,科学思维的精确性水平将越来越高。结果具有可检验性指科学思维能够经受实践的检验,并可以在实践的检验中不断坚持真理和修正错误的思维。

二、课标要求

《普通高中思想政治课程标准(2017年版2020年修订)》内容要求:1.2掌握科学思维的特点,体悟学会科学思维的意义。

教学提示:以"怎样的思维是科学的"为议题,以国家"双减"政策为背景材料,可带领学生了解国家"双减"政策的内容,思考该政策的科学性,从而理解科学思维的含义;可鼓励学生分析"双减"政策的重要意义,从而探析科学思维的特征;可引导学生辨析教育观念,从而提升学生运用科学思维思考问题的能力,培育其科学精神。

三、学情分析

高二学生已经学完了思想政治必修课程,形成了一定的科学思维。从知识储备来看,在第一单元前两课学习了思维及其基本形态,逻辑的含义及逻辑思维的基本要求。第三课是对前两课学习内容的升华,第三课第一框题要求学生理解科学思维的含义及特征,学习难度并不大。从学生已经具备的认知能力和水平来看,本框题需要学生更多地阐述生活中的实例,以理解核心概念,对于学生的综合思维能力、分析问题能力要求较高,这是教学中需要关注和提升的地方。

为了更好地了解学情,我们可以在课前进行简洁、必要的调查或访谈,了解学生对于科学思维的理解,让学生列举生活中符合科学思维的实例,从而为达成教学目标奠定良好的基础。

四、教学目标

(一)核心素养培育目标

1. 科学精神

通过联系实际,采用对比思考的模式,体会科学思维是内容与形式的统一,明辨不科学思维的特点;通过分析国家"双减"政策的意义和成果,掌握科学思维的特点,自觉树立科学精神,学会从科学思维的角度理解国家的政策。

2. 政治认同

通过了解国家"双减"政策的具体要求及阶段性成果,阐述这一政策的科学性,从而提升制度自信,发展政治认同核心素养。

3. 公共参与

通过对"双减"政策的课前小调查,分析其出台的必要性和重要性,从而理解科学思维的含义和特征,并从科学思维的角度评析当前的一些教育观念,提升参与了解社会及评价社会现状的公共参与素养。

(二) 学科能力目标

1. 学习理解

理解科学思维的含义,了解科学思维与逻辑思维、辩证思维和创新思维之间的关系;懂得思维的基本条件,学会科学思维;把握科学思维的特征,理解科学思维追求认识的客观性、科学思维结果的预见性和可检验性。

2. 实践应用

能够实事求是地看待人和事,对事物的发展趋势、前景作出合乎逻辑的推断,能够在实践中不断提升思维能力,修正错误,追求真理;学会在实践中遵循逻辑思维要求,运用辩证思维方法,能够创新性地解决问题。

3. 迁移创新

学会用科学思维来看待生活中的事例和现象,用科学思维分析中国特色社会主义的伟大实践,坚持学以致用的观点,坚定参与投入中国特色社会主义伟大实践的意愿。

五、教学重难点

1. 教学重点:掌握科学思维的特征

理解了科学思维的特征,才能准确把握科学思维的含义,因此教学重点应放在对科学思维特征的理解上。把握科学思维的特征,要理解科学思维追求认识的客观性、科学思维结果的预见性和可检验性;要学会从科学思维特征的角度修正日常生活中的思维错误,追求真理。

2. 教学难点:运用科学思维评判事物

学生通过学习科学思维的含义及特征,能在生活中以此评判事物,检视思维的科学性,从而树立科学精神,形成正确的价值观。因此本节课的难点从能力层面看是帮助学生提升是非判断能力、辩证分析能力、问题解决能力,从价值观层面看是引导学生树立科学思维,培育科学精神。

六、教学方法

1. 自主学习法

从学生身边的人和事切入,通过访谈、搜集资料等方式展开课前小调查。学生搜集国家"双减"政策的有关资料,与小组同伴交流自己的看法,为课堂学习作准备,提升学生的自主学习与合作学习能力。

2. 比较研讨法

本节课引导学生辨析不同的教育观念,比较分析科学思维与不科学思维的区别。学生通过小组合作的方式展开讨论与分享,在课前明确分工,查找、分析、整合资料并提炼观点。在课堂活动中,就同学分享的观点进行追问和补充,在生生互动、师生共享中达成教学目标。

七、教学流程

（一）课前准备

1. 回顾自己义务教育阶段的学习经历，与小组同伴谈谈对课外补习的看法。
2. 通过访问等形式向弟弟妹妹们了解当前义务教育阶段的学习压力情况。
3. 搜集国家"双减"政策的有关资料，与小组同伴分享你自己对该政策的看法。

（二）课堂导入

教师: 我们先来分享一下大家的课前小调查，请谈谈你对课外补习的看法。

学生1: 补习班就是对课堂内容的巩固，如果平时认真学，课后可以自己巩固，那么学科类补习班的意义不大。

学生2: 以前我初中时是父母安排我参加补习的，我自己也没什么想法，反正当时很多同学都是跟风补习的。

学生3: 我从小就参加了艺术培训班，还是挺有意义的，从初中开始还参加了学科类补习班，把我的课余时间都填满了，做学生太苦了。

教师: 看来有些同学对学科类的课外补习班深有体会并且表示不太喜欢。其实，现在义务教育阶段中小学生的学习生活已经发生了很大的变化。请与大家分享你从弟弟妹妹那里了解到的当前小学或初中的学习情况。

学生1: 现在他们不可以参加课外学科类补习，家长把网课也取消了，学生们有时间做自己喜欢的事情了。

学生2: 我的妹妹以前忙于上兴趣班和补习班，现在在家里每天饭后散步，我认为这对她的成长是有好处的。

学生3: 我听说他们的晚托不仅有老师监管做作业，还有不同的老师带去参加才艺课堂，丰富了他们的生活。

教师: 大家刚才说到的改变，得益于国家出台的"双减"政策。今天我们要从科学思维的角度一起分析国家"双减"政策，了解政策的出台背景、内容、意义、成效等，来学习"怎样的思维是科学的"。

【设计意图】 从学生的真实感悟和教育现状出发，引出本节课话题——"双减"政策，引导学生正面看待和理解国家政策。

（三）新课教学

环节一:走近国家"双减"政策，了解科学思维的含义

材料一 义务教育的突出的问题之一是中小学生负担太重，短视化、功利性问题没有根本解决。一方面学生作业负担重，作业管理不够完善;另一方面校外培训过热，超前超标培训问题尚未根本解决，一些校外培训项目收费较高，培训机构"退费难""卷钱跑路"等违法违规行为时有发生。学生作业和校外培训负担过重，家长经济和精力负担过重，严重对冲了教

育改革发展成果,社会反响强烈。党中央对此高度重视,2021 年 7 月 24 日,中共中央办公厅、国务院办公厅印发《关于进一步减轻义务教育阶段学生作业负担和校外培训负担的意见》,要求各地区各部门结合实际认真贯彻落实。简单来说,"双减"政策就是减轻义务教育阶段学生的作业负担和校外培训负担。

教师:请同学们阅读材料一,结合身边的事例,说说国家为什么要出台"双减"政策。

学生 1:中小学生负担太重,尤其是作业负担重。对待教育存在短视化、功利性问题。这些违背了义务教育阶段孩子的成长规律,国家必须要出台"双减"政策。

学生 2:这是国家根据当前的教育国情所出台的政策。快乐而高效地学习,这才符合教育规律,而不是用题海战术。

学生 3:一些教培机构收费很贵,有些还没有资质保障,动不动卷款跑路。这类教育支出对于一个普通家庭来说压力其实很大,但家长们跟风为了我们的学习,省吃俭用也要保障所谓的"加课"。我们学得也很有压力,好像不认真学习就对不起父母了。国家出台这个政策是顺应民意的。

教师小结:大家回答得很真切,指出了这一政策出台的必要性。我听到你们的回答中说到了"规律"——教育规律、成长规律,我们要从事物的本质上把握规律,科学思维需要符合认识规律,这是科学思维的含义的第一点。我也听到有同学说到"国情",科学思维应当追求认识的客观性,从实际出发,力图如实地反映认识对象,这也是科学思维特征之一。

教师:知道了政策的出台背景之后,我们来研读材料二"双减"政策文件原文中的总论部分。

材料二 《关于进一步减轻义务教育阶段学生作业负担和校外培训负担的意见》(节选)

一、指导思想。坚持以习近平新时代中国特色社会主义思想为指导,全面贯彻党的教育方针,落实立德树人根本任务……坚决防止侵害群众利益行为……有效缓解家长焦虑情绪,促进学生全面发展、健康成长。

二、工作原则。坚持学生为本、回应关切,遵循教育规律,着眼学生身心健康成长,保障学生休息权利,整体提升学校教育教学质量,积极回应社会关切与期盼,减轻家长负担……发挥学校主体作用……明确家校社协同责任……

三、工作目标。学校教育教学质量和服务水平进一步提升,作业布置更加科学合理,学校课后服务基本满足学生需要,学生学习更好回归校园,校外培训机构培训行为全面规范。学生过重作业负担和校外培训负担、家庭教育支出和家长相应精力负担 1 年内有效减轻、3 年内成效显著,人民群众教育满意度明显提升。

学生活动:结合科学思维的含义,说说"双减"政策背后的思维为什么是科学的。

学生 1:该政策以"坚决防止侵害群众利益行为""有效缓解家长焦虑情绪"为指导思想,说明科学思维产生于当前的实际,随着国情现状的变化而改变认知,这是符合认识规律的。

教师小结:从指导思想方面可以看出该政策遵循总的指导思想,考虑当前现状,树立正确目标。所以,科学思维要符合认识规律。

学生 2:科学的思维需要全面思考,需要遵循各种逻辑规则。"双减"政策的工作原则中"坚持学生为本""遵循教育规律,着眼学生身心健康成长""明确家校社协同责任"说明"双减"政策背后的思维是科学的。

教师小结:从工作原则看,可以看出该政策是适应学生身心规律的、符合中国对人才的需求的、是基于全面思考的。所以,科学思维要遵循逻辑规则。我们马上要学习形式逻辑的知识,这更说明真正科学的思维应该是内容真实、形式正确的。

学生3:"双减"政策的工作目标中"1年内有效减轻、3年内成效显著,人民群众教育满意度明显提升",说明正确的国家政策可以正确指导实践。

教师小结:从工作目标看,该政策有利于指导学校和校外培训工作,并取得阶段性成效,所以科学思维可以正确指导实践。符合认识规律、遵循逻辑规则、能够达到正确认识结果的,这就是科学思维的含义。我们在日常生活中,要学会识别科学思维,并且用科学思维来思考问题。

【设计意图】 本环节教师通过引导学生了解"双减"政策,引出了科学思维的含义,锻炼了学生的材料研读分析能力;引导学生明确国家政策的科学性,认同国家政策,提升制度自信,培育政治认同核心素养。

环节二:理解"双减"政策的意义,探析科学思维的特征

教师:"双减"政策的出台为广大教育者和家长提供了正确的思维方向和实践的方法论。下面我们来深入分析该政策的重要意义。

学生活动:小组讨论,结合课前搜集的"双减"政策的资料,详细说说"双减"政策的实施给教育带来怎样的影响(可从社会、学校、家庭、学生等角度)。其他同学聆听发言,总结该小组的发言中体现了科学思维的什么特征。

小组1:改善家长教育模式。之前的教育模式让很多家长非常辛苦,而且孩子还生活得非常疲惫。从长期看,对孩子的教育没有太多效果,如果在教育方式上不注意,可能还会影响孩子的身心健康。因此"双减"政策出台,对孩子来说是一件好事。

小组2:学校回归教育本质。学生作业少了,家长不要帮助检查作业了,亲子时间多了,更加关注孩子的素质教育了,学生兴趣爱好增多了等。只有教育管理部门、学校和家长共同回归教育本质,才能让国家的教育事业蓬勃发展。

评价组:刚才两个小组强调了"双减"政策的落实符合现实发展的规律、合乎当前教育逻辑,体现了科学思维追求认识的客观性的特征。

小组3:释放社会活力。"双减"政策出台之后,更多家庭的教育消费支出会慢慢减少。这就会慢慢释放出社会活力,也能让社会发展越来越好。

评价组:该政策出台以后可以预见到社会发展会越来越好,越来越有希望,说明科学思维的结果具有预见性。科学思维总是通过对事物历史与现实材料的分析,找出事物发展的规律,并对事物的发展趋势、发展前景作出合乎逻辑的推断。

小组4:我们小组在课前搜集资料时查到以下新闻:"据教育部2021年12月21日召开新闻发布会介绍,减轻义务教育阶段学生作业负担和校外培训负担的'双减'工作取得明显成效:一是作业总量和时长得到有效控制。二是课后服务吸引力显著增强。三是99%以上学校起始年级'零起点'教学,98.7%的教师参与了辅导答疑。四是校外培训治理工作取得明显进展。五是97.3%的家长对'减负'表示满意。"这说明了"双减"政策初具成效,是具有现实意义的,真真切切起到了改善教育环境的作用。

评价组:"双减"政策带来的阶段性成果说明了科学思维的结果具有可检验性,即所谓实践是检验真理的唯一标准。思维的结果必须接受实践的检验。事实证明,我们的改革是经得起实践检验的,是正确的。科学思维能够以实事求是的态度接受实践的严格检验,修正错误,坚持真理。

教师:感谢大家课前的精心准备,从你们的发言中老师看得出你们已经理解了科学思维的特征,现在请大家想一想三者之间的关系。

学生:离开追求认识的客观性,就不会有结果的预见性;正因为结果有预见性,才有可检验性。

教师小结:科学思维追求认识的客观性、结果具有的预见性和可检验性是相互联系、相互统一的。值得注意的是,在马克思主义的指导下,我们的思维能够更加自觉地走向科学。

【设计意图】 通过分析"双减"政策出台的重要性和取得的初步成果,学生探究了科学思维的特征,同时由衷认可"双减"政策,树立制度自信,发展了政治认同核心素养。

环节三:辨析教育观念,运用科学思维思考问题

教师:刚才我们了解了什么是"双减"政策,探讨了其科学性,反观当下的一些教育现状和观念,我们要学会运用科学思维进行辨析。你听说过"教育内卷化""鸡娃式妈妈"这些网络热词吗?

学生:这些是网络流行词,为了孩子能读好书、考出好成绩,父母给孩子"打鸡血",营造紧张的竞争氛围,不断给孩子报补习班,还喜欢跟别的家长比较。

教师:所谓的教育"内卷化"现象简单通俗来说就是"相互消耗""无意义地踩踏式竞争"。

学生活动:全班分为两个小组,分别辨析以下观点。观点一:因为别人上了某个补习班,所以成绩这么好。观点二:学霸都在做的事情,总是有道理的。辩驳时请指出这些观点犯了哪些思维错误。

小组1:观点一因果关系不成立、不合逻辑,是主观臆想。两件事先后或同时发生,并不说明这两件事情之间有因果关系,可能这两件事有共同的起因——报班和成绩好都是因为孩子勤奋,或者因为孩子学习自主性强,方法也得当,即使不报班,学习成绩也会很好。

教师小结:人们在证据不充分的情况下作出轻率的判定,会陷入因果谬误,这时候容易犯以偏概全的错误,即用孤立的例子取代严谨的论证。在分析因果关系时,一个经常会产生的认知偏差是确认偏误,即在大量的数据或证据中挑选对自己有利的证据,而忽略对自己不利的,也就是说,只看见自己想看的。所以这种观念是主观臆想的、不合逻辑的。

小组2:观点二代表了很多家长的想法,他们随大流,没有做到具体问题具体分析,犯了主观主义的错误。在很多时候,别人的选择对我们自己的影响太大了,它会使人自乱阵脚,不再审慎和深入地研究问题的本质,不再关注孩子个体的差异。

教师小结:大众的做法是有一定道理的,但应该综合考虑利弊、自己孩子的实际情况,以及其他可行的做法。所以这种观念是主观臆想的、片面僵化的。

综上所述,不科学的思维是主观臆想的、不合逻辑的、片面僵化的。它不是一切从实际出发,实事求是地反映认识对象,而是脱离实际,主观臆想的。从思维规则的层次看,它是不

合逻辑的思维；从思维方式的层次看，它是片面僵化的思维。显然，这种思维不能有效指导实践，也不能在实践中实现认识的预期目的。

教师：在学会辨析不科学思维的基础上，我们要经常运用科学思维来思考问题。回归到自身，我们已经是高中生，"双减"政策虽然针对的是义务教育阶段，但其中所蕴含的教育理念与思想也是与当前高中阶段所契合的。"双减"大背景之下，你的学习与生活怎样做到在"减"中有所"增"？

学生：高中生需要减心理负担，减低效学习，但要增能力，增素养。

教师小结：我们要善于在生活中用科学思维进行思考，注意自己的思维要符合规律，遵循逻辑，做到经得起实践的检验。

【设计意图】 知识的学习重在运用。在学生理解科学思维的含义和特征的基础上，提供一定的情境让学生检视日常思维的科学性，引导其运用科学思维思考问题，自觉或不自觉地树立起科学思维的意识，坚持以科学思维指导生活和学习。

（四）课堂总结

本节课我们学习了科学思维的含义和特征，明确了它具有追求认识的客观性、结果的预见性和可检验性。我们除了学习理论，更要学会在生活中分析某个思想是否属于科学思维，并且尝试着以科学思维指导生活和学习。让我们掌握科学思维，用战略思维增强科学性、预见性，用辩证思维增强整体性、系统性，用创新思维增强主动性、创造性。

八、板书设计

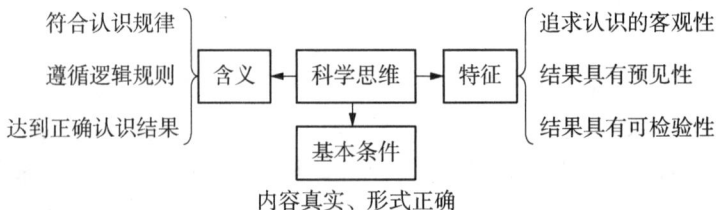

符合认识规律
遵循逻辑规则 —— 含义 ←→ 科学思维 ←→ 特征 追求认识的客观性
达到正确认识结果 结果具有预见性
结果具有可检验性
基本条件
内容真实、形式正确

九、教学反思

1. **贴近生活，激发学生兴趣。**科学思维的含义和特征等知识点对学生来说不难理解。正因如此，本节课的活动设计才有了更大的空间，需要学生结合热点话题，运用知识分析问题、解决问题，从而逐步养成运用科学思维看待个人发展和国家大事的习惯和能力。

2. **主动参与，实现深度学习。**本节课探索了活动型学科课程的教学设计，通过合作探究、解读情境等活动，设计多种类型的学科任务，引导学生经历分析解决问题、完成特定学科任务的过程。本节课突出学生的主体地位，通过小组讨论和案例分享的形式开展，内容丰富，有深度有广度。最后让学生总结自己学习中如何"减"与"增"，教师应及时引导学生作出正向回答。

十、专家点评

1. 多样活动,提升综合素养。活动型学科课程的教学,旨在通过活动参与,促进学生学科核心素养发展。本节课教学,朱老师设计了多样的活动,有课前的小调查,导入的小分享,课堂教学过程中的分享、交流与辨析等,在提升学生的科学精神素养的同时,也很好地培育和发展了学生的政治认同、公共参与等素养,体现了活动型学科课程在素养培育上的综合性。

2. 多维解读,增强社会理解。朱老师在本节课的教学中,依托科学思维的含义、特征和基本条件的学习,让学生对"双减"政策出台的背景、意义及要求等,有了较为全面的了解和认识。在学习学科内容的过程中增进对社会的理解,在了解社会的过程中更好地学习学科内容,这也是强调思政小课堂与社会大课堂相结合的重要意义所在。

第二框题　学习科学思维的意义

湖州市第二中学　朱欣苗

本框课件下载

一、理论基础和依据

恩格斯指出:"一个民族要想登上科学的高峰,终究是不能离开理论思维的。"习近平总书记强调,"要用科学思想方法去观察、思考、分析问题""青年时期是培养和训练科学思维方法和思维能力的关键时期""养成了历史思维、辩证思维、系统思维、创新思维的习惯,终身受用"。

科学思维是遵循逻辑规律和规则的思维,违背逻辑要求的思维不是科学思维。其一,学习逻辑能够将学生自发的逻辑思维转变为自觉的逻辑思维。不学习逻辑不见得处处都违背逻辑,但是学习了逻辑可以清楚地知道思维哪里合乎逻辑,哪里不合乎逻辑,从而能够有效地提高逻辑思维水平。其二,学习逻辑,掌握逻辑思维的规律和规则,可以发现思维中的逻辑问题,从而有效地纠正逻辑错误。如果不学习逻辑,即便知道思维不合乎逻辑,也会因为知其然而不知其所以然,不知道如何去纠正逻辑错误。其三,学习逻辑,提高逻辑思维水平,能够有效地驳斥诡辩,捍卫真理。诡辩是有意识地为错误的观点辩护,是通过用一些似是而非的手段违背逻辑思维的要求。如果没有掌握逻辑思维的规律和规则,即便知道对方在诡辩,也很难给予有效的驳斥,真理会因为我们"无能为力"而得不到应有的捍卫。

学习科学思维不仅要掌握科学思维的知识体系,理解科学思维的原理和方法,更重要的是要理论联系实际,把科学思维的知识原理运用到解决实际问题的过程之中。创新思维的一个重要特征就是创新性,就是不愿意因循守旧、僵化教条,而是要用新思想、新方法和新思路解决问题。科学思维能够揭示事物的本质和规律,能够帮助人们按照事物的规律思考事物之理,顺应事物之理解决问题。所以,学习科学思维对学生学会创新、能够创新、成功创新是有益的。

二、课标要求

《普通高中思想政治课程标准(2017 年版 2020 年修订)》内容要求:1.2 掌握科学思维的特点,体悟学会科学思维的意义。

教学提示:以"为什么要学习科学思维"为议题,可围绕垃圾分类这一话题,带领学生了解习近平生态文明思想,为家乡献计献策,把握学习科学思维的思想政治意义;可引导学生分析垃圾分类的不良现状,学会把握事物本质、纠正逻辑错误,理解学习科学思维的思维素养意义;可带领学生积极实践创新,从身边点滴落实垃圾分类,提升学生的公共参与能力,树立科学精神。

三、学情分析

学生在第三课第一框题"科学思维的含义与特征"的知识基础上,进一步学习科学思维的意义。从学生已具备的能力来看,本框题要从逻辑思维意义、辩证思维意义与创新思维意义角度阐述学习科学思维对培育思维素养的意义,要从思想觉悟层面和实践层面阐述分析学习科学思维对培育思想政治素养的意义,这需要学生具备一定的生活观察能力和综合分析能力;从学生的素养培育来看,本节课的理论性比较强,就价值认同方面达成教学目标具有一定的难度。

为了更好地了解学情,我们可以在课前展开调查或访谈,了解学生对学习科学思维的认同度,为教师的教学设计提供参考,从而为较好地达成教学目标奠定良好的基础。

四、教学目标

(一)核心素养培育目标

1. 科学精神

通过联系实际,采用分析思维、归纳思维,正确认识科学思维的作用;通过对热点时政的分析论证,领会学习科学思维的意义,进而用科学的思维看待生活中的问题,增强科学精神,争做时代新人。

2. 公共参与

通过课前小调查、课堂上为城市社区的垃圾分类工作建言献策及思考自身如何做好垃圾分类,理解培育科学思维的意义,提升公共参与的积极性,培育公共参与核心素养。

3. 政治认同

通过了解习近平生态文明思想,解读《浙江省生活垃圾管理条例》法律条文,提升制度自信,发展政治认同核心素养。

(二) 学科能力目标

1. 学习理解

理解学习科学思维对提升思维素养的意义和思想政治的意义。

2. 实践应用

在领会学习科学思维意义的基础上,用科学思维看待生活中的问题,思考如何积极投身于社会实践,提升公共参与意识。

3. 迁移创新

学会运用科学思维看待个人发展和国家大事,运用创新思维提高分析问题、解决问题的能力,树立科学精神。

五、教学重难点

1. 教学重点:理解学习科学思维的思维素养意义

培育思维素养是学习科学思维的重要任务之一,所以把握好该层面的学习意义是本框题教学的重中之重。从逻辑思维角度理解,有利于我们纠正逻辑错误,驳斥诡辩,捍卫真理;从辩证思维角度理解,有利于我们把握事物的本质和发展规律;从创新思维角度理解,有利于我们把握新情况、解决新问题,从而有所发现、有所发明、有所创造,提高我们的创新能力。

2. 教学难点:体悟学习科学思维的思想政治意义

学习科学思维具有思想政治意义,这个层面较难运用常规的纸笔测验来检验学习成果,要从一个人的长远成长来考量,因而也是教学评价的难点所在。从实现政治认同、培育政治自觉、提高政治站位的角度理解,对于中学生而言并不容易。要让学生真正体悟到学习科学思维的思想政治意义,在理解认同的基础上,积极投身于当代中国广泛而深刻的社会实践。

六、教学方法

1. 案例探究法

为落实教学活动的实践性和素养化,达成教学目标,本节课围绕垃圾分类现状,设置了真实情境,要求学生站在不同角度全面思考问题,在模拟扮演中识别并勇于指出对方的逻辑错误,最后通过团队合作和独立思考,尝试提出解决方案。

2. 小组讨论法

组织学生在课前明确分工,查找、分析、整合资料,并通过小组合作提炼观点。在课堂活动中,引导学生互相追问和补充,在生生互动、师生共享的过程中,达成本节课教学目标。

七、教学流程

（一）课前准备

1. 访问学校的保洁阿姨，了解过去和现在的校园垃圾分类情况。

2. 用相机记录自己的家庭、学校、社区当前的垃圾分类现状，说说当前垃圾分类工作的成效，并思考如何将垃圾分类工作做得更好。

（二）课堂导入

教师：请大家分享课前小调查的情况，展示你记录的垃圾分类现状的照片。

学生1：小区设立了专门的垃圾站，倡导居民定时定点投放垃圾（见图1）。

学生2：这是社区的垃圾分类宣传标语（见图2）。

学生3：城市路边设置的标准分类的垃圾桶内，仍然存在垃圾混装的现象（见图3）。

学生4：学校保洁阿姨正在辛苦地对垃圾进行再次分类（见图4）。

图1

图2

图3

图4

教师：看来有关垃圾分类的素材就在我们身边，小到家庭、大到社会，我们每天都面临着与垃圾分类有关的问题。垃圾分类作为国家的统一行动，其对生态环境保护的意义人尽皆知，但要真正落到实处还有一段路要走。今天我们以垃圾分类为话题，思考科学思维的意义。

【设计意图】　从学生的真实感悟和生活现状出发,引出本节课话题——垃圾分类与环境保护,引导学生从正面思考问题。

(三)新课教学

环节一:理解生态文明思想,为家乡献计献策

教师:我们从以前的不注意垃圾分类,到现在大力落实垃圾分类工作,正是对国家生态文明建设的响应。下面我们观看一段视频《大道笃行系苍生——习近平生态文明思想为可持续发展指明方向》,了解习近平生态文明思想。

材料一　播放视频:《大道笃行系苍生——习近平生态文明思想为可持续发展指明方向》

当前,全球生态环境问题面临严峻挑战,人类正站在可持续发展的十字路口。"生态文明是人类文明发展的历史趋势"。

绿色之约,不负青山不负人

党的十八大以来,习近平就生态文明建设提出一系列新理念、新思想、新战略:"坚持人与自然和谐共生""绿水青山就是金山银山""良好生态环境是最普惠的民生福祉""山水林田湖草是生命共同体""用最严格制度最严密法治保护生态环境"……习近平不断在国际场合发出清晰有力的声音,呼吁构建人与自然和谐共生、经济与环境协同共进的地球家园。天人合一、道法自然的中国智慧,赢得世界越来越多的肯定。

携手之诺,时代动力扬风帆

"构建世界各国共同发展的地球家园!"从建设美丽中国到共建美丽地球,中国一诺千金。从推动低碳转型到全球气候治理,中国知行合一……中国提出全球发展倡议,高度契合联合国2030年可持续发展议程,"推动实现更加强劲、绿色、健康的全球发展"。在习近平生态文明思想的指引下,中国作为全球生态治理参与者、贡献者、引领者,促共谋谋团结,以笃行行担当。

大道之行,命运与共护家园

国际社会这样解读习近平生态文明思想:它是"独特的中国礼物",有"美丽的诗意",能"实现美好未来"……习近平强调:"面对生态环境挑战,人类是一荣俱荣、一损俱损的命运共同体,没有哪个国家能独善其身。"习近平提出的人类命运共同体理念在生态环境领域延展开来,为人类文明永续发展进步指出方向。

教师:请对标你理解的科学思维,结合现实生活,谈谈你对习近平生态文明思想的理解。

学生1:习近平生态文明思想从宏观上为我们如何保护自己的家园提供了方向和行动的指导,是根据我们的国情提出的,是符合客观规律的。

学生2:我们的生活中随处可见关于生态文明建设的宣传标语,我想这就是思想理论的号召力,我们每个人都要为美丽中国的建设出一份力。

学生3:习近平生态文明思想体现了对大自然物质循环规律的把握,对人与自然生命共同体安危休戚关系的揭示,指导我们更好保护我们赖以生存的自然生态环境,推动人类社会走向更高的文明形态。

教师：习近平生态文明思想是新时代中国生态文明建设的根本遵循。它推动新时代中国生态文明建设取得了历史性成就，使美丽中国建设迈出重大步伐，开辟了社会主义生态文明新时代。但作为社会的一分子，我们仅仅从宏观理论上认同国家的生态思想还不够，还要尝试参与，进行更多的思考。

请同学们结合展示的社区垃圾分类情况的照片，回顾课前小调查的经历，思考社会各界可以如何将垃圾分类工作做得更好。

小组1：想要做好生活垃圾分类工作，我们小组认为首先需要配齐配足生活垃圾分类设施，让分类后的生活垃圾"有地方扔"。相关部门应科学制定垃圾分类设施配置标准，以便民、实用为原则，配齐配足分类投放设施，满足市民投放需求。此外，要加快厨余垃圾处理厂建设，推动其他垃圾焚烧处理设施规划建设，提升分类处理能力。

小组2：要让垃圾分类理念深入人心，离不开广泛宣传、精准宣传、有效宣传。比如，每周固定一天在社区抖音直播间向网友讲解生活垃圾减量与分类管理的相关条例，定期开展各种社区垃圾分类活动。以社区为单位，成立垃圾分类宣教小分队，入户宣传垃圾分类有关政策，定期播放《督桶员之歌》《教你怎样分垃圾》等宣教节目。

小组3：做好垃圾分类需要社区的主动参与，把垃圾分类变成社区居民日常生活的一部分。在社区开展生活垃圾分类工作的进程中，要依靠群众、发动群众。比如，成立由社区热心老同志组成的垃圾分类巡劝小分队，合理划分区域，让每名巡劝队员在家门口、楼道边就能对垃圾不分类、分不对的居民进行巡劝指导。

小组4：我们每个人都要从自身做起，为他人树立榜样，让越来越多的人养成垃圾分类好习惯，为改善生活环境而努力，为建设美好家园作贡献。

教师小结：大家说得非常全面且深刻。正是依托于大家已有的科学思维才能进行如此程度的分析。所以学习科学思维有助于我们认清社会发展规律和阶段性特征，正确认识不同的社会实践中的国情和世情，准确把握我们所在的历史方位，提高我们的政治站位，提升我们的思想水平和政治觉悟。

【设计意图】 从国家宏观政策层面引导学生认同国家制度，培育政治认同感，树立制度自信；从中观社会层面引导学生全面、深入地思考问题，提升问题解决能力。

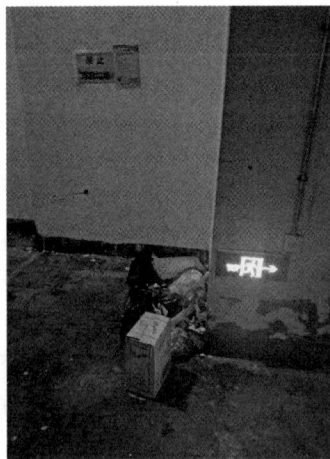

图5

环节二：纠正思维错误，为社区解决问题

教师：老师这几天也在观察自己家小区的垃圾分类情况，我拍到这样一张照片（见图5），每天早上，小区地下车库的电梯口堆放着几包生活垃圾。如今我们的城市统一要求在每个小区的固定地点设置垃圾分类站，还派专门的工作人员协助垃圾的投递。而在统一放置之前，小区物业在地下车库电梯口也放置了一个垃圾桶，以供开车的居民早上上班顺手把垃圾扔掉。尽管现在大力宣传要去固定点投放，有些业主还是改不掉以往的习惯，把垃圾扔在地库的墙角，还振振有词；而物业也显得无能为力，除了张贴告示，只能每天派人去清理垃圾。这个现象已经持续了很长的时间。

材料二　角色扮演

角色 A: 扮演乱扔垃圾的居民,表达对撤走地下车库垃圾桶的不满——"就像以前这样,物业在这里设置一个垃圾桶方便我们开车的业主早上扔垃圾,不是很好吗? 为什么要说变就变,谁为我们考虑考虑呢?"

角色 B: 扮演物业管理者,表达必须撤走地下车库的垃圾桶——"是市里要求统一设置垃圾投放点,这样便于统一管理,我们也只是听命行事。"

角色 C: 扮演物业保洁人员,表达自己的无奈——"现在我们的工作量大增,以前只要把各个垃圾桶运走清理,现在还得清理打包地下车库每幢电梯口的垃圾。"

角色 D: 扮演小区正确投放垃圾的居民,认为不公平——"每天出了电梯看见一地垃圾,十分不雅观,拉低小区的档次,物业也管不好。他们可以扔在地下车库的地上,我们是不是也可以扔在一楼单元楼梯的门口,大家都乱扔,小区要变成垃圾场了。"

教师: 请大家针对刚才各个角色的观点进行点评,指出表达中的错误思维,也请小组合力思考并试着协调此事。

小组 1: 这位开车的业主,你说的"说变就变"是错误的。国家对垃圾分类也进行了宣传,世界在发展,人们有了更符合生态规律的认识,从而改进以前的落后做法,这是好事,我们应该把握发展规律。如果我们的思维一成不变,就会犯形而上学的错误。现在的统一管理可以更好地支撑这个城市的垃圾分类工作。从实际情况来说,以前就放一个垃圾桶在楼下,没有监管,不分类的现象屡见不鲜,地下车库不通风,还时常发出异味。还是请从大局考虑,每天晚上主动去垃圾站投放垃圾吧。

小组 2: 物业和保洁,你们虽然做了很多实事,小区环境的维护离不开你们,但作为物业管理方,不能停留在事物的表面,应该从事物的本质出发,从生态环保的角度来说服业主主动投放,而不是摆出自己也很无奈的姿态来命令或者乞求业主。你们张贴了垃圾分类的宣传品,是否可以举办一些贴近居民的活动,让垃圾分类的意识不只停留于纸上。

小组 3: 每一位主动正确投放垃圾的居民你们都是好样的,我们要坚持自己的正确做法,不能混淆概念,用别人的错误行为来降低对自身的要求,我们要齐心协力,形成榜样力量,让小区越来越多人可以正确投放,个别乱扔垃圾的也就不好意思再反着干了。

教师小结: 从大家的讨论中,我看到你们的发言具备逻辑思维,看到了满满的正义感。有些小组指出了以上观点中的逻辑错误,这说明了学习科学思维有利于我们纠正逻辑错误,驳斥诡辩,捍卫真理;有些小组劝说物业方从垃圾分类行动的生态建设本质去做宣传工作,说明了学习科学思维有利于我们把握事物的本质和发展规律;每一小组都能为这类现象出谋划策,说明学习科学思维有利于我们把握新情况、解决新问题。以上就是学习科学思维的思维素养意义。

【设计意图】 从真实的社会现象切入,让学生理解学习科学思维对培养思维素养的意义;提升学生的是非判断能力、辨析能力、表达能力;引导学生运用科学思维分析问题、解决问题,培育科学精神核心素养。

环节三:积极实践创新,从身边点滴落实

教师: 我们一起来解读《浙江省生活垃圾管理条例》,该条例的亮点在于:一是明确生活垃圾"四分法";二是明确部门职责;三是加强生活垃圾总量控制;四是电子商务、外卖、快递

等行业包装减量;五是禁止和限制部分塑料制品的生产、销售和使用;六是禁止餐饮浪费;七是明确可回收物的回收利用;八是建立生活垃圾处理收费制度。

请同学们"从我做起",结合《浙江省生活垃圾管理条例》的内容,分享作为一名高中生,我可以为更好地保护环境做点什么。

学生 1:明确垃圾分类的标准,不能投放错误,这是前提。在家里和学校,做到认真投放垃圾,对自己的行为负责,对身处的环境负责。

学生 2:减少生活垃圾的产生,如少用塑料制品、废物巧利用、践行光盘行动等。

学生 3:我们可以参与社会实践,在社区或校园做一名垃圾分类的日常宣传者和实时监督者。

……

教师小结:看到大家能这样重视环境保护,老师很赞赏,我想学习科学思维也有助于我们发扬科学精神,积极投身于当代中国广泛而深刻的社会实践。当然,实践并不是喊口号就行了,需要将行动落实在日常生活点滴中。让我们一起行动起来,营造美好家园。

【设计意图】 以学生微观行动为落脚点,激发学生思考自身的行动,积极投身于当代中国广泛而深刻的社会实践,从而培育良好的公共参与品质。

(四)课堂总结

今天我们从身边的垃圾分类现状出发,为社区的现实困境出谋划策;学习了习近平生态文明思想,尝试为家乡的垃圾分类工作献言建策;发扬科学精神,从自身思考如何做好垃圾分类。学习科学思维对我们的思维素养和思想政治素养的培育都意义深远,我们要学会运用科学思维,提升思维品质,这有助于我们养成个人良好的思维习惯,以便于我们更好地学习、工作和生活,我们每位同学都要争做一名社会主义新时代新青年。

八、板书设计

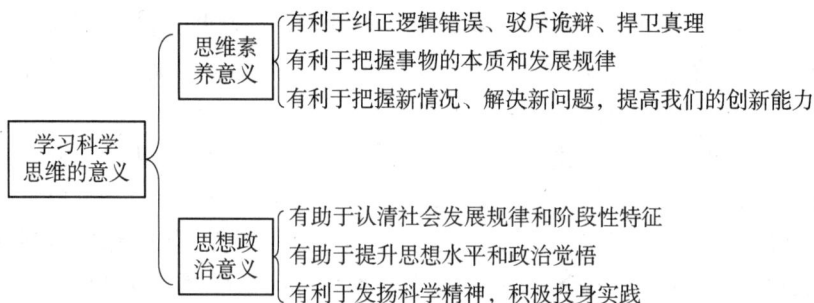

```
                    ┌─────────┐  有利于纠正逻辑错误、驳斥诡辩、捍卫真理
                    │ 思维素  ├─ 有利于把握事物的本质和发展规律
                    │ 养意义  │  有利于把握新情况、解决新问题,提高我们的创新能力
   ┌──────────┐    └─────────┘
   │ 学习科学  │
   │ 思维的意义 │
   └──────────┘    ┌─────────┐  有助于认清社会发展规律和阶段性特征
                    │ 思想政  ├─ 有助于提升思想水平和政治觉悟
                    │ 治意义  │  有利于发扬科学精神,积极投身实践
                    └─────────┘
```

九、教学反思

1. **师生互动,深入思考。**本节课的知识点看似不多,但要深入理解并不容易,所以需要借助丰富的情境材料让学生理解深层内涵。本节课的探究性主要体现为知识是由同学们通过活动、思考生成的,在探究的过程中强调生生合作、师生合作。活动设计提高了同学们运

用知识分析问题、解决问题的能力,从而逐步养成运用科学思维看待个人发展和国家大事。

2. **明辨是非,正向表达。**本节课的亮点是设置了具有冲突思维的情境,引导学生首先明辨是非,其次辨析错误观念,最后提出解决方案。本节课的活动选题选材兼具时代性、话题性、正能量,且容易激发学生的探究热情,落实学科核心素养。

十、专家点评

1. **想大问题,做小事情。**朱老师这节课以学习和践行习近平生态文明思想为情境线索,在逻辑与思维的学习中引导学生关注大问题、思考大问题。同时,在教学实施中,通过课前调查,课堂角色扮演、"从我做起"的思考与分享等,引导学生从身边的小事情做起。思想政治课要讲政治、高立意,所以必须引导学生想大问题,但思政课也必须要讲效果,因此又必须讲究低落点,引导学生做好身边的小事情。不想大问题,思政课会缺少高度,易陷于庸俗;不做小事情,思政课会缺少厚度,易流于空洞。

2. **察身边事,省自身行。**我们非常强调要加强"大思政课"建设。思政课如何变得更"大"? 我们要从小课堂跳出来,一方面,要与社会大课堂相结合,要用课堂所学去观察社会、观察生活;另一方面,要深入学生的内心世界,要用课堂所学去反思自我、反省言行。朱老师的这节课,既是一种对学生生态环境保护、生活垃圾分类意识的教育,也是以学生身边之事为镜,让学生照见自己、警醒自我。通过逻辑与思维的学习,让学生察身边事、省自身行,这也许正是学习科学思维的意义所在了。

综合探究

学会科学思维　提升思维品质

综合探究

学会科学思维　提升思维品质

华东师范大学湖州实验中学　陈　静

本框课件下载

一、理论基础和依据

党的二十大报告中强调,"要善于通过历史看现实、透过现象看本质,把握好全局和局部、当前和长远、宏观和微观、主要矛盾和次要矛盾、特殊和一般的关系,不断提高战略思维、历史思维、辩证思维、系统思维、创新思维、法治思维、底线思维能力,为前瞻性思考、全局性谋划、整体性推进党和国家各项事业提供科学思想方法"。习近平总书记在中国政法大学考察时指出:"青年时期是培养和训练科学思维方法和思维能力的关键时期,无论在学校还是在社会,都要把学习同思考、观察同思考、实践同思考紧密结合起来,保持对新事物的敏锐。"

科学思维是在认识真理的过程中,对各种科学思维方法的有机整合,它是人类实践活动的产物。科学思维方式就是以马克思辩证唯物主义和历史唯物主义为根本思想武器,进行科学探索、科学实践、科学研究的思维方法。它要求用全面的、发展的观点看待问题、认识问题,用辩证的、系统的方法观察问题、分析问题,注重探寻规律、发现规律,形成规律性认识并用以指导实践,促进实践发展。科学思维能力,主要包括理性思维能力、辩证思维能力、系统思维能力、创新思维能力等,是一个人知识素养、实践能力的综合体现,也是做好工作、提高效率的客观要求。

思维品质是大脑的思维活动在完成思维任务中所必须具备的条件,是反映思维活动本质特征的性质,是主体在思维活动中表现出来的具有稳定性和倾向性的某种特征,也是主体在思维活动中所表现出来的思维能力的特点。我们在日常生活中经常会说到有些人思考问题很深入,有的人思考问题面面俱到,有的人思考有条有理,这些都反映了一个人独特的思维品质,也是衡量一个人思维水平高与低的标志。通常,思维有七大品质,分别是思维的广阔性、深刻性、独立性、批判性、灵活性、敏捷性和逻辑性。

二、课标要求

《普通高中思想政治课程标准(2017年版2020年修订)》要求,通过科学思维的训练引导学生掌握科学思维的基本要求,学会运用科学思维探索世界、认识世界。1.1描述常见的思维活动,体会思维是人所特有的属性,了解思维的基本形态和特征;懂得正确思维的基本条件。1.2区分抽象思维和形象思维;掌握科学思维的特点,体悟学会科学思维的意义。

教学提示：可列举正反两面性的事例，引导学生从实例中理解情绪对思维的重要影响；可对比科学思维和文学艺术，理解抽象思维和形象思维的区别，体会二者可以相辅相成；可运用对比法和案例法，引导学生辨别违背逻辑思维基本要求的现象，加强对逻辑规则的认知。可阐述国家相关政策，引导学生运用科学思维，理解国家制度安排，提高思想水平和政治觉悟，增强立志报国的使命感。

三、学情分析

从本节课探究活动的综合性要求看，学生的知识储备、思维能力相对不足。学生初学"逻辑与思维"这个模块，且第一单元为概述，学生初步掌握了科学思维的基本知识，但还不具备相应的理论素养和灵活运用知识的能力。

从本节课探究活动的开放性要求看，学生的认知水平和实践能力有所欠缺。课堂探究要求充分调动起学生的积极性，彰显学生学习主体作用，但本节课探讨的主题高于学生生活日常，有一定的难度，对学生综合分析、正确看待事物的能力要求较高。

因而，本节课需要从实际学情出发，通过贴近生活实际的素材和适宜有效的教学设计，引导学生从个人层面、社会层面和国家层面多角度理解科学思维的要义和意义。

四、教学目标

（一）核心素养培育目标

1. 科学精神

结合相关案例，通过探究我国航天事业的发展，了解情绪对思维的影响，理解抽象思维和形象思维互补，明确科学思维要追求认识的客观性，辨别违背形式逻辑基本规律的现象，形成正确的价值取向，提高综合运用逻辑思维、辩证思维和创新思维等科学思维分析问题和解决问题的能力。

2. 政治认同

通过了解我国航天事业取得的一系列成就，探讨中国航天日宣传海报的寓意，分析我国航天强国战略，增强民族自豪感和自信心，增进对国家制度的认知和认同，提升社会责任感和使命感。

（二）学科能力目标

1. 学习理解

了解情绪对思维的影响，把握抽象思维和形象思维的互补关系，掌握逻辑思维的基本要求，理解科学思维的意义。

2. 实践应用

通过小组合作查找资料、整合观点、分享实例等形式，理解科学思维的要义并辨别违背科学思维的做法；能在老师引导下运用科学思维理解国家政策和制度。

3. 迁移创新

在听取其他同学案例分享的基础上，运用科学思维，提出自己的见解；在理解并认同我国航天强国战略的基础上，运用科学思维，增强对中国特色社会主义制度的整体认知。

五、教学重难点

1. 教学重点：把握科学思维的要义

科学思维泛指符合认识规律、遵循逻辑规则的思维，是能够达到正确认识结果的思维。科学思维的要义是我们在运用科学思维分析问题、解决问题的过程中应该把握的要点。掌握科学思维的要义有助于学生更好地理解和运用科学思维。根据教材提示，本设计重点梳理以下要点：情绪对思维的影响；形象思维和抽象思维的关系；形式逻辑的基本规律、辩证思维和创新思维；追求认识的客观性；等等。

2. 教学难点：体悟科学思维的意义

领悟科学思维的意义才能更好地运用科学思维。传统的说教可以帮助学生简单地理解科学思维的重要性，但并不能从情感共鸣和态度认同方面加深学生对科学思维的意义的体会。本设计以议题引领，以我国航天事业发展为情境烘托，引导学生主动探究，在师生、生生互动和促进的合作式学习中，加强对科学思维意义的体悟。

六、教学方法

1. 案例探究法

为落实综合探究活动的实践性和素养化，本节课设计要求学生查找与科学思维契合的时政热点资料。学生通过分析整合材料，提炼观点并分享，教师就学生分享交流的内容给予恰当的引导和补充。教师可通过背景材料支持，引导学生运用科学思维，理解国家政策。

2. 小组讨论法

为解决综合探究内容丰富且量大和课堂活动时间有限的矛盾，本节课设计将学生分为四个小组，开展小组合作。在课前明确分工，引导学生查找资料、分析问题，提炼并整合观点。在课堂活动中，同学们可向分享议题的同学进行追问和补充，在生生互动、师生共享的过程中，达成本节课学习目标。

七、教学流程

（一）课前准备

学生活动：全班学生分为四个小组，围绕"我国航天事业发展"的主题，选取其中一个议题（见表1），搜集时政热点信息，分析整理材料，整合分享观点。

材料一 2021年1月28日，国务院新闻办发布《2021中国的航天》白皮书。白皮书指出，2016年以来，中国航天进入创新发展"快车道"，取得了举世瞩目的辉煌成就。未来五年,中国航天将立足新发展阶段,贯彻新发展理念,构建新发展格局,按照高质量发展要求,推动空间科学、空间技术、空间应用全面发展,开启全面建设航天强国新征程,为服务国家发展大局、在外空领域推动构建人类命运共同体、促进人类文明进步作出更大贡献。

表1　课前信息收集

议题	评述事例	提炼观点
1. 情绪会影响思维的正确发挥吗?		
2. 形象思维和抽象思维是怎样的关系?		
3. 实践中应该如何遵循形式逻辑的基本规律?		
4. 科学思维如何追求认识的客观性?		

要求:

(1)各小组根据选定的议题,明确分工、查找资料、整合观点、制作PPT。

(2)各小组就展示内容随时与老师保持沟通,保证选材与议题的契合度和观点评析的明确性。

(3)各小组选定1名代表汇报探究成果,事例典型、观点充分,用时3—5分钟。

【设计意图】　相较于前三课,综合探究对学生综合理解运用知识、理论联系实际的能力要求更高,侧重学生核心素养的达成。考虑到课堂活动综合性强、学生联系实际运用知识的能力尚有欠缺、课堂时间有限等诸多因素,本节课设计通过充分的课前准备,调动起学生学习的兴趣。在老师的指导下,学生进行小组探究,围绕议题,圈定话题,阐明观点,真正体悟生活中的科学思维。

(二)课堂导入

材料二　2022年4月16日,大漠戈壁飞沙扬砾,东风着陆场上五星红旗迎风飘扬,我国的神舟十三号载人飞船结束了六个月的太空之旅,三名航天员在万众瞩目之下,凯旋神州(见图1)。神舟十三号任务是我国空间站关键技术验证阶段的决胜之战、收官之战。神舟十三号载人飞行任务的圆满成功,标志着我国空间站即将进入建造阶段,彰显着中国航天事业的飞速发展,意味着中国又向航天强国战略目标迈进了一大步!

图1

教师:神舟十三号顺利返航! 2022年6月5日神舟十四号发射也取得圆满成功,继续开展下一期空间站建设探索。过去几十年,在党中央、国务院的正确决策和领导下,我国航天事业经历了发展导弹,运载火箭、卫星,载人航天几个阶段,现已形成体系和规模。航天成就的取得也充分表现中国航天人运用科学思维探索太空的勇气和智慧。今天这节课,我们一起跟随各组同学的分享,学习中国航天发展中的科学思维,学习如何提升思维品质。

【设计意图】 列举中国航天事业发展的最新成就,将其与活动议题联系在一起。议题和主题相契合,为学生探究活动的顺利进行提供方向和目标。

(三)新课教学

环节一:把握科学思维的要义

教师: 我们有请四组同学的代表为大家分享小组活动成果。同学展示成果后,其他小组成员可就展示内容进行追问或补充。

第一小组学生展示: 我们探究的议题是"情绪会影响思维的正确发挥吗"。我们认为:保持积极稳定的情绪有助于我们正确思维的发挥。我们先来看第一则材料,空间站环境狭小、工作生活单调,而且很容易睡眠不足,神舟十三号的 3 位中国航天员积极调节情绪,应对挑战。在空间站,他们可以保持跟地面的联系,可以跟家人通话,可以进行各种体育锻炼活动如跳绳,可以进行兴趣爱好类的活动(见图 2—图 4)。严谨的科研活动和丰富的业余活动相补充,这有助于航天员调节身心,保持健康平稳的心态。

图 2

图 3

图 4

我们再来看第二则材料,1976 年 7 月 6 日发射的前苏联"联盟-21"飞船载着航天员进入太空。任务即将结束之际,乘组要求提前返回地球。回到地面后人们发现,乘员们的身心状况都十分糟糕。这到底是什么原因? 后来研究人员发现,航天员生活单调且相互之间缺乏情感交流,这导致他们的情绪低沉,无法集中注意力进行严谨的科学实验活动。

学生 1: 为什么情绪会影响人们的思维活动?

小组成员 1: 从心理学的角度看,情绪和思维有着密切的关系。科学研究表明,情绪和认知的发展是相互关联的,它依赖于大脑多个区域。就大脑的基本运作方式而言,情绪在得到良好控制时支持我们的执行力,但在控制不当时会干扰我们的注意力和决策能力。

学生 2：积极情绪有利于人们正确思维的发挥,那么负面情绪一定不利于人们活动的开展吗?

小组成员 2：依据心理学"情绪 ABC"理论,当我们碰到激发事件(Activating events)时,我们会不断想起它,思绪凝聚成想法(Belief),会引发行动,产生后果(Consequence),如放弃、沮丧,或者振作再尝试。负面情绪引发的负面思维具有"多米诺效应",认为不好的事情会连续发生,那么这个人的行为会比较消极。若是积极调整负面情绪,产生积极的思维,可以对我们的行为起到积极的指导作用。

教师小结：通过第一组同学的介绍,我们学习到应该学会保持情绪稳定,这样更有利于我们正确思维。

第二小组学生展示：我们探究的议题是"形象思维和抽象思维是怎样的关系"。我们认为形象思维和抽象思维相互区别,但也相互联系、相辅相成。2022 年 4 月 24 日是第七个"中国航天日",主题为"航天点亮梦想",这是这年航天日入选的宣传海报《九天漫书》(见图 5)。海报的创作灵感源于海南文昌发射场,画面主体取材于总装厂房内景。总装大楼建筑本身具有精密而宏大的特殊美感,特别是"抱持"箭体的活动平台,坚实有力、纵横交错,就像书法的"筋骨",以此为原点开展设计,把平台的机械结构转化成汉字。大家可以在海报上找到哪些名字呢?"嫦娥""鹊桥""玉兔""问天""祝融""北斗""神舟"等铭文,记录着变成现实的航天梦想。主角"胖五"(长征五号系列运载火箭)作为现役明星型号火箭,是唯一仅可通过海运转运的火箭,呼应海南的地域特点。在属于火箭尾焰的部分,以"水"为"火",把"胖五"的尾焰融进了南海的

图 5

浪潮,顺手借助王希孟《千里江山图》的青绿,把宋人悠远绵长的审美情怀延续到当下。画面中央的人物是"摘星星"的航天员妈妈和小朋友,寓意新一代人的航天梦想正由此被点亮。作品将航天重点型号火箭和发射架巧妙融合,通过人物将航天现实与未来有机连接,将形象思维的形象性、想象性、情感性与抽象思维的概念性、推导性和严谨性相结合,体现了航天科学与艺术表达的完美结合。凸显航天精神,讴歌丰功伟绩!

学生 1：你们的观点是指"科学活动也需要形象思维"?

小组成员 1：可以这么说,人们的一切实践活动需要将形象思维和抽象思维结合在一起。航天事业是人们脚踏实地、实事求是的活动产物。人们既需要借助概念、判断、推理等抽象思维进行理性而严谨的科学研究和实践,同时也需要用形象化的方式表达中国航天精神和寄寓美好的寓意,这就需要形象思维的参与。

学生 2：文学活动就是形象思维的表现,那怎么理解文学活动也需要抽象思维?

小组成员 2：我们不能笼统地认为文学活动就是形象思维的表现,科学活动就是抽象思

维的表现。形象思维与抽象思维可在科学家或艺术家工作过程中相互交叉和转化、渗透。正如钱钟书先生所言"理之在诗,如水中盐,花中蜜,体匿性存,无痕有味",只有形象思维而没有抽象思维的渗透,作品很有可能成为无意义的材料堆积,或者无限制的情感宣泄。再如,抽象思维进入形象思维当中,必须和形象思维互相融合,互相渗透,共同发挥作用。只有这样,才能创作出既富鲜明形象又具理性内涵的艺术作品来。

教师小结:第二组同学给我们展现了一幅美丽的画面,充分说明了形象思维和抽象思维的密切联系。同学们在生活中也要有意识地将两种思维相结合。

【设计意图】 本环节学生在对两个议题即情绪对思维的影响、抽象思维和形象思维的关系作分享的过程中,深化对科学思维要义的认知和理解,提升联系生活实践把握和运用知识的能力,提高查找资料、筛查信息、分析整合观点等阅读分析能力,同时也锻炼团队协作能力。学生在列举中国航天发展成就中,增进对我国航天强国战略的认知和理解,增强民族自豪感和自信心。

环节二:体悟科学思维的意义

材料三 探索浩瀚宇宙,发展航天事业,建设航天强国,是我们不懈追求的航天梦。中国始终把发展航天事业作为国家整体发展战略的重要组成部分,始终坚持以和平为目的探索和利用外层空间。白皮书所展示的航天愿景,将中国人的航天梦想和雄心壮志照进现实,彰显了中国航天贯彻创新引领理念、从航天大国向强国迈进的奋进姿态。

第三小组学生展示:我们探究的议题是"实践中应该如何遵循形式逻辑的基本规律"。我们认为人们的言语举止应该要遵循同一律、矛盾律和排中律,以此来确保我们思维的确定性、一致性和明确性。我们关注的是中国航天取得显著成绩后国内外的评价。

一方面,国内有人评论说:"过去的 2021 年,中国航天事业取得丰硕成果,全年航天发射次数达到 55 次,超过美国的 45 次和俄罗斯的 25 次,中国的航天实力已经赶超美国。"上述评论将"发射数量"等同于"航天实力",这是偷换概念的做法,是错误的,违背了逻辑思维的同一律。

另一方面,中国航天发展蒸蒸日上,美国辩称"中国不与他国分享航天技术"。事实上,美国联合多国运作的国际空间站拒绝我国的加入;美国航天航空项目不与中国官方进行技术交流,也不接待中国学者。美国官方的说法不仅违背客观事实,与其做法也自相矛盾,违背逻辑思维的矛盾律。其实,美国这样一种自相矛盾的判断和评价也恰恰说明美国对中国航天发展的嫉妒和不满,一方面试图抹黑中国,一方面又要给自己贴金,其观点不免陷入自相矛盾的漩涡。

学生 1:那应该如何客观科学地看待我国的航天实力呢?

小组成员 1:我国航天事业历经半个多世纪的发展,已经取得了巨大的成就,但我们不能盲目乐观地估计我国航天发展的实力。航天科技主要分布在五大领域,分别是载人航天、探月、大推力火箭、深空探测和空间站。事实上,在这些领域,我国与美俄还有不小的差距。比如,美国在深空探测方面领先全球,先后向火星发射 21 个火星探测器(截至 2020 年 7 月),还发射了人类航天史上第一艘无人外太阳系空间探测器旅行者 1 号,其目前已经飞到距离太阳 237 亿千米的位置(截至 2023 年 1 月)。2021 年,我国首个火星探测器天问一号登陆火星,祝融号火星车开始巡视探测。我国航天事业还要继续努力!

学生2:中国为什么要积极发展航天事业,力争从航天大国向航天强国迈进?

小组成员2:首先,从国家安全和国家利益的角度看,我国实施航天强国战略有其必要性。美国、俄罗斯等航天强国都制定了国家航天战略,都在积极探索外太空资源。未来国家间的竞争也必定包括太空资源的竞争。其次,从经济发展和人们生活的需要看,我国要继续从大国迈向强国。我国通信卫星、北斗系统和遥感卫星等技术服务于经济社会发展、人民生活便利。比如,北斗卫星导航系统在交通运输、防灾减灾、农林牧渔、电力通信等行业融合应用,还服务于全国的医疗卫生、疫情防控、远程监测和在线服务等领域。再次,中国梦必定包括航天梦,中华民族的伟大复兴也必定包括中国航天事业的伟大进步。未来富强、民主、文明、和谐、美丽的社会主义现代化中国也更加需要强大的航天实力的保障。

教师小结:同学们的讨论很精彩!科学思维要合乎逻辑,遵循形式逻辑的基本规律即同一律、矛盾律和排中律。对于上述评价,我们要善于运用科学思维,从逻辑规律的角度,依据客观事实本身,识别错误的逻辑表达,辨别不同的观点论述,明晰正确的判断方向。

同时,以科学思维看待中国航天强国战略,这既能提升同学们的思维素养,也能提高同学们看待时事热点的思想政治站位。以下梳理供同学们参考:

从战略思维看,航天强国事关国家安全、经济社会发展和人民福祉。航天强国,有利于维护国家权益和安全,增强综合国力。

从历史思维看,近代中国是落后的,落后就不能取得发展的主动权。航天强国,有利于中国掌握航天技术发展的主动权。

从辩证思维看,我们要坚持用一分为二的观点来看待中国航天事业的发展,在肯定取得重大突破和社会效益的同时,也应认清我国与美俄等航天强国的差距,我国航天发展还有很长的路要走。

从创新思维看,中国要以因时制宜、知难而进、开拓创新的态度对待中国航天事业发展。

从底线思维看,中国航天事业发展是脚踏实地、步步推进的;中国人的航天梦是美好而坚定的。为实现中华民族的伟大复兴,中国特色社会主义要强,中国航天也要强!

航天强国,民族复兴!发展航天技术,不仅是为了探索宇宙,更是为了保护我们的地球家园、增进民生福祉,把人类共同的家园建设得更加美好。

【设计意图】　本环节围绕客观评价我国航天事业发展的成就这一话题,引导学生进行讨论。在老师的引导下,学生一方面深化了对形式逻辑的基本规律的理解,并加以运用,另一方面通过对我国航天强国战略意义的讨论,学生运用战略思维、历史思维、辩证思维、创新思维和底线思维等科学思维,认清我国当前社会发展的阶段性特征,正确认识我国国情和世情,正确认识我国当前所面临的来自国内国外的严峻考验和挑战,准确把握我们所在的历史方位,提升思想水平和政治觉悟,以此体悟科学思维的意义。

环节三:注重科学思维的运用

第四小组学生展示:我们探究的议题是"科学思维如何追求认识的客观性"。此次神舟十三号飞船返回地面,首次采用了一个新技术,也就是快速返回方案,只需要4—8小时就能落地。这是中国航天人运用科学思维的真实写照。

科学思维要追求认识的客观性。地面科研人员通过优化返回流程,将原来的串行工作并行开展,来缩短航天员在神舟飞船返回舱内的等待时间。那么,返回时间是不是越短越好呢?这就要处理好返回时间和地面应急处置时间之间的矛盾。返回时间不是越短越好,既要让航天员相对快地返回地面,也要给地面搜救回收人员充分的准备时间。航天工作人员从客观实际出发,力图如实地反映认识对象。在返回地面的过程中,神舟飞船要经历关键的四步:第一步是进行轨返分离和返回制动;第二步是推返分离;第三步是开伞;第四步是在距离地面还有1米时,反推发动机点火,最后给飞船一个向上的力,使飞船安全落地。这四步环环相扣,做到了精准的判断和推理,体现抽象思维运行方式的推导性和思维表达的严谨性,这也说明了航天工作者尊重实事求是的推理和论证,努力把握和遵循客观规律。

学生1:认识活动是主观性活动,怎么理解追求认识的客观性呢?

小组成员1:认识活动的形式是主观的,内容却是客观的。科学思维追求的是正确的认识,也就是如实反映客观世界。

学生2:这个案例是否也能体现科学思维是一种辩证思维或者创新思维?

小组成员2:科学思维是逻辑思维、辩证思维和创新思维的统称。飞船返回流程的实施既要让航天员相对快地返回地面,也要给地面搜救回收人员充分的准备时间,这也说明科学思维要求人们运用辩证思维,更加全面、动态地看待事物发展。值得骄傲的是,中国建立了高密度发射任务下的多艘载人飞船并行研制、发射、停靠、返回及在轨管理体系。这说明科学思维也体现为创新思维,强调破旧立新,要敢于把握新问题,解决新问题,迎接新挑战。

教师:同学们的分析很有见地,用通俗易懂的语言科普飞船返回的过程,阐明运用科学思维的要求。大家也说说看,作为新时代的青少年,生活中应该如何运用科学思维?

学生1:运用科学思维要善于运用辩证思维方法。看待社会时政热点,就要用全面的、联系的、变化发展的观点看问题。比如,看待俄乌战争,当我们从国家利益和战略意义上分析,我们就能理解为什么中国的态度是审慎的,为什么中国的决策是有格局、有智慧的。

学生2:运用科学的思维要善于运用创新思维方法。创新是一个民族持续发展的不竭动力。创新思维启示我们要有问题意识,善于发现问题,善于以新思路新方法分析问题和解决问题。

学生3:运用科学思维要遵循逻辑思维规律。比如,在快餐消费式的互联网时代,面对各种社会信息,要善于运用科学思维,依据客观事实本身,识别错误的逻辑表达,辨别不同的观点论述,明晰正确的判断方向,不轻信不盲从,经受得住时间检验。

学生4:科学思维要追求认识的客观性。比如,在学习科学知识的时候,我们要有实事求是的态度和求真务实的精神。

教师小结:同学们说得都很好。青年人要发扬科学精神,提升思维的广阔性、深刻性、独立性、批判性、灵活性、敏捷性和逻辑性等思维品质;青年人要树立崇高的理想信仰,将个人梦融入民族梦、国家梦;青年人要增强综合素质,要积极投身于当代中国广泛而深刻的社会变革、宏大而独特的实践创新,以锐意进取的态度和负责任的行动促进社会和谐,助力国家兴旺和民族复兴。

【设计意图】 本环节引导学生注重科学思维的运用。学生通过分享神舟十三号载人飞船返回时间缩短的例子,体会如何运用科学思维解决问题。在老师的引导下,学生联系实际说明生活中如何运用科学思维,深入理解科学思维是逻辑思维、辩证思维和创新思维的统称,从而实现理论到实践的过渡,内化知识,提升能力。

(四)课堂总结

学会运用科学思维,提升思维品质,不仅有助于我们个人良好思维习惯的养成,以便于我们更好地学习、工作和生活,更有助于我们学习社会发展规律,把握时代脉搏,将个人发展融入社会发展的激流中,将个人前途与国家命运紧密结合,做无愧于时代、无愧于国家的社会主义新时代新青年。

【设计意图】　学习知识重在运用。当学生真正体悟到科学思维的重要意义时,会自觉树立科学思维的意识,坚持以科学思维指导生活和学习。

八、板书设计

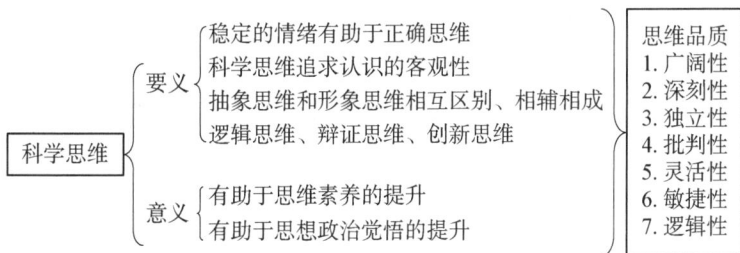

九、教学反思

1. **课程设计突出探究活动的综合性和实践性。**本节课是第一单元的综合探究课,综合性主要体现为知识的综合、能力的提升和学科核心素养的养成,实践性主要体现为学生联系生活实际和时政热点,在探究的过程中注重与同学、老师的合作,提高了运用知识分析问题、解决问题的能力,从而逐步养成运用科学思维看待个人发展和国家大事的能力。

2. **教学活动突出学习主体的主动性和互助性。**通过小组讨论和案例分享的形式,生生互动、师生共享使得课堂内容愈加丰富、理论知识更有深度和广度。考虑到充分调动学生参与活动的积极性,本节课内容也可以安排两个课时完成,充分展示学习成果。

3. **活动选题突出议题式教学的主题性和话题性。**4个议题围绕科学思维的要义和意义展开,契合重点和难点。本节课以我国航天事业发展为主题,兼具时代性、话题性、正能量,且容易激发学生的探究热情,落实学科核心素养。如何在案例分析中提升学生对科学思维的理论分析,是值得研究的问题,需要教师精准分析和精细指导。

十、专家点评

1. **突出综合探究的探究性。**"逻辑与思维"模块教学的探究有其特殊性,不少老师感觉实施起来比较困难。陈老师的这节课围绕我国航天事业的发展,通过前置学习,分小组围绕所选议题进行课前调研探究;通过课堂小组成果展示、学生追问研讨、教师点评总结等,让学生在探究我国航天事业发展的过程中学会科学思维,提升思维品质。单元综合探究要凸显探究性,陈老师的这个设计给我们如何实施综合探究提供了一种思路、一种操作模式。

2. **突出综合探究的综合性。**相对日常教学而言,综合探究的探究更强调"综合性"。陈老师这节课的教学很好地凸显了这一点,主要体现在以下几个方面:一是学科内容的综合性,让学生在运用科学思维的过程中深化对科学思维的要义、意义以及运用的理解和掌握,内容贯穿整个单元;二是教学情境的综合性,以神舟十三号顺利返航切入,将我国的航天事业发展置于广阔的时间和空间中,让学生更为全面地了解我国的航天事业发展;三是学科核心素养的综合性,通过探究活动,培育学生的科学精神、政治认同以及公共参与素养等,融通思政学科核心素养。

第二单元

遵循逻辑思维规则

第四课

准确把握概念

第一框题　概念的概述

海宁市教师进修学校　蒋沈峰

本框课件下载

一、理论基础和依据

逻辑是研究思维的形式及规律的科学。要研究逻辑,首先要从概念出发。概念是逻辑思维的细胞。作为思维的基本形式,概念是思维的历史起点和逻辑起点,没有概念就无法组成命题,更无法进行判断和推理。因此,概念是构成命题、推理的要素。

概念和语词。两者是对立统一的,既相互联系,又相互区别。语词是一种语言符号,表现为一定的声音和笔画。语词之所以能作为人们交流思想的工具,就是因为它在人的头脑中组成了一定的概念。概念要想存在并被表达出来,就不得不依赖语词。概念是语词的思想内容,语词是概念的语言表达形式。脱离了语词的概念是不存在的,没有组成概念的语词也无法交流。概念和语词的区别表现在:第一,概念是逻辑学的研究对象,是一种思维形式;语词是语言学的研究对象,是一种语言形式。第二,概念反映的是事物的本质属性,语词只是表达概念的声音和符号。第三,概念虽然需要语词来表达,但并不是所有的语词都表达概念。包括副词、介词、连词、助词、叹词、拟声词等在内的虚词不表达概念。第四,同一概念可以通过不同的语词来表达,或者说不同的语词可以表达同样的概念。第五,同一语词在不同的语境中也可能表达不同的概念。

概念的内涵与外延。《波尔·罗亚尔逻辑》的作者阿尔诺和尼科尔第一次明确区别了概念的内涵和外延。该书中说:"必须把'内涵'与概念的外延区分开来,它意味着一个概念或思想包含(的事物)特有的属性。"还说:"普通概念中,有两个东西需要加以区别,即内涵和外延。包含在一个观念(即概念)之中,并且一旦失去即不再成为这一观念的那些属性,我称之为观念的内涵。例如三角形这一观念的内涵包括大小、形状、三条线、三个角、三内角之和等于两直角等。一个观念所适用的那些对象,称之为一个观念的外延,它们也叫作一个普遍项的较低的类,而这个普遍项对于它们来说,则称作较高的类。例如三角形这一观念,一般说来,包括所有不同的三角形。"《波尔·罗亚尔逻辑》关于概念的内涵和外延的区分及这些术语的提出,体现了概念的基本特征,有利于加深对概念的理解,影响极为深远,直至今日,广为沿用。内涵和外延既相互依存又相互制约。首先,只有确定了概念的内涵,才能明确概念的外延。也就是说,概念的内涵是了解概念的外延的前提条件,对概念内涵的不同理解直接影响着概念外延的范围。其次,任何概念都是确定性和灵活性的统一,概念的内涵和外延也具有确定性和灵活性。某个时期内,概念的内涵是确定的,概念的外延也有着明确的范围,但是随着实践的深入,人们的认识也会发生一定的改变,那么,概念的内涵和外延也就随之发生改变。再次,具有从属关系的概念,其内涵和外延存在反变关系。内涵越大,外延越小;内涵越小,外延越大。

概念外延间的关系。杜岫石在《形式逻辑教程》中指出:根据概念在外延上是否重合,概念间的关系可分为相容关系和不相容关系。相容关系是指所考察的两个概念的外延至少有一部分是重合的,它主要包括全同(同一)关系、属种关系(真包含关系)、种属关系(真包含于关系)和交叉关系。不相容关系(全异关系)是指所考察的两个概念的外延是完全不重合的,它主要包括矛盾关系和反对关系。在讨论这几种关系时,我们可以采用瑞士数学家欧拉创立的"欧拉图"来说明,以便更清晰、直观地区分这几种关系。

二、课标要求

《普通高中思想政治课程标准(2017年版2020年修订)》内容要求:2.1知道概念是反映事物本质属性的思维形式;理解任何概念都是内涵和外延的统一。

教学提示:以"如何正确把握概念,实现伟大梦想"为议题,探究概念的含义、基本特征、意义。可以通过典型案例分析,引导学生认识概念是反映事物本质属性的思维形式;通过创设生活中的情境,引导学生把握概念的基本特征,从而为正确运用概念打下基础;通过思维训练和课堂辨析,进一步引导学生理解概念这种思维形式,提升知识迁移和运用能力,培育自觉遵循逻辑思维规则的科学精神。

三、学情分析

从思维特点来看,高二学生具有较强的自主探究意识和能力,抽象思维已经得到一定程度的发展。在课堂上,他们思维活跃,主体参与意识强,能够积极回应各种具有挑战性的问题,愿意通过自主探究找到解决问题的方法。

从认知发展来看,高二学生已经学习过马克思主义哲学的基本原理,初步掌握了运用马克思主义的基本立场、观点和方法观察事物、分析问题的方法。经过本模块前面内容的学习,他们对形式逻辑所要解决的问题及基本规律也有了一定的了解,对进一步学习逻辑相关知识可能已经有了较为浓厚的兴趣。

从具体内容来看,本节课的主要内容是介绍概念的定义、概念的基本特征,具有较强的基础性和理论性。学生对此内容的学习兴趣可能不是特别高,需要教师积极创设生活化情境,实现理论知识的生活化。同时,受多种因素的影响,学生思维的逻辑性较差,逻辑混乱的情况较为普遍,更需要加强对逻辑基础知识的学习。

四、教学目标

（一）核心素养培育目标

1. 科学精神

通过分析个人梦、航天梦、建党梦、中国梦,知道概念是反映事物本质属性的思维形式,把握概念的基本特征,从而为明确概念的方法打下基础,培育自觉遵循逻辑思维规则的科学精神。

2. 政治认同

通过对比航天梦,重温建党梦,描绘中国梦,初步了解马克思主义关于形式逻辑学的基本观点,感悟辩证唯物主义和历史唯物主义的科学真理力量,增强政治认同;在案例分析和学习情境中,认同中国共产党人的初心和使命,坚定拥护党的领导。

（二）学科能力目标

1. 学习理解

了解概念的含义,理解概念的基本特征,知道概念是内涵和外延的统一。

2. 实践应用

能够运用概念的相关知识,分析案例中对概念的理解问题,学会正确地表达概念。

3. 迁移创新

在实际生活中能够更加清楚明确地表达思想,努力避免交流和写作上的模糊、歧义和错误,学会辨别和修正现实生活中不同类型的概念错误。

五、教学重难点

1. 教学重点:把握概念的含义和基本特征

概念是逻辑思维的细胞。概念就是通过揭示事物的本质属性而反映事物的思维形式。概念的内涵和外延是概念的基本特征。概念的内涵是指概念所反映的事物的本质属性,它反映事物"质"的规定性,说明概念所反映的那种事物究竟"是什么"。概念的外延是指具有概念所反映的本质属性的事物的范围。它说明概念所反映的那种事物"有哪些"。学生只有通过掌握概念的含义及基本特征,才能正确理解概念,为下节课"明确概念的方法"打好基础,因此这是本节课的教学重点。

2. 教学难点:明确概念外延之间的关系

由于概念之间的外延关系较为复杂、抽象,对学生来说,准确把握各种概念外延之间的关系从而作出正确判断,具有一定的难度,因此这是本节课的教学难点。

六、教学方法

1. 情境教学法

本节课主要通过对形式逻辑中基本形式之一——概念的教学,帮助学生掌握逻辑思维的基本规则和方法,内容的理论性较强,对学生来说有点枯燥。采用情境教学法,创设生活化教学情境,可以使枯燥的理论知识生动起来,拉近知识与生活之间的距离,调动学生参与探究学习的热情和兴趣,充分发挥出学生学习主体的作用。

2. 议题式教学法

本节课的教学采用议题式教学法,以"如何正确把握概念,实现伟大梦想"为议题,引导学生围绕议题开展合作学习和探究学习,在自主探究过程中培养学生的逻辑思维意识,帮助学生形成科学思维。

3. 案例教学法

本节课的教学以培养学生的科学思维为直接目的,而科学思维的形成离不开有效的思维训练。本节课的教学采用案例教学法,为学生提供内涵丰富的各种案例,指导学生运用学科知识对案例进行探究,可以提高学习的针对性和有效性,从而培养学生整合知识、理论联系实际、分析和解决问题的能力。

七、教学流程

(一)课堂导入

教师:2021 年,在中国共产党历史上,在中华民族历史上,都是重要的年份,为什么?

学生 1:我们实现了第一个百年奋斗目标,在中华大地上全面建成了小康社会,历史性地解决了绝对贫困问题。

学生 2:建党 100 周年,中国共产党迎来百年华诞。

教师:建党百年,我们完成了第一个百年奋斗目标。这让我们比以往任何时候都更加有信心、有能力实现我们的中国梦。请大家说出中国梦的本质内涵。

学生:国家富强、民族振兴、人民幸福,实现中华民族伟大复兴。

教师:很好,这是中国梦的本质内涵,那么不同时期中国梦的表现形式一样吗?(可呈现奥运梦、航天梦古今对比图片)

学生 1:不一样,1932 年奥运开幕,我国只有一个人参赛,有点自卑。

学生 2:不一样,从载人航天到中国空间站,航天梦有了质的飞跃。

教师:对比中国梦和航天梦、奥运梦,它们的概念一样吗? 有什么区别? 又有什么联系? 概念到底是什么呢? 概念具有怎样的基本特征? 今天,我们就以"如何正确把握概念,实现伟大梦想"为议题来揭开形式逻辑中概念的神秘面纱。

【设计意图】 以中国梦、奥运梦、航天梦引入课题,借助学生熟悉的情境激发其学习的兴趣和热情。同时,通过生活化场景的创设消除学生学习逻辑专业知识的距离感和陌生感,为议题的探究作好心理铺垫。

(二) 新课教学

环节一:把握概念,正确识"梦"
——概念是什么?

教师:中国梦、航天梦、奥运梦、爱情梦,这些梦想共同的本质属性是什么?

学生活动:交流分享。

教师点拨:梦想有不同的表现,如中国梦、航天梦、奥运梦、爱情梦,这些不同的具体的梦有各种各样的性质和关系,但是不管表现形式如何改变,梦想的本质属性并没有改变,梦想是对未来的一种期望,是心中努力想要实现的目标。"梦想"这个概念,一方面抓住了各种具体"梦想"共有的本质属性,另一方面又不专指某个具体对象,如航天梦或中国梦,而是指所有的"梦想"。可见,概念就是通过揭示事物的本质属性而反映事物的思维形式,它具有抽象性和概括性。

教师:梦想这一概念可以通过哪些语词来表达?

学生活动:同桌交流,互相评价,班级分享。

教师点拨:梦想可以通过不同的语词来表达,如汉字"梦想"、英语"dream",可见,不同的语词可以表达同一概念。

教师:1963 年马丁·路德·金发表了演讲《我有一个梦想》,泰戈尔写过一首诗《梦想》,张靓颖演唱过一首歌曲《梦想》,同是"梦想",在不同的场合中表达的概念一样吗?

学生活动:交流分享。

教师点拨:语词"梦想"在不同的场合可以表达不同的概念。可见,同一个语词表达的思想概念可以不同。不作区分,会引起概念混淆。

【设计意图】　通过对梦想进行定义,明确概念是通过揭示事物的本质属性而反映事物的思维形式,继而把握概念具有抽象性和概括性。同时通过对梦想的不同表达,明确概念与语词之间的关系。

环节二:运用规则,科学析"梦"
——为什么要明确概念?

材料一　播放视频:《重温建党梦》(电视剧《觉醒年代》陈独秀、李大钊相约建党片段)

陈独秀:"守常,我想通了,我们得建党,我们得有一个坚强的领导核心。"

李大钊:"你想建一个什么样的党?"

陈独秀:"一个用马克思学说武装起来的先进政党,一个可以把中国引向光明、让中国人能够过上好日子的无产阶级的政党。"

李大钊:"你为什么要建这个政党?"

陈独秀:"我为了他们,我为了他们能够像人一样地活着,为了他们能够拥有人的权利、人的快乐、人的尊严!"

李大钊:"好,仲甫兄,让我们对着这些同胞宣誓吧。"

陈独秀:"来,让我们宣誓。"

两个男人同时举起右拳,四目相对,饱含热泪:"为了让你们不再流离失所,为了让中国的老百姓过上富裕幸福的生活,为了让穷人不再受欺负,人人都能当家做主,为了人人都受教育,少有所教,老有所依,为了中华民富国强,为了民族再造复兴,我愿意奋斗终身。"

教师:请同学们小组合作探究:(1)你认为视频标题中"梦"是什么意思?(2)生活中你看到或听说过的"梦"有哪些?在一定语境下使用它,让其他小组同学猜猜你列举的"梦"是什么意思。

学生活动:在小组长的组织下,小组成员围绕概念的相关知识,交流讨论,合作探究,自评互判,形成共识,发言人代表小组展示观点。教师在此过程中提示学生探究的角度,明确学习任务,回答学生探究过程中的疑问。

学生1:梦是行动的方向,是对未来的一种期望,是心中努力想要实现的目标。

学生2:梦是共产党人的初心和使命,是国家富强、民族振兴、人民幸福,实现中华民族伟大复兴。视频中,在积贫积弱的国家,老百姓命苦,陈独秀为苦难深重的百姓痛哭流涕,所以他要为每一个人有尊严地活着而建党。中国共产党成立以后,带领人民推翻三座大山,建立了新中国,让人民站起来了。在社会主义革命时期,完成三大改造建立社会主义制度,摆脱了一穷二白的境遇。改革开放以后,党团结全国各族人民,坚持以经济建设为中心,带领人民富起来。

教师:同一语词可以表达不同的概念,不同的概念内涵不同。概念的内涵是指概念所反映的事物的本质属性,它反映事物"质"的规定性。

教师:生活中你看到或听说过的"梦"有哪些?在一定语境下使用它,让其他小组同学猜猜你列举的"梦"是什么意思。

学生3:睡梦、晨梦、梦境。

学生4:这里的"梦"是指睡眠时局部大脑皮质还没有完全停止活动而引起的脑中的表象活动。

学生5:航天梦、奥运梦、中国梦。

学生6:这里的"梦"是指行动的方向,是对未来的一种期望,是心中努力想要实现的目标。

教师小结:概念是思维的起点,是逻辑思维的细胞。细胞出了毛病,机体就会产生故障。在现实生活中,如果我们不明确概念的内涵与外延,就容易犯张冠李戴、偷换概念的逻辑学错误。要知道一个概念反映的事物究竟"是什么",就要弄清楚这个概念的内涵。内涵就是指概念所反映的事物的本质属性。要知道一个概念是在指"谁",就要弄清楚这个概念的外延是什么,它说明概念所反映的那种事物"有哪些"。通过这两个议学活动,我们清楚认识了概念的两个基本特征——内涵和外延,概念是内涵和外延的统一。

教师:不同的概念在外延上存在一定关系。依据两个概念在所指范围上是否具有相同部分,概念之间的外延关系分为:(1)相容关系——全同、属种、种属、交叉;(2)不相容关系(全异)——矛盾、反对。请同学们运用欧拉图,画出以下不同概念外延之间的关系。

① 梦想与个人梦　　　　② 航天梦与奥运梦
③ 已实现的梦想与正追逐的梦想　　④ 中国梦与实现中华民族伟大复兴的梦想

学生活动:独立思考,绘制欧拉图。

学生1:梦想与个人梦:属种关系(见图1)。

学生2:航天梦与奥运梦:反对关系(特殊条件)(见图2)。

学生3:已实现的梦想与正追逐的梦想:矛盾关系(见图3)。

学生4:中国梦与实现中华民族伟大复兴的梦想:全同关系(见图4)。

图1　　　　图2　　　　图3　　　　图4

教师小结:相容关系即两个概念在所指范围上具有相同的部分,全同关系、属种关系、种属关系、交叉关系是相容关系(见图5)。

不相容关系即两个概念在所指范围上不具有相同的部分,又称全异关系。不相容关系可以进一步分为矛盾关系和反对关系(见图6)。

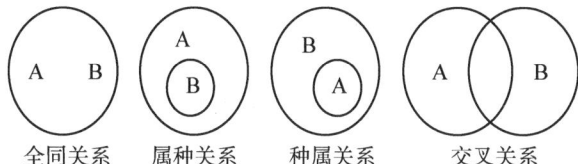 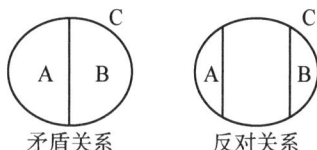

全同关系　　属种关系　　种属关系　　交叉关系　　矛盾关系　　反对关系

图5　　　　　　　　　　　　　　　　　图6

【设计意图】　通过活动引导学生明确概念要通过语词进行表达,把握概念和语词的关系,用正确语词来表达概念,明确概念的内涵和外延。相容关系和不相容关系是本节课的难点,学生在充分自学的基础上,以小组合作探究的形式,将它们的内在逻辑和联系通过图示方式表现出来,有助于加深对概念的理解和运用,也提升了学生的参与能力。

环节三:辨识概念,理性辩"梦"
——如何运用概念?

教师:有外国记者炒作说,中国实力增强后给其他国家带来极大影响,中国梦是霸权梦,是其他国家的噩梦! 假如你是外交部发言人,请运用概念的基本特征的有关知识,有理有据地加以反驳。

学生活动:小组合作探究。

小组1:从概念的内涵角度来看,中国梦的实质是实现中华民族伟大复兴,并不是追求霸权。"穷则独善其身,达则兼济天下",尤其是疫情爆发以来,中国为全球抗疫贡献力量。

小组2:从概念的外延来看,中国梦既是中国人民追求幸福的梦,也是为世界奉献的梦。中国的发展对世界各国不是噩梦,而是重要的机遇。我国致力于构建人类命运共同体,实现中国梦给世界带来的是机遇而不是威胁,是合作共赢而不是零和博弈。

小组3:从概念的外延关系看,中国梦与霸权梦是不相容关系,两者是矛盾关系,中国实行的是独立自主的和平外交政策,实现中国梦将推动实现持久和平、共同繁荣的世界梦。

【设计意图】 本环节意在让学生感受到逻辑与生活的密切关系,感悟知识的现实意义,从而提升学习知识的兴趣和学以致用的自觉性,及时检测学习成果,加深对知识的理解和运用,从而为学生科学思维的形成、科学精神的培育打下坚实基础。

环节四:运用概念,努力圆"梦"
——如何实现青春梦想?

材料二 播放视频:《习近平在庆祝中国共产主义青年团成立100周年大会上的讲话》(片断)

实现中国梦是一场历史接力赛,当代青年要在实现民族复兴的赛道上奋勇争先。时代总是把历史责任赋予青年。新时代的中国青年,生逢其时、重任在肩,施展才干的舞台无比广阔,实现梦想的前景无比光明。

教师:请同学们结合视频,以"青春有为,时代有我"为话题,运用概念的知识,对如何圆"梦"进行"跟帖"。示例:奋斗是青春最高的礼赞。我们青年学生要坚定理想,不怕困难,勇于开拓,顽强拼搏,接过历史的接力棒,在青春的赛道上奋力奔跑!

学生1:五四青年,精神永传。我们青年学生要不忘初心,坚定不移跟党走,为党和人民奋斗,为实现民族复兴努力奋斗。

学生2:生在盛世,必不负韶华。百年前的青年人前赴后继,百年后的我们这代青年人更应勇往直前,加油!

【设计意图】 引入习近平在庆祝中国共产主义青年团成立100周年大会上的讲话,并让学生发表观点,强化运用课堂核心知识,突出学习重点,帮助学生在掌握学科必备知识的基础上形成政治认同等学科核心素养,提升学科关键能力。

(三)课堂总结

教师:这节课,我们从多角度理解了"梦"这个多元的概念。我们从概念的内涵和外延角度出发,从不同的情境中理解"梦"的不同内涵及其外延之间的关系。在生活中我们要准确把握概念,理性辨析概念,科学运用概念,只有这样才能让我们的思维更加合乎逻辑,避免交流和写作上的模糊、歧义和错误。

【设计意图】 使学生充分了解学习目标,没有概念也就没有逻辑思维,正确运用概念能让生活更美好。了解概念的内涵、基本特征对于接下去的学习起着承前启后的作用。

八、板书设计

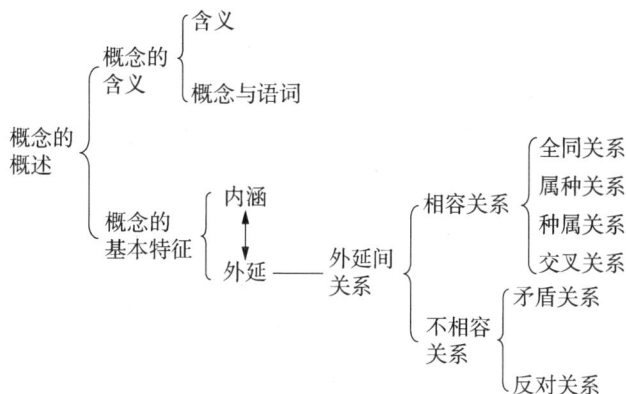

九、教学反思

（一）设计亮点

1. **铸魂育人，凸显价值引领。**本节课以"如何正确把握概念，实现伟大梦想"为课堂教学议题，围绕梦想的概念，以生活中的梦、形式逻辑中用语词表达的梦、中华民族伟大复兴的中国梦为线索，最后以习近平总书记"青春有为，时代有我"结尾，在教师引领下落实思政课立德树人根本任务。

2. **围绕议题，实施活动型学科课程。**本节课围绕"如何正确把握概念"这一核心议题，通过结构化、序列化的活动，实现课程内容活动化、活动内容课程化。本节课以梦为线索，通过实施四大活动，不断推进学生对概念概括的、深入的理解和思考，无形中提高了学生迁移、辨析等高阶思维。

3. **学为中心，任务驱动激发思维。**本节课创设了多样化又具有阶梯型的学习任务，如区分生活中的梦、驳斥西方记者"中国梦是霸权梦"的错误观点、为圆青春梦跟帖等，学生在任务驱动中进行自主学习、合作学习、探究学习，增强了整合知识、理论联系实际、分析和解决问题的思维能力。

（二）实施建议

本节课内容的专业性较强。在有限的课堂教学过程中，如何把专业性的理论知识深入浅出地讲清楚、讲透彻，这对教师来说是一个挑战。本节课的教学设计试图把理论与实践有机地结合起来。在具体实施过程中，还需要教师根据学生学习的实际情况进行有针对性的调整。

十、专家点评

本节课具有两大亮点：

1. **理论性与生活性的统一。**概念是"逻辑与思维"模块中的一个基本概念，蒋老师在教学中将这一概念置于生活中的梦、中华民族伟大复兴的中国梦、青春梦等情境中,通过设计任务,组织系列化活动,很好地落实了"学科逻辑与实践逻辑、理论知识与生活关切相结合"的活动型学科课程的要求。

2. **工具性与人文性的统一。**"逻辑与思维"是一个工具性非常强的模块,但作为高中思政课程的一部分,无疑又具有很强的人文性。蒋老师在教学中巧设情境和任务设计,凸显了教学过程中的价值引领功能,在学生学习基本概念、提升思维能力的过程中,水到渠成地落实了立德树人的根本任务。

第二框题　明确概念的方法

海宁市教师进修学校　蒋沈峰

本框课件下载

一、理论基础和依据

明确的概念能让思维有一个坚实的基础,从而为形成正确判断、精确进行推理、合理开展论证提供必要的前提。

任何概念都是内涵和外延的统一。科学把握概念要求我们必须掌握明确概念的方法,既需要明确概念的内涵,又需要明确概念的外延。明确概念的内涵、消除概念内涵方面的歧义,需要运用定义的方法。无论是在科学理论中,还是在日常思维中,定义都是一种普遍使用的逻辑方法,发挥着十分重要的作用:通过定义,人们能够把对事物的已有认识总结、巩固下来,作为后续认识活动的基础;通过定义,人们能够揭示一个概念的内涵,从而明确它的使用范围,进而弄清楚某个概念的使用是否恰当;通过定义,人们在理性的发言、对话、写作、阅读中,对于所使用的概念、命题能够有一个共同的理解,从而避免因误解、误读而产生无谓争论,大大提高成功交际的可能性。种差加属概念是最常用的下定义方法。定义的目的就是通过揭示概念的内涵,明确概念的适用范围,并因此判定该概念的某一次具体使用是否适当。一个好的定义必须满足一定的条件或标准,遵守一定的规则:(1)定义必须揭示被定义对象的特有属性或区别性特征。概念是用来代表、指称对象的,是特定的事物在思维中的代表者。为了做到特定的概念与特定的事物相配,概念的定义就必须反映一类事物区别于其他事物的那些特性或特征,只有这样才不会在思维中造成混乱。(2)定义项和被定义项的外延必须相等。(3)定义不能恶性循环。(4)定义不可用含混、晦涩或比喻性词语来表示。(5)除非必要,定义不能用否定形式或负概念。

划分是依据一定的标准,把一个概念的外延分为 n 个小类,以进一步明确该概念的外延的逻辑方法。划分包括三个要素:划分的母项,即其外延被划分的那个属概念;划分的子项,即由被划分的属概念中划分出来的若干个种概念;划分的标准,即划分赖以进行的依据。应该注意,划分不同于分解。所谓分解,是把一个整体分成不同的部分,它的对象一定是单独概念,分解出来的部分属于原来那个整体,但它"不是"原来那个整体,原来整体所具有的性质,其部分不一定具有。划分的对象一定是普遍词项,或者说是类词项,所分出的那些子项仍然"是"母项,它们是该母项底下的小类,原来母项所具有的性质它们仍然都具有。恰当的划分至少要遵守以下规则:(1)划分的各子项的外延之和必须等于母项的外延。违反这一规则,会犯"子项不全"或"多出子项"的逻辑错误。(2)每次划分只能有一个标准。违反这一规则,会犯"混淆标准"的错误。(3)划分不能越级。违反这一规则,会犯"越级划分"的错误。违反规则进行定义和划分,便不可能准确地理解、把握和使用概念。

二、课标要求

《普通高中思想政治课程标准(2017 年版 2020 年修订)》内容要求:2.1 理解任何概念都是内涵和外延的统一。2.4 辨析常见的逻辑错误。

教学提示:以"如何掌握明确概念的方法"为议题,探究准确把握概念的逻辑方法。可结合热点或趣味案例,引导学生运用定义的方法明确概念的内涵,运用划分的方法明确概念的外延;可通过辨析生活中的逻辑错误,引导学生理解科学下定义和划分应遵循的逻辑规则;通过列举当前社会发展中出现的新概念,引导学生认识到任何概念都是内涵和外延的统一,要随着认识活动的深化自觉推动概念的发展,从而提高思维的深刻性和精确性。

三、学情分析

从学生认知来看,高二的学生已经有一定的逻辑思维能力,能够判断日常生活中的一些形式逻辑问题,但是对于一些逻辑的形式和内在的联系缺乏系统的认知,还没有形成完整的知识体系。因此本节课的学习对学生正确掌握明确概念的方法,学会科学表达概念具有较好的导向作用。

从教材逻辑来看,本节课的主要内容是介绍明确概念的方法,包括明确内涵的方法和明确外延的方法,具有较强的基础性和理论性。学生的学习兴趣可能不是特别高,需要教师努力创设生活化情境,实现理论知识的生活化。同时,受多种因素的影响,学生思维的逻辑性较差,逻辑混乱的情况较为普遍,更需要加强对逻辑基础知识的学习。

四、教学目标

(一)核心素养培育目标

1. 科学精神
借助典型案例,分析确定概念的内涵和外延的方法,从而为准确把握概念打下基础;通过思维训练,进一步理解概念这种逻辑思维形式,培育自觉遵循逻辑思维规则的科学精神。

2. 政治认同
借助情境创设和案例分析,感受我国的制度优势和文化自信,增强对中国特色社会主义的制度和文化认同。

3. 公共参与

在学习概念的基础上，能正确运用概念，掌握科学规则，积极投身于社会主义现代化建设。

（二）学科能力目标

1. 学习理解

把握明确概念的内涵和外延的方法，知道下定义和划分的具体要求和应遵循的逻辑规则。

2. 实践应用

能够运用所学概念的知识，分析典型案例中存在的逻辑表达错误，学会正确运用概念，表达自我意识。

3. 迁移创新

在实际生活中能够更加清楚明确地表达概念，修正现实生活中因为混淆概念出现的逻辑错误。

五、教学重难点

1. 教学重点：明确概念的方法

明确概念包括明确概念的内涵和概念的外延，要明确概念的内涵和外延需要掌握下定义和划分的方法。正确把握定义的构成和要求，划分的构成和要求，是我们判断定义和划分是否正确的基础。学生正确理解定义和划分的内容，有利于其正确把握概念的内涵和外延。

2. 教学难点：正确下定义和划分的要求

下定义是用来明确概念内涵的方法，种差加属概念是最基本最常用的下定义的方法，需要学生具备相应的科学知识，正确认识对象，把握其本质属性，遵循必要的逻辑规则。划分是用来明确概念外延的方法，是依据一定的标准，把一个属划分为几个种的逻辑方法，由母项和子项两部分构成。

六、教学方法

1. 情境教学法

本节课主要通过对形式逻辑中基本形式之一——概念的教学，帮助学生掌握逻辑思维的基本规则和方法。采用情境教学法，创设生活化教学情境，可以使枯燥的理论知识生动起来，拉近知识与生活之间的距离，调动学生参与课堂学习和进行探究学习的热情和兴趣，从而充分调动学生作为学习主体的积极性。

2. 合作探究法

本节课的教学以培养学生的科学思维为直接目的，而科学思维的形成离不开有效的思维训练。本节课的教学采用合作探究法，以"如何掌握明确概念的方法"为议题，引导学生围绕议题开展合作学习和探究学习，在自主探究过程中培养学生的逻辑思维意识，培养学生的合作探究能力、分析和解决问题的能力,发展学生科学思维。

七、教学流程

(一)课堂导入

材料一　播放神舟十三号返回地球的视频。

2022年4月16日9时56分,神舟十三号载人飞船返回舱在东风着陆场成功着陆,神舟十三号载人飞行任务取得圆满成功。

国家航天事业飞速发展让中华民族全体同胞倍感自豪,三位航天员所展现的新时代载人航天精神也是第一批被纳入中国共产党人精神谱系的伟大精神。

对于"载人航天精神",同学们纷纷提出了自己的想法和感悟:

小明:载人航天精神意味着热爱祖国、为国争光的坚定信念。

小王:载人航天精神是中华儿女共同的精神信仰。

小何:载人航天精神是实现中华民族伟大复兴的精神支柱。

教师:同学们,上述关于载人航天精神的争论聚焦点在哪? 你能够帮助他们解开思想上的困惑吗?

【设计意图】　以神舟十三号载人飞船引入课题,通过学生熟悉的社会情境激发其学习的兴趣和热情。同时,通过生活化场景的创设,消除学生学习逻辑专业知识的距离感和陌生感,为议题的探究作好心理铺垫。

(二)新课教学

环节一:从"航天精神"看概念的内涵
——如何明确概念的内涵?

教师:上述同学发生争论的焦点是"什么是载人航天精神",他们对载人航天精神的内涵理解有所不同。结合教材第26页,你们认为上述同学有关载人航天精神的解读有没有歧义? 为什么?

学生活动:阅读教材,自主探究,交流分享。

学生1:我认为这些同学的表达都存在歧义,除了航天精神,脱贫攻坚精神等其他精神也有这样的特点,这不是载人航天精神特有的属性。

学生2:我也认为这些同学的表达存在歧义,在给航天精神下定义的过程中,没有用简明的语句解释概念所反映的事物的本质属性。

教师:这就是我们今天要学习的明确概念的方法之一——明确概念内涵的方法。要明确概念的内涵必须消除概念在内涵方面的歧义,这就需要用到下定义的方法。

请同学们自主阅读教材第26页,自主学习理解下定义的方法。

学生活动:学生分成三小组,前两组分别尝试给"航天精神"和"精神"下一个定义,第三小组对前两个小组的定义进行评价并说明理由。

小组1:航天精神是航天员在航天事业中呈现出来的反映航天活动实践的一种心理

活动。

　　小组 2:精神是不同于物质的人的精神活动。

　　小组 3:我们评价组认为小组 1 的定义很好地反映了航天精神的内涵,但是小组 2 的定义还存在反复,没有很好反映出"精神"的准确定义。

　　教师小结:同学们在初步自学中已经领会了下定义的基本方法,那就是"种差加属概念",我们一起回到书本学习一下,以"文学"为例(见图 1):

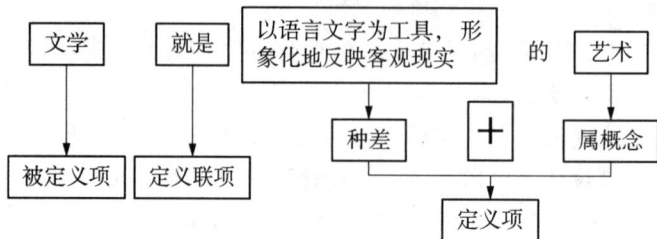

图 1

　　通过对"文学"概念的图示,我们了解了定义由被定义项、定义项和定义联项三部分构成。

　　① 属概念是指被定义项的属概念;

　　② 种差指同一属概念下的种概念之间的差别,即被定义项与同属的其他种概念之间的差别;

　　③ 种差和属概念相加构成定义项,用定义联项将被定义项和定义项联结起来,就构成定义。

　　教师:接下来请同学们小试牛刀,结合教材内容与所学知识判断以下几个定义是不是正确揭示了概念的内涵,并说明理由。

　　◆ 商品是劳动产品。

　　◆ 商品是用人民币交换的劳动产品。

　　◆ 麻醉就是麻醉剂所起的作用。

　　◆ 哲学不是文学。

　　◆ 儿童是祖国未来的花朵。

　　学生:"商品是劳动产品"中定义项是劳动产品,"劳动产品"的范围要大于"商品"的范围,所以出现了"定义过宽"的错误;而第二句中"用人民币交换的劳动产品"的范围小于"商品"的范围,商品也可以用美元等形式来交换,犯了"定义过窄"的错误。"麻醉就是麻醉剂所起的作用"犯了"同语反复"的错误。"哲学不是文学"犯了"否定定义"的错误。"儿童是祖国未来的花朵"犯了"比喻定义"的错误。

　　教师小结:经过探讨,同学们基本掌握了下一个正确定义的要求,这不仅需要具备科学的知识,正确认识对象,还需要遵循必要的逻辑规则。

　　教师:请同学们找找日常话语中下定义犯的错误,并相互交流。

　　学生活动:纠错升华。

　　【设计意图】 本环节设置了大量的学生活动,意在引导学生把抽象的理论知识与生活实际相结合,一方面可以激发学生理论学习的热情,另一方面可以加深学生对明确概念内涵的理解。学习下定义的知识是为了引导学生形成科学的思维方式,以更好地运用到学习和生活中。

环节二:从"航天英雄"看概念的外延
——如何明确概念的外延?

材料二 春秋数载,圆梦太空。从 2003 年开始,我们的神舟五号首次开启载人任务,到 2021 年的神舟十三号,我国研发的宇宙飞船已经先后将许多优秀的航天英雄们送上太空,探索太空的奥秘。有同学这样描述这些航天英雄们:①他们中,有的人获得了一级航天功勋奖章,有的人获得了二级航天功勋奖章,有的人是巾帼英雄。②他们中,有的人舍小家为大家,让五星红旗在太空高高飘扬。③他们中,有的人开启了天宫课堂,有的人为女儿从天上摘回了"星星"。

有同学认为,这些话将我国所有的航天英雄都涵盖其中,但其中没有一句话可以涵盖所有的航天英雄。

教师:请同学们思考该同学的话说得有道理吗?并说明理由。

学生1:我认为①没有涵盖所有的航天英雄,因为中国航天员的划分有特级航天、一级航天员、二级航天员和三级航天员。

学生2:我认为②涵盖了所有的航天员,因为他们都舍小家为祖国的航天事业作出了巨大的贡献。

学生3:我认为③没有涵盖所有的航天员,开启天宫课堂和为女儿摘"星星"并不是所有的航天员都做过的。

教师:从同学们的回答中,可以知道要明确一个概念,必须正确划分概念的外延。以上几个描述都没有很好地划分"航天英雄"的外延。接下来我们就来学习如何明确外延的方法。

学生活动:分三组,自主阅读教材第28—29页,找出以上三句话中划分外延时依据的划分标准以及划分中出现的典型错误。

学生1:我认为①的划分标准是获得航天功勋奖章的类别,但错误在于"划分不全";同时"巾帼英雄"划分的是男航天员和女航天员,所以这句话出现了"划分标准不一"的问题。

学生2:我认为②的划分标准是航天员有没有为航天事业作出贡献,其实我国所有的航天员都为航天事业作出了贡献,所以这里的母项和子项实质上是重合的,是无效的划分。

学生3:我认为③的划分也存在两个标准,即有没有在太空授课和有没有为女儿摘"星星",这也是犯了"划分标准不一"的错误。

教师小结:同学们的回答已经解释了我们今天划分概念外延的方法。我们一起来做一个小结。

划分概念的外延是依据一定的标准,把一个概念的外延分为几个小类。小类是大类的种,大类是小类的属。划分就是把一个属分为几个种的逻辑方法。

划分由母项和子项两部分构成。

与此同时,要注意在划分中遵守以下规则,避免相应的错误:

① 子项的外延之和必须等于母项的外延——避免"划分不全"和"多出子项";

② 只能用同一个标准——避免"划分标准不一";

③ 逐级进行,不能越级——避免"越级划分"。

教师:请同学们根据"航天员"这个概念,设计三个划分外延的标准,描述"航天英雄"这个概念,由此对我们的航天英雄致以敬意。

学生:我们的航天员有堂堂须眉,也有巾帼英雄。(划分标准:男女)……

【设计意图】 本环节通过对不同观点进行分析、辨别和讨论,让学生亲历思维的碰撞,在比较鉴别中提高认识、深化理解。同时,通过合作探究交流,学生可以发现自身认识的偏差,并增强对我国航天英雄的敬意,形成政治认同。

环节三:从"航天事业发展"看概念的发展
——如何坚持内涵与外延的统一?

教师:随着我国航天事业的发展,出现了不少具有时代特色的关于中国航天的新名词、新概念,如"天宫课堂""梦天舱"等。你还能举一些其他的例子吗? 并运用逻辑知识,说说它们的内涵和外延。这对于我们在实际生活中去准确把握概念有什么启发?

学生1:天宫亦名紫微宫,原是中国神话传说中天帝居住的宫殿。现在一般是指中华人民共和国航天计划中的一个大型空间观测和实验平台。空间站轨道高度为400千米,倾角42—43度,设计寿命为10年,长期驻留3人,总重量可达90吨,以进行较大规模的空间应用。

学生2:天舟是中国货运飞船的统称。主要用于对中国空间站在轨运行期间,提供补给支持。天舟系列货运飞船包括天舟一号、天舟二号、天舟三号、天舟四号等。

学生3:羲和号是我国首颗太阳探测科学技术试验卫星,全称为"太阳Hα光谱探测与双超平台科学技术试验卫星",运行于高度为517千米的太阳同步轨道,主要科学载荷为太阳空间望远镜。此名取义"效法羲和驭天马,志在长空牧群星",象征中国对太阳探索的缘起与拓展。

教师小结:通过大家的回答,我们得出任何概念都是内涵与外延的统一。随着实践的发展,认识对象也在不断变化发展,反映认识对象的概念不是固定的,也会发生变化。像"天宫"等新词的内涵和外延也在发展中,我们只有与时俱进,自觉推动概念的发展,才能更深刻而准确地理解概念的内涵和外延。

教师:2000多年前,屈原叩问苍天,"冥昭瞢暗,谁能极之?"脚踏实地的中国人,始终不忘仰望星空,将深邃的视野投向遥远的太空,以"其生也有涯"的有限人生来思考无限浩瀚的宇宙星辰与日月阴阳。经过我国几代航天科研工作者齐心协力,呕心沥血,敬业奉献,中国航天事业交出了亮眼的成绩单,不仅让中国人为之振奋和骄傲,也让世界为之瞩目和震惊。请同学们围绕"我与中国航天事业发展"的主题,运用所学的概念的内涵和外延,书写一份简短的倡议书,抒发同学们的理想与抱负。

示例:航天事业是进入、探索、开发和利用太空以及地球以外天体的活动,我们要坚定航天报国志向,加快实现航天科技高水平自立自强。扬帆起航,逐梦九天,我们的征途是星辰大海!

【设计意图】 本环节继续以航天事业为话题,意在让学生感受到逻辑与生活的密切关系,看到作为学子,我们同样与我国的航天事业息息相关,或为之自豪,或认识到为航天事业作贡献是我们未来努力的方向。同时,充分发挥学生的主体作用,及时检测学习成果,进行学习评价,加深学生对知识的理解和运用,从而为学生科学思维的形成、科学精神的培育打下坚实基础。

(三)课堂总结

本节课学习的明确概念的方法对我们的生活和学习至关重要。掌握明确概念的方法能提高我们的逻辑思维能力,增强逻辑论证的力量,帮助我们合乎逻辑地表述自己的思想,从而使自己观点的表达、文章的写作论旨明确,条理清楚,论证严密、有说服力。同时,运用明确概念的方法,掌握科学思维,可以使我们在交流中避免一些逻辑错误,使沟通更畅通有效。概念是不断变化发展的,我们应保持思维的开放性,长远地看待事物及其变化发展,避免思维定式、固执不前。

八、板书设计

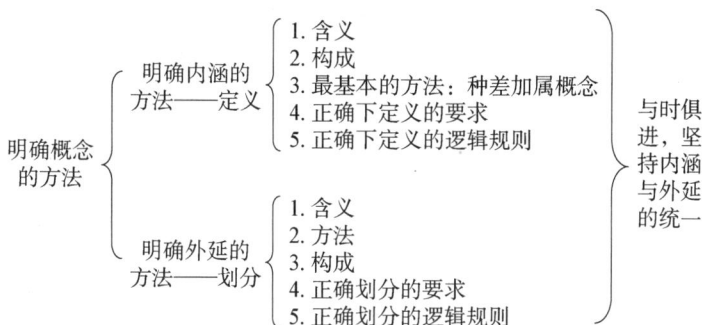

九、教学反思

(一)设计亮点

1. **议题引领,思路清晰**。本节课以"如何明确概念"为议题,分为三个环节:"从'航天精神'看概念的内涵""从'航天英雄'看概念的外延""从'航天事业发展'看概念的发展",以航天为主线贯穿始终,思路清晰,紧紧围绕议题设置任务、开展活动,注重评价,强调核心素养的落地。

2. **情境创设,学生主体**。本节课的内容属于理论基础部分,较为简单,易于理解。教学围绕我国的航天事业,设置了三个具体的情境,引导学生自主探讨,发现问题,解决问题,把零散的、碎片化的知识进行整合,有效提升了学生的逻辑思维能力。

（二）实施建议

本节课教师试图把理论与实践有机地结合起来，但在具体实施过程中，还需要教师根据学生课堂上的实际回答情况，进行有针对性的调整、应对和补充，即课堂的可预见性还有待估量。

十、专家点评

1. **知识世界与生活世界的联通。**通过板块化的设计，让学生通过"航天精神""航天英雄""航天事业"这一系列化的情境，学习明确概念的内涵、外延和概念的发展；反过来又让学生在这个学习的过程中对航天精神、航天英雄和我国航天事业的发展有一个更全面、深入的了解，很好地联通了知识世界与生活世界，坚持了思政小课堂与社会大课堂的结合。

2. **科学精神与政治认同的融合。**思想政治学科核心素养是一个内容上相互交融、逻辑上相互依存的有机整体。本节课的教学很好地把握了学科核心素养之间的相互关系，尤其是很好地实现了科学精神和政治认同的深度融合：通过中国航天事业发展学习概念的相关精神，发展学生科学精神；以概念相关知识的学习，更加全面、深入地了解中国航天事业的发展，增强政治认同。

第五课

正确运用判断

第一框题　判断的概述

浙江省平湖市当湖高级中学　王晓娜

本框课件下载

一、理论基础和依据

逻辑思维是人的理性认识阶段,是人运用概念、判断、推理等思维类型反映事物本质与规律的认识过程。其中,判断是由概念构成的,又是构成推理的基本要素。没有判断就不能明确概念,没有判断也不能进行推理。

判断和命题。判断和命题都是逻辑学的重要概念,但是关于二者的关系目前逻辑学界颇有争议。传统逻辑一般不讲命题只讲判断,数理逻辑产生以后,由于数理逻辑把命题作为研究对象,人们才逐渐注重对命题的研究。20世纪80年代后,随着形式逻辑现代化的呼声日高,人们越来越多地讨论命题,甚至在教材中用命题替代了判断。目前,关于判断与命题关系的看法主要有以下三种:一是认为命题就是判断,判断就是命题,二者是一个东西;二是认为表达判断的句子是命题,不表达判断的句子就不是命题;三是认为所有判断都是命题,而有些命题不是判断,二者为包含关系。教材中对命题与判断未作严格区分。

判断(命题)的分类理论。亚里士多德在《工具论》,特别是其中的《范畴篇》中,研究了命题的不同形式及其相互关系,根据形式的不同对命题的不同类型进行了分类。亚里士多德把命题首先分为简单的和复合的两类,但他对复合命题并没有作深入探讨。他进而把简单命题按质分为肯定的和否定的,按量分为全称、特称和不定的命题。他还提到个体命题,这相当于后来所谓的以专名为主项、以普遍概念为谓项的单称命题。亚里士多德着重讨论了后人以 A、E、I、O 为代表的 4 种命题。他所举出的例子是:"每个人是白的""没有人是白的""有人是白的""并非每个人是白的"。关于模态命题,他讨论了必然、不可能、可能和偶然这 4 个模态词。亚里士多德所说的模态,是指事件发生的必然性、可能性等。亚里士多德以后的逻辑学家,如泰奥弗拉斯多、麦加拉学派和斯多阿学派的逻辑学家,以及中世纪的逻辑学家等,又对包含有命题联结词"或者""并且""如果……则……"等的复合命题进行了不断的探讨,从而丰富了逻辑学关于命题的学说。康德根据他的范畴理论对判断作了分类。这个分类对后世的影响很大。康德对判断的分类主要有 4 个方面:①量,包括全称、特称、单称三种判断;②质,包括肯定、否定、无限(所有 S 是非 P)这几种判断;③关系,有直言(两概念间的关系)、假言(两判断间的关系)、选言(若干判断间的关系)判断。④模态,有或(概)然、实然、确然几种判断。康德所谓的模态,是指认识的程度。他认为组成假言判断、选言判断的判断,都是或然的。19世纪下半叶欧洲逻辑读本对命题的分类不尽一致。大体说来,按关系即按命题主谓项之间的关系分,有直言命题、假言命题(后件主谓项的联系以前件为条件)和选言命题(谓项之间对主项有选择关系)。从质的角度分,有肯定命题和否定命题。从量的角度分,有全称命题,包括单称命题、普遍命题(凡S是P)和特称命题。这些读本还讨论了其他一些关于数量多少的命题,如涉及"多数""少数"之类的命题,并认为,"多数S不是P"等值于"少数S不是P","少数S是P"等值于"多数S不是P"。因此,从"所有S是P"推不出"多数S是P",也推不出"少数S是P"。这些传统逻辑读本在讨论选言命题时,也往往论及联言命题、分离命题(非A并且非B)等。另外,还有一类可解析命题也是常常提到的。在这类命题中,有一种叫区别命题,其形式为"只有S才是P";还有一种叫除外命题,其形式为"除是M的S外每个S是P"。

二、课标要求

《普通高中思想政治课程标准(2017年版2020年修订)》内容要求:2.2知道判断的基本特征;了解形成恰当判断的条件;学会正确运用判断;结合具体的判断活动,区分判断的不同类型。

教学提示:以"如何正确认识判断"为议题,探究判断的基本特征、表达和类型。可搜集生活中的具体事例或现象,引导学生对其作出认识和判断,从而形成对判断的含义、基本特征的初步认知;可列举生活中可能存在逻辑错误的判断语句,组织学生在活动探究中掌握进行准确判断的基本方法,在此基础上分清判断的不同表达和类型及其区别,从而为科学思维的形成打下基础。

三、学情分析

从思维特点来看,高二学生具有较强的自主探究意识和能力,抽象思维已经得到一定程度的发展。在课堂上,他们思维活跃,参与意识强,能够积极回应各种具有挑战性的问题,愿意通过自主探究找到解决问题的方法。

从认知发展来看,高二学生已经学习过马克思主义哲学的基本原理,初步能够运用马克思主义的基本立场、观点和方法观察事物、分析问题。经过本模块前面内容的学习,他们对形式逻辑所要解决的问题及基本规律也有了一定的了解,对进一步学习逻辑相关知识产生了较为浓厚的兴趣。

从本节课的具体内容来看,本节课的主要内容是介绍判断的基本特征、表达和类型,具有较强的基础性和理论性。学生对此内容的学习兴趣可能不是特别高,需要教师积极创设生活化的情境,实现理论知识的生活化。同时,受多种因素的影响,学生思维的逻辑性较差,逻辑混乱的情况较为普遍,更需要加强逻辑基础知识的学习。

四、教学目标

（一）核心素养培育目标

1. 科学精神

通过分析典型案例,认识判断,把握判断的基本特征、表达和类型,从而为正确运用判断打下基础;通过思维训练,进一步理解判断这种逻辑思维形式,培育自觉遵循逻辑思维规则的科学精神。

2. 政治认同

通过分析具体事例,初步了解马克思主义关于形式逻辑学的基本观点,感悟辩证唯物主义和历史唯物主义的科学真理力量,增强政治认同;通过案例分析和情境创设,感受我国的制度优势,增强对中国特色社会主义的制度认同。

（二）学科能力目标

1. 学习理解

了解判断的含义和表达方式,理解判断的两个基本特征,把握不同类型的判断及其划分标准。

2. 实践应用

能够运用所学判断的知识,分析典型例句中存在的表达错误,学会正确地判断、表达。

3. 迁移创新

在实际生活中能够更加清楚明确地表达思想,努力避免交流和写作上的表意模糊、歧义和错误,学会辨别和修正现实生活中不同类型的逻辑判断上的错误。

五、教学重难点

1. 教学重点:知道判断的基本特征

判断是对认识对象有所断定的思维形式。对认识对象有所断定,是判断的一个基本特征。断定的方式有两种:一是肯定,二是否定。如果既不肯定什么,又不否定什么,就不是判断。

判断的另一个基本特征是有真假之分。既然判断是对认识对象情况的断定,判断就有与认识对象的实际情况是否符合的问题。如果一个判断的断定符合认识对象的实际情况,它就是真的;否则,它就是假的。

正确把握判断的两个基本特征非常重要,它是我们识别一个语句是否表达判断的最基本的标准。学生对判断基本特征的深刻理解,有利于其准确把握判断的内涵,掌握作出科学判断的方法。

2. 教学难点:区分判断的不同类型

要准确地把握不同判断的逻辑性质,需要清楚地了解判断的类型。依据不同的标准,可以对判断进行不同类型的划分。依据判断本身是否包含其他判断,判断分为简单判断和复合判断。直接由概念构成而不包含其他判断的判断叫作简单判断。本身包含其他判断的判断叫作复合判断。简单判断包括性质判断和关系判断。复合判断包括联言判断、选言判断、假言判断等。

由于划分不同判断类型的标准不同,判断的分类较为复杂。对学生来说,准确区分不同类型的判断从而作出准确的判断,具有一定的难度,是学习的难点所在。

六、教学方法

1. 情境教学法

本节课教学的主要目标在于通过学习形式逻辑中基本形式之一——判断,掌握逻辑思维的基本规则和方法,内容的理论性较强,对学生来说有点枯燥。采用情境教学法,创设生活化的教学情境,可以使枯燥的理论知识生动起来,拉近知识与生活之间的距离,调动学生参与课堂学习和进行探究学习的热情和兴趣,从而充分发挥出学生学习主体的作用。

2. 议题式教学法

本节课的教学采用议题式教学法,以"如何正确认识判断"为议题,引导学生围绕议题开展合作学习和探究学习,在自主探究过程中培养学生的逻辑思维意识,帮助学生形成科学思维。

3. 案例教学法

本节课的教学以培养学生的科学思维为直接目的,而科学思维的形成离不开有效的思维训练。本节课的教学采用案例教学法,为学生提供内涵丰富的各种案例,指导学生运用学科知识对案例进行探究,可以提高学习的针对性和有效性,从而培养学生整合知识、理论联系实际、分析和解决问题的能力。

七、教学流程

(一)课堂导入

材料一 2022年2月4日晚,第二十四届冬季奥林匹克运动会开幕式在北京国家体育场举行。一场空灵、浪漫、唯美的开幕式,彰显了文化之美、艺术之美、精神之美、科技之美,再次惊艳世界。三位同学观看开幕式后有了以下对话:

小明:你们如何评价这场开幕式?

小华:这是冬奥会历史上最精彩的开幕式。

小洁:这场开幕式没有邀请大牌明星参与演出。

教师:上一课我们学习了概念的相关知识,但是,大家有没有发现,人们在交流时仅凭概念是不能明确地表达思想的。人们要进行思想交流,需要将概念结合起来,形成判断。上述三位同学的表达有的是判断,有的不是判断。那么,哪些表达属于判断?哪些表达不属于判断?判断到底是什么呢?今天,我们从北京冬奥会入手,以"如何正确认识判断"为议题来揭开形式逻辑中"判断"的神秘面纱。

【设计意图】　以北京冬奥会引入课题,希望通过熟悉的生活情境激发学生学习的兴趣和热情。同时,通过生活化场景的创设消除学生学习逻辑知识的距离感和陌生感,为议题的探究作好心理铺垫。

(二) 新课教学

环节一:"冬奥"开幕　初识判断
——判断是什么?

教师:上述三位同学关于"冬奥"开幕式的表达有哪些属于判断呢? 请大家作出自己的判断并说明理由。

学生活动:自主思考,交流分享。

学生1:我认为三位同学的表达都属于判断,因为他们都表达了自己的某种思想。

学生2:我不认同。小明的表达不属于判断。因为判断是对认识对象有所断定的思维形式,要么肯定,要么否定。而小明只是提出问题,并没有对开幕式作出断定,即既没有表达肯定,也没有表达否定。小华表达了一种肯定,是判断;小洁表达了一种否定,也是判断。

教师小结:判断就是对认识对象有所断定的思维形式。判断必须是对认识对象有所断定,断定的方式有两种:要么肯定,要么否定。如果既不肯定什么,又不否定什么,就不是判断。这是我们认识判断这一逻辑形式时首先需要把握的。

教师:现在,请大家依据这一点向同桌说出几个能够表达你的某种判断的语句,同桌之间进行相互评价。

学生活动:同桌交流,互相评价。(活动后,教师进行初步归纳,引导学生深入思考。)

教师:相信大家通过活动对判断有了进一步的了解。接下来请同学们分析一下老师给出的两个表达是否都是判断,二者有什么关系。

A. 开幕式运动员进场环节中中国队是第一个出场的。

B. 开幕式运动员进场环节中中国队不是第一个出场的。

学生活动:相互交流,思考回答。

学生1:A 不是判断,因为说法错误;B 说法正确,是判断。

学生2:A、B 都是判断,只是 A 的判断是假的,B 的判断是真的。

教师:有真假之分是判断的第二个基本特征。因为既然判断是对认识对象情况的断定,判断就有是否与认识对象实际情况相符合的问题。如果符合,则判断为真;如果不符合,则判断为假。那么,我们怎么来确定判断的真假呢? 请刚才作出正确判断的同学来说说看。

学生2:因为我看了开幕式,中国是东道主,最后一个出场。

教师小结:对。判断的真假是要靠社会实践来检验的,同学通过观看开幕式发现 A 与客观实际不符,所以 A 是假判断,B 与客观实际相符合,所以是真判断。

总结一下本环节的知识点。首先是判断的含义:判断是对认识对象有所断定的思维形式。其次是判断的基本特征:一是对认识对象有所断定,要么肯定,要么否定;二是判断有真假之分,社会实践是检验标准。

【设计意图】　理论的生命力在于实践。学习判断的知识是为了形成科学的思维方式,以更好地学习和生活。本环节设置了大量的学生活动,意在引导学生把抽象的理论知识与生活实际相结合,一方面可以激发学生理论学习的热情,另一方面可以加深学生对判断的含义和基本特征的理解,为进一步正确认识和运用判断这一思维形式打下基础。同时,学生的活动体验对学科核心素养的培育至关重要。通过开展自主探究和合作探究,学生的科学精神素养可以得到有效的滋养。

环节二:全景"冬奥" 再探判断
——如何表达判断?

材料二 2022年北京冬季奥运会共设7个大项,15个分项,109个小项,共有来自全球的2892名运动员参加。自开赛以来,赛场内,运动员们奋力拼搏,不断创造佳绩;赛场外,"冬奥热"正席卷全国:冰雪运动融入人们日常生活、冬奥题材的影视综艺霸屏、冬奥话题持续上热搜、冬奥吉祥物及周边产品走俏……

教师:请同学们小组合作探究——下列语句哪些表达判断?哪些不表达判断?为什么?

(1) 祝北京冬奥会圆满成功!

(2) 请多关注比赛本身!

(3) 谷爱凌是中国代表团中的一员。

(4) 表现欠佳的运动员不是更需要我们的鼓励吗?

(5) 你想要一个"冰墩墩"吗?

学生活动:在小组长的组织下,小组成员围绕判断的相关知识,互相交流,合作探究,自评互判,形成共识,发言人代表小组展示观点。在此过程中,教师提示学生探究的角度,可从判断的基本特征、表达和类型等不同角度进行分析;回答学生探究过程中的疑问。

小组1:判断是通过语句表达的。但是并非所有的语句都能表达判断,如祈使句、感叹句等,不作断定、没有真假,不是判断。(1)是感叹句,表达的是祝福之情,不是判断。(2)是祈使句,也不是判断。

小组2:判断的基本特征有两个,一是对认识对象有所断定,要么肯定,要么否定;二是判断有真假之分。(3)对认识对象进行了肯定,而且这种断定是符合客观实际的,是一种真的判断。

小组3:疑问句只是提出问题,并没有进行断定,所以通常都不是判断,如(5)不属于判断。而(4)以反问的形式表达肯定之意,即"表现欠佳的运动员更需要我们的鼓励",所以(4)也是判断。

教师小结:判断的表达形式是语句。判断是语句的思想内容,语句是判断的语言形式。但是,不作断定、没有真假的语句并不表达判断。一般来说,判断都是以陈述句的形式来表达的,疑问句、感叹句、祈使句通常不能表达判断。

教师:判断的表达要明确,对于含义不明确的语句,我们需要依据语言的具体情况排除歧义,才能准确把握这些语句与其所表达的判断之间的关系。

请同学们阅读教材第31页"探究与分享"。其中的三个语句都试图表达判断。

(1) 这是新学生宿舍。

(2) 来到海边,小张尽情地呼吸着空气、阳光和海水。

（3）一旦吸烟，就会患肺癌。

上述表达是否明确或准确，为什么？

学生活动：学生思考，完成训练。

【设计意图】　本环节意在为学生创设辨析式学习环境。辨析式学习是一种重要的学习方式，学生在对不同观点进行分析、辨别和讨论的过程中，可以亲历思维的碰撞，在比较鉴别中提高认识、深化理解。通过合作探究交流，学生可以发现自身认识的偏差，及时调整自己认识问题的方式和角度，教师也可以发现学生的困惑点、疑难点，并根据学生的学习情况更有效地确定教的策略，从而提升课堂效率。

环节三：我看"冬奥"　运用判断
——判断有哪些类型？

材料三　看冬奥比赛是虎年春节期间很多人的首要选择。不同的赛事具有不同的特点：短道速滑紧张刺激，充满悬念；花样滑冰赏心悦目，极具观赏性；高山滑雪速度与技巧并存，被誉为"冬奥会皇冠上的明珠"；冰球比赛对抗性强，令人热血沸腾；冰壶比赛展现智力与技术的较量……

教师：你最喜欢看的是什么比赛？请用不同类型的判断来表达你的看法。

学生活动：阅读教材第32页第二、三自然段，了解判断的不同类型及划分标准。思考任务内容并尝试表达。教师组织学生交流互评。

学生1：只要有中国队参与比赛，我就会观看。这是一个复合判断。

学生2：我最喜欢看短道速滑。这是一个简单判断。

学生3：我既喜欢看高山滑雪，又喜欢看冰壶。这是一个复合判断。

学生4：冰球比赛比冰壶比赛好看。这是一个简单判断。

学生5：我不是在看花样滑冰，就是在看高山滑雪。这是一个复合判断。

学生6：如果中国队有希望夺冠，我就会观看这场比赛。这是一个复合判断。

……

教师小结：要准确地把握不同判断的逻辑性质，需要清楚地了解判断的类型。依据不同的标准，可以对判断进行不同类型的划分。依据判断本身是否包含其他判断，判断分为简单判断和复合判断。简单判断是直接由概念构成而不包含其他判断的判断；复合判断是本身包含其他判断的判断。简单判断按照断定的是性质还是关系又可以分为性质判断（直言判断）和关系判断；复合判断按照其所包含的各个简单判断之间的结合情况又可以分为联言判断、选言判断和假言判断等。

教师：请大家根据所学知识，完成教材第32页"探究与分享"。

（1）他是中学校长。

（2）张华认识雷锋。

（3）中国共产党是为中国人民谋幸福的政党，也是为人类进步事业而奋斗的政党。

（4）如果某个数不能被2整除，它就不是偶数。

上述判断分别有什么特征？相互之间有什么区别？

学生活动：自主思考，交流分享。

【设计意图】 本环节继续以"冬奥"话题为线索,意在让学生感受到逻辑与生活的密切关系,看到知识的实际意义,从而提升学习知识的兴趣和学以致用的自觉性;引导学生在自主阅读的基础上尝试用不同类型的判断来表达思想,意在贯彻"以学定教""先学后教"的理念,激发学生自主学习、合作探究的意识,充分发挥学生的学习主体作用。本环节利用"探究与分享",一方面意在引导学生回归教材、重视教材,另一方面可以及时检测学习成果,加深对知识的理解和运用,从而为学生科学思维的形成、科学精神的培育打下坚实基础。

(三) 课堂总结

学习形式逻辑可使我们自觉地进行思维的逻辑训练、提高逻辑思维能力、增强逻辑论证的力量,合乎逻辑地表述和论证自己的思想,做到概念明确、判断恰当、推理合乎逻辑、论证有充分根据,从而使自己说话、写文章做到论旨明确、条理清楚、论证严密、有说服力。概念、判断、推理是思维的基本形式,没有判断就不能明确概念,没有判断也不能进行推理。了解判断的基本特征、表达和类型,学会正确运用判断,对于我们形成逻辑思维具有重要意义。

【设计意图】 阐明学习形式逻辑的意义所在,使学生充分了解学习目标,为有效学习提供保障;总结课堂核心知识,突出学习重点,帮助学生在掌握学科必备知识的基础上形成学科核心素养,提升学科关键能力。

八、板书设计

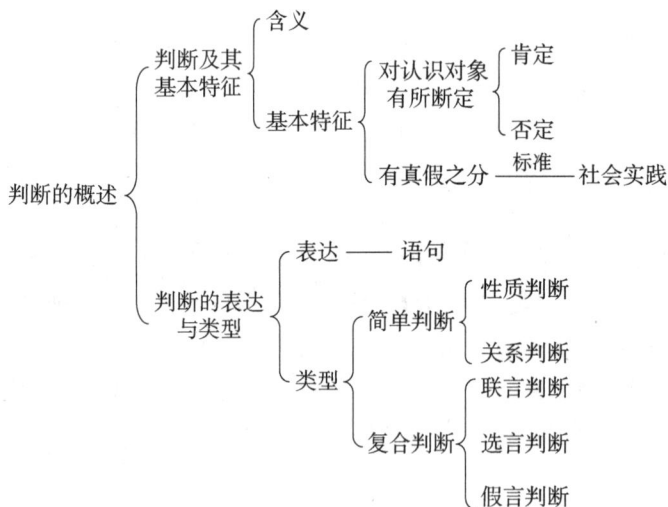

九、教学反思

1. 创设情境,凸显知识意义。"不能加以利用的知识是有害的"。高中思想政治课教学着眼于学生学科核心素养的培养,即培养学生在真实社会生活中提出问题、分析问题和解决问题的能力。本节课通过生活化情境的创设,淡化知识过度理论化,使学生直观地感受到知识学习和社会生活之间的密切联系,认识到学习知识能有效地服务于生活实际,从而有效激发了学生进行学习的内在动机。

2. 议题贯穿,培育核心素养。 与本单元其他内容相比,本节课的内容较为简单,易于理解。如何在此类课堂教学中培育学科核心素养更值得认真研究。本节课教学以议题贯穿教学,引导学生在探究过程中,始终围绕"如何正确认识判断"的议题进行思考,把零散的、碎片化的知识进行整合,在对学生进行思维训练的过程中,有效提升了学生的逻辑思维能力,培育了科学精神这一学科核心素养。

3. 活动探究,彰显学生主体。 新课标强调活动是学生的学习方式,要关注学生的活动体验,在活动探究中提高能力。本节课设计了多个探究活动和相应的学习任务,引导学生围绕学习任务进行活动探究,使活动贯穿学生学习过程的始终,促使学生学习方式的转变,充分尊重了学生的学习主体地位,课堂效率也得以提高。

十、专家点评

本节课教学设计主要呈现以下两大特点:

1. 注重学科知识的生活化。 本节课的内容具有较强的抽象性和概括性。王老师的教学设计围绕学生熟悉的北京冬奥会创设情境并贯穿课堂教学始终,有效化解了学生对理论学习的陌生感和恐惧感,赋予抽象的学科知识以丰富的生活气息,引导学生在生活中感悟,在感悟中提升,体现了理论逻辑与生活逻辑的统一。

2. 凸显学习过程的活动性。 "逻辑与思维"教学重在科学思维的训练。王老师坚持任务驱动,在"'冬奥'开幕　初识判断""全景'冬奥'　再探判断"和"我看'冬奥'　运用判断"三个环节中,精心设计学习任务,引导学生在执行任务中开展活动,在活动过程中体验感悟,以巧妙的设计引导学生思维训练,凸显学习过程的活动性,很好地落实了"学为中心"的理念。

第二框题　正确运用简单判断

浙江省平湖市当湖高级中学　王晓娜

本框课件下载

一、理论基础和依据

依据判断本身是否包含其他判断,判断分为简单判断和复合判断。直接由概念构成而不包含其他判断的判断叫作简单判断。依据简单判断中所断定的是事物的性质还是关系,简单判断分为性质判断和关系判断。

性质判断是断定事物具有(或不具有)某种性质的判断,又称直言判断。任何性质判断都是由主项、谓项、联项和量项组成的。主项是在判断中表示断定对象的概念,逻辑学上通常用大写的英文字母"S"来表示;谓项是在判断中表示断定对象具有或不具有某种性质的概念,逻辑学上通常用大写的英文字母"P"来表示;联项是在判断中起着联系主项和谓项作用的概念,通常也被称为判断的"质";量项是在主项前面表示断定对象数量的概念。量项包括两种,一是对主项的全部外延作出断定,我们称之为"全称量项",一是没有对主项的全部外延作出断定,我们称之为"特称量项"。在日常讲话及写作中,表示全称量项的语词通常有"一切""所有""任何""每一""凡"等,表示特称量项的语词通常有"有的""有些""有""某些"等。在判断的语言表达中,全称量项的语言标志(如"所有")可以省略,而特称量项的语言标志不能省略。据此,性质判断的逻辑结构可以表示为:所有(有的)S是(不是)P。在这一逻辑结构中,量项"所有(有的)"和联项"是(不是)"是逻辑常项,主项 S 和谓项 P 是逻辑变项。

根据逻辑常项的不同,性质判断可以区分为不同的类型。依据性质判断联项的不同,可将性质判断分为肯定判断和否定判断两类。肯定判断是断定对象具有某种性质的判断;否定判断是断定对象不具有某种性质的判断。依据性质判断量项的不同,可将性质判断分为单称判断、特称判断和全称判断。单称判断是断定某一个别对象具有(或不具有)某种性质的判断,如"北京是中华人民共和国的首都";特称判断是断定某类事物中有对象具有(或不具有)某种性质的判断,如"有的工人不是共产党员";全称判断是断定某类事物中的每一个对象都具有(或不具有)某种性质的判断,如"所有铜都是金属"。按性质判断质和量(即逻辑常项)的不同结合,可将性质判断分为单称肯定判断(断定某一个别事物具有某种性质的判断)、单称否定判断(断定某一个别事物不具有某种性质的判断)、全称肯定判断(断定一类事物的全部对象都具有某种性质的判断)、全称否定判断(断定一类事物的全部对象都不具有某种性质的判断)、特称肯定判断(断定一类事物中有的对象具有某种性质的判断)、特称否定判断(断定一类事物中有的对象不具有某种性质的判断)六种基本形式。但由于单称判断是对某一个别对象的断定,就外延情况说,我们对该对象作了断定,也就是对某一概念的全部外延作了断定。因此,在一般情况下可以把单称判断当作一种全称判断来对待。这样,性质判断就可以归结为四种基本形式:全称肯定判断,逻辑形式为"所有 S 是 P"(通常用大写的英文字母"A"来表示),可缩写为"SAP";全称否定判断,逻辑形式为"所有 S 不是 P"(通常用大写的英文字母"E"来表示),可缩写为"SEP";特称肯定判断,逻辑形式为"有的 S 是 P"(通常用大写的英文字母"I"来表示),可缩写为"SIP";特称否定判断,逻辑形式为"有的 S 不是 P"(通常用大写的英文字母"O"来表示),可缩写为"SOP"。

关系判断是断定事物之间关系的判断。和性质判断不同,关系判断是断定事物之间关系的判断。而关系总存在于两个或几个事物之间,因此,关系判断的对象就有两个或两个以上。也就是说,关系判断的主项有两个或两个以上。存在于两个事物之间的关系叫两项关系,存在于三个事物之间的关系叫三项关系。依此类推,则相应有四项关系、五项关系等。任何一个关系判断都是由三个部分组成的,即关系项、关系者项、量项。如果我们用"a""b"分别表示关系者前项和关系者后项,用"R"表示关系项,那么,具有两个关系者项的关系判断就可用公式表示"所有(有的)aR 有的(所有)b",或简写为 aRb。

二、课标要求

《普通高中思想政治课程标准(2017 年版 2020 年修订)》内容要求:2.2 知道判断的基本

特征;了解形成恰当判断的条件;学会正确运用判断;结合具体的判断活动,区分判断的不同类型。

教学提示:以"如何正确运用简单判断"为议题,探究性质判断和关系判断的构成、逻辑结构、种类和使用规则。可以教材中"探究与分享"为载体,引导学生分析生活中不同类型的判断错误,感知准确判断的必要性和重要性,正确把握性质判断和关系判断的逻辑结构;可搜集生活中的具体事例,启发学生对此进行合乎逻辑的分析和表达,避免出现各种逻辑判断错误,从而培养科学思维意识。

三、学情分析

从思维特点来看,高二学生具有较强的自主探究意识和能力,抽象思维已经得到一定程度的发展。在课堂上,他们思维活跃,参与意识强,能够积极回应各种具有挑战性的问题,愿意通过自主探究找到解决问题的方法。

从认知发展来看,高二学生已经学习过马克思主义哲学的基本原理,能够初步运用马克思主义的基本立场、观点和方法观察事物、分析问题。经过本模块前面内容的学习,他们对形式逻辑所要解决的问题及基本规律也有了一定的了解,对进一步学习逻辑相关知识产生了较为浓厚的兴趣。

从具体内容来看,本节课的主要内容是介绍简单判断的正确运用,包括正确运用性质判断和正确运用关系判断。这一内容与生活联系较为紧密,具有较强的实用性,对学生也具有较强的吸引力。学生在前一框题学习的基础上,对于判断的基础理论有了一定的了解,具备了进一步探究正确运用判断的能力。教学中,教师可充分利用学生已有认知,创设生活化的情境,为学生的有效学习创造条件。

四、教学目标

(一)核心素养培育目标

1. 科学精神

通过分析典型案例,对比判断的不同表达方式产生的影响,理解正确运用判断的重要性,认识性质判断和关系判断的逻辑结构和不同类型,为正确运用简单判断打下基础;通过逻辑思维训练,把握正确运用性质判断和关系判断的基本要求,掌握正确运用性质判断和关系判断的方法,养成逻辑思维习惯,提升科学思维能力。

2. 政治认同

通过分析具体事例,初步了解马克思主义关于形式逻辑学的基本观点,感悟辩证唯物主义和历史唯物主义的科学真理力量,增强政治认同;通过案例分析和情境创设,感受我国的制度优势,增强对中国特色社会主义的制度认同。

3. 公共参与

通过对社会现象的分析,加强主动关心社会生活的意识,学会运用所学正确运用简单判断的知识解决现实生活问题;认清自己在社会生活中的地位和角色,明确自己的职责,更好地履行应尽的义务,维护合法的权利,提升参与社会生活的能力。

(二)学科能力目标

1. 学习理解

了解性质判断和关系判断的含义、逻辑结构和种类,理解正确运用简单判断的价值,掌握正确运用性质判断和关系判断的基本要求和规则。

2. 实践应用

能够运用所学简单判断的知识,分析典型案例中存在的判断错误,学会通过正确运用判断来准确地认识事物的性质及关系。

3. 迁移创新

能够在学习和生活实际中,自觉运用所学性质判断和关系判断的知识,正确地认识和分析事物,准确地表达自己的观点。

五、教学重难点

1. 教学重点:正确运用性质判断和关系判断

运用性质判断和关系判断都需要遵循一定的规则。正确运用性质判断需要注意:不能缺少主项和谓项,否则判断就不完整;避免主项与谓项配合不当,否则不能如实地反映事物状况,容易造成误解;要准确地使用量项和联项,以保证判断的"量"与"质"都准确无误。正确运用关系判断需要注意:事物之间具有多种多样的关系,区分不同的关系性质才能做到判断正确恰当。

判断是构成推理的基本要素,判断真实是推理正确的前提。学会正确运用性质判断和关系判断对于实现合乎逻辑的推理至关重要。学生掌握了性质判断和关系判断的正确运用,才能正确认识事物的性质和事物之间的关系,对事物形成较为全面的把握,避免日常生活中思维表达上的错误,形成科学思维的能力。

2. 教学难点:把握性质判断和关系判断的逻辑结构

性质判断一般由量项、主项(S)、联项和谓项(P)组成,是"质"与"量"的统一。从质与量的结合上划分,性质判断有六种基本的判断形式:全称肯定判断、全称否定判断,特称肯定判断、特称否定判断,单称肯定判断、单称否定判断。性质判断的逻辑结构可以表示为:所有(有的)S是(不是)P。关系判断一般由关系者项、关系项和量项三部分组成。不同关系者项的先后顺序会影响关系判断的性质。如果我们用"a""b"分别表示关系者前项和关系者后项,用"R"表示关系项,那么,具有两个关系者项的关系判断的逻辑结构可以表示为:所有(有的)aR有的(所有)b。

由于性质判断和关系判断都可以依据不同的标准划分为不同的类型,不同类型的判断的逻辑表达要求又有区别,对于学生来说比较具有挑战性。

六、教学方法

1. 情境教学法

思想政治学科核心素养就是看学生能否运用学科内容应对各种复杂社会生活情境的问题和挑战。学科内容也只有与具体的问题情境相融合,才能体现出它的素养意义。本节课采用情境教学法,把疫情防控时期的生活情境引入课堂,使学生在真实情境中开展知识学习,既可以为核心素养的培育提供必需的问题情境,又可以使枯燥的理论知识生动起来,拉近知识与生活之间的距离,调动学生参与课堂学习和进行探究学习的热情和兴趣,从而充分发挥出学生学习主体的作用。

2. 活动教学法

高中思想政治课是活动型学科课程,强调学生的活动体验是其思想政治学科核心素养发展的重要途径。本节课运用活动教学法,通过一系列活动的设计和实施实现"课程内容的活动化",引导学生开展自主探究、合作学习等活动,使学生在自主探究和合作探究活动中感悟知识的价值和力量,激发学生积极的活动体验,在此基础上培育学生的政治认同、科学精神、公共参与等学科核心素养。

3. 案例教学法

案例教学法能够有效地实现理论逻辑与生活逻辑的有机统一,提升学生的知识迁移能力。本节课的教学以培养学生的科学思维为直接目的,而科学思维的形成离不开有效的思维训练。本节课的教学采用案例教学法,为学生提供内涵丰富的各种案例,指导学生运用学科知识对案例进行探究,可以提高学习的针对性和有效性,从而培养学生整合知识、理论联系实际、分析和解决问题的能力。

七、教学流程

(一)课堂导入

材料一　2022年3月,国内疫情呈现点多、面广、频发的特点,德尔塔和奥密克戎变异株叠加流行,疫情防控面临复杂性、艰巨性、反复性的严峻形势。3月1至21日,全国累计报告本土感染者超过41 000例,波及28个省份,还有大量的阳性无症状感染者出现。在"动态清零"总方针的指引下,全国各地积极应对,加大疫情防控力度,采取果断措施,迅速流调溯源,快速核酸筛查,规范集中隔离,严格社区管控,及时区域协查,查补防控漏洞,不折不扣做到应检尽检、应隔尽隔、应治尽治。

教师:这波疫情来势汹汹,给我们每个人的工作、生活和学习都带来了极大的冲击。专家学者也努力对这波疫情作出科学研判,因为这是我们能够正确应对的重要前提。其实,不光对疫情我们需要准确判断,对任何事物我们都要学会正确的判断,这样才能正确地认识事物,才能正确地解决问题。这就涉及逻辑学中如何正确运用判断的问题。在上节课的学习中,我们已经知道,判断可以分为简单判断和复杂判断。今天,我们就以这次疫情为切入口,以"如何正确运用简单判断"为议题,来探究简单判断的正确使用规则,以帮助我们对事物作出正确认识。

【设计意图】 疫情使每个身在其中的同学都感受颇多。如何正确认识疫情?如何正确认识疫情防控的措施?借助对疫情的判断来学习正确运用简单判断的方法,既能加深学生对知识价值的理解,更能帮助学生科学理性地面对疫情,调适好疫情之下的心态,缓解可能存在的紧张焦虑。这样的设计也可以实现思政小课堂与社会大课堂的有机融合。

(二)新课教学

环节一:从"科学溯源 有效防控"看性质判断
——如何正确运用性质判断?

材料二 某市政府网站发布了一则通告。

2022年3月13日18时57分,我市疾控中心发现1例新冠肺炎初筛阳性并经复核确认为阳性感染者。我市第一时间启动应急机制,阳性感染者已转至定点医院隔离治疗。目前正对其密接者、次密接者进行紧急排查,开展核酸采样检测,并采取管控措施。若您接到流调电话,不要恐慌,密接者和次密接者不是确诊病例,请大家主动配合疫情防控工作。

市民A:什么是密接者、次密接者?

市民B:密接者是和确诊病例有过接触的人,次密接者是密接者的密切接触者。

教师:请同学们分析情境中的哪些语句表达了判断,是什么类型的判断。

学生活动:分析情境,自主探究。

学生1:我觉得"密接者是和确诊病例有过接触的人,次密接者是密接者的密切接触者",这两句表达都是性质判断。

学生2:除了那两句之外,我觉得这句"密接者和次密接者不是确诊病例"也是属于性质判断。

教师:这句话和那两句看起来不太一样,你作出这个判断的依据是什么呢?

学生2:性质判断既可以是对事物"是什么"的判断,也可以是对事物"不是什么"的判断。"密接者和次密接者不是确诊病例"就是从"不是什么"的角度对密接者和次密接者作出的性质判断,所以应该也是性质判断。

教师小结:很好!看来这位同学对性质判断的认识还是很全面的。性质判断就是断定认识对象具有或者不具有某种性质的简单判断。这种断定是直接的、不附加任何条件的,所以,性质判断又称为直言判断。

教师:依据判断的质,即判断所用的断定方式是肯定还是否定的,性质判断可以分为肯定判断和否定判断。接下来,请大家分别举出肯定判断和否定判断的例子。

学生活动:交流分享,互相评价。

学生1:肯定判断——我是中国人;否定判断——我不是美国人。

学生2:肯定判断——有些人是好人;否定判断——有些人不是好人。

学生3:肯定判断——所有的金属都是导体;否定判断——所有的塑料都不是导体。

教师:同学们举的例子都完全正确,为你们"点赞"!相信大家现在对性质判断的内涵已经有了更加准确的把握。接下来,请大家看一下教材第33页第一个"探究与分享",分析材料中引号内的语句,作为判断的表述分别有什么问题。

学生活动:合作探究,交流分享。

学生1:感觉"中学生是我们学习的重要阶段"是一个病句。

教师追问:哪里有问题呢?

学生1:"中学生"和"重要阶段"不匹配,"重要阶段"是指时间段,"中学生"不是一个时间段。可以改为"中学阶段是我们学习的重要阶段"。

教师:很好! 看来表达判断时不能太随意呢。

学生2:第二句话感觉怪怪的,可是说不出来哪里有问题。

学生3:"植物"和"花草"是包含与被包含的关系,是不是不能并列?

学生4:对! 可以把"植物"换成"树木",这样就没有问题了。

教师:同学们真棒! 非常善于思考,而且依靠自己的力量就能解决问题。那么最后一句话有问题吗?

学生5:我认为也有问题。因为按照它的表述,有些又长又臭的文章不应该在报上发表,而有些是可以发表的,这肯定是错误的呀!

教师追问:那可以怎么改呢?

学生5:把"有些"去掉就可以了,就是说所有又长又臭的文章都不应该在报上发表。

教师小结:刚才大家基本上都是从语文的角度进行的分析。这很好,说明大家已经感受到了学科之间的相通性。那么,从逻辑学的角度我们怎么来分析这些问题呢? 这就涉及性质判断的组成问题。

性质判断一般由量项、主项、联项和谓项组成。表示断定对象的叫作主项(通常用大写英文字母"S"表示),表示断定对象性质的叫作谓项(通常用大写英文字母"P"表示),表示主项被断定范围的叫作量项,起着联结主项和谓项作用的叫作联项。比如,在"中学阶段是我们学习的重要阶段"这个性质判断中,主项是"中学阶段",谓项是"我们学习的重要阶段",在全称和单称判断中,量项通常可以省略,所以本句中省略了量项"所有",联项是"是"。性质判断的逻辑结构可以表示为:所有(有的)S是(不是)P。

教师:之前,我们已经知道,性质判断有肯定判断和否定判断。现在,请同学们分小组进行合作探究,把上面提到的一些性质判断尝试用别的分类标准进行分类,看看还可以分为哪些类型。

学生活动:分组合作,探究分享。

小组1:我们认为,性质判断还可以分为全称判断、特称判断和单称判断。比如,"所有的金属都是导体"是一个全称判断,"有些人是好人"是一个特称判断,"我是中国人"是一个单称判断。

小组2:我们也认为性质判断可以分为全称、特称和单称判断,不过,不一定都是肯定判断,否定判断也可以。比如,"所有的塑料都不是导体"也是一个全称判断,"有些人不是好人"也是一个特称判断,"我不是美国人"也是一个单称判断。

教师追问:你们是依据什么这么分类的呢?

小组2:依据判断的量,也就是判断所断定的对象的范围。

教师:大家说得都不错。那么,两组同学的回答给了我们什么样的启发呢?

小组3:我们在分析性质判断时,应该从"质"和"量"的结合上进行分析。

教师:是的。任何事物都是"质"与"量"的统一体,反映事物的性质判断也应该是"质"与"量"的统一。现在,请大家从质与量的结合上,给性质判断分类吧。

学生活动:阅读教材,自主探究。

教师小结:从质与量的结合角度,性质判断有六种基本判断形式(见表1):全称肯定判断、全称否定判断,特称肯定判断、特称否定判断,单称肯定判断、单称否定判断。

表1 性质判断的基本判断形式

类型	量项	主项	联项	谓项
全称肯定判断	所有	为抗疫作出贡献的人	是	好样的
全称否定判断	所有	谣言	不是	真的
特称肯定判断	有些	志愿者	是	党员
特称否定判断	有些	小区	不是	管控区
单称肯定判断		钟南山	是	科学家
单称否定判断		这个人	不是	确诊者

但由于单称判断是对某一个别对象的断定,就外延情况说,我们对该对象作了断定,也就是对某一概念的全部外延作了断定。因此,在一般情况下可以把单称判断当作一种全称判断来对待。这样,性质判断就可以归结为四种基本形式。

(1)全称肯定判断,逻辑形式为:"所有S是P"(通常用大写的英文字母"A"来表示),可缩写为:"SAP";

(2)全称否定判断,逻辑形式为:"所有S不是P"(通常用大写的英文字母"E"来表示),可缩写为:"SEP";

(3)特称肯定判断,逻辑形式为:"有的S是P"(通常用大写的英文字母"I"来表示),可缩写为:"SIP";

(4)特称否定判断,逻辑形式为:"有的S不是P"(通常用大写的英文字母"O"来表示),可缩写为:"SOP"。

通过以上内容的学习,我们还可以梳理出正确运用性质判断的规则——不能缺少主项和谓项,否则判断就不完整;避免主项与谓项配合不当,否则就不能如实地反映事物状况,容易造成误解;要准确地使用量项和联项,以保证判断的"量"与"质"都准确无误。

教师:现在,请大家运用这些规则,分析教材第33页的第二个"探究与分享"。此翁请客失败,他的判断出了什么问题?你能纠正他的错误吗?

学生活动:自主思考,交流分享。

学生:此翁错在使用性质判断时误用了量项,所以造成了误解。"该来的没来"这句判断属于省略了全称量项的判断,等于"所有该来的没来",为避免误解,应改为——"有的该来的没来。"不该走的走了"同样如此,可改为"有的不该走的走了"。

【设计意图】 本环节围绕疫情防控这一话题继续进行探究,目的在于既引导学生从理性客观的角度认识疫情防控举措,增强自身的社会责任感,又使学生感受到正确运用性质判断在生活中的意义,从而更加重视相关知识的学习;本环节设置了大量的学生训练,目的在于使学生在活动体验中认识在学习生活中存在的不正确使用性质判断的情形及其带来的不良影响,从而使学生自觉纠正自身在学习生活中存在的对性质判断的不恰当使用,加深对正确运用性质判断的理解,提升实际操作能力,培养科学精神。

环节二:从"全员行动　共克时艰"明关系判断
——如何正确运用关系判断?

材料三　流调显示,老林与外省新冠确诊患者小涛在本市的行动轨迹有交叉,市疾控中心认定老林为次密接者,需要进行居家隔离。居家隔离期间,政府、社区组织人员负责保障老林的基本生活需求。小新是老林的邻居,也是社区志愿者。居家隔离期间,小新给了老林很多帮助:采购物资、买药、扔垃圾……老林非常感谢小新的帮助,也非常感谢政府及社区的关怀。

教师:请同学们进行小组合作探究,以上情境中涉及哪些主体? 他们之间是什么关系?

学生活动:在小组长的组织下,小组成员互相交流,合作探究,形成共识,分享观点。

小组1:情境中主要涉及老林、小涛、小新三方主体。其中,老林和小涛之间的关系是:老林是小涛的次密接者。老林和小新之间的关系是:老林和小新是邻居,小新帮助了老林,老林感谢小新。

小组2:我们觉得小组1的回答不全面,情境中除了老林、小涛、小新,还涉及市疾控中心、政府、社区。市疾控中心认定老林为次密接者,政府、社区组织人员负责保障老林的基本生活需求,老林感谢政府及社区的关怀。

教师:通过上述探究活动,大家可以感受到,事物之间存在着多种多样的关系。我们在认识客观事物的过程中,既要学会准确运用性质判断,正确认识事物的性质,又要学会准确运用关系判断,正确认识事物之间的关系。而断定认识对象之间关系的判断叫作关系判断。

关系判断一般由关系者项、关系项和量项三部分组成。其中,表示关系承担者的叫作关系者项,表示关系者之间关系的叫作关系项,表示关系者项范围的叫作量项。同时,按照关系者出现的顺序又可以分别称作第一关系者项、第二关系者项、第三关系者项……如果我们用"a""b"分别表示关系者前项和关系者后项,用"R"表示关系项,那么,具有两个关系者项的关系判断就可用公式表示:所有(有的)aR 有的(所有)b,或简写为:aRb。

在运用关系判断时,大家要明确不同关系者项之间的前后顺序,这会影响到关系判断是否准确。请同学们试着分析情境中关系判断的逻辑结构,分别指出每一个关系判断的关系者项、关系项和量项。

学生活动:自主训练。

教师:教材第35页"探究与分享"中的三个语句都试图表达判断。

(1)小明与小华是同学。

(2)小明比小华岁数大。

(3)小明信任小华。

请同学们思考:

(1) 上述三个判断中的关系者项、关系项和量项分别是什么?

(2) 将上述三个判断中双方的位置互换一下,原来的关系是否还能成立?

学生活动:自主思考,交流分享。

学生1:"小明与小华是同学"中,"小明""小华"是关系者项,二者的位置互换原来的关系还是成立的,因为同学关系是对称关系,小明与小华是同学,反过来,小华与小明也是同学。"同学"是关系项,量项在这一表述中是省略的。

学生2:"小明比小华岁数大"中,"小明""小华"是关系者项,但是二者的位置互换之后关系是不成立的,因为"……比……岁数大"的关系不是对称关系,而是反对称关系。小明比小华岁数大,小华必然不会比小明岁数大。

学生3:"小明信任小华"中,"小明""小华"是关系者项,二者的位置互换后原来的关系不一定成立,小明信任小华,小华可能信任小明,也可能不信任小明。"信任"关系是一种非对称关系。

教师小结:同学们的分析都非常到位,对关系判断的认识也比较全面。在实际生活中,不同事物之间具有多种多样的关系。而关系的性质也是多种多样的,有的关系是对称性关系,关系者项的前后位置互换不影响关系的成立,但有些关系就不是对称性关系,关系者项的前后位置互换后可能就会导致原有的关系不成立。我们要想对认识对象有全面正确的把握,就要学会正确地运用关系判断,这样才能厘清自己在社会关系中的角色定位,才能形成对客观对象的正确认识,从而避免出现认知错误。

材料四 有位老人与一个猎人是朋友。一天,猎人送给他一只野兔,老人当即将兔子做成美味,招待猎人。几天后,有五六个人找上门来,自称是送兔子猎人的朋友。老人便拿出剩下的兔子汤,招待了他们。没过几天,又来了八九个人,自称是猎人的朋友的朋友。面对一帮无赖,老人端出一盆洗碗水让他们喝,说:"既然是送兔子猎人的朋友的朋友,就应该喝兔子汤的汤!"

教师:从传递性角度看,那些无赖使用的是什么关系?老人的智慧表现在哪儿?

学生活动:自主思考,交流分享。

学生1:那些无赖是把"朋友"这种非传递关系歪曲为传递关系。

学生2:老人的智慧在于用反传递关系反击无赖的非正常传递关系。

【设计意图】 本环节设置了大量的思维训练活动,意在使学生在思维训练中加深对关系判断的理解,熟练掌握关系判断的逻辑结构,把握正确运用关系判断需要注意的原则,感受知识的应用价值;本环节继续以疫情防控为情境背景,引导学生在学习关系判断的相关知识的同时,进一步理清疫情防控中的各方关系,认清自身在抗击疫情中的社会角色,激发参与社会公共事务的热情,自觉承担社会责任,并增强对我国社会主义制度优越性的认同感。

(三) 课堂总结

判断是推理的基础和前提。学会正确运用简单判断的方法对于我们进行合乎逻辑的推理至关重要。为此,我们需要了解不同类型判断的逻辑结构和运用规则。简单判断分为性质判断和关系判断。不同类型的判断有不同的运用规则,只有熟练掌握各种类型的简单判断的正确使用规则,我们才能在认识世界的过程中对认识对象有全面准确的把握,才能正确认识不同事物之间的复杂关系,才能正确认识自身在社会关系中承担的角色和地位,从而更好地指导自己的行为,正确行使自己的合法权利,自觉履行自己应尽的义务。

【设计意图】　知识的价值在于运用,学习是为了更好地生活。本环节进一步指明本节课学习的目标,引导学生在学习知识的同时,意识到知识的生活实践意义,注意知识的迁移运用,避免为学习而学习,提高运用所学知识指导自己学习与生活的自觉意识;在进行知识总结的同时,加强对学生的价值引领,引导学生关注社会生活,提升自觉参与社会生活的公共参与核心素养。

八、板书设计

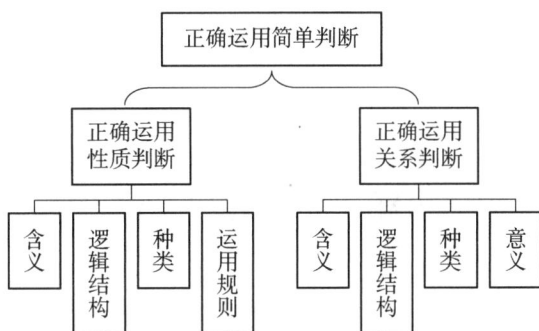

九、教学反思

1. **以生活化情境赋予知识以活力。**长期以来,受多种因素的影响,知识似乎已经异化为与生活毫不相关的符号。知识的符号化严重削弱了教学的吸引力,抑制了学生学习的积极性和主动性。在核心素养时代,如何摆脱知识符号化的束缚,真正恢复知识原本应有的生活温度,成为一线教师必须面对、亟待解决的问题。本节课的教学内容是正确运用简单判断,属于形式逻辑的范畴。如果不加处理,很容易给人以“只不过是无聊的诡辩,并没有什么实际意义”的错觉。进行教学设计时,有意选取生活化的情境,以降低单纯理论知识学习给人的冰冷感,为课堂教学增添了生活的气息。这让学生真切地感受到,所学的知识并非只能束之高阁的高深学问,而是可以用来帮助我们生活得更好的技能,从而激发了学生学习的积极性和主动性,增强了课堂教学的吸引力。

2. **以活动型设计彰显学生主体。**“学为中心”的教学理念是以学生为本的教学理念,主张为学而教、教服务于学,强调教学过程要充分尊重和保障学生的主体地位。活动型学科课程的提出使得学生主体地位的实现有了可靠路径。本节课的设计秉持“学为中心”理念,创设了多个探究活动和相应的学习任务,引导学生围绕学习任务进行活动探究,使活动贯穿学生学习过程的始终,促使学生学习方式的转变,充分尊重了学生的学习主体地位,课堂效率也得以提高。

十、专家点评

1. **活动中训练思维。**"逻辑与思维"的教学不是逻辑与思维知识的教学。逻辑与思维具有较强的工具性,需要充分训练。王老师在这节课中,或结合教材内容,或结合生活情境,设计多样任务,提供丰富机会,在引导学生学习性质判断和关系判断的内涵、逻辑结构、类型及运用规则等知识的活动中,融入了大量的逻辑与思维的训练,上出了"逻辑与思维"的逻辑味、思维味。

2. **情境中陶冶情操。**思政课教学要在有限的课堂时空中让学生接触、观察并深入思考、切实感受火热的社会生活。王老师本节课的教学,以抗击疫情为线索,精心选取了宣传国家政策、歌颂无私奉献、倡导互帮互助的充满正能量的素材,让学生在逻辑与思维的学习与训练过程中滋养家国情怀,增强政治认同,做到了思政小课堂与社会大课堂的结合,上出了"逻辑与思维"的思想味、政治味。

第三框题　正确运用复合判断

浙江省平湖市当湖高级中学　王晓娜

本框课件下载

一、理论基础和依据

依据判断本身是否包含其他判断,判断分为简单判断和复合判断。复合判断是其本身包含其他判断的判断。任何一个复合判断都是由一定的逻辑联结词结合若干支判断而构成的。复合判断的逻辑性质是由逻辑联结词来决定的。不同的联结词是区别各种类型复合判断的唯一根据。按联结词的不同,复合判断一般可分为联言判断、选言判断、假言判断和负判断。

联言判断是断定事物的若干种情况同时存在的判断。一个联言判断只有当其每个支判断都真时,这个联言判断才是真的;只要其中有一个支判断是假的,整个判断都是假的。

选言判断是断定事物若干种可能情况的判断。在选言判断中,各个选言支所分别断定的事物的几种可能情况,有的是可以并存的,有的则是不能并存的。据此,选言判断又可相应地区分为相容的选言判断与不相容的选言判断两种。断定事物若干种可能情况中至少有一种情况存在的判断就是相容的选言判断。由于相容选言判断的各个支所断定的情况是可以并存的,因此,在相容选言判断中,可以不止有一个选言支是真的。但是,只有至少有一个选言支是真的,该选言判断才是真的;否则,就是假的。不相容的选言判断是断定事物若干可能情况中有而且只有一种情况存在的判断。由于不相容的选言判断断定了事物若干可能情况中,有而且只有一种情况存在,这样,一个不相容的选言判断为真,当且仅当恰好有一个选言支为真。当所有的选言支都为假或不止一个选言支为真时,整个不相容的选言判断便为假。

假言判断是断定事物情况之间条件关系的判断。不同的条件关系构成不同性质的假言判断。可分为三种:充分条件假言判断、必要条件假言判断和充分必要条件假言判断。充分条件假言判断是指前件是后件的充分条件的假言判断,其联结词通常是"如果……那么……""只要……就……""若……必……"等,可表示为:如果 p,那么 q。对于充分条件假言判断来说,只有当它的前件真,后件假时,它才是假的。在其他情况下,充分条件假言判断都是真的。必要条件假言判断是指前件是后件的必要条件的假言判断,其联结词通常是"只有……才……""不……(就)不……""没有……没有……"等,可表示为:只有 p,才 q。一个必要条件假言判断为假,当且仅当前件假而后件真。其他情况下,整个命题都为真。充分必要条件假言判断指前件是后件的既充分又必要条件的判断,其联结词通常有"只要而且只有……才……""若……则……且若不……则不……""当且仅当……则……"等,可表示为:当且仅当 p,则 q。一个充分必要假言判断为真,当且仅当支判断同真同假。

负判断指通过对原判断断定情况的否定而作出的判断。负判断与性质判断的否定判断是不同的。性质判断的否定判断是否定事物具有某种性质的判断,而负判断则是否定原判断所断定的情况,是对整个原判断进行否定的判断。因此,性质判断的否定判断是一个简单判断,而性质判断的负判断则是一个复合判断。负判断的逻辑公式是:如果用 p 表示原判断,那么,负判断即为"并非 p"。如果用符号"﹣"(读作"非")表示否定的联结词,则 p 判断的负判断为 p̄。负判断和原判断之间的真假关系是矛盾关系,即:如原判断是真,其负判断必假;如原判断假,其负判断必真。(因教材中没有涉及负判断,故后文不作讨论)

二、课标要求

《普通高中思想政治课程标准(2017 年版 2020 年修订)》内容要求:2.2 知道判断的基本特征;了解形成恰当判断的条件;学会正确运用判断;结合具体的判断活动,区分判断的不同类型。

教学提示:以"如何正确运用复合判断"为议题,探究复合判断的含义、逻辑结构和种类,掌握正确运用复合判断的方法。可结合具体案例,分析联言判断的含义、逻辑结构和逻辑性质,掌握正确运用联言判断的方法;可通过分析生活中错误使用选言判断的情形,理解选言判断的含义、逻辑结构、种类及其逻辑性质,掌握正确运用选言判断的要求;可以教材"探究与分享"为载体,研究假言判断的含义、逻辑结构、种类及其逻辑性质,掌握正确运用假言判断的要求。

三、学情分析

从思维特点来看,高二学生具有较强的自主探究意识和能力,抽象思维已经得到一定程度的发展。在课堂上,他们思维活跃,主体参与意识强,能够积极回应各种具有挑战性的问题,愿意通过自主探究找到解决问题的方法。

从认知发展来看,高二学生已经学习过马克思主义哲学的基本原理,初步能够运用马克思主义的基本立场、观点和方法观察事物、分析问题。经过本模块前面内容的学习,他们对形式逻辑所要解决的问题及基本规律也有了一定的了解,对进一步学习逻辑相关知识产生了较为浓厚的兴趣。

从具体内容来看,本节课的主要内容是介绍复合判断的正确运用,包括正确运用联言判断、选言判断和假言判断。这一内容与生活、学习联系较为紧密,具有较强的实用性,对学生也具有较强的吸引力。学生通过前面的学习,已经掌握了正确运用简单判断的方法。教学中,教师可充分利用学生已有生活认知和语文、数学等学科知识,创设生活化的情境,为学生的有效学习创造条件。

四、教学目标

(一)核心素养培育目标

1. 科学精神

通过分析典型案例,了解复合判断的逻辑结构,知道复合判断不同类型之间的差别,理解正确运用复合判断的重要意义;通过逻辑思维训练,熟悉复合判断不同类型的逻辑结构和逻辑性质,掌握联言判断、选言判断和假言判断的正确使用规则,提升正确运用复合判断的科学思维能力。

2. 政治认同

结合当前国际热点问题,学习正确运用复合判断的具体知识,了解中国在处理国际问题中的一贯立场和基本政策,增强对国家路线、方针、政策的理解和认同,增强对中国共产党的领导和中国特色社会主义的制度认同。

(二)学科能力目标

1. 学习理解

知道复合判断的含义、逻辑结构和类型,区分联言判断、选言判断和假言判断,掌握不同类型复合判断的逻辑结构和使用规则。

2. 实践应用

能够运用所学复合判断的知识,分析典型案例中存在的判断错误,学会通过正确运用复合判断来全面认识客观事物,使思考更加周密,为正确运用推理打下基础。

3. 迁移创新

能够在学习和生活实际中,自觉运用所学联言判断、选言判断和假言判断的知识,多角度地全面认识和分析问题。

五、教学重难点

1. 教学重点:把握联言判断、选言判断和假言判断的逻辑结构和真假判断

正确运用复合判断的关键是学会区分不同类型的复合判断。联言判断、选言判断和假

言判断是三种主要的复合判断类型。其中,选言判断和假言判断又可以分为不同的种类。不同类型的复合判断,其逻辑结构有着较大的差别,在真假判断上也各有特点。

只有掌握不同类型的复合判断各自的逻辑结构,才能准确把握复合判断的不同类型;只有清楚不同类型的复合判断的真假特点,才能为正确进行复合判断的推理提供必要的前提。学生掌握了联言判断、选言判断和假言判断的逻辑结构和真假判断,才能对事物形成较为全面的把握,提升科学思维的能力。

2. 教学难点:区分选言判断和假言判断的真假判断

选言判断分为相容选言判断和不相容选言判断两种类型。一个相容选言判断是真的,要求它的选言支中至少有一个是真的。一个不相容选言判断是真的,要求它的选言支中有且只有一个是真的。假言判断分为充分条件假言判断、必要条件假言判断和充分必要条件假言判断。对于充分条件假言判断来说,只有当它的前件真,后件假时,它才是假的。一个必要条件假言判断为假,当且仅当前件假而后件真。一个充分必要条件假言判断为真,当且仅当支判断同真同假。

由于选言判断和假言判断本身又可分为不同的类型,且不同类型的逻辑结构和逻辑性质又存在着较大差别,故其真假判断较为复杂,对于学生来说在理解和记忆方面都存在着较大的挑战性。

六、教学方法

1. 活动教学法

活动型学科课程中,活动是学生的学习方式,学生的活动体验是其思想政治学科核心素养发展的重要途径。本节课的教学借助现实中俄乌冲突事件,通过一系列活动的设计和实施实现"课程内容的活动化",引导学生开展自主探究、合作学习等活动,使学生在自主探究和合作探究活动中感悟知识的价值和力量,激发学生积极的活动体验,在此基础上培育学生的政治认同、科学精神等学科核心素养。

2. 情境教学法

思想政治学科核心素养主要表现为学生能否运用思想政治学科内容应对各种复杂社会生活情境的问题和挑战。学科内容也只有与具体的问题情境相融合,才能体现出它的素养意义。本节课采用情境教学法,把俄乌冲突这一国际热点问题引入课堂,让学生在真实情境中开展知识学习,既可以为核心素养的培育提供必需的问题情境,又可以使枯燥的理论知识生动起来,拉近知识与生活之间的距离,调动学生参与课堂学习和进行探究学习的热情和兴趣,从而充分发挥出学生学习主体的作用。

七、教学流程

(一)课堂导入

材料一 2022 年 2 月 24 日,俄罗斯总统普京针对乌克兰局势发表讲话,宣布将在顿巴斯地区开展特别军事行动,俄乌军事冲突爆发,国际局势骤然紧张。随后,俄乌冲突一直在继续,对整个世界的影响也在持续扩大。包括中国人民在内的国际社会,都希望乌克兰早日重归和平。与此同时,美国却通过加大对俄制裁、对乌提供军事援助等方式不断"拱火",破坏俄乌谈判进程,使事态不断恶化。

教师: 俄乌冲突牵动着全世界人民的心,相信每一位同学也都非常关注这一热点问题。课前,老师给大家布置了一个学习任务:收集资料,了解俄乌冲突的历史背景、原因、进程、影响和各方表态。目的是希望同学们能够全面地、多角度地认识和分析问题。从逻辑的角度,全面认识事物需要我们掌握正确运用复合判断的方法。今天这节课,我们就以俄乌冲突为切入口,以"如何正确运用复合判断"为议题,借助同学们的课前学习成果,来学习复合判断的含义、逻辑结构、类型及正确运用复合判断的意义。

【设计意图】 教育即生活。只有把学习活动与社会生活结合起来,把思政小课堂与社会大课堂融通起来,学生才能感受到学习的价值,从而激发学习的兴趣。以当前国际热点俄乌冲突为教学情境,可以调动学生参与的热情,为顺利开展教学活动作好铺垫;同时,俄乌冲突本身具有复杂性,以此为案例进行思维训练,学生既可以对事件本身形成全面、客观的认识,又能在这个过程中更好地理解正确运用复合判断的意义,掌握复合判断的正确运用方法。

(二)新课教学

环节一:在分析冲突原因中看复合判断
——正确认识复合判断

材料二 (课前学习成果展示)俄乌冲突的原因分析

俄乌冲突的原因是多方面的,既有历史因素,又有现实因素。具体来说主要有三个方面:第一个方面是历史渊源。乌克兰和俄罗斯历史联系紧密。在冷战结束和苏联解体以后,双方保持着一定程度上互相认可的合作关系。但后来由于乌克兰政治取向变化,转向亲西方并试图依美制俄,导致乌内部族群矛盾凸显,也导致了俄乌的政治关系陷入对立状态。第二个方面是国际政治变化导致的结果。欧美与俄罗斯存在一种结构性的矛盾,这包括俄罗斯和北约、俄罗斯和美国、俄罗斯和欧洲的结构性矛盾。目前来看,如果不是美国不断挑动刺激,双方不会陷入如此持久的直接对抗状态。第三方面是由目前俄罗斯周边地缘政治的复杂变化所致。苏联解体以后,俄罗斯周边出现了一系列独立主权的国家,但这些国家与俄罗斯存在着复杂的历史渊源。地缘的临近和历史的相连导致俄罗斯的周边国家和俄罗斯本身就形成了地缘政治性的矛盾。

教师: 请同学们思考——

(1)上述原因分析都涉及了哪些类型的判断?

(2)从中可以感受到运用复合判断有什么意义?

学生活动: 分析情境,自主探究,交流分享。

学生1: 总体上来说,上述对俄乌冲突原因的分析运用了复合判断。例如,"既有历史因素,又有现实因素"就是典型的复合判断。

学生2: 在每一个具体原因分析中,有简单判断,也有复合判断。例如,"乌克兰和俄罗斯历史联系紧密"就是一个简单的关系判断,"如果不是美国不断挑动刺激,双方不会陷入如此持久的直接对抗状态"就是一个复合判断。

学生3:在分析的过程中,我们感受到如果想要全面认识事物,仅仅依靠简单判断是无法实现的。学会正确运用复合判断,能够让我们更全面地理清事物之间的复杂关系,从而作出正确的判断,形成正确的认识。

教师小结:客观事物是复杂多样的,事物之间的关系也是多种多样的。所以,我们除了要学会正确运用简单判断,还要学会正确运用复合判断。

教师:那么,复合判断与简单判断有哪些方面的区别呢? 接下来,请大家认真阅读教材前两个自然段,弄清复合判断的含义、逻辑结构和种类,形成对复合判断的正确认识。

学生活动:阅读教材第36—37页两个自然段及教材第36页"探究与分享"栏目,梳理、对比知识,并思考栏目中的问题。教师指导学生阅读,梳理归纳。

教师小结:复合判断是其本身包含其他判断的判断。例如,仙鹤说,"如果你一张嘴,就会掉下去",这个判断就是由两个简单判断"你一张嘴"和"会掉下去"组成的。构成复合判断的这两个简单判断称为复合判断的支判断,两个支判断是通过"如果……就……"这对联结词联结起来的。所以复合判断的逻辑结构就是由联结词和支判断组成的。

教师:那么,请同学们思考一下,是不是所有的复合判断的联结词都是"如果……就……"呢? 请大家尝试着举例说明。

学生活动:自主思考,交流分享。

学生1:俄乌冲突的原因既有历史原因,又有现实原因。这也是一句复合判断,但是这里的联结词是"既……又……"。

学生2:有的复合判断用的联结词是"要么……要么……"。比如:要么俄罗斯打败乌克兰,要么乌克兰打败俄罗斯。

学生3:有时也可以用"只有……才……"这样的联结词。比如:只有乌克兰放弃加入北约,实现去军事化、去纳粹化,俄罗斯才会结束对乌克兰的特别军事行动。

……

教师小结:复合判断有不同的形式,根据断定情况的不同,或者根据联结词的不同,复合判断可以分为联言判断、选言判断和假言判断等多个种类。不同种类的复合判断有不同的逻辑结构和特点。我们需要准确把握复合判断的类型,才能真正学会正确运用复合判断。

【设计意图】 本环节以学生课前学习任务成果展示为教学情境,把学习建立在学生已知的基础上,能够极大调动学生参与课堂活动的热情,真正发挥学生的学习主体作用。围绕俄乌冲突爆发的原因展开探究,可以帮助学生多角度认识国际热点问题,形成正确的判断。在这个过程中,学生对复合判断的认识更加生动、具体,理解也会更深刻,从而增强学以致用的主动意识。

环节二:在分析冲突影响中看联言判断
——如何正确运用联言判断?

材料三 (课前学习成果展示)俄乌冲突的影响

俄乌冲突既是俄乌两国间的军事冲突,又是俄罗斯与美国及其盟友之间的经济战,更是对全球各个领域带来了深远的影响。一是在政治和安全领域,虽然和平与发展依旧是时代主题,但维护世界和平、促进共同发展的环境将更为复杂,冷战思维、霸权主义和强权政治造成的风险挑战将更为突出,美俄之间的核博弈也将继续冲击全球战略稳定。二是在经贸和金融领域,大宗商品价格的持续高涨,制裁导致世界经济的结构性风险持续升高。三是在科技和人文领域,所谓"科学无国界""体育无政治""言论须自由"等理念,在对俄全面制裁下被彻底颠覆。总体而言,俄乌冲突不仅将重塑欧洲地区安全格局,改变俄罗斯与西方的博弈总态势,因其溢出效应引发的全球力量的分化与组合以及世界范围内的动荡与变革也将持续发酵,推动世界百年未有之大变局加速演进。

教师: 请同学们小组合作探究——上述影响分析中有哪些联言判断?这些联言判断有什么异同?

学生活动: 在小组长的组织下,小组成员互相交流,合作探究,形成共识,分享观点。

小组1: "俄乌冲突既是俄乌两国间的军事冲突,又是俄罗斯与美国及其盟友之间的经济战,更是对全球各个领域带来了深远的影响",这是一个联言判断。

小组2: "虽然和平与发展依旧是时代主题,但维护世界和平、促进共同发展的环境将更为复杂",这也是一个联言判断。

小组3: "俄乌冲突不仅将重塑欧洲地区安全格局,改变俄罗斯与西方的博弈总态势,因其溢出效应引发的全球力量的分化与组合以及世界范围内的动荡与变革也将持续发酵,推动世界百年未有之大变局加速演进",这也是一个联言判断。

小组4: 这三个联言判断的相同点在于,它们都是断定对象的几种情况同时存在,都有支判断和联结词。不同点在于它们所用的联结词不一样,有"既……又……更……""虽然……但……""不仅……也……"。而且支判断的数量也不一样,有的有两个支判断,有的有三个支判断。

教师小结: 同学们分析得非常好!说明大家对于联言判断已经有了大概的认识,而且能够用所学的知识来分析现实生活中的问题。希望大家能继续保持学以致用的态度。

任何一个复合判断都是由联结词和支判断组成的,只是在不同的类型中称呼有所区别。在联言判断中,组成联言判断的支判断叫作联言支;用来联结联言支的词项叫作联言判断的联结项。一个联言判断至少包含两个联言支,也有的包含三个、四个,甚至更多的联言支。教材中列举的是常用的联言判断的联结项,除此之外,还有"一方面……另一方面……""然后……""于是便……"等。在日常语言的表达中,联言判断的联结项有时是可以省略的。

如果取"并且"作为联言判断的典型联结词,用小写的英文字母"p""q"来表示联言判断的支判断(联言支),那么联言判断的形式可表示为:p并且q。

教师: 正确运用联言判断,需要我们关注联言判断的真假问题。否则,在使用联言判断时,可能会因为运用不恰当而导致表述错误或分析失误。那么,联言判断的真假问题有什么特点呢?请同学们阅读教材第37页的"探究与分享",思考栏目中的问题。

学生活动: 合作探究,交流分享。

学生1: 小华的评论属于联言判断,联结项是"不但……而且……"。

学生2: 上述对话中小华反驳小浩的话不合逻辑。因为小华的评论是一个联言判断,是断定文章同时存在"文笔生动""富有哲理"两种情况。只要两个断定中任何一个是假的,那么整个联言判断都是假的。小浩不同意小华的观点,意味着小浩认为小华的判断是假的。所以,小浩"承认它文笔生动,否认它富有哲理"的观点并不存在自相矛盾。

教师小结: 看来同学们对联言判断的真假问题已经有了相当的了解,非常好!因为联言判断是断定对象的几种情况同时存在的判断。所以,在联言判断中,当且仅当组成它的各个联言支都是真的,这个联言判断才是真的。也就是说,它要求各个联言支的断定都要与实际相符合。如果有一个联言支是假的,这个联言判断就是假的。

正确运用联言判断,要求我们正确掌握联言判断的逻辑结构和真假特点。只有这样,我们才能将认识对象的多种情况综合起来考虑,才能多方面地分析和把握事物的情况,从而使思考更加周密,判断更为恰当,表达更精准。

【设计意图】 本环节以俄乌冲突的影响为情境,把学习活动和社会生活紧密结合,引导学生在全面认识俄乌冲突影响的过程中,学会如何正确运用联言判断。这既能够帮助学生在认识国际热点问题时,跳出单一角度的局限进行由此及彼、由表及里的分析,又有助于学生更深刻地理解所学理论,更熟练地运用逻辑思维方法认识事物、分析问题。

环节三:在分析冲突进程中看选言判断
——如何正确运用选言判断?

材料四 (课前学习成果展示)俄乌冲突进程分析

俄乌冲突爆发至今已经有两个多月,战争局势也并未像很多人预测的一样——俄罗斯凭借压倒性优势迅速取得胜利,反而变成了一场旷日持久的"拉锯战"。究竟是什么原因导致了现在的境况呢?A同学经过调查之后,认为主要原因是美国、欧盟对俄罗斯发起了史无前例的强力制裁使俄罗斯受到了牵制;B同学调查之后认为,主要原因是俄罗斯的目的并不是占领乌克兰,所以战争中顾忌较多;C同学调查之后认为,主要原因是乌克兰得到美欧的武器援助后战斗力大增。

教师: 请同学们根据三位同学的调查结果进行小组合作探究,得出一个总的结论,并思考在这一过程中你将用到何种判断形式。

学生活动: 在小组长的组织下,小组成员互相交流,合作探究,形成共识,分享观点。

小组1: 把三位同学的观点结合起来,我们可以得出结论,俄乌冲突之所以演变成今天的局面,要么是因为美国、欧盟对俄罗斯发起了史无前例的强力制裁使俄罗斯受到了牵制,要么是因为俄罗斯的目的并不是占领乌克兰,所以战争中顾忌较多,要么是因为乌克兰得到美欧的武器援助后战斗力大增。这个过程中,我们用到的是复合判断中的选言判断。

小组2: 我们得出的结论是,俄乌冲突之所以演变成今天的局面,或者是因为美国、欧盟对俄罗斯发起了史无前例的强力制裁使俄罗斯受到了牵制,或者是因为俄罗斯的目的并不是占领乌克兰,所以战争中顾忌较多,或者是因为乌克兰得到美欧的武器援助后战斗力大增。这个过程中,我们用到的也是复合判断中的选言判断。

教师追问: 你们都用的是选言判断,但是用的是不一样的联结项,二者有什么区别呢?

小组2: 我们用的是"或者……或者……或者……"这样的联结项,意思是这几种可能性可以同时并存。他们用的是"要么……要么……要么……"这样的联结项,意味着这几种可能性中只有一个可能性是存在的。

教师小结: 非常好! 看来大家对选言判断已经有了比较清晰的认识。

选言判断是断定对象的可能情况的判断,它通常适用于我们对对象情况不能作出确切断定的时候。对于俄乌冲突演变的原因,大家对自己的分析都不是很确定,所以用了选言判断。这是非常正确的做法。

选言判断中至少包含两个支判断(选言支),联结项通常是"或者……或者……""要么……要么……""不是……就是……"等。在日常语言表达中,选言判断的联结项一般不能省略。以选言支所断定的情况是否可以同时存在为标准,选言判断可以分为相容选言判断和不相容选言判断。刚刚同学们在表述的时候就分别用到了相容选言判断和不相容选言判断。

教师: 正确运用选言判断,不仅有助于我们准确地表达关于对象的各种可能的情况,而且能够明确解决问题的范围和途径。为了正确运用选言判断,我们需要关注选言判断的真假问题。那么,我们应该怎样确定选言判断的真假呢? 请大家阅读教材第 38 页"探究与分享",从思维方法上看憨汉不能持竹竿回家的原因。

学生活动: 合作探究,交流分享。

学生 1: 因为憨汉考虑问题不全面。

学生 2: 因为憨汉没有把所有的可能性都想到。

教师小结: 憨汉的话是对对象几种可能情况的判断,属于选言判断。但是,因为憨汉在列举可能的情况时,并没有把对象所有的可能情况都考虑到,反而遗漏了最有价值的可能情况,所以导致他找不到办法持竹竿进城回家。在这里,憨汉的这个选言判断就是假的。因为不论是哪种选言判断,都要求至少有一个选言支是真的,如果没有选言支是真的,那么这个选言判断就是假的。当然,相容选言判断和不相容选言判断的真假情况还是有差别的。相容选言判断是真的,要求它的选言支中至少有一个是真的,而不相容选言判断是真的,要求它的选言支中有且只有一个是真的。

从这个事例我们也可以感悟到,正确运用选言判断时,要根据实际情况确定用哪种类型的选言判断,不能误用;同时,要尽可能把可能情况都揭示出来,不要遗漏有价值的可能情况。

教师: 请大家结合教材第 39 页"示例评析"和"探究与分享",比较三个选言判断有何异同。

学生活动: 自主探究,交流分享。

学生 1: "探究与分享"中的两个选言判断的选言支之间的关系不同。第一个判断中,"有病""缺乏锻炼""营养不良"都可能是身体不好的原因,而且这几个原因是可以并存的。第二个判断中,两种情况只能有一种存在,而不能并存。

学生 2: 所以,依据选言判断对选言支之间关系的断定,选言判断可以分为相容选言判断和不相容选言判断。第一个判断是相容选言判断,第二个判断是不相容选言判断。

学生 3: "示例评析"中的选言判断没有列举出对象的全部可能情况,所以是不准确的判断。

教师小结: 正确运用选言判断非常重要。如果我们分不清前件和后件所揭示的事物情况之间的条件关系,就不能准确地反映认识对象的情况,那样形成的选言判断就会发生错误。掌握选言判断前件和后件所揭示的事物情况之间的条件关系,是我们正确运用选言判断的前提。值得注意的是,选言判断的真假并不取决于前件、后件本身的真假,而取决于判断所揭示的事物之间的条件关系能否成立。

【设计意图】　本环节通过两个思维训练活动帮助学生认识选言判断。在俄乌冲突进程分析中,学生学会了尽可能多角度地分析问题,并尝试用选言判断的表达形式来分析局势,思维在对实际问题的分析中得到了锻炼;在探究活动分析中,学生认识到不能正确运用选言判断可能带来的后果,从而感受到科学思维对现实生活的价值。

环节四:在分析中国立场中看假言判断
——如何正确运用假言判断?

材料五　(课前学习成果展示)俄乌冲突中的中国立场

在俄乌冲突问题上,中国的立场是一贯的,即各国的合理关切都应得到尊重,支持一切有利于停火、止战和缓和人道主义危机的努力,并将继续对劝和促谈发挥建设性的作用,反对单边制裁,尊重联合国的作用。美国在通过向乌克兰提供大量的军事武器,带动其他国家对俄罗斯发起疯狂制裁"拱火"之余,不断胁迫中国"选边站",并声称"如果中国不制裁俄罗斯,就是与全世界为敌,将会制裁中国"。

教师:请同学们结合中国的外交政策和国际形势,小组合作,运用假言判断论证中国应继续坚持一贯立场。

学生活动:在小组长的组织下,小组成员互相交流,合作探究,形成共识,分享观点。

小组1:中国一贯奉行独立自主的和平外交政策,坚持独立自主的基本立场。如果中国被迫和美欧一起制裁俄罗斯,就违背了中国独立自主处理国际事务的准则,严重影响中国的国际形象。

小组2:美国在俄乌问题上不断"拱火"的目的是继续维持其世界霸权,中国只有坚持自己的一贯立场,才能为推动国际关系民主化发挥积极作用。

小组3:俄乌冲突的根源在于北约的冷战思维作祟,俄罗斯出于维护安全考虑才迫不得已发动战争。俄乌冲突有可能结束,当且仅当俄罗斯的安全关切得到应有的回应。制裁无助于解决问题。所以,中国应继续坚持自己的一贯立场。

教师小结:同学们对假言判断的运用都非常正确,看来大家对这种复合判断的运用也已经有了足够的认识。

假言判断又叫条件判断,是断定事物某情况的存在(或不存在)是另一情况存在(或不存在)的条件的判断。一个假言判断由表示条件关系的两个判断组成。其中,表示条件的判断叫作假言判断的前件,表示依赖这一条件而成立的判断叫作假言判断的后件。用来联结前件与后件的词项,叫作假言判断的联结项,常用"如果……那么……""只有……才……""当且仅当……则……"等来表示。假言判断的前件和后件所反映的事物情况之间存在着三种条件关系,相应地,假言判断分为充分条件假言判断、必要条件假言判断和充分必要条件假言判断。

教师:请大家分析教材第40页的"探究与分享",思考"上述论辩中,彭轻生子的双亲并没有真的遭遇危险,为什么彭轻生子还要选择良马固车以求快些赶到?"

学生活动:合作探究,交流分享。

学生:墨子的表述是一个充分条件假言判断。如果墨子假定的那种情况存在,那么,选择良马固车就可以快些赶到。所以,虽然彭轻生子的双亲没有真的遭遇危险,但是这个判断所反映的事物之间的条件性关系还是存在的。

教师:对! 这告诉我们,假言判断的真假是由判断所揭示的事物之间的条件关系所决定的。有时,前件和后件都是假的,但事物之间确实存在着某种条件关系,这样的判断仍然可以是真的。

【设计意图】 在高中思政课教学中,活动是学生习得知识、形成素养的途径和方式。本环节设置了两个活动:一是分析俄乌冲突中的中国立场,二是完成教材的"探究与分享"活动。两个活动尽管形式差别较大,但都可以为学生学习营造必要的情境,增强学生的体验感,从而为理解知识、培养科学精神素养创造条件。

(三)课堂总结

认识对象的情况是多种多样的,仅仅依靠简单判断并不能全面地反映对象的情况。这就需要运用复合判断。复合判断有不同的形式,不同的形式在逻辑结构、真假判断、运用规则上都有不同的要求。只有正确认识联言判断、选言判断和假言判断,才能更全面、客观、正确地认识事物,才能为进行更为复杂的推理活动打下坚实基础。

【设计意图】 通过课堂总结,学生可以更加明确正确运用复合判断的重大意义,关注联言判断、选言判断和假言判断的主要区别所在,提升运用科学思维方法的自觉意识。

八、板书设计

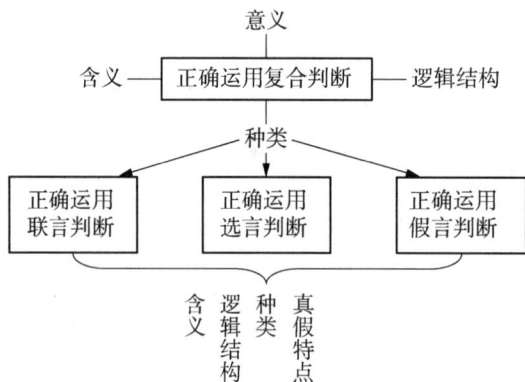

九、教学反思

1. **关注社会生活,尊重学生已有经验。**杜威说,教育即生活。教育不仅是为了教给学生面向未来生活的本领,而且是要引领学生直面当下多姿多彩的生活。本节课的教学内容是正确运用复合判断,理论性较强,但是与学生的生活存在着密切的联系。这就为教师开展生活化教学提供了契机。在进行教学设计时,在分析学情的基础上,选择了学生非常感兴趣的俄乌冲突这一国际热点时政作为教学情境,并围绕这一情境设计了学习任务。在教学过程中,教师引导学生在问题的驱动下利用已有经验展开活动,以完成学习任务。这一教学思路,充分关注了学生生活,尊重学生已有经验,贯彻了新课程理念。

2. 抓住学科大概念,开展大单元教学。学科核心素养的培育无法在碎片化的知识教学中实现。只有抓住学科大概念,开展大单元教学,才能摆脱知识点教学的弊端,把握知识之间的内在联系,从而触及学科教学的本质,形成学科核心素养。本节课的知识点较多,学生理解起来有一定的难度。在教学设计中,教师整合零散的知识点,围绕"如何正确运用复合判断"这一学科大概念进行情境创设和问题设计,使得学生在学习的过程中能始终聚焦教学关键问题,不被零碎的知识点束缚。在这一过程中,学生的科学精神得以提升。

十、专家点评

1. **突出学生主体,让"判断"更有魅力。**这节课的教学很好地坚持了以学习者为中心的设计理念,教学内容的取舍以学生能力为依据,相信学生,凡是学生自己可以完成的内容,如联言判断、选言判断和假言判断的含义、分类等,在教学中均简单处理;学习任务的设计以学生发展为标准,围绕科学精神、政治认同等素养的培育,设计多样任务,注重展示学生学习过程和成果;学习活动的推进以思维锤炼为指向,围绕俄乌冲突,从不同角度作出各种判断,在判断中让学生的思维更缜密,对事物的认识更全面。

2. **优化情境创设,让"逻辑"更有逻辑。**人的思维应该是有逻辑的,我们的思政课堂本身也应该是有逻辑的。本节课教学的情境创设,很好地充当了教学进程的逻辑线索。整个情境以俄乌冲突为背景,围绕冲突原因、冲突影响、冲突进程、中国立场四个环节,穿插教材的部分素材情境,设计、组织学习活动,在层层推进中使学生学会正确运用复合判断。整节课内容丰富,节奏感强,线索清晰,显示了思政课引导学生"观世界"的特点,也展示了逻辑的力量与魅力。

第六课

掌握演绎推理方法

第一框题　推理与演绎推理概述

嘉兴市第一中学　王静慧

一、理论基础和依据

推理的意义首先在于它是获得新知的方法。人的知识有直接知识和间接知识之分,而一个人能够耳闻目睹的知识,总会受到时空的限制。人类获得的大部分知识都是间接知识,而间接知识的获得离不开推理。恩格斯说过,形式逻辑首先是获取新知识的方法,从已知到未知的方法。科学家们常常根据某种既得的知识而推出新的知识。人们在社会实践中常常运用逻辑推理的方法获得新的知识,并且用以指导实践活动。当然,这种推理是以社会实践为基础的,并且所得的推理结论还是要接受社会实践的检验。

推理的意义还在于它是论证和反驳的工具。提出一个判断,要使别人信服,就要进行论证,而论证必须用到推理。同时反驳别人的意见,也离不开推理。

推理还是科学系统化的基本工具,人类零散的知识就是依靠推理组织成科学理论系统的。在实践检验认识的真理性的过程中,推理也是不可或缺的。

二、课标要求

《普通高中思想政治课程标准(2017 年版 2020 年修订)》内容要求:2.3 掌握演绎推理的方法;评析常见的推理错误。

教学提示:列举生活中正、反两方面的事例,通过讲述故事、主题演讲等形式,分享如何运用科学思维处理生活、学习中遇到的困难。运用所学逻辑知识,分析日常生活中常见的各类逻辑和推理错误,培养逻辑思维能力。

三、学情分析

高中阶段的学生已经在生活中自觉或不自觉地运用推理的方法分析和解决问题,已经对推理有效与否拥有朴素直观的看法,凭借这种直观的看法,往往也能正确地判别什么样的推理是正确的、什么样的推理不是正确的,这是本节课学生学习的有利条件。但是,这种朴素直观的看法存在严重的缺陷——模糊、不精确,所以根据这种模糊看法判定有效性时有出错的可能。只有掌握正确的推理方法,才能得出真实的结论,这是教学需要关注和提升的地方。

四、教学目标

(一)核心素养培育目标

1. 科学精神

通过在真实情境中对推理类型进行判断,领悟正确运用推理方法对解决现实问题的意义,提升逻辑思维能力和全面思考问题的能力,学会从已知推断未知,增强行动的前瞻性,提升科学精神素养。

2. 法治意识

通过思考法庭辩论词案例中证人提供虚假证言带来的后果,感受规则的力量不仅体现在逻辑推理中,也体现在日常生活中。懂得敬畏规则,自觉遵守法律,做法治的崇尚者、坚定捍卫者。

(二)学科能力目标

1. 学习理解

在情境中明确推理的含义、推理结构、推理的不同种类、形式逻辑的研究对象、演绎推理推出正确结论的条件,领悟推理的意义。

2. 实践应用

能结合具体材料分析演绎推理的逻辑要义,提升运用逻辑知识分析问题的能力。

3. 迁移创新

能依据有效的演绎推理方法,通过运用经济等多学科知识,自主填写逻辑变项,提升创造性运用知识的能力。

五、教学重难点

1. 教学重点:把握演绎推理的逻辑要义

推理结论是否正确,除了看前提外,还要看推理结构。要确保得到真实的结论,就必须使演绎推理具备真前提和正确的推理结构。形式逻辑研究演绎推理,是从推理结构方面揭示其前提与结论之间的必然联系,便于人们掌握正确的演绎推理的方法。

2. 教学难点:理解正确运用推理的意义

推理是借助已有的判断,合乎逻辑地推出一个新的判断,这也意味着推理是让我们从已知走向未知的方法。教学中要引导学生领悟正确运用推理的意义,需要通过具体的案例才能让学生真正感受到推理是如何实现从已知走向未知的意义,达到真正的内心认同。

六、教学方法

1. 情境教学法

本节课教学的主要目标是引导学生通过了解推理及演绎推理的逻辑要义,感悟推理的意义,这就离不开特定情境的辅助。没有合适的情境,学生对推理的意义感知就不能凸显出来。运用情境教学法,从常见的思维现象中选取典型案例作为创设情境的素材,为学生营造认识和反思思维现象的情境,以便学生从具体的情境中感悟推理的意义,领会教材中推理及推理规则的相关知识。

2. 启发式教学

本节课涉及推理的含义、推理结构、推理的不同种类、形式逻辑的研究对象、演绎推理推出正确结论的条件、推理的意义等概述性内容,这些内容对学生来说比较陌生。针对初次接触这些内容的学生,需要为其提供相关推理类情境,对于这些推理的分析需要借助后续要学习的具体的简单判断的演绎推理方法、复合判断的演绎推理方法。本节课学习对学生来说具有一定挑战,在引导学生领悟推理的意义时要注重启发,引导学生通过具体教学情境,结合自己的已有经验和认识,在主动探究和自主发现中发现问题、分析问题、思考问题,进而深入理解和科学建构知识,形成和深化学科核心素养。

七、教学流程

(一)课堂导入

教师:同学们,我们通过哲学学习已经知道,实践是检验认识真理性的唯一标准,那么如果在实践条件尚不具备的条件下,我们能否相信一个结论是真的呢? 比如,大家都听闻了东航 MU5735 坠机事件,如何再现当时事故真相? 显然我们无法通过机组人员和乘客得出结论,黑匣子(飞行数据记录器)译码是调查空难事故原因的重要环节,对数据的分析工作成为揭示真相的关键,但若黑匣子破损,我们还能通过其他方式去推断事情的真相吗? 推理就是另外一种获取新知的方法,今天让我们一起去学习推理的知识,感受推理的意义。

【设计意图】 从生活中真实发生的事件引入课题,激发学生学习推理的兴趣,也为学生领悟推理的意义打下良好的情感基础。

(二)新课教学

环节一 推理,让我们从已知王国进入未知王国
——预见的力量

教师:学习物理的同学,应该都知道光的波粒二象性吧,这是人类最伟大的十个科学发现之一,哪位同学给大家简单介绍下这个理论?

学生 1:光的波粒二象性是指光既具有波动特性,又具有粒子特性。科学家发现光既能像波一样向前传播,有时又表现出粒子的特征。因此我们称光具有"波粒二象性"。

教师：那同学们听说过"物质波"理论吗？

学生：不清楚。

材料一　1911—1919年，法国科学家德布罗意系统地研究了当时理论物理的一切新成果，特别引起他注意的是普朗克、爱因斯坦、玻尔论述量子的著作。他注意到爱因斯坦1905年在光量子理论中提出的辐射中波和粒子共存是自然界的一个本质现象。在随莫里斯作了X射线谱的研究后，德布罗意觉察到"电磁辐射的这种二重性具有十分重要的意义"。在研究了力学中的哈密顿-雅可比理论后，德布罗意在其中发现了一种波粒统一的初期理论，而在深入地研究了相对论后，他深信这种统一一定是一切新的假设的基础。

在爱因斯坦光量子理论和玻尔的原子理论的启发下，德布罗意根据类比的方法把光的波粒二象性推广到更一般的物质粒子，提出实物粒子也具有波动性，即和光一样，也具有波动-粒子两重性。物质波理论的提出开创了现代量子力学的时代。

在这个过程中，德布罗意运用一系列有效推理，推出了"物质波"理论。

凡物质粒子都是有质量的，

凡有质量的都是有能量的，

凡有能量的都是有频率的，

凡有频率的都是有脉动的，

凡有脉动的都是有波动性的，

所以，实物粒子都是有波动性的。

1927年的电子衍射图样的发现，证实了德布罗意推测的物质波的理论。1929年，德布罗意获得了诺贝尔物理学奖。在德布罗意推测物质波之前，物质的波的属性是不可想象的事情。

教师：请同学们阅读教材第44页中有关推理含义、分类的内容，并思考——

(1) 德布罗意在提出物质波理论过程中是如何推理的？运用了哪些推理形式？

(2) 德布罗意的成功让你对推理的意义有了哪些新的认识？

学生活动：自主阅读教材，并在教师指导下对教材内容进行图示化表达；在此基础上，小组讨论交流，提出对上述学习任务的看法。

学生1：凡物质粒子都是有质量的，

　　　　实物粒子是物质粒子，

　　　　实物粒子都是有质量的。

　　　　凡有质量的都是有能量的，

　　　　实物粒子都是有质量的，

　　　　实物粒子都是有能量的。

　　　　……

教师追问：那你能依据你的推理过程，向大家介绍什么是推理吗？

学生1：从一个或几个已有的判断推出一个新判断的思维形式叫作推理。推理由前提和结论两部分构成。推理所依据的已有的判断叫作推理的前提，推出的新判断叫作推理的结论。

教师：那刚才这位同学分析的推理过程中推出了哪些新判断，即结论有哪些？

学生 2：比如，"实物粒子都是有质量的""实物粒子都是有能量的"等，这些都是经过推理得出的结论。

教师：这些推理虽然前提不同，结论不同，但它们存在相同的地方，是什么呢？

学生 3：推理结构相同，即前提和结论之间存在着的逻辑联系方式相同。

教师：请你尝试使用字母去表示它们。

学生 3：所有 M 是 P

S 是 M
_____

S 是 P

教师小结：我们把"所有 M 是 P"称为大前提，"S 是 M"称为小前提，只要它们的逻辑联系方式是真，则结论一定为真。形式逻辑把推理结构作为自己的研究对象，告诉人们正确的思维应该运用怎样的推理结构，以及运用推理结构时应该遵循哪些规则，进而帮助人们识别什么样的推理结构是正确的，什么样的推理结构是不正确的。只要是遵循正确的推理结构，依据科学知识在 MPS 中填入合适的概念，就能不断得出新的判断。

教师：我们来试试吧，我给出大前提"所有的国有企业是公有制经济"，哪位同学给出小前提和结论？

学生：嘉兴的城投公司是国有企业（小前提），所以，嘉兴的城投公司是公有制经济。

教师：那这一推理从种类上看，属于何种类型呢？

学生：这是一种必然推理。

教师：这是从前提与结论之间是否有必然联系的角度得出的结论，那么如果依据个别与一般的关系的认识，这是一种什么推理呢？我们在哲学认识论中，依据对个别与一般的关系的认识，推理可分为演绎推理、归纳推理、类比推理。请根据表1，思考刚才这位伟大科学家推理中还涉及了哪种推理形式。

表1　从个别与一般的关系看推理分类

分　类	内　　涵
演绎推理	从一般性前提推出个别性结论的推理
归纳推理	从个别性前提推出一般性结论的推理
类比推理	从一般性前提推出一般性结论，或从个别性前提推出个别性结论的推理

学生：在这个过程中，他根据类比的方法把光的波粒二象性推广到更一般的物质粒子，提出实物粒子也具有波动性，由此可见，这里还包括了类比推理方法。

教师：那么从前提"凡物质粒子都是有质量的"推出"实物粒子都是有波动性的"，还涉及哪种推理方法呢？

学生：这应该是演绎推理方法。

教师小结：的确，他运用一系列有效演绎推理，即一系列直言三段论的连锁式，推出了"物质波"理论。

学生：德布罗意的成功再一次让人们感受到了合乎逻辑的演绎的科学力量，这就是推理的意义。尤其是演绎推理,它从推理结构方面揭示其前提与结论之间的必然联系。因此,当前提已经被检验为真,而且演绎推理的形式也是有效的,所得结论即使目前无法检验其为真,我们也可以相信其必然为真。

教师小结:推理的种类很多,其中演绎推理是前提蕴涵结论的必然推理,从这个典型案例中我们深刻感受到演绎推理的理性力量,推理能让我们从已知王国进入未知王国。

【设计意图】 通过引入真实故事,引导学生发现故事中有关推理的逻辑知识。通过指出故事中人物在科学发现中运用的推理方法,了解推理,掌握推理的种类。通过问题思考,在交流中领悟演绎推理的价值。

环节二 推理,让我们从已知王国进入未知王国
——规则的力量

教师:侦探故事中的推理充满了神奇,以下就是一段法庭辩论词,读完这个故事,请大家不妨思考一下,法官是如何运用演绎推理的规则让证人的证言不攻自破的?

材料二 《法官的辩论》

法官:你真的看清了被告?

证人:是的,我看清了。

法官:你在草堆后,被告在大树下,两处相距 20—30 米。你能看清吗?

证人:看得很清楚,因为月光很亮。

法官:你肯定不是从衣着方面看清吗?

证人:不是的,我肯定看清了他的脸,因为当时月光正照在他的脸上。

法官:你能肯定时间是夜里 11:00 吗?

证人:充分肯定,因为我回屋看了时钟,那时正是 11:15。

法官:由于案发当天是我国农历九月初八或初九夜里 11:00 左右,是没有月光的。我不能不告诉大家,这个证人是个彻头彻尾的骗子。

这场法庭辩论中法官的辩论之所以具有不可辩驳的逻辑力量,之所以让作伪证的证人屈服,是因为法官的辩论中包含两个有效的必要条件假言推理:

只有在月光的照射下,证人才能看清被告的脸;

那时夜里 11 点没有月光;

所以,证人不可能看清被告的脸。

必要条件假言推理的一个前提否定了假言判断的前件,结论否定了假言判断的后件,这种推理结构叫作必要条件假言推理的否定前件式。

只有在月光的照射下,证人才能看清被告的脸;

证人看清了被告的脸;

所以那时夜里 11 点一定有月光。

必要条件假言推理的一个前提肯定了假言判断的后件,结论肯定了假言判断的前件,这种推理结构叫作必要条件假言推理的肯定后件式。

教师:请同学们结合上述证人提供的证言和法官依据证言进行的推理,谈谈你对演绎推理的认识。

学生活动：学生阅读教材第 45 页有关演绎推理的逻辑要义的内容，分组讨论发表自己的观点。

学生：演绎推理是前提蕴涵结论的必然推理，即能够"必然地得出结论"的推理。正确的演绎推理必须具备的两个条件：(1)作为推理根据的前提是真实的判断；(2)推理结构正确。

由于证人提供了虚假的证言，违背了证据的客观性，就为法官依据推理规则进行质疑提供了有效前提，从演绎推理的正确性条件看，只有从真前提才得出真结论。

教师小结：刚才这位同学从证人证言的角度进行思考，作为证人我们应当提供真实的证据，这也是守法的表现，违背法律就一定会受到法律惩罚。

教师：哪位同学还能从推理结构的角度，向大家介绍一下对演绎推理要义的理解？

学生：除了推理根据的前提是真实的判断、推理结构必须正确，上述案例中运用了演绎推理的正确推理规则，保证了推理结论能够"必然地得出"，因此掌握演绎推理的逻辑规则可以保持思维严密性，进而更好地揭示事情的真相，得出正确的判断。

教师：只要是有效推理结构，不管变项代入什么概念，从真前提一定能推出真结论，正确的演绎推理结构具有普遍保真性。那要是错误的演绎推理结构，会对推理产生怎样的影响呢？ 例如，我给出如下推理：

倘若找到生还者，就能还原东航坠机事件的真相。

没有找到东航坠机生还者，

所以，不能还原东航坠机事件的真相。

大家看看，这个推理有什么问题吗？

学生：依据事实，我们知道通过黑匣子我们也可以还原东航坠机事件的真相。因此，这个推理的大前提是真，但结论是假。

教师小结：这位同学为我们找到了一个"反例"，这也说明这个推理的结构是无效的，无效推理结构不具有普遍有效性，可以为它找到前提为真、结论为假的"反例"。

刚才我们深刻感受了规则所蕴含的强大力量，在形式逻辑学习中，我们要重视规则，在日常生活中更需要敬畏规则。

【设计意图】 本环节通过引入一段典型的法庭辩论词，分析演绎推理"必然性"的力量，感受逻辑规则对思维敏捷性，以及表达严密性、论证性上的作用。

（三）课堂总结

今天，我们一起通过两个例子体会了有效演绎推理前提到结论的"形式保真"和结论到前提的"形式保假"。运用正确的逻辑规则，可以澄清事件的是非曲直，这也是逻辑思维的力量。学习研究过逻辑学或受过专门的训练的人，才能正确地判别什么样的推理是正确的，什么样的推理不是正确的。

【设计意图】 总结教学核心内容，促进学生认识和情感升华，对学生进行价值观的引领，努力坚持政治性和学理性相统一、价值性和知识性相统一。

八、板书设计

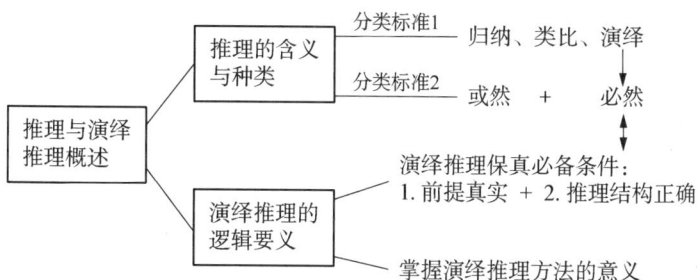

九、教学反思

科学精神的培育离不开科学思维的培养,推理是形式逻辑中的核心内容,对培养学生科学思维方式意义重大。本节课第一环节引入真实故事,引导学生发现故事中有关推理的逻辑知识。通过指出故事中人物在科学发现中运用的推理方法,了解推理,掌握推理的种类。通过思考问题,在交流中领悟演绎推理的价值。第二环节通过引入一段典型的法庭辩论词,分析演绎推理"必然性"的力量,感受逻辑规则对思维敏捷性,以及表达严密性、论证性上的作用。通过上述环节引导学生发现推理是我们获得新知的有效途径。诸如演绎推理的逻辑思维原理普遍适用于人类个体或群体的认知过程,我们的知识学习和人类的知识积累,就是这样一点点推进和提高的。

本节课教学中,由于学生初步接触推理,且教材内容更多的是事实性陈述,因此教师不仅要设计解读情境、思考问题的任务,还要关注学生在理解上存在的困惑。对此,建议引导学生在教师提供情境的基础上,反思自己的生活,去发现生活中的推理,更好地感悟推理的价值。

十、专家点评

本节课的最大亮点和特点,可以概括为两个"融合"。

1. **教学评融合的有效探索。**新课标强调教学评的一致,广大思政课教师在如何优化和创新思政课教学的评价方面开展了有益探索。本节课在教学评融合的探索上,给我们提供了一个很好的思路。在教学环节一的学生活动中,一名学生谈了看法后,王老师说:"这是从前提与结论之间是否有必然联系的角度得出的结论,那么如果依据个别与一般的关系的认识,这是一种什么推理呢?"虽寥寥数语,但具体而有针对性的点评就是对学生学习的最好回应,承上启下的发问,又为后面的教学内容作了巧妙的引导和铺垫,寓学于评、寓教于评,很好地实现了教学评的融合。后面第二名、第三名学生回答后的教师回应,有异曲同工之妙。这是本节课的第一个亮点和特点。

2. **跨学科融合的典型案例。**教师的教学是分科的,但学生是众多学科的学习者。因此,新课程改革呼唤跨学科学习,也是坚持学生立场的需要和体现。各门学科、各位教师都应该、也有可能在学生的跨学科学习方面有所贡献。本节课教学的第二个特点或亮点,就是为我们提供了跨学科融合教学的典型案例。王老师在环节一中引入的德布罗意的物质波理论提出过程，就是思政学科与物理学科的融合，环节二中法庭辩论词的案例，就是思政学科与地理学科的融合。这些物理知识、地理知识，对思政课教师而言可能是陌生的，但对学生来说却是熟悉的、颇感兴趣的。如果我们能把它们融合到我们的思政课教学中来，无疑能提高思政学科教学的效果，更能为学生打通学科之间的鸿沟提供助力，从而更好地服务于立德树人的教育根本任务。

第二框题　简单判断的演绎推理方法

嘉兴市第一中学　王静慧

本框课件下载

一、理论基础和依据

（一）性质判断变形法的直接推理

性质判断变形法的直接推理是演绎推理中的重要形式之一，有着较广泛的运用。变形法推理一般是指性质判断的换质法、换位法和换质位法。

1. 换质法

在说话或写文章时，为了使表达更加适当和灵活，我们常常要根据上下文的具体情况，对一些性质判断的形式结构进行变换，如将肯定判断形式转化为否定判断形式，或者将否定判断形式转化为肯定判断形式，这就要运用性质判断换质法。

换质法，就是通过改变前提判断中的"质"（联项），从而得到一个新判断的推理形式。直言换质推理的所谓"换质"，主要将前提的质否定后作为结论的质，但是直言换质推理又不能仅仅停留在换质上，还得换谓项，如果对一个直言判断仅仅换质而不换谓项，是不能有效推出结论的。比如，将"所有 S 都是 P"直接换成"所有 S 都不是 P"，根据全称肯定判断和全称否定判断之间的反对关系，当"所有 S 都是 P"真时"所有 S 都不是 P"必然假。所以，从"所有 S 都是 P"不能推出"所有 S 都不是 P"。同理，从"所有 S 都不是 P"不能推出"所有 S 都是 P"，从"有 S 是 P"不能推出"有 S 不是 P"，从"有 S 不是 P"不能推出"有 S 是 P"。

因此，换质法应遵循两条规则：

（1）改变前提判断中的质，主项和谓项位置不变。

（2）结论中的谓项换成与前提判断中谓项矛盾的概念。

根据上述规则，假设主项是 S，谓项是 P，那么"所有 S 是 P"与"所有 S 不是非 P"、"所有 S 不是 P"与"所有 S 是非 P"、"有些 S 是 P"与"有些 S 不是非 P"、"有些 S 不是 P"与"有些 S 是非 P"都可以相互推出，它们的前提和结论就是等价的，即直言换质推理的有效式（其中的符号"≡"表示"等价推出"）：所有 S 是 P≡所有 S 不是非 P；所有 S 不是 P≡所有 S 是非 P；有些 S 是 P≡有些 S 不是非 P；有些 S 不是 P≡有些 S 是非 P。从这些有效式可以看出，直言换质推理的实质是对联项和谓项进行双重否定,即否定联项的同时否定谓项。

2. 换位法

为了从不同方面加深对事物的认识,我们有时需要将性质判断的主项和谓项的位置进行互换。这就要运用性质判断换位法。

换位法是通过互换主谓项的位置,从而得出一个新判断的推理形式。换位法必须遵循的规则有:

(1) 交换主谓项位置,联项不变;(2)前提中不周延的项,结论中不得周延。

根据上述规则,可以得出换位推理的有效式。

第一种有效式,所有 S 都是 P⊢有 P 是 S(其中的符号"⊢"表示"推出")。根据上述推理规则,如果将"所有 S 都是 P"进行换位推理,那么,结论的主项是 P,谓项是 S。根据上述推理规则,结论也必须是肯定判断。如此,结论应该是一个形如"…P 是 S"的性质判断。根据上述推理规则,前提"所有 S 都是 P"中没有被断定全部外延的"P"在结论"…P 是 S"中也不能被断定全部外延,结论"…P 是 S"中"P"之前的量项只能是特称量项"有"。因此,从"所有 S 都是 P"推出的结论只能是"有 P 是 S"。从"所有 S 都是 P"可以推出"有 P 是 S"被称为"限制换位或差等换位"。从根本上说,全称肯定判断"所有 S 都是 P"与其推出的结论"有 P 是 S"不等价,在于全称肯定判断"所有 S 都是 P"的主项 S 和谓项 P 外延被该判断断定的情况不同:主项 S 的外延被该判断全部断定,但是谓项 P 的外延未被该判断全部断定。虽然从"所有 S 都是 P"可以推出"有 P 是 S",但不能等价推出,因为从结论"有 P 是 S"不能推出"所有 S 都是 P",否则会违反上述推理规则(2)。

第二种有效式:所有 S 都不是 P≡所有 P 都不是 S。根据上述推理规则,性质判断"所有 S 都不是 P"能够等价换位推出"所有 P 都不是 S"。

第三种有效式:有 S 是 P≡有 P 是 S。根据上述推理规则,直言判断"有 S 是 P"能够等价换位推出"有 P 是 S"。

不难看出,前提"所有 S 都不是 P"与其换位后得出的结论"所有 P 都不是 S"是等价的,前提"有 S 是 P"与其换位后得出的结论"有 P 是 S"也是等价的,即这两种形式的推理的结论必然地具有与前提相同的真值,如果前提被假定为真,那么就必然地会使结论为真。其原因在于,被换位判断与其换位判断是等价的当且仅当它们的项有同样的外延是否被全部断定的情况,即全称否定判断"所有 S 都不是 P"的主项 S 和谓项 P 的外延都被该判断全部断定,特称肯定判断"有 S 是 P"的主项 S 和谓项 P 的外延都未被该判断全部断定。所以,给一个全称否定判断或特称肯定判断换位就给出一个总是有与给定的判断相同的真值(和相同的意思)的新判断。由于这两个换位推理是将前提和结论的主项和谓项直接换位的,所以也称自由换位或等价换位。

换位推理的无效式:第一种情况是所有 S 都是 P⊢所有 P 都是 S。如果从性质判断"所有 S 都是 P"直接换位推出"所有 P 都是 S",则是违反了上述推理规则(2),是无效推理式,犯了所谓"不当换位"或"不当扩大"的谬误。所以,从性质判断"所有 S 都是 P"不能推出"所有 P 都是 S"。第二种情况:有 S 不是 P⊢有 P 不是 S。如果从性质判断"有 S 不是 P"换位得出"有 P 不是 S",则违反了上述推理规则(2),是无效推理式,犯了所谓"不当换位"或"不当扩大"的谬误。所以,从性质判断"有 S 不是 P"不能推出"有 P 不是 S",即性质判断"有 S 不是

P"不能进行有效换位推理。

3. 换质位法

先把一个直言命题进行换质,再把换质命题进行换位,得出一个新命题的直接推理方法。例如,"所有的金属都不是绝缘体",所以,"有些非绝缘体是金属"。由于换质位法实质上是换质法与换位法的结合,因此,换质位法应分别遵守换质法和换位法的规则,即在换质过程中应遵守换质法的规则,在换位过程中应遵守换位法的规则。按此,四种直言命题的换质位情况是:(1)所有 S 是 P,所以,所有非 P 不是 S;(2)所有 S 不是 P,所以,有非 P 是 S;(3)有 S 不是 P,所以,有非 P 是 S。特称肯定命题按规则不能进行换质位。在实际思维中,换质位法可进行一次(换质,然后换位),也可进行多次。而且在遵守规则的前提下,可以先进行换位,然后换质。

(二)三段论推理

1. 三段论

三段论就是由一个共同概念将两个性质判断连接起来作前提,推出一个新的性质判断作结论的推理。三段论的两个前提判断和三个不同的概念都有不同的名称:在结论中作主项的概念称"小项",一般用"S"表示;在结论中作谓项的概念称"大项",一般用"P"表示;在结论中不出现而在前提中出现两次的概念称"中项",一般用"M"表示。

三段论的公理表达如下:一类对象的全部是什么或不是什么,那么这类对象中的部分对象也是什么或不是什么。换句话说,凡是肯定(或否定)了一类对象的全部,那就肯定(或否定)了这一类对象的任何部分对象或个别对象。简单地说,凡是肯定或否定全部,也就肯定或否定了部分和个别。这个公理反映了客观事物中的一般和个别的关系,即属和种的包含关系。它是三段论推理的逻辑依据。

2. 三段论规则

如何判定三段论形式的有效与否,逻辑学给出了一组规则:

规则 1:一个形式结构正确的三段论只能有三个不同的项。

规则 2:中项在前提中至少要周延一次。

规则 3:前提中不周延的项在结论中不得周延。

规则 4:如果两个前提都是肯定,则结论必为肯定;如果结论为肯定,则两个前提必为肯定。

规则 5:两个否定前提不能必然推出结论。

规则 6:如两前提中有一个否定,则结论必为否定;如结论否定,则两前提之一必为否定。

规则 7:两个特称前提推不出结论。

规则 8:两前提中有一个特称判断,如果得出结论,则必为特称。

3. 三段论的省略式

三段论的省略式又称"省略三段论"。省略三段论的好处在于表达上简单明了,因此应用极广。但是,由于省略,也容易掩盖错误。为了检查一个省略三段论是否正确,就先得把被省略的部分补出来,然后用规则检验。其步骤如下:

第一步,要确定省略的是前提还是结论。对于省略前提的三段论,可以根据"所以句"的主项概念(即小项)是否在"因为句"中出现,判明它省略了哪一个前提。如:"所以句"的主项概念在"因为句"中出现,那就可以判明它省略了大前提;如果没有出现,那就可以判明它省略了小前提。

第二步,恢复省略部分,并检查推理是否正确。在恢复过程中,应充分考虑到三段论的各项规则。

(三)性质判断词项的周延性

性质判断换位法推理、换质位法推理和三段论推理中都涉及词项的周延性问题。周延性是形式意义上的概念,周延和不周延不是由两个具体概念的外延关系确定的,而是根据量项和联项所作出的断定性质而确定。在性质判断中,如果断定了主项或谓项的全部外延就称该主项或谓项是周延的;如果没有断定主项或谓项的全部外延,就称该主项或谓项是不周延的。

由于全称判断的量项断定了主项的全部外延,因此全称判断的主项在肯定或否定判断中都是周延的。特称判断的量项没有断定主项的全部外延,因此特称判断的主项在肯定或否定判断中都是不周延的。否定判断的联项断定了谓项的全部外延,因此谓项在全称否定判断、特称否定判断、单称否定判断中都是周延的。肯定判断的联项没有断定谓项的全部外延,因此谓项在全称肯定判断、特称肯定判断、单称肯定判断中都是不周延的。

综上所述,可以得出结论:主项看量(量项),全称周延,特称不周延;谓项看质(联项),肯定不周延,否定周延。

二、课标要求

《普通高中思想政治课程标准(2017 年版 2020 年修订)》内容要求:2.3 掌握演绎推理的方法;评析常见的推理错误。

教学提示:列举生活中正、反两方面的事例,通过故事讲述、主题演讲等形式,分享如何运用科学思维处理生活、学习中遇到的困难。运用所学逻辑知识,分析日常生活中常见的各类逻辑和推理错误,培养逻辑思维能力。

三、学情分析

概念、判断和推理具有内在联系,第四课有关"概念"内容的学习、第五课有关"判断"内容的学习,为学习本课简单判断的演绎推理方法奠定了知识和思维方法基础;学生在语文学科学习过程中初步接触了换质、换位推理的相关内容,在生活中接触到一些关于三段论推理的内容,但缺乏系统性,更没有从逻辑规则的角度去思考,这是教学需要关注和提升的地方。

四、教学目标

(一)核心素养培育目标

1. 科学精神

能从换质位推理和三段论推理的角度,分析幽默故事和笑话中的逻辑错误,提升逻辑思维和全面思考问题的能力,加强思维的严密性、表达的论证性、反驳的针对性,养成科学精神素养。

(二)学科能力目标

1. 学习理解
知道换质位推理及规则,掌握三段论推理及规则,能分析情境中的逻辑错误。

2. 实践应用
能结合具体材料,运用性质判断换质位推理和三段论推理,并能合乎逻辑规则。

3. 迁移创新
掌握换质位推理和三段论推理的规则,能识别生活中的诡辩,作出正确的价值选择。

五、教学重难点

1. 教学重点:掌握三段论推理方法
三段论有很多形式结构。在三段论中的大项、小项、中项的周延性问题,前提肯定否定与结论肯定否定关系问题,三项(大项、小项、中项)变成四项问题中,都可能出现逻辑错误。作为生活和工作中常用的推理类型,三段论的推理规则对我们揭露生活中的诡辩,维护真理具有重要意义。因此,教学中应结合具体实例,分析这类推理中的逻辑错误,才能充分把握其推理的规则。

2. 教学难点:把握换位推理
换位推理由于主项和谓项位置的变化会引起其外延断定情况的变化,性质判断换位推理涉及主项和谓项的外延问题。性质判断的主项和谓项周延情况在六种性质判断中情况有所不同,如果学生不能正确识别性质判断种类,就容易出现主项和谓项周延性判断错误,因此教学过程中必须引导学生按照特定的逻辑顺序逐一判断,教师在解答过程中需给予一定的引导和示范。

六、教学方法

1. 情境教学法
本节课教学的主要目标是引导学生掌握简单判断演绎推理的方法、逻辑推理的规则,这部分内容比较抽象。运用情境教学法,通过精选案例、活动设计等,将经过加工的生活场景移入课堂,有助于学生在具体情境中理解逻辑规则的运用条件和方法,较好地达成学习目标。

2. 自主阅读和讨论对话教学
本节课涉及的简单判断的演绎推理类型和方法较多,如换质推理、换位推理、换质位推理、换位质推理、三段论推理多个一般性规则等。由于教学内容较多,因此应突出学生学习中的重难点,对于学生理解难度不大的内容,完全可以在教师指导下让学生进行自主学习,并辅之相应的评价任务进行检测。其次,讨论对话可以活跃学生思维,引导学生从不同角度或层面上看问题。现实生活中的思维活动并不局限于某种推理,往往需要综合运用各种推理方法,如本节课教学中列举的逻辑错误既可以从换位推理角度思考,也可以从三段论推理的角度思考,通过对话讨论可以相互启发。

3. "学思用"教学法

首先是"学",学习教材内容,知道"是什么",即知道性质判断换质位推理及规则、三段论推理及规则是什么。其次是"思",领悟换质位推理、三段论推理中的逻辑错误是怎么产生的。最后是"用",学生是不是真正理解了,要看应用情况,因此本节课教学的最后环节设计了应用创作和拓展的活动。学生如果不能应用,那么改善学生思维方式的教育教学目标就没有完全达到。

七、教学流程

(一)课堂导入

教师:每当我们读到一则经典的笑话或幽默故事,总会情不自禁地捧腹大笑或会心微笑。笑声过后,又总会领悟其中所包含的严肃的思想、正直的是非观念以及鲜明的爱憎感情。今天,让我们一起来领略包含在笑话与幽默故事中的逻辑思维吧。

【设计意图】 引入生活中幽默故事与笑话,激发学生学习兴趣,引导学生从生活中发现逻辑的"身影"。

(二)新课教学

环节一　品味幽默　分析逻辑

教师:(课前请三位同学做好表演笑话的准备)有请三位同学表演笑话《唐二审鸡蛋》。

材料一　学生表演《唐二审鸡蛋》

唐家后屋发现了一窝鸡蛋,唐三和小五都争说是自家母鸡下的。两人争不清,只好请唐二来评理。

唐二问:"唐三,你家母鸡是啥毛色?"

唐三答:"麻色的。"

唐二又问:"小五,你家母鸡呢?"

小五说:"我家母鸡是黄色的。"

唐二又问:"那窝鸡蛋是麻色的还是黄色的?"

二人齐答:"白色的。"

唐二听了,说道:"这就对了,这窝鸡蛋是我唐二的呀。"

二人不同意,向他要证明。唐二说:"你到我家去看看,我家鸡生的蛋都是白色的。"

教师:唐二为了证明这窝鸡蛋是自己的,运用了推理这种思维形式。证明过程中,他使用了何种简单判断演绎推理方法? 这种推理方法是否有问题? 请阅读教材相应内容并加以说明。

学生活动:学生在教师指导下自主阅读教材"换质位推理"的内容,并尝试找出两种推理形式的规则。在此基础上,学生在教师指导下找出唐二推理的前提和结论。

教师:唐二推理的结论是什么? 这一结论的前提或已知的判断是什么?

学生:唐二由一个已知的判断"我家鸡生的蛋都是白色的",推出了另一个新判断,即结论"白色的都是我家鸡生的蛋"。

教师:这个推理属于哪种推理方法?

学生:他这个推理是个换位法推理。

教师:那这个推理对不对呢?

学生:不对。

教师:你能根据换位推理的规则为大家说明吗?

学生:换位法即换位法推理,是运用改变性质判断主项与谓项位置的方法而进行的推理。根据换位法的推理方法——①推理时不改变前提判断的联项,②在前提中不周延的项,换位后也不能周延可知,唐二的换位推理出现了前提中不周延的谓项在结论中周延了。

教师:那依据前提"我家鸡生的蛋都是白色的",能够推出的正确的推理是什么? 请大家认真阅读教材第47页表格中六种性质判断的主项和谓项的周延性情况(见表1),再对上述问题进行思考。

表1 六种性质判断的主项和谓项的周延性情况表

性质判断种类	主项	谓项
全称肯定判断	周延	不周延
全称否定判断	周延	周延
特称肯定判断	不周延	不周延
特称否定判断	不周延	周延
单称肯定判断	周延	不周延
单称否定判断	周延	周延

"我家鸡生的蛋都是白色的"属于教材提供的表格中何种判断形式?

学生:全称肯定判断。

学生:"我家鸡生的蛋都是白色的"主项是周延的,谓项是不周延的,因此经过换位推理后,谓项也不能周延,可以得出正确的推理结论是:所以,有的白色的是我家鸡生的蛋。

教师:大家能结合笑话中的内容,依据换位推理的正确推理形式,创设相应的前提,作出全称否定判断或特称肯定、否定判断的推理吗?

学生1:我家的母鸡都不是白色的。

所以,白色的都不是我家的母鸡。

教师:你所进行的是何种形式的推理?

学生1:全称否定判断换位推理。

学生2:我家有的鸡是黄色的。

所以,有的黄色的是我家的鸡。

教师追问:你所进行的是何种形式的推理?

学生 2:这是特称肯定判断换位推理。

教师:哪位同学尝试一下特称否定判断的换位推理?

学生 3:无法进行特称否定判断换位推理,因为一旦换位就要违反换位推理规则。

教师小结:那我们归纳一下换位推理的方法:

① 全称肯定判断:不能直接进行换位,换位后需转换为特称肯定判断。例如:"所有的 A 都是 B"应换位为"有的 B 是 A。"

② 特称否定判断:不能进行换位。

③ 全称否定判断、特称肯定判断:可以直接进行换位。

教师:性质判断换质位推理除了换位推理外,还有一种形式是换质推理,这一推理形式比较简单,简单归纳要点就是"肯定变否定或否定变肯定,但换质前后判断意义不变",这部分内容请大家通过自主学习完成。

【设计意图】　这一环节指定学生课前作好表演准备,通过表演的形式呈现笑话的内容,激发学生学习兴趣。从学习内容难度来看,换质推理比较简单,学生能够通过自主学习方式加以突破,教师以提炼方式告知学生要点;换位推理中涉及周延问题,这部分内容对学生来说,具有一定挑战性,因此通过通俗易懂的笑话让学生初步接触换位推理,再经教师引导和追问,领会换位推理的规则。为了帮助学生全面理解换位推理的规则,教师指导学生结合笑话内容,进行否定判断推理,检测学生能否真正理解和把握换位推理的内容。

环节二　转换角度　深入透析

教师:在上述笑话内容中,我们可以从换质位推理的角度分析其中的逻辑错误,如果从三段论的角度分析,我们可以找到哪些错误的推理呢? 比如,以下这个推理也是蕴含在笑话中的:

凡是白色的鸡蛋都是我家的鸡蛋,

那窝鸡蛋是白色的鸡蛋,

所以,那窝鸡蛋是我家的鸡蛋。

请问这个三段论推理形式上是否正确? 推理前提是否真实? 请大家认真阅读三段论的相关内容,分析上述推理。

学生活动:学生自主阅读三段论规则,小组合作讨论。

学生 1:这是一个形式正确的三段论推理,但是因其前提虚假而导致结论不能成立。

学生 2:我家鸡生的蛋都是白色的,那窝鸡蛋是白色的,所以,那窝鸡蛋是我家鸡生的蛋。这是一个形式错误的三段论,它违反了"中项在前提中至少要周延一次"的规则。

教师:一个思维过程所包含的判断当然可以不止一个。在上述笑话中,若同时分析唐二所作的三个判断,并找出它们之间的联系,就会发现三段论推理及唐二违反的推理规则。当然生活中违反三段论的推理规则,还有其他表现形式,请阅读以下这个笑话《吃鸡的好处》,找出其逻辑错误。

材料二　笑话《吃鸡的好处》

唐三:"你知道吃鸡的好处吗?"

小五:"吃鸡可以预防近视。"

唐三:"为什么?"

小五:"你见过黄鼠狼有近视的吗?"

教师: 小五的"妙论"很有趣。他自己也绝对不会相信自己的论点是真的,不过是说出来让大家在学习工作之余快乐一下,但如果你能通过分析整理,找出这一"妙论"所包含的逻辑错误,这不就同时使你在娱乐中增添了智慧吗?

我们可以将这"妙论"中包含的推理整理表达如下:

黄鼠狼是没有近视的,

黄鼠狼是吃鸡的,

所以,吃鸡的是没有近视的。

学生: 这个三段论推理,可以看出,它违反了三段论中"小项扩大"的错误。在小前提中,小项"吃鸡的"是肯定判断的谓项,不周延,而在结论中,小项"吃鸡的"成了全称判断的主项,周延。这样,就扩大了小项的外延。

教师小结: 为什么在前提中不周延的大小项,在结论中也不得周延呢?道理很简单,结论是由前提推出来的,因此,在结论中被断定的事物范围,在前提中必须事先断定。如果在前提中仅仅断定某事物的部分范围,而在结论中则断定其全部范围,即由只断定部分而过渡到断定其整体,这显然是不能得出必然性结论的。当然,如果在前提中我们断定了某物的整体,结论中只断定其部分,则是可以得出必然结论的。因此,"前提中不周延的项在结论中不得周延"并不包含"前提中周延的项在结论中必须周延"的意思。事实是,前提中周延的项在结论中可周延,也可不周延,前提中周延的项在结论中无论周延还是不周延,其结论皆必然。

教师: 在刚才的讨论与学习中,我们运用了三段论推理中"中项在前提中至少要周延一次""前提中不周延的项在结论中不得周延"的规则,此外三段论推理规则包括"两个否定前提不能必然推出结论""一个形式结构正确的三段论只能有三个不同的项"。那就让我们通过以下幽默故事来继续分析吧。

材料三 《讲辩证法》

唐三:"凡事都得讲辩证法,因为辩证法是马克思主义的灵魂。"

小五:"不见得吧!黑格尔不是辩证法大师吗?难道黑格尔的辩证法也是马克思主义的灵魂吗?"

教师: 在以上幽默故事中,小五的话包含如下三段论推理:

辩证法是马克思主义的灵魂,

黑格尔的辩证法是辩证法,

所以,黑格尔的辩证法是马克思主义的灵魂。

结合哲学和概念的相关知识,指出这个三段论推理错误所在。

学生活动: 学生阅读教材有关三段论的内容,同桌之间相互交流,一起完成上述学习任务,其中一位同学负责整理答题思路。

学生: 这里,大前提中的辩证法是指唯物主义辩证法,小前提中的辩证法是唯心主义辩证法。同一语词所表达的不是同一概念,故为"四概念"错误。

【设计意图】 这一环节引导学生多角度分析幽默故事中的推理错误,尝试从三段论角度加以分析。首先,在教师提供范例基础上温故知新,复习演绎推理保真的第一个条件。其次,在教师指导下结合幽默故事分析违反三段论规则的几种典型错误,提升逻辑思维能力。

环节三　运用规则　合作创作

教师:今天我们学习了性质判断换质位推理和三段论推理,很多幽默故事与笑话引人发笑是有其逻辑基础的,那就是其违反了相关逻辑推理规则,下面我们一起尝试创作幽默故事和笑话,运用这些抽象的逻辑知识吧。

学生活动:第一小组运用三段论"两个否定前提不能必然推出结论",创作一个违反这个规则的笑话或幽默故事。

第二小组运用三段论"四概念"错误,创作一个笑话或幽默故事。

第三小组运用三段论"前提中不周延的项在结论中不得周延"规则,创作一个违反这个规则的笑话或幽默故事。

第四小组运用三段论"中项在前提中至少要周延一次"规则,创作一个违反这个规则的笑话或幽默故事。

小组1:狗嘴不是能吐出象牙的嘴,你的嘴不是能吐出象牙的嘴,所以,你的嘴是狗嘴(你是狗)。

小组2:到四点钟我必须回家,现在我还没有回家,所以现在不到四点钟。

小组3:玫瑰是让人闻的,我儿子不是玫瑰,所以我儿子不是让人闻的。

小组4:犯罪嫌疑人是穿着红衣服、身高1.78米左右的男青年,

小王是穿着红衣服、身高1.78米左右的男青年,

所以,小王是犯罪嫌疑人。

【设计意图】 这一环节主要是引导学生学以致用,学生依据教师提供的三段论的规则创作幽默故事和笑话,检测学生是否真正理解换质位推理和三段论推理,培养和提升创造性思维和批判性思维。

环节四　学习拓展　理性辨别

教师:逻辑与人们日常生活中的幽默故事、笑话紧密相连,但我们生活舞台更宽阔,可能身边同学几句话的闲聊中就蕴含着今天所学的简单判断的演绎推理。例如,我曾听到有位同学这样为他不好好学习外语找到如下貌似合理的理由:外交工作者要好好学习外语,我不是外交工作者,所以,我不用好好学习外语。

相信大家学习了今天的内容,就能理性地辨别其推理的问题,做到不人云亦云,学会独立思考,作出正确的价值判断和选择。因此,请大家在课后去寻找和发现诸如广告、宣传语中存在的逻辑问题,然后以每个小组出一份小报的形式加以分享交流。

【设计意图】 这一环节主要是继续引导学生到更广阔的生活世界中去观察生活,学会用逻辑思维去理性辨别生活中的逻辑问题,并布置实践性作业,将学科内容的学习与社会实践活动相结合,让学生们在资源更丰富的社会实践活动中,在更真实的情境中进行小组合作学习,既加深学生对社会的认识和理解,也为学生发挥主体性、创造性提供机会。

（三）课堂总结

同学们，今天我们主要尝试分析幽默故事和笑话中蕴含的逻辑错误，当我们掌握了上述推理规则，就具备了识别幽默故事和笑话让大家开怀一笑的秘诀的"慧眼"。当然，我们需要熟练地掌握这些推理规则，更需要用逻辑的"慧眼"去发现生活，在生活中作出正确的选择。

八、板书设计

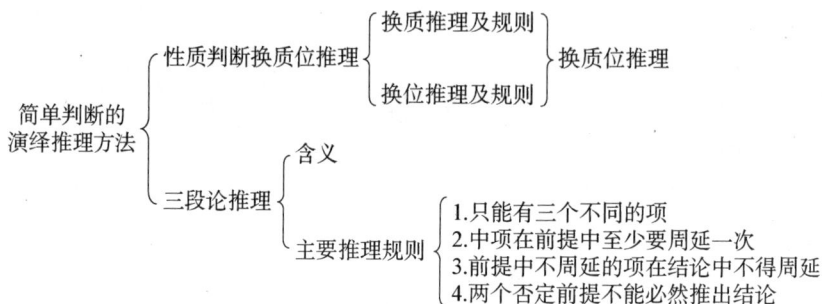

九、教学反思

本节课教学主要围绕生活中幽默故事和笑话展开，引导学生从通俗易懂的生活化情境中理解换质位推理及三段论推理的方法。在教学第一环节通过通俗易懂的笑话让学生初步接触换位推理，再经教师引导和追问，领会换位推理的规则。第二环节引导学生多角度分析笑话中的推理错误，尝试从三段论角度加以分析，结合笑话和幽默故事逐一分析违反三段论规则的几种典型错误，提升逻辑思维能力。第三环节主要是引导学生学以致用，学生依据教师提供的三段论的规则创作笑话和幽默故事，检测学生是否真正理解换质位推理和三段论推理，培养和提升创造性思维和批判性思维。第四环节主要是引导学生将所学学科内容与社会实践相结合，从更广阔的空间、更真实的情境中发现逻辑问题，并加深对社会的认识和理解。

本节课教学中三段论推理的规则内容多，推理规则涉及的术语较多，因此特别需要充分发挥教师的启发和引导作用，尤其是提供相关的教学支架，才能为学生的合作探究提供帮助。

十、专家点评

1. 用幽默架构课堂。 幽默故事与笑话中蕴藏着丰富的逻辑与思维的教学资源，《逻辑与思维》教材中也有颇多引用。但在课堂教学中，如何用好这类资源，还是一个值得探讨的问题。王老师这节课的教学以幽默与逻辑为主线，设置三大主要教学环节：在品味笑话中感受逻辑奥秘→在分析笑话与幽默故事中辨析逻辑错误→在创作笑话和幽默故事中运用逻辑规则，不仅有效地激发了学生的兴趣，激活了学生的思维，更建构起了清晰的课堂逻辑，不仅使教学生动有趣,而且让课堂充满了力量感。

2. **让逻辑回归生活**。逻辑与思维的内容因抽象而易远离生活,笑话与幽默故事虽有趣但也易脱离现实。以笑话与幽默故事建构的逻辑与思维教学,怎么打通课内外的联系,王老师的这节课给了我们很好的启示。第三个环节对学生是一种隐性的引导,学生要创作笑话与幽默故事,就必须回顾自己的所见所闻,就必须回到自己的生活。第四个环节让学生课后去寻找和发现诸如广告、宣传语中存在的逻辑问题,则是对学生的一种显性引导。

第三框题　复合判断的演绎推理方法

嘉兴市第一中学　王静慧

本框课件下载

一、理论基础和依据

(一) 联言推理

联言推理是一种很经典的推理方法,指的是以前提或结论作为联言判断,并且按照联言命题的逻辑性展开推理的一种推理方法。联言推理有两个有效式:

1. 分解式

首先,在推理结构上,分解式的前提是联言判断。其次,在推理依据上,分解式之所以有效,是因为它依据了联言判断的逻辑特性。其推理形式如下:

$$\underline{\qquad p\ 并且\ q\qquad}$$

所以,p(或者 q)

分解式推理有效的依据是:若前提中联言判断为真,则其支命题必然都是真。

2. 合成式

首先,在推理结构上,合成式的结论是联言判断。其次,在推理依据上,合成式之所以有效,是因为它依据了联言判断的逻辑特性。其推理形式如下:

$$p$$
$$\underline{\qquad\qquad q\qquad\qquad}$$

所以,p 并且 q

合成式推理有效的依据是:若支判断全真,则联言判断为真。因此,前提断定支判断"p"和"q"为真,必然可推出联言判断为真。

联言推理有效式的规则是:若前提中肯定了若干个判断,则可推出它们组合而成的联言判断;若前提中肯定了联言判断,则可推出任一联言支;前提未肯定的判断则不可成为结论中的联言支。

联言判断是同时断定若干个支判断的判断,在一般情况下,联言支的前后次序的变化不会影响该联言判断的真值。但是,当联言支之间有时间、主次、大小、强弱等排序规定时,联言支的前后次序就不能随意调换。

（二）选言推理

根据逻辑特性的不同,选言判断可分为相容选言判断和不相容选言判断,选言推理也可分为相容选言推理和不相容选言推理。

1. 相容选言推理有效式

相容选言推理有效式就是前提中有个相容选言判断,并根据相容选言判断的逻辑特性而由前提必然推出结论的推理形式。

首先,在结构上,相容选言推理的前提中有一个析取判断。其次,在推理依据上,相容选言推理有效式之所以有效,是因为它依据相容选言判断的逻辑特性。相容选言推理有效式是否定肯定式,其推理依据是:相容选言判断为真,选言支必有一真。因此,前提既断定为真,又断定其中选言支为假,必然可推出另一选言支为真。相容选言推理有效式只有否定肯定式,没有肯定否定式。

相容选言推理有效式的规则是:否定一部分选言支,就要肯定另一部分选言支;肯定一部分选言支,不能否定(或肯定)另一部分选言支。

2. 不相容选言推理有效式

不相容选言推理有效式就是前提中有个不相容选言判断,并根据不相容选言判断的逻辑特性而由前提必然推出结论的推理形式。

首先,在结构上,不相容选言推理有效式的前提中有一个不相容选言判断。其次,在推理依据上,不相容选言推理有效式之所以有效,是因为它依据不相容选言判断的逻辑特性。

不相容选言推理有效式的规则是:否定一部分选言支,就要肯定另一部分选言支;肯定一部分选言支,就要否定另一部分选言支。

在一般情况下,与联言判断相同,选言判断的支判断的前后次序的变化,也不会改变选言判断的真值。因此,我们在进行选言判断推理时,可以把多于两个选言支的选言判断分为两个部分,一部分是肯定的选言支,另一部分是否定的选言支。

（三）假言推理有效式及其规则

根据条件的性质,假言判断可分为充分条件假言判断、必要条件假言判断和充分必要条件假言判断,假言推理可分为充分条件假言推理、必要条件假言推理和充分必要条件假言推理。

1. 充分条件假言推理有效式

充分条件假言推理有效式就是前提中有一个充分条件假言判断,并根据充分条件假言判断的逻辑特性而由前提必然推出结论的推理形式。

首先,在推理结构上,前提中有一个充分条件假言判断。其次,在推理依据上,充分条件假言推理有效式之所以有效,是因为它依据了充分条件假言判断的逻辑特性。

充分条件假言推理有两个有效式,肯定前件式和否定后件式。肯定前件式的推理依据是:若前件为真,则后件为真。否定后件式的推理依据是:若后件假,则前件必假。而否定前件式和肯定后件式都是无效推理。

因此,充分条件假言推理有效式的规则是:肯定前件就要肯定后件,否定后件就要否定前件;否定前件不能否定(或肯定)后件,肯定后件不能肯定(或否定)前件。

2. 必要条件假言推理有效式

必要条件假言推理有效式就是前提中有一个必要条件假言判断,并根据必要条件假言判断的逻辑特性而由前提必然推出结论的推理形式。

首先,在推理结构上,前提中蕴涵一个必要条件假言判断。其次,在推理依据上,必要条件假言推理有效式之所以有效,是因为它依据了必要条件假言判断的逻辑特性。必要条件假言推理有两个有效式,即否定前件式和肯定后件式。否定前件式的推理依据是:若前件假,则后件必假。肯定后件式的推理依据是:若后件真,则前件必真。肯定前件式和否定后件式都是无效推理式。

因此,必要条件假言推理有效式的规则是:否定前件就要否定后件,肯定后件就要肯定前件。肯定前件不能肯定(或否定)后件,否定后件不能否定(或肯定)前件。

3. 充分必要条件假言推理有效式

充分必要条件假言推理有效式就是前提中有一个充分必要条件假言判断,并依据充分必要条件假言判断的逻辑特性而由前提必然推出结论的推理形式。

首先,在推理结构上,前提中有一个充分必要条件假言判断。其次,在推理依据上,充分必要条件假言推理有效式之所以有效,是因为它依据了充分必要条件假言判断的逻辑特性。充分必要条件假言推理有四个有效式:肯定前件式,其推理依据是若前件真,则后件必真;否定后件式,其推理依据是若后件假,则前件必假;否定前件式,其推理依据是若前件假,则后件必假;肯定后件式,其推理依据是:若后件真,则前件必真。

充分必要条件假言推理有效式规则是:肯定前件就要肯定后件,否定后件就要否定前件;否定前件就要否定后件,肯定后件就要肯定前件。

二、课标要求

《普通高中思想政治课程标准(2017 年版 2020 年修订)》内容要求:2.3 掌握演绎推理的方法;评析常见的推理错误。

教学提示:列举生活中正、反两方面的事例,通过讲述故事、主题演讲等形式,分享如何运用科学思维处理生活、学习中遇到的困难。运用所学逻辑知识,分析日常生活中常见的各类逻辑和推理错误,培养逻辑思维能力。

三、学情分析

通过第五课第三框题复合判断内容的学习,学生已经掌握了复合判断逻辑结构和真值判断的要求,为学习本节课复合判断的演绎推理方法奠定了知识和思维方法基础;通过初高中数学学科相关内容的学习,学生已经会根据假设条件进行定理证明,具备了推理方面的能力和基础,但对复合判断逻辑推理的具体规则还不清楚,这是教学需要关注和提升的地方。

为了更好地了解学情,可以在课前复习第五课第三框题有关复合判断的内容,了解学生是否清楚联言判断、选言判断、假言判断逻辑结构和真值判断等内容,了解到什么程度等。依据复习情况确定学生认知、思维和情感的最近发展区,为较好地达成教学目标奠定良好的基础。

四、教学目标

(一)核心素养培育目标

1. 科学精神

通过在真实情境中对联言推理、选言推理、假言推理有效性的判断,掌握三种复合判断演绎推理方法,提升逻辑思维、全面思考问题的能力,学会从已知推断未知,增强行动的前瞻性,养成科学精神素养。

2. 政治认同

通过推理,更深刻地理解袁隆平的梦想及其取得成就的原因,正确分析对于实现人生价值的错误认识,树立远大理想,坚定信念,脚踏实地行动,敢于迎接前行道路中的各种挑战,实现梦想。

(二)学科能力目标

1. 学习理解

知道联言推理、选言推理、假言推理的运用前提、类型,掌握三种复合判断演绎推理的方法,明确联言推理、选言推理、假言推理的推理有效式和无效式。

2. 实践应用

能结合具体情境并合乎逻辑规则地进行复合判断演绎推理。

3. 迁移创新

通过把握事物之间的条件关系,正确分析取得成功的条件,并能迁移到自身,学会科学分析各种条件,树立远大理想,抓住大有可为的历史机遇,锐意进取、埋头苦干、善于创新,不负时代的要求、历史的期待。

五、教学重难点

1. 教学重点:掌握充分必要条件假言推理

充分必要条件假言推理是依据充分必要条件假言判断的逻辑特性进行的推理。充分必要条件假言判断所断定的前件和后件的关系是:前件真,后件就一定真;前件假,后件就一定假;后件真,前件就一定真;后件假,前件就一定假。因此,充分必要条件假言推理的有效式包括了四种形式,分别是肯定前件式(肯定了充分必要条件假言判断的前件,结论就可以肯定充分必要条件假言判断的后件)、肯定后件式(肯定了充分必要条件假言判断的后件,结论就可以肯定充分必要条件假言判断的前件)、否定前件式(否定了充分必要条件假言判断的前件,结论就可以否定充分必要条件假言判断的后件)、否定后件式(否定了充分必要条件假言判断的后件,结论就可以否定充分必要条件假言判断的前件)。充分必要条件假言推理反映了客观事物中存在着这样一种条件联系:某种现象或者情况存在必然引起另一现象或情况存在,而另一现象或情况的存在必然决定某一现象或情况也存在。因此,掌握这一推理形式对于提升思维的严密性具有重要意义。

2. 教学难点:掌握充分条件假言推理和必要条件假言推理

从逻辑学的角度看,所有的条件都可以归并为三类:充分条件、必要条件、充分必要条件。这三类条件能够解释一切事物的存在或者不存在的条件关系。所谓充分条件,就是当有了条件 P 时,就一定会有事物 Q,但是在没有条件 P 时,却不一定没有 Q 的一类条件。充分条件有时表现为某事物存在的一种充裕的条件,有时表现为使某事理能够成立的一种充足理由,有时表现为能够实现某个目标的一种途径或手段,有时表现为支持事物出现的一种原因。但说到底,充分条件在因果关系中是那些"异因同果"现象之中的"异因"之一。只有从理论上彻底弄清楚了充分条件,从理性认识层面剖析充分条件的实质,才能正确把握充分条件假言推理。

同理,所谓必要条件,就是当没有条件 P 时,就一定不会有事物 Q,但是在有条件 P 时,不一定有事物 Q 的一类条件,这样的 P 就是 Q 的必要条件。必要条件有时表现为某事物存在的一种必不可少的条件,有时表现为不能实现某个目标的一种障碍,有时表现为否定某事物能够存在的一种关键理由,有时表现为不支持某事物出现的一种威慑。但归根到底必要条件在因果关系中是那些"多因一果"中的"多因"之一。只有从理论上彻底弄清楚了必要条件,从理性认识层面剖析必要条件的实质,才能正确把握必要条件假言推理。

学生在学习时,容易混淆充分条件假言推理和必要条件假言推理,若不理解两者实质,就不能有效联系实际进行运用。学生理解这两种推理形式有一定困难,应结合实例加以说明。

六、教学方法

1. 情境教学法

本节课教学的主要目标是引导学生掌握复合判断演绎推理的方法。逻辑推理的规则比较抽象,运用情境教学法,通过精选案例、设计活动等,将经过加工的生活场景移入课堂,有助于学生在具体情境中理解逻辑规则的运用条件和方法,较好地达成学习目标。

2. 自主阅读和启发性教学

本节课涉及的复合判断演绎推理的类型和内容较多,包括联言推理含义、类型及真值判断,选言推理含义、类型及真值判断,假言推理含义、类型及真值判断等。教学时,首先要帮助学生理解这些内容,引导学生自主阅读,为形成相对完整的认识体系打好基础。其次,在引导学生运用知识分析问题、解决问题时要注重启发性教育,引导学生通过具体教学情境,结合自己的已有经验和认识,在主动探究和自主发现中发现问题、分析问题、思考问题,进而深入理解和科学建构知识,形成和深化学科核心素养。

七、教学流程

（一）课堂导入

每个人都有自己的梦想,有这样一位中国人,他这一生最深情、最动情也最长情的牵挂,就是禾下的梦。"我梦见我们种的水稻,长得跟高粱一样高,穗子像扫把那么长,颗粒像花生米那么大,我和助手们就坐在稻穗下面乘凉"。他就是袁隆平。今天,让我们跟随袁隆平老先生的梦想学习本节课内容吧。

【设计意图】 从梦想引入课题,通过富有价值引领意义的故事引起学生注意,也为学生学习复合判断演绎推理的内容打下良好的情感基础。

（二）新课教学

环节一　梦之所起　家国情怀

教师:老先生为什么会怀此梦想? 那就得从 1959 年说起,当时严重的自然灾害导致了粮食产量的锐减,经历过这段历史的人应该都有刻骨铭心之感,他曾亲眼看到有人因饥饿在路边倒下,路上、桥下多有饿殍。袁隆平研究杂交水稻就是源于新中国历史上这不可忘却的三年困难时期的经历。饥荒的惨痛记忆跟随了袁隆平一生,也让袁隆平将解决粮食问题作为自己一生的事业去奋斗。

据此,我作出这样一个推理:

饥荒的惨痛记忆跟随了袁隆平一生,

饥荒的惨痛记忆激发袁隆平一生奋斗志向,

所以,饥荒的惨痛记忆跟随了袁隆平一生,也激发袁隆平一生奋斗志向。

材料一　梦之所起

袁隆平与水稻的缘分始于 1960 年夏天。第一株天然杂交稻的发现开启了袁隆平对杂交水稻之路的探索。他悉心培养这株水稻,并将它的种子种了下去,它的后代却没能长成那株特殊水稻的样子。袁隆平认为杂交水稻有优势,这种想法与传统的遗传学观点相悖。袁隆平不迷信权威,他决定用实验来证明对错。袁隆平比当地农民还要勤奋,在田地里劳作,只为找到混在其中的特殊水稻。曾经的年轻大学生不见了,如果是一个不认识袁隆平的人在田间路过,只会把他当作一位正在劳作的农民。袁隆平是一个有庄稼味儿的科学家了。

教师:请大家阅读教材第51—52页,思考以下三个问题,小组讨论结束后请一位发言同学向大家汇报讨论成果。

(1) 请判断以上的推理属于何种推理方式。

(2) 请说明上述推理结论的有效性。

(3) 你还能结合袁隆平"梦之所起"信息,找出或归纳出类似的推理吗?

学生活动:学生阅读教材联言推理的相关内容,并进行小组讨论交流。

学生1:这个推理是联言推理。

教师:什么是联言推理? 你是如何判断的?

学生1：联言推理是依据联言判断的逻辑性质进行的推理。"饥荒的惨痛记忆跟随了袁隆平一生"是这个联言推理的前提，"饥荒的惨痛记忆激发袁隆平一生奋斗志向"也是这个联言推理的前提，"所以，饥荒的惨痛记忆跟随了袁隆平一生，也激发袁隆平一生奋斗志向"是这个联言推理的结论。在上述推理中，将分别存在的对象情况综合成比较全面的认识，这个推理前提所断定的情况分别存在，而在结论中断定这些情况同时存在，这是联言推理的合成式。

学生2：通过阅读教材我们可以发现联言推理有效式的规则有两种情况——若前提中肯定了若干个判断为真，则可推出它们组合而成的联言判断为真；若前提中肯定了联言判断为真，则可推出任一联言支为真。这个推理结论符合第一条规则，因此是有效推理。

教师小结：是的，我们从联言判断和它的联言支的真假关系来说，如果所有的联言支都是真的，联言判断就是真的。联言推理的前提分别断定了各个联言支是真的，它的结论就能断定由这些联言支所构成的联言判断是真的，这是联言推理合成式的有效推理结构。当然，从联言判断和它的联言支的真假关系来说，如果一个联言判断是真的，它的联言支就都是真的。联言推理的前提断定联言判断是真的，它的结论就能断定这个联言判断的联言支是真的，这是联言推理分解式的有效推理结构。

教师：那第三个思考题，哪位同学来回答呢？

学生3：我来试试。前提：袁隆平不迷信权威，并且敢于用实验验证结论。结论：所以，袁隆平不迷信权威。

教师小结：很好，这是一个联言推理分解式。这个联言推理由前提所断定对象的几种情况同时存在，而在结论中断定其中的个别情况存在。在上述推理中，我们从不同角度感受到了袁老先生不懈追求中的那份真挚的家国情怀。

【设计意图】　联言推理是比较简单的一种推理方式，学生在教师指导下阅读教材即能大致了解联言推理的推理结构，为此本环节为学生提供了合成形式，引导学生运用已知进行判断。在此基础上，环节一中第三个思考问题以同类推理推演的方式，要求学生找出类似推理，检测和评价学生对联言推理的掌握情况。本环节坚持主导性和主体性相统一，通过小组合作探究发挥学生主体作用，深化学生对重点知识的理解，同时通过必要的方法指导，提升学生知识迁移和应用能力。

环节二　逐梦之路　砥砺前行

教师：为了圆杂交水稻之梦，他几十年如一日，废寝忘食，殚精竭虑，苦心孤诣，攻关不止。作为一个科学家，他懂得要想好梦成真，光是苦干还不行，还需要有实事求是的科学态度，需要充分发挥聪明才智，大胆创新，才能成功。从杂交水稻到超级杂交水稻，他每前进一步，都是创新的结果。

在被问到杂交水稻的成功秘诀时，袁隆平的回答是："我没有什么秘诀，我是有经验，可以用8个字来概括：知识、汗水、灵感、机遇。"有人据此发出如下感慨，请大家帮忙指点迷津。

感慨1：只要创新，就能在事业上取得进步。我在事业上取得了进步，但我并没有通过创新实现。

感慨2：只有具备知识、汗水、灵感和机遇，才能成功。我现在已经付出了汗水，但为什么我还没有成功呢？

请同学们阅读教材第54—57页，运用假言推理的推理结构揭示他们思维中的问题，激发他们前行的动力。

学生活动：学生阅读假言推理的相关内容，小组合作讨论，作好发言准备。

教师：根据充分条件假言判断的推理结构我们可以知道，由于充分条件假言判断是断定一事物情况存在则另一事物存在的判断。因此，充分条件假言推理正确推理结构是：肯定前件，结论就肯定后件；否定后件，结论就否定前件。充分条件假言推理错误的推理结构是：否定前件，结论就否定后件；肯定后件，结论就肯定前件。

学生1：首先可以判断第一个感慨涉及的是充分条件假言推理，根据充分条件假言推理方法可知，肯定充分条件假言判断的前件，结论就肯定充分条件假言判断的后件，否定充分条件假言判断的后件，结论就否定充分条件假言判断的前件，这是充分条件假言推理的有效式。但如果肯定了充分条件假言判断的后件，又在结论中肯定充分条件假言判断的前件，是错误的推理结构。所以，"我在事业上取得了进步"，可以不通过创新去实现。

教师：根据必要条件假言判断的推理结构可以知道，由于必要条件假言判断是断定一事物情况不存在则另一事物不存在的判断，因此必要条件假言推理正确推理结构是：否定前件，结论就否定后件；肯定后件，结论就肯定前件。必要条件假言推理错误的推理结构是：肯定前件，结论就肯定后件；否定后件，结论就否定前件。

学生2：首先可以判断第二个感慨涉及的是必要条件假言推理，根据必要条件假言推理方法可知，第二个感慨出现的推理错误属于"肯定前件，结论就肯定后件"，把省略的信息补充完整为"只有付出辛勤汗水，才能获得成功""我已经付出辛勤汗水，所以，我能获得成功"。这就犯了"肯定前件，结论就肯定后件"的错误。

教师：只有具备知识、汗水、灵感和机遇，才能成功。我现在拥有了知识、汗水、灵感和机遇，所以，我一定能成功。大家有这份自信吗？为什么？

学生：这是一个充分必要条件假言推理。有了知识、汗水、灵感和机遇，就能成功；没有知识、汗水、灵感和机遇，就一定不能成功。这符合充分必要条件假言推理的逻辑规则，是充分必要条件假言推理的有效式。

教师小结：所以，对于成功，我们需要耐心等待，注重积累各种必要条件。当各种必要条件都具备时，那这个条件就成为充分必要条件。当然，我们还可以自信预见待到知识、汗水、灵感和机遇都具备，那我们必能获得成功。

【设计意图】 假言推理是本节课重难点，因此从学生生活中的思想困惑入手，结合主题情境案例引导学生进行合作探究突破重难点。本环节坚持主导性和主体性相统一，通过小组合作探究发挥学生主体作用，深化学生对重点知识的理解。通过必要的方法指导，尤其是打通了必要条件和充分必要条件之间的内在关联，引导学生运用联系观点认识必要条件假言推理和充分必要条件假言推理的关系，在启发、追问过程中引导学生发现问题、分析问题、思考问题，得出结论。

环节三　走向现实　正待坚守

教师："禾下乘凉梦"是袁隆平的中国梦，梦想到禾下乘凉，梦里水稻长得有高粱那么高，籽粒有花生米那么大,它是袁隆平对杂交水稻高产的一个理想追求。截至目前,这仍是科学上还未能实现的伟大梦想。因为水稻育种界还有一个众所周知的基本定律:水稻的抗倒力与水稻植株高度的平方成反比。

有人感慨:高产水稻要么植株高,要么抗倒伏能力弱。

高产水稻植株高,

所以,高产水稻抗倒伏能力弱。

要让人能乘凉,稻子就必须长到比人还高;

所以,禾下之梦就难以实现。

请大家结合这一感慨,阅读教材第52—54页的内容,与小组成员一起思考以下两个问题:

(1)从逻辑上判断,上述推理结构是否正确?

(2)如此看来,禾下之梦真的就难以实现吗?

学生活动:阅读教材内容,小组合作讨论,完成学习任务。

学生1:我来谈谈我们小组对第一个问题的思考。上述推理涉及了选言推理,其中"高产水稻要么植株高,要么抗倒伏能力弱"属于不相容选言判断,肯定了"高产水稻植株高",必然就可以否定剩下的另一部分的选言支,所以,"高产水稻抗倒伏能力弱"结论正确。

学生2:对于第二个问题,如果通过科学攻关,解决高产水稻抗倒伏问题,禾下之梦就有望实现。

教师:科学家们是否能解决这一难题呢?看看实践中发生了什么呢?

材料二 15亩株高达常规稻高度两倍的"巨型稻",在重庆试种成功(见图1),预计亩产可达1600斤以上,这批"巨型稻"的高度是常规稻的两倍,平均每蔸水稻植株高2米。这极具夸张的梦想正在一步步走向现实。

图1

【设计意图】 本环节依据情境本身发展线索推进,意在以案例为载体进行综合性教学,提升学生逻辑思维能力的同时培养学生创造性思维,在此基础上着力政治认同的培育,综合生物学中的相关内容,鼓励学生提出创造性观点。本环节中提出的问题,具有很强的开放性,教师要把握好学生回答问题的思维过程与结论表达之间的关系,既关注过程,又不忽视结论。

(三)课堂总结

"'禾下乘凉梦',可这个梦实现起来不容易啊,前人已经为研究打下了基础,但以后主要还是靠年轻人来搞,'禾下乘凉梦'会由他们继续"。这是袁隆平老先生对青年人的期待。禾下乘凉梦,一梦逐一生。这是袁隆平的梦,也是后来者的梦。未竟的事业,科学的价值,正待我们去坚守、拼搏、开掘。最后让我们一起诵读袁隆平创作的诗歌《我有一个梦》。

材料三 《我有一个梦》

我有着一个梦

埋在泥土中

深信它不同

光给了它希望

雨给了它滋养

它陪种子成长

　

我有着一个梦

走在田埂上

它同我一般高

我拉着我最亲爱的朋友

坐在稻穗下乘凉

妈妈　我来看您了

您看这晚霞洒满小山村

妈妈　我陪您说说话

这种子是您亲手种下

在我心里发芽

风吹起稻浪

稻芒划过手掌

稻草在场上堆成垛

谷子迎着阳光哔啵作响

【设计意图】　总结教学核心内容,促进学生认识和情感升华,对学生进行价值观的引领,努力坚持政治性和学理性相统一、价值性和知识性相统一。

八、板书设计

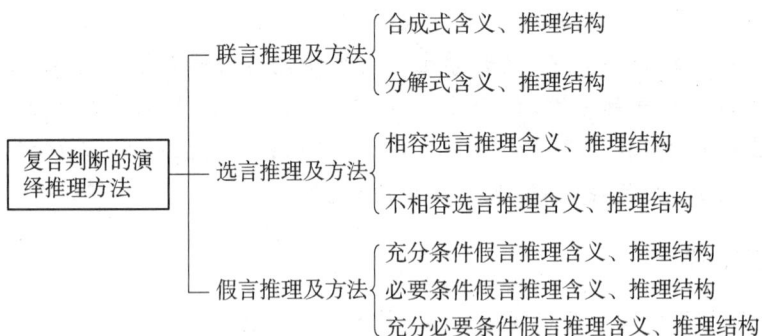

九、教学反思

本节课探索了活动型学科课程的教学设计,通过分享故事、合作探究、解读情境等活动,设计多种类型的学习任务,引导学生经历分析解决问题、完成特定学习任务的过程,理解复合判断演绎推理的方法,使科学精神素养得到培育和提升。

本节课教学中,假言判断推理比较复杂,尽管设计了解读情境、思考问题的任务,但学生在理解上仍然存在困惑。对此,建议选取更多贴近学生和社会生活的生动事例,增加学生的感性认识,引导学生透过直观生动的现象抓住本质,形成理性认识。

十、专家点评

本节课的教学内容包括复合判断的三种演绎推理方法,量大难度高,是本模块教学中最难啃的骨头之一。王老师本节课的教学,以一明一暗两条线索贯穿始终,给我们很多启发。

1. **讲中国故事,学逻辑思维。**本节课以袁隆平的"禾下乘凉梦"为明线,从导入到结课,一以贯之。构建三大教学环节,设计三大学习任务,将联言推理、假言推理、选言推理等内容的学习和训练融于各类学习活动之中,让逻辑与思维模块的学习不仅有趣有味,更有料有效。特别值得一提的是,王老师对教材内容的前后调整、详略处理,令人称道。

2. **学逻辑思维,明人生志向。**这是隐藏于"禾下乘凉梦"背后的一条教学暗线。环节一中,主要解决的是联言推理的问题,其背后是让学生感受并学习袁老家国情怀的契机;环节二中,主要解决的是假言推理的问题,其背后是解决学生如何奋斗才能获得成功的困惑;环节三主要解决的是选言推理的问题,其背后是让学生产生强国有我的责任感和伟大复兴的信心。这正是思政课落实立德树人根本任务的使命所在。

第七课

学会归纳与类比推理

第一框题　归纳推理及其方法

海宁市第一中学　张峥凯

本框课件下载

一、理论基础和依据

归纳推理是一种由个别到一般的推理。毛泽东指出："就人类认识运动的秩序说来,总是由认识个别的和特殊的事物,逐步地扩大到认识一般的事物。人们总是首先认识了许多不同事物的特殊的本质,然后才有可能更进一步地进行概括工作,认识诸种事物的共同的本质。"这是因为我们在日常工作中、生活中接触到的客观事物,总是个别的、具体的,因此,我们从经验中得到的知识,总是关于个别事物的知识。只有在这些知识的基础上进行概括,才能得到关于某种事物的一般性认识,并进而把握这一类事物的共同本质和规律,从而指导人们正确地认识世界和改造世界。

从类别上看,归纳推理可分为完全归纳推理和不完全归纳推理。完全归纳推理是根据某类事物的每一个对象都具有或不具有某种属性,推出该类事物全都具有或不具有该属性的推理。"完全"就是指全部。如果在考察某类事物对象时,遗漏了某个或某一部分对象,那么这个推理就不再是完全归纳推理,所得结论也就不一定为真。如果前提中有任何一个判断不真,那么结论就会是错误的。

不完全归纳推理是根据某类事物的部分对象都具有或不具有某种属性,推出该类事物全都具有或不具有该属性的推理。不完全归纳推理主要包括简单枚举归纳推理和科学归纳推理。科学归纳推理是根据某类部分对象与某种属性之间的因果联系,推出某类对象都具有或不具有某种属性的归纳推理。与简单枚举归纳推理相比,由于科学归纳推理分析了事物之间的因果联系,其结论更为可靠,应用也更为广泛。

二、课标要求

《普通高中思想政治课程标准(2017 年版 2020 年修订)》内容要求:2.3 学会归纳推理;评析常见的推理错误。

教学提示:可搜集生活中的具体事例或现象,引导学生进行分析概括,从而形成对归纳推理的含义及分类的初步认知；可列举生活中可能存在的"轻率概括"的事例，引导学生进行辩证思考，正确区分简单枚举归纳推理和科学归纳推理，树立科学的逻辑思维。组织学生在活动探究中明确保证完全归纳推理结论真实可靠的条件，掌握提高不完全归纳推理结论真实可靠的不同方法，提升归纳推理能力。

三、学情分析

从思维特点来看，高二学生思维活跃，但学生具备的逻辑思维能力和水平各不相同，教学中教师需要及时了解、分析不同层次学生的思维特点，设计符合学习规律的探究活动。

从知识储备来看，高二学生初步掌握辩证唯物主义和历史唯物主义的基本方法，经过本模块前面内容的学习，他们对形式逻辑的相关概念有了一定的了解，接触过有关推理的基本内容。

从本节课的具体内容来看，本节课的主要内容是介绍归纳推理的含义、类型和方法，具有较强的基础性和理论性。学生对此内容的学习可能缺乏一定的兴趣，需要教师积极创设生活化情境，调动学生参与课堂学习和进行探究学习的热情和兴趣，从而充分发挥出学生学习主体的作用。

四、教学目标

（一）核心素养培育目标

1. 科学精神
通过对典型示例的分析，了解归纳推理的含义和类型，从而为正确运用归纳推理打下基础；通过思维训练，进一步理解归纳推理这一推理形式，掌握正确运用科学归纳推理的方法，提升论证分析能力。

2. 政治认同
通过对具体事例的分析，初步了解形式逻辑学的基本内容，感悟辩证唯物主义和历史唯物主义的科学真理力量；通过归纳航天科技领域的系列成就，感受我国航天事业的巨大发展，涵养爱国情怀，增强对中国特色社会主义制度的认同。

（二）学科能力目标

1. 学习理解
知道归纳推理的含义和分类；掌握完全归纳推理和不完全归纳推理的特点和局限性；掌握求同法、求异法和共变法。

2. 实践应用
能结合具体材料说明归纳推理的分类；能结合归纳推理的知识评析常见的推理错误；能用归纳推理的方法解决实际问题。

3. 迁移创新

能自觉运用所学归纳推理的方法解构社会生活的现象,寻找本质联系,回应现实问题,推动事物创新。

五、教学重难点

1. 教学重点:归纳推理的方法

掌握归纳推理的方法对于培养逻辑思维能力至关重要。要实现归纳结论的保真,需要充分理解并正确运用归纳推理的相关方法。要保证完全归纳推理的结论真实可靠,必须保证断定对象情况的每一个前提都是真实的,且所涉及的认识对象一个都不能遗漏。要提高不完全归纳推理的可靠程度,需要在认识对象与有关现象之间寻找因果联系。常用的探求因果联系的方法包括求同法、求异法和共变法等。学生只有掌握了归纳推理的不同方法,才能深刻把握事物现象与本质之间的因果联系,从而避免犯"轻率概括"的错误。

2. 教学难点:归纳推理的类别

归纳推理可以分为完全归纳推理和不完全归纳推理。完全归纳推理是一种必然推理,其前提与结论之间具有保真关系,但由于认识对象过于复杂,人们的精力、能力和认识的条件有限,有时无法对每个对象都进行考察,所以它的运用是有局限性的。不完全归纳推理是一种或然推理,只考察认识对象的部分情况,具体来说,可分为简单枚举归纳推理和科学归纳推理。由于归纳推理的类别相对复杂,完全归纳推理和不完全归纳推理之间存在差异,不完全归纳推理的两种形式(简单枚举归纳推理和科学归纳推理)也不尽相同,对学生来说,准确区分归纳推理的不同类型并对其保真性进行判别具有一定的难度,是学习的难点所在。

六、教学方法

1. 任务驱动教学法

在本节课中,通过引导学生对相关案例进行探究,明确归纳推理的含义和类型,理解科学归纳的重要意义,学会归纳推理的方法。这部分内容学理性强,理解难度大。运用任务驱动教学法,通过创设情境("神舟飞天""天宫课堂"等)、确定任务(合作探究、实验操作等)、分析任务、检验验证、归纳总结等,引导学生运用共有的知识和自己特有的经验提出方案、解决问题。

2. 情境教学法

本课涉及的归纳推理方法较多,包括求同法、求异法、共变法等。要帮助学生理解这些方法的运用机理,可以通过采用情境教学法。通过创设与教学内容相关的情境,指导学生运用学科知识对案例进行探究,既可以促进学生主动思考,又可以提高学生学习的针对性和有效性,培养学生的逻辑思维能力和分析解决问题的能力。

七、教学流程

(一) 课堂导入

材料一　北京时间 2022 年 6 月 5 日 10 时 44 分,搭载神舟十四号载人飞船的长征二号 F 遥十四运载火箭在酒泉卫星发射中心点火发射,约 577 秒后,神舟十四号载人飞船与火箭成功分离,进入预定轨道,飞行乘组状态良好,发射取得圆满成功。这是我国载人航天工程立项实施以来的第 23 次飞行任务,也是空间站阶段的第三次载人飞行任务。三位同学观看后有了如下对话:

小明:真是太神奇了! 祝贺中国航天!

小林:是呀,我们的征途是星辰大海! 我还发现一个秘密,神舟飞船都是在酒泉发射的。

小刚:果真如此,从 1999 年神舟一号飞船从酒泉卫星发射中心成功发射至今,历次神舟飞船均在酒泉成功发射,我猜想,接下来的神舟十五、神舟十六肯定也是在酒泉发射。

教师: 上述三位同学有的运用了演绎推理的方法,有的运用了归纳推理的方法。那么,什么是归纳推理? 它是否与演绎推理一样,属于必然推理? 如何运用归纳推理寻找事物现象之间的规律性关系? 今天,我们就带着这些问题,以“神舟飞天”为切入口,一起学习“归纳推理及其方法”。

【设计意图】　以神舟十四号载人飞船发射引入课题,旨在通过学生熟悉的情境激发其学习兴趣,帮助学生深化知识体验。导入环节创设情境,为后面探究活动的开展作好铺垫。

(二) 新课教学

环节一:看“神舟飞天”,明归纳推理之义
——什么是归纳推理?

教师: 上述几位同学有的运用了演绎推理的方法,有的运用了归纳推理的方法,请大家根据他们表达的内容进行判别。

学生活动: 自主思考,交流分享。

学生 1: 我认为小林运用了归纳推理的方法,小刚运用了演绎推理的方法。演绎推理是从一般性前提推出个别性结论的推理,归纳推理是从个别性前提推出一般性结论的推理。

学生 2: 我有不同意见。小刚从“历次神舟飞船均在酒泉成功发射”这一前提出发,推出了“神舟十五、神舟十六肯定也是在酒泉发射”的结论,这一推理过程属于演绎推理。但“历次神舟飞船均在酒泉成功发射”这一前提是根据“神舟一号到神舟十四号均在酒泉发射”的事实材料推出的结论,所以小刚的表达中既有演绎推理又有归纳推理。

教师小结: 两位同学的回答有理有据,并且都结合了上一堂课的内容,从结论看,老师更赞同第二位同学的分析,小林运用了归纳推理的方法,小刚的回答既运用了归纳推理的方法,也运用了演绎推理的方法。那么,什么是归纳推理呢? 人们认识事物,总是先通过观察、实验和社会调查等途径搜集有关对象的事实材料,对它们进行整理和加工,得到一些个别性或特殊性知识。然后,以这些个别性或特殊性知识为前提,推出一般性的结论。这种推理形

式叫作归纳推理。

教师：现在，请大家依据这一点开展同桌活动，结合教材第60页"示例评析"中的案例，互相说出几组运用归纳推理的事例，同桌之间相互评价。

学生活动：同桌交流，互相评价。

教师：相信大家通过活动对归纳推理的含义有了一定的了解。那么从推理的形式看，归纳推理与上节课学习的演绎推理有哪些区别？它们之间又存在哪些联系？

学生1：我来讲一下区别，演绎推理的过程与归纳推理的过程正好是相反的，演绎推理是从一般性前提推出个别性结论的推理，归纳推理是从个别性前提推出一般性结论的推理。

学生2：我作补充。从之前的事例看，进行演绎推理的前提是从归纳推理得出的。另外，归纳推理需要通过演绎推理来论证。

教师小结：从思维运动的方向上看，归纳推理与演绎推理正好相反，归纳推理是从特殊过渡到一般，而演绎推理是从一般过渡到特殊。同时我们也可以注意到，两者虽有上述区别，但它们在人们的认识过程中是紧密联系的。一方面，归纳是演绎的基础，没有归纳就没有演绎，演绎推理的一般性知识的大前提必须借助于归纳推理；另一方面，演绎是归纳的前导，没有演绎也就没有归纳，对归纳推理论证也需要运用演绎推理。

【设计意图】 本环节围绕神舟飞天这一话题继续进行探究，引导学生把抽象的理论知识与生活情境相结合，一方面可以激发学生对逻辑知识学习的热情，另一方面可以加深学生对归纳推理的理解。本环节采用情境教学法，通过创设与教学内容相关的情境，引导学生对归纳推理与演绎推理进行综合比较，形成科学认知，涵养科学精神。

环节二：探"巡天神器"，析归纳推理之实
——归纳推理如何分类？

材料二 每一次神舟飞船发射升空都是全国人民关注的焦点，作为研发机构的"神舟"团队肩负我国全部载人航天器研制设计的重要使命。从立项至今的二十多年时间里，"神舟"团队取得了包括神舟飞船、目标飞行器、空间实验室等共计15个载人航天器连战连捷的优异成绩，实现我国载人飞行、太空出舱、交会对接、在轨补加等多项核心技术"零"的突破。其中，神舟飞船共由13个分系统组成，按照功能分别被命名为有效载荷、结构与机构、热控制、制导导航与控制、推进、电源、数据管理、测控与通信、环境控制与生命保障、乘员、回收与着陆、仪表照明、应急救生。

教师：请同学们进行小组合作探究。

(1) 比较以下两组事例，分析哪一组事例得出的结论更可靠，并说明理由。

A. 神舟飞船的有效载荷系统实现自主研发，神舟飞船的结构与机构系统实现自主研发，神舟飞船的热控制系统实现自主研发，神舟飞船的制导导航与控制系统实现自主研发……神舟飞船共由13个分系统组成，所以神舟飞船系统已经实现全部自主研发。

B. 神舟五号飞船成功完成了载人航天飞行，神舟六号飞船成功完成了载人航天飞行，神舟七号飞船成功完成了载人航天飞行……所以神舟飞船都成功完成了载人航天飞行。

(2) 有人说，归纳推理是一种或然推理。这一判断是否正确？

学生活动：在小组长的组织下，小组成员围绕归纳推理的相关知识，进行讨论，合作探

究,自评互判。教师可提示学生从归纳推理的类型的角度进行分析,并回答学生探究过程中的疑问。

小组1:A属于完全归纳推理,因为这个推理的前提考察了全部对象。B属于不完全归纳推理,因为这个前提只涉及部分对象。从结果看,A的结论更可靠。

小组2:我们也认为A的结论更可靠,但我们觉得在现实生活中不太可能对所有认识对象进行考察,A涉及的归纳法不具有普适性。

教师:你们分析得都很好,指出了完全归纳推理和不完全归纳推理的区别所在,而且也考虑到了实际生活中出现的问题。下面我们来看第二个问题,归纳推理到底是不是或然推理?

小组3:归纳推理是或然推理,因为从概念上看,归纳推理是从特殊推出一般,刚刚小组2也提到了人们无法对每个特殊对象进行考察,所以得出的结论不一定是完全可靠的。

小组1:我们有不同意见。从类型上看,不完全归纳推理肯定是或然推理,但完全归纳推理是在考察全部对象的基础上得出的结论,应属于必然推理。

教师小结:刚刚有两组同学提到了完全归纳推理在现实生活中的困境,我表示非常赞同。在实际生活和工作中,由于有的认识对象太复杂,人们的精力、能力和认识的条件有限,无法对它们中的每个对象都进行考察,而且,在有些情况下,我们也没有必要对认识对象的每种情况都进行考察。但从结果看,完全归纳推理尽管实施起来比较困难,但仍然是可以实施的,如果增加了限定条件(如A表达中提到的"神舟飞船共由13个分系统组成"),那推理的前提与结论之间就有了保真关系。我们可以通过表格比较完全归纳推理与不完全归纳推理(见表1)。

表1 完全归纳推理与不完全归纳推理比较

项目		完全归纳推理	不完全归纳推理
区别	考察对象的范围	某类事物的全部对象	某类事物的部分对象
	结论与前提关系	没有超出前提断定的范围	超出了前提断定的范围
	结论的可靠性	只要前提为真,推理结构正确,完全归纳推理必然推出真结论,是必然推理	或然推理,即便前提都为真,结论也未必真
联系	都是由特殊到一般的推理,前提的一般性程度较小,结论的一般性程度较大		

教师:请同学们阅读教材第61页"探究与分享",说说你怎么看甲与乙的做法?

学生活动:自主思考,分享观点。

学生1:甲的做法更好,因为甲采用的是完全归纳推理,其前提与结论之间具有保真关系。

教师:你的分类没有问题,但我想知道的是,这种做法容易做到吗?

学生2:我认为甲的做法并不切合实际,乙的做法更好。一筐花生数量特别庞大,人们只能采取不完全归纳的方式取得结论。

教师追问:生活中有没有运用类似的方法为工农业发展服务的例子?

学生2：有啊。最常见的抽样调查法就是这种推理的具体运用。工厂里面的产品质检采取了随机抽样的检查方法，这能够提升产品的出厂合格率。

教师小结：回答得非常好，因为人的精力和时间都是有限的，只考察其中的部分情况，有时也能得出一般性结论。从分类来看，乙的做法属于简单枚举归纳推理，尽管在实际生活中有非常广的适用范围，但我们也需要注意这一方法自身的缺陷也是显而易见的。简单枚举归纳推理所依据的仅仅是没有发现相反的情况，而这一点对于作出一般性的结论来说，虽是必要的，但并不是充分的。只要有相反情况的存在，其一般性的结论必然是错的。所以需要我们辩证对待，做到具体问题具体分析。

教师：那有没有更好的调查方式，既可以减轻人们的负担，又可以增强结论的准确性？

学生：还可以采用科学归纳推理。

教师：那老师再来考考你们，毛泽东同志关于"一切反动派都是纸老虎"的科学论断的提出，就推理形式而言，就运用了科学归纳推理。请结合历史知识，为这一论断补充其成立的前提条件。

学生活动：自主思考，分享观点。

学生1：十月革命前的俄国沙皇是纸老虎，希特勒是纸老虎，墨索里尼是纸老虎，二战中的日本帝国主义是纸老虎。

教师追问：那你选取的这些前提有什么特征呢？

学生1：选取了典型的反动派。他们的外表看似比较强大，但从社会历史的进程来看，他们是反人类的，因而是没有力量的，必然是纸老虎。

教师小结：非常好，他的回答中不仅渗透了科学归纳推理的基本原理，也渗透了辩证唯物主义和历史唯物主义的基本方法。我们可以看到，尽管选取的前提从数量上看也是有限的，但这样的逻辑推导注重了事物之间的因果联系，比简单枚举归纳推理得出的结论更可靠。

【设计意图】 本环节通过呈现实际生活中的案例，引导学生在对比案例中探究归纳推理的不同类型。通过辨析观点，学生能够在分析、讨论不同观点的过程中亲历思维的碰撞，提升分析问题和解决问题的能力。通过剖析"轻率概括"的逻辑错误，引导学生把握简单枚举归纳推理和科学归纳推理的联系和区别，明确科学归纳推理的重要性，在比较和体验中强化对知识的迁移、运用和巩固，增强科学思维的意识。

环节三：入"天宫课堂"，明归纳推理之法
——如何运用归纳推理？

教师：刚才我们在对归纳推理进行分类的过程中发现，完全归纳推理是必然推理，不完全归纳推理是或然推理。根据上节课演绎推理的内容看，尽管演绎推理是必然推理，但其结论的保真也需要遵循一定的规则，那么完全归纳推理的结论如何保真？

学生：每一个前提必须真实，而且必须囊括全部对象。

教师小结：非常好，要保证完全归纳推理的结论真实可靠，必须具备两个条件。第一，断定个别对象情况的每个前提都是真实的；第二，所涉及的认识对象，一个都不能遗漏。

教师：那么，不完全归纳推理的结论如何保真？

学生:不完全归纳推理需要在认识对象与有关现象之间寻找因果联系,如毛泽东同志提出"一切反动派都是纸老虎"的科学论断,就运用了科学归纳推理。这种推理方式注重分析事物之间的因果联系,比简单枚举归纳推理的结论更可靠。

教师小结:分析得特别到位。确实如此,与简单枚举归纳推理相比,科学归纳推理注重分析事物之间的因果联系,虽然仍属于不完全归纳推理,但其结论的可靠性能大大提高。究其缘由,因果联系是事物本身所固有的、不以人的意志为转移的联系,这种联系为我们探究事物的本质奠定了基础。

教师:提高不完全归纳推理的可靠程度,也需要我们尝试一些不同的方法。下面我们进入"天宫课堂",一起学习探求因果联系的方法。

材料三 播放动图:《太空抛物实验》

"天宫课堂"第二课正式开讲,"太空教师"翟志刚、王亚平、叶光富在中国空间站为广大青少年带来一堂精彩的太空科普课。北京冬奥会吉祥物"冰墩墩"压轴登场,迎来太空之旅的"高光时刻"。王亚平水平向前抛出"冰墩墩"摆件,一向憨态可掬的"冰墩墩"姿态格外轻盈,接连几个"空翻"画出了一条漂亮的直线,稳稳站在了叶光富手中。

教师:请同学们小组合作,完成以下任务。

(1) 小组长组织组员完成动图中航天员的动作,观察抛物实验在地面上和太空中的不同结果并分析原因。

(2) 小组成员阅读教材第62—63页的相关内容,指出上述实验中主要运用了哪一种归纳推理法,并分析其特点。

学生活动:小组合作,选择合适的道具,完成抛物实验后展开小组讨论。

小组 1:通过实验,我们观察到在地面上,我们向前方抛的物体一会儿就落在地面上,其运动轨迹类似于我们学过的抛物线,而在太空中,宇航员抛出去的物体呈匀速直线运动。这应该是重力影响的结果。

小组 2:我们赞同小组 1 同学的观点。由于在太空中处于失重状态,因此抛出去的"冰墩墩"几乎做匀速直线运动。两个实验验证了物理中的牛顿第一定律,一切物体在不受任何外力的作用下,总能保持匀速直线运动或静止状态。

教师:同学们,你们的物理学知识非常扎实!通过体验和比较,我们再一次感受到了重力对物理运动的影响。那么,如果抛开实验的具体结论,把目光投向实验过程,请大家思考一下,通过两个实验得出结论的过程主要运用了哪一种归纳推理法?

小组 1:应该是求异法。在刚才的实验中,考察的重力现象在太空中没有出现,而在地面上出现。按照求异法的定义,如果被考察的现象 a 在第一场合出现,在第二场合中不出现,而在这两个场合之间只有一点不同,其他有关因素都是相同的,那么,这个因素 A 与被考察的现象 a 有因果联系。在刚才的实验中,只有重力这一条件是不同的,在地面上存在,在太空中消失,所以我们可以判定物体被抛后落在地上就是重力导致的结果。

教师:你的判断很准确,除了求异法,还有哪些寻求因果联系的方法?

学生:还有求同法、共变法等。

教师:好的,接下来我再举几个例子,请大家一起判断。

A. 用不同材料做成的形状不同的摆,如果它们的长度相同,它们的摆动周期也就相同。

由于在摆动周期相同的许多具体场合中,摆的长度都相同,此人得出结论:摆的长度与摆的摆动周期有因果联系。

B. 人们在日常观察中发现"虹"的自然现象。在雨后的天空,瀑布、船桨打起的水花前常会出现"虹",而它们的共同情况是光线照射到水滴上,被折射和反射。因此,这一共同情况被认为是"虹"的成因。

C. 气温上升了,放置在器皿中的水银体积就膨胀了;气温下降了,水银体积就缩小了。

学生活动:自主思考,分享观点。

学生1:A属于求同法。在事例A中,共同因素是相同的摆的长度,被考察的现象是相同的摆动周期,可以断定共同因素与被考察的现象之间有因果联系。

学生2:B也属于求同法。C属于共变法,根据气温与水银体积的共变关系,我们可以判断出气温的升降是水银体积膨胀或收缩的原因。

教师:(结合学生的回答,对三种方法进行归纳。见表2)

表2 求同法、求异法、共变法比较

方法	逻辑形式	具体阐述
求同法	场合　　先行情况　　被考察现象 1　　　ABC　　　　a 2　　　ADE　　　　a 3　　　AFG　　　　a …… 所以,A与a有因果联系	如果被考察的现象a出现在多个场合中,而在这些场合中只有一个有关因素A是共同的,那么,这个共同因素A与被考察的现象a有因果联系
求异法	场合　　先行情况　　被考察现象 1　　　ABC　　　　a 2　　　—BC　　　　— …… 所以,A与a有因果联系	如果被考察的现象a在第一场合出现,在第二场合中不出现,而在这两个场合之间只有一点不同,即第一场合有某一因素A,第二场合没有因素A,其他有关因素都是相同的,那么,这个因素A与被考察的现象a有因果联系
共变法	场合　　先行情况　　被考察现象 1　　A1、B,C,D　　a1 2　　A2、B,C,D　　a2 3　　A3、B,C,D　　a3 …… 所以,A与a有因果联系	如果被考察的现象a有某些变化,有一个因素A也随之发生一定的变化,那么,这个相关因素A与被考察的现象a有因果联系

教师:请运用恰当的归纳方法对"嫦娥"探月、"长五"飞天、"天问一号"成功着陆、"祝融"探火、"羲和"逐日、"天和"遨游星辰等事件进行归纳。

学生活动:自主思考,分享观点。可选用求同法的方式进行归纳,如:从"嫦娥"探月、"长五"飞天、"天问一号"成功着陆,到"祝融"探火、"羲和"逐日、"天和"遨游星辰,中国的航天事业取得了举世瞩目的成就。

【设计意图】 本环节继续以"神舟飞天"的话题为线索,结合太空实验的案例,引导学生开展地面实验,激发学习兴趣,进一步提升合作探究的意识;同时,通过一系列逻辑推理,引导学生掌握正确运用不完全归纳推理和完全归纳推理的条件,学会寻找事物之间的因果联系,掌握归纳推理的不同方法。在此基础上,通过思维训练,引导学生感悟航天成就,增强政治认同。

(三) 课堂总结

当前,我国是除美国外唯一一个进行过太空授课的国家。从"嫦娥"探月、"长五"飞天、"天问一号"成功着陆,到"祝融"探火、"羲和"逐日、"天和"遨游星辰,中国的科技发展离不开一代又一代科技工作者开拓创新、勇攀高峰的拼搏与进取。

爱因斯坦说过:"科学家的目的是要得到关于自然界的一个逻辑上前后一贯的摹写。逻辑之对于他,有如比例和透视规律之对于画家一样。"不管在自然科学研究领域,还是日常生活中,我们会常常用到归纳、演绎、分析和综合等一些基本的思维形式和思维方法,但我们绝不能局限于这些方法,还必须在唯物辩证法的指导下,对各种方法进行具体分析,才有可能探寻到事物真正的本质。

【设计意图】　总结教学核心内容,帮助学生在掌握学科必备知识的基础上形成学科核心素养,提升学科关键能力。

八、板书设计

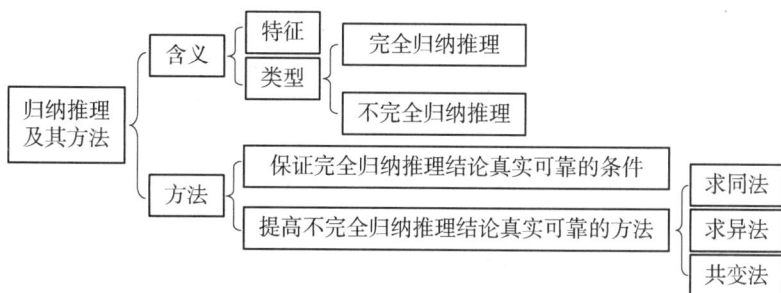

九、教学反思

1. **在活动中科学辨析,获取知识。** 本节课探索了活动型学科课程的教学设计,通过解读情境、合作探究、实验操作等活动,设计多种类型的学科任务,引导学生经历分析解决问题、完成特定学科任务的过程,了解归纳思维的内涵,掌握完全归纳推理和不完全归纳推理的特征,明确科学思维的重要性,使学生学科核心素养得到培育和提升。

2. **在情境中透析规律,深化知识。** 从学生已有的知识储备出发创设情境,在情境的展开中让学生认识和了解归纳推理的不同类型。在情境中,归纳推理对于学生已经不再是生涩抽象的概念理论,而是鲜活真实的生活场景,不再是虚无缥缈的理论架构,而是有所感悟的科学方法。

3. **在实践中理解内化,检验知识。** "逻辑与思维"的学习重在理解与应用。在课堂实践中,学生亲历实验过程,体验归纳推理的方法路径;同时,在思维训练中,学生感悟我国航天事业发展的巨大成就,将学习内容有效地转化为文化自信,进一步达成政治认同。

十、专家点评

1. **知识在表达中活化。**教学是需要表达的。知识只有在表达中才能内化为学生的思维,师生关系、生生关系也只有在表达中才能不断深化。"逻辑与思维"模块的学习,尤其需要强调学生的课堂表达。张老师的这节课中,学生有充分表达的机会和空间,学生在教学过程中有话愿说、有话好说,这得益于教学中适合的情境创设、良好的任务设计。能不能引发学生交流的愿望,能不能找到学生表达的触发点,这应该是创设情境、设计任务需要考虑的重要因素。

2. **世界在情境中展开。**对思政课而言,情境不仅仅是创设活动的载体、推进教学的线索,更应该是学生了解世界、接触社会的基本途径。本节课的教学以神舟十四号载人飞船成功发射导入,并围绕"神舟飞天""巡天神器""天宫课堂"等设计三大环节,层层推进,完成教学任务。在这个过程中,相信学生对我国的神舟系列飞船一定会有更深入、更全面的认识,同时也能在我国航天事业的飞速发展中不断增强民族自豪感和自信心。

第二框题　类比推理及其方法

浙江省瓯海中学　杨　静

本框课件下载

一、理论基础与依据

类比推理是根据两个或两类对象在一些属性上相同或相似,推出它们在其他属性上也相同或相似的推理。

类比推理的推理结构,可表示如下:

> A 有属性 a、b、c、d,
> B 有属性 a、b、c,
> 所以,B 有属性 d。

在客观现实中,事物及其属性不是孤立的,而是相互联系、相互制约的。因此,事物属性之间的内在联系,是类比推理的客观依据。

类比推理的客观依据是事物属性之间的内在联系,事物的要素、结构和功能是其属性的主要内容。因此,类比推理的方法有对象之间的要素和结构类比、功能类比、条件类比等。

类比推理是或然推理,其前提的真不足以确保结论真。由于事物属性之间既有相似性也有差异性,从两个或两类事物某些方面相同或相似就推出它们在另外的方面也相同或相似,这就要看类比的两个或两类对象所具有的共同属性与推出属性之间是否有必然联系。如果有,用类比推理所得到的认识就是可靠的,否则就是不可靠的。类比推理的结论应当用实践进一步去验证它,不能将它当作完全正确的认识来运用。

提高类比推理结论的可靠性要注意:第一,类比推理的根据越多越好。前提中确认对象的相同或相似属性越多,越能表明二者所属的类别可能越接近,因而其结论的可靠性越高。第二,应当尽可能从两类对象的本质属性上进行类比。作为类比推理根据的相同属性越是接近本质属性,相同属性与推出属性之间的相关程度越高,结论的可靠程度就越高,反之,已知相同属性与推出属性之间的相关程度越低,类比的结论的可靠性越小。第三,前提中确认的属性不应该有与结论相互排斥的属性。一旦前提中出现与结论相互排斥的属性,就不能推出结论。

违背常识、结论为假的类比错误,较为常见的是"机械类比",即仅仅根据对象间表面上某些性质相同或相似,就推出它们在本质属性上也相同或相似。事物属性包括本质属性和其他属性,本质属性与推出属性之间的相关性越强,结论越可靠,但把两类根本性质不同的对象,按照其表面相似之处,机械地加以类比,就容易犯"机械类比"的逻辑错误。

类比推理不同于比喻和比较,它是在比较的基础上得出新的结论。在实践活动中,人们常常借助某些已经认识的个别事物与其他相似的事物比较,从它们之间已知的共同点,推出另一方面的共同点,从对某些特殊事物的认识过渡到对另一些特殊事物的认识,扩大了人们的认识领域。在科学研究中,许多科学假说最初都是通过类比推理提出的。类比推理使人们的思维富于联想,产生新的思维火花,有利于人们提出新的认识课题与实践课题。因此,类比推理虽然是或然推理,却被誉为"思维创新的先锋"。

二、课标要求

《普通高中思想政治课程标准(2017年版2020年修订)》内容要求:2.3了解推理的类型;掌握演绎推理的方法;学会归纳推理、类比推理;评析常见的推理错误。

教学提示:以"如何正确运用类比推理"为议题,探究类比推理的含义、客观依据、方法,提高类比推理的结论的可靠性。可撷取教材中设置的若干案例,适当地运用在教学上,引导学生初步认识类比推理的推理结构和方法;可引入生活中的真实案例,组织学生开展探究活动,在复杂情境中运用类比推理获得新知;可采用正反案例比较教学,评价学生对类比推理实质、特点等内容的掌握情况,以及面对复杂情境综合运用所学知识解决问题的能力。

三、学情分析

从思维特点来看,高二学生具有较强的自主探究意识和能力,抽象思维已经得到一定程度的发展。在课堂上,他们思维活跃,参与意识强,能够积极回应各种具有挑战性的问题,愿意通过自主探究找到解决问题的方法。

从认知发展来看,高二学生已经学习了马克思主义哲学的基本原理,初步具备了运用马克思主义的基本立场、观点和方法观察事物、分析问题的能力。经过本模块前面内容的学习,他们对演绎推理、归纳推理及其形式结构和方法有了一定的认知,对进一步学习逻辑推理相关知识可能有了较为浓厚的兴趣。

从具体内容来看,本节课的主要内容是介绍类比推理的含义、方法,这些内容与生活联系较为紧密,具有较强的实用性,对学生具有较强的吸引力。学生在演绎推理、归纳推理的学习中已经一定程度上具备了运用推理方法的能力,教师可充分利用学生已有认知,创设生活化的情境,为学生的有效学习创造条件。

四、教学目标

(一)核心素养培育目标

1. 科学精神

通过对典型案例的分析,把握类比推理的形式结构、推理方法,从而为正确运用类比推理打下基础;通过思维训练,进一步理解提高类比推理可靠性的要求,提高类比推理的结论的可靠程度,培育自觉遵循逻辑思维规则的科学精神。

2. 政治认同

通过对具体事例的分析,初步了解马克思主义关于形式逻辑学的基本观点,感悟辩证唯物主义和历史唯物主义的科学真理力量,增强政治认同;通过案例分析和情境创设,感受我国的制度优势,增强对中国特色社会主义的制度认同。

3. 公共参与

通过对社会现象的分析,主动关心社会生活,学会正确运用类比推理解决现实生活问题;认清自己在社会生活中的地位和角色,明确自己的职责,更好地履行应尽的义务,维护合法的权利,提升参与社会生活的能力。

(二)学科能力目标

1. 学习理解

了解类比推理的含义、方法,区分类比与比较、比喻,明确提高类比推理可靠性的要求。

2. 实践应用

能够运用所学的类比推理的知识,分析现实生活中的真实案例,增强运用类比推理创造性地解决问题的能力。

3. 迁移创新

培养创新精神和创造性地解决现实问题的能力,学会辨别和修正现实生活中"机械类比"的错误。

五、教学重难点

1. 教学重点:提高类比推理的可靠性要求

类比推理是或然推理,其前提与结论之间的联系是或然的,正确运用类比推理,应该注意提高其可靠程度。明确提高类比推理的可靠性要求,有助于把握事物属性之间的内在联系,探究事物的因果联系,可以帮助学生创新性地解决思想上的困惑,并提高创造性地解决实际问题的能力。

2. 教学难点:提高类比推理的可靠性要求

提高类比推理的可靠性要求不仅是教学重点,也是教学难点。它的难度主要在于学生面对复杂情境能否准确找到两个或两类事物的本质属性,而且越多越好。因此,依据真实情境,编制复杂案例,训练学生的思维,引导学生正确掌握运用类比推理的方法,是解决该教学难点的关键所在。

六、教学方法

1. 比较教学法

本节课教学主要通过引导学生掌握类比推理的方法,提升学生分析事物、创造性地解决问题的能力。通过比较的方法,阐释类比与比较、比喻之间的不同之处,辨析正确类比推理和"机械类比"的不同,从而引导学生感悟类比推理的可靠性要求,打开思路,触类旁通。

2. 案例教学法

本节课的教学以培养学生的科学思维为直接目的,而科学思维的形成离不开有效的思维训练。本节课的教学采用案例教学法,为学生提供简单情境简单任务和复杂情境挑战性任务两类案例,指导学生运用学科知识对案例进行探究,可以提高学习的针对性和有效性,从而培养学生整合知识、理论联系实际、分析和解决问题的能力。

3. 活动教学法

活动型学科课程强调学生的活动体验是思想政治学科核心素养发展的重要途径。本节课运用活动教学法,通过"五步评价活动"的设计和实施实现"课程内容的活动化",引导学生开展自主探究、合作学习等活动,使学生从中感悟知识的价值和力量,激发学生积极的活动体验,在此基础上培育学生的政治认同、科学精神、公共参与等高中思想政治学科核心素养。

七、教学流程

(一) 课堂导入

教师:请同学们判断,下列说法是不是类比推理。

A. 叩击木桶,凭声音估计桶内有多少酒与叩诊法

B. 按图索骥

C. 父爱如山,母爱如海

D. 目标导向和问题导向的异同点

学生:A 是类比推理,C 是比喻,D 是比较。

教师:为什么 A 是类比推理而 D 是比较呢?

学生:类比推理是在比较的基础上推出新知识的过程。酒桶中酒的多少不同时,容器的振动频率就会不同,因此人们用敲击酒桶的方法来判断桶中酒的多少。有人把"酒桶和装酒量"与"人的胸腔和积液"作类比,通过叩击胸腔发出的声响来判断胸腔中有没有积液,发明

了叩诊法。可见,类比推理能够产生新知识。而 D 仅仅是对不同事物的特点进行比较。

教师: 那么 B 呢?

学生: 应该也只是比较,不是很清楚。

【设计意图】 前置性检测学生对类比推理知识的了解程度,简单地评价学生描述与分类的能力。

(二) 新课教学

环节一:类比推理"比"什么?

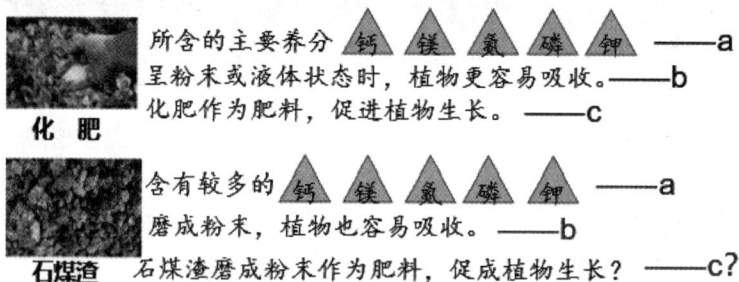

图1

教师: 请同学们完成以下学习任务。

(1) 结合图 1 案例说一说,类比推理是谁和谁比、比什么、是如何推出新知识的?

(2) 请尝试写出类比推理的形式结构。

学生活动: 自主思考,交流分享。

学生 1: 案例中将化肥与石煤渣进行比较。首先比较养分,化肥和石煤渣均含有钙镁氮磷钾;其次比较条件,两者呈粉末状或液态情况下能够被植物吸收;最后因化肥有肥料的功能,从而推出石煤渣也应该有肥料的功能。

学生 2: 把化肥所含的主要养分标为属性 a,化肥呈现的条件标为属性 b,那么化肥具有肥料的功能标为属性 c。再比较石煤渣,它也具有化肥所含的主要养分,即具有属性 a,石煤渣也具有属性 b,那么可以推理石煤渣也可能具有肥料的功能,即属性 c。后来被实践证明,这个推理是正确的。

学生 3: 展示推理结构图(见图 2)。

教师: 经过对化肥和石煤渣的案例分析,我们推导出类比推理的推理结构图,现在同学们可以更深入阐述类比推理的内涵和推理方法吗?

A 有属性 a、b、c、d,
B 有属性 a、b、c,
所以,B 有属性 d。

图2

学生 1: 类比推理是根据两个或两类对象在某些属性上相同或相似,推出它们在其他属性上也相同或相似的推理。这说明类比推理的客观依据是事物属性之间的内在联系,事物属性 a、b、c、d 之间必须具有紧密的相关性。比如,化肥和石煤渣的成分、状态这两个属性对功能这一属性具有重要影响。

学生2:类比推理的属性的主要内容包括要素、结构和功能等,所以类比推理的方法有要素和结构之间进行类比、对象的功能之间进行类比,还可以从导致对象某种功能的条件方面进行类比。化肥和石煤渣的类比方法采用了要素和结构类比、功能类比。

学生3:类比推理的目的是推出新知识,但是它不是必然推理,具有或然性,所以需要实践证明。

教师:何谓或然推理?

学生3:由于事物属性之间既有相似性也有差异性,从两个或两类事物某些方面相似就推出它们在另外方面也相同或相似,其前提与结论之间的联系是或然。我们在前面学过,事物属性有本质属性和其他属性,如果没有真正抓住事物本质属性进行类比,那么结论不一定是正确的。

教师:对的。类比推理是从个别(特殊)到个别(特殊)的推理,其前提与结论之间的联系是或然的,应注意提高类比推理的可靠性。

【设计意图】 利用书本上"示例评析",设置简单情境,将石煤渣与化肥进行类比,引导学生自主构建类比推理的推理结构。通过分析此案例,学生能够进一步了解类比推理的内涵、客观依据及方法。评价学生描述与分类、解释与论证的能力。

环节二:提高类比推理的可靠程度"靠"什么?

材料一 中国的人口增长问题

表1是国家统计局统计的中国人口净增长数据,2016年后净增人口逐年下降。

表1 2012年至2016年中国净增人口数

年份	净增人口(万人)
2012	1 006
2013	804
2014	920
2015	680
2016	906
2017	779
2018	530
2019	467
2020	204
2021	48

联合国发布的《世界人口展望(2017年修订版)》中对中国人口进行了预测,预测方案分为高中低3类,其中中方案假定未来中国总和生育率(平均每对夫妇生育的子女数)会从现

在的 1.6 左右逐步回升到 1.8 左右,通常联合国认为中方案是最符合现实的情况。

他山之石,可以攻玉

在应对人口负增长和老龄化风险中,北欧国家采取尊重性别平等、保障儿童权益以及平衡工作家庭的综合性家庭政策,通过国家提供服务以及男性分担照料责任的方式,使北欧地区生育率维持在较高水平,同时减轻了女性就业压力,有效促进了女性发展。北欧国家中瑞典成效最佳。瑞典是"高"发展水平"高"生育水平国家,家庭政策内容主要包括三个方面:一是儿童补贴政策,二是父母育儿假政策,三是儿童托育的公共服务。

教师:请同学们运用类比推理的思维方法,推理中国借鉴瑞典的家庭政策是否就能提高生育率。

学生活动:小组合作探究,形成共识,发言人代表小组展示观点。(教师在课前把搜集到的瑞典人口政策的相关资料作为课前阅读任务提供给学生。课中要求学生结合相关资料进行探究)

小组1:从瑞典的家庭政策来看,儿童补贴力度较大,涵盖 16 岁以下的儿童,且多子女家庭依据子女个数得到相应的补贴,大大降低了家庭养育成本;父母育儿假共 480 天左右,其中 390 天,休假者可以获得之前收入近 80% 的补贴,休假方式灵活;儿童托育的公共服务完善,婴幼儿可获得每周 30 小时的全日制托育服务,瑞典市政儿童工作者还可以提供上门看护儿童服务。但是我们这一组仍认为仅仅借鉴瑞典的家庭政策还不足以提高生育率,还需要相应的配套措施。首先,瑞典是高发展水平的国家,经济总量较大,人均 GDP 水平较高,财政支出充裕。其次,瑞典政府强调对儿童的照顾,重视培育优质国民,这种价值取向引导家庭生育。再次,瑞典的性别平等观念普及,瑞典以国家之力帮助职业女性化解自我发展与照料子女之间的冲突,颁布了一系列保护女性就业的法规,帮助女性在家庭与职业发展之间获得平衡。正因为在经济、政治、文化上创造良好的社会环境支撑家庭生育政策,瑞典实现了高发展水平下的高生育率。

小组2:我们将小组 1 的发言进行了整理,运用类比推理的推理结构说明瑞典提高生育率的各种属性。

表 2 瑞典提高生育率的各种属性

	生育支持政策	社会环境	提高生育率
瑞典 A	补贴(属性 a)、父母育儿假(属性 b)、托育公共服务(属性 c)	经济发展水平(属性 d)、优质国民培育意识(属性 e)、性别平等意识(属性 f)	实现高发展高生育率(功能属性 g)

小组3:这些年我国根据国家实际情况,也借鉴了国际上的有效做法,推行了一些鼓励生育的措施。首先,在补贴方面,有生育补贴和产假工资。其次,延长产假,同时,在子女 3 周岁内,夫妻双方每年还可以各享受 10 天左右育儿假。再次,在托育公共服务方面,不断完善学前托育措施,只是,中国家庭中 2 周岁以下的婴幼儿照顾更多依赖家庭和社会,国家公共服务支持不足。

小组4:整体来讲,中国支撑生育率的社会环境也在不断改善。首先,中国经济飞速发展,不断提升人均 GDP 水平。其次,随着教育水平的提高,性别平等理念日益增强,国家和社会采取更多的措施缓解女性在家庭与工作之间的矛盾。再次,中国非常重视优质国民教育,重视优生优育。所以,随着支撑系统越来越完善的,中国的生育率一定会提高。

教师小结:由于国情不同,中国与瑞典在提升生育措施上有相同和相似的措施,正如同学们预测的那样,只有生育支持政策与社会环境合力形成对生育的有力支撑,中国的生育率才可能会提高。

这是个复杂的现实问题,我们反观整个分析过程可以看出,要提高类比推理的可靠程度,需要注意以下几点。

第一,类比的根据越多越好。

第二,作为类比推理根据的相同属性越是接近本质属性,相同属性与推出属性之间的相关程度越高,结论的可靠程度就越高。

第三,前提中确认的属性不应该有与结论相互排斥的属性。

【设计意图】 设置复杂情境,将中国与瑞典提高生育率的措施进行类比,学生在搜集、整理资料的基础上,找到两国的多种属性,并将两者进行结构性比较,推出新结论。其目的有二:第一,再次检验学生正确运用类比推理的能力;第二,明确提高类比推理的可靠性要求,使学生对类比推理的逻辑规则的认知更加到位,同时提升政治认同感。通过这个环节可以评价学生是否已具备较高水平的描述与分类、解释与论证、预测与选择、辨析与评价的能力。

环节三:分享你所理解的类比推理案例

教师:请同学们完成以下任务。

(1) 分享组分享类比推理案例,详细阐述推理过程。

(2) 评价小组对推理过程或选取案例的角度进行简要点评。

要求:

(1) 班级学生分成 4 大组,每一大组各设置一个分享组和评价组,评价组只评价本组案例。

(2) 均须以类比推理的推理结构和可靠性要求为依据进行分享与评价。

(3) 每小组代表的发言时间控制在 2 分钟。

学生活动:小组合作探究,形成共识,发言人代表小组展示观点。

第一组:我们这组分享大凤蝶翅膀与防伪技术。大凤蝶翅膀上有许多小小的凹陷,凹陷的底呈黄色,斜面呈蓝色。在光线的照射下,照射到凹陷底部的光被反射呈蓝色,照射到斜面的光经历两次反射呈黄色,因为凹陷太小,肉眼无法将这两种反射出的光区分开来,从而让人感觉是绿色。人们根据大凤蝶翅膀的视觉原理,在货币上也密布了这样的凹陷,用于防伪。仿生学专门研究和模仿生物的结构和功能,用于制造先进的技术装置。从思维方法的角度来看,模拟方法是一种类比推理方法。

第二组:我们分享的是《邹忌讽齐王纳谏》,故事中有两个对象,A 是邹忌,B 是齐王。邹忌位居高官,妻子偏爱他,妾畏惧他,客人有求于他,所以大家都夸邹忌比徐公更美,邹忌受蒙蔽。齐王是一国之主,王妃偏爱齐王,朝臣畏惧齐王,国内百姓有求于齐王,因此齐王一定受蒙蔽久矣。

第三组:我们分享的是叩击木桶,凭声音估计桶内有多少酒与叩诊法的类比。酒桶是个容器,酒桶中酒的量不同,叩击酒桶发出的声音不同,通过叩击木桶可以判断酒桶中酒的多少。胸腔也是个"容器",胸腔中存在积液或不存在积液,其受到叩击时,发出的声音也应该不同。两者有许多相似的特点,人们由此发明了叩诊法。

第四组:我们组分享的是疫苗开发实验。恒河猴是高等哺乳动物,易受病毒感染,具有完备的免疫系统和生理系统,疫苗能在恒河猴身上发挥作用。人类同样是高等哺乳动物,具有与恒河猴高度相似的完备的免疫系统,所以疫苗能在人类身上安全地发挥作用。

第一组评价组:第一组的发言说明了提高类比推理的可靠性的方法之一,类比根据越多越好。货币模仿大凤蝶翅膀,依据凹陷形状、反射的光线颜色、人眼视觉特定性等多种相同或相似属性,使仿生功能更可靠。

第二组评价组:第二组非常准确地指出了类比对象,根据各种相同或相似的属性,成功类比推理出结论。推理的结构完整,符合类比推理的逻辑。但不足的是,该分享仅停留在案例本身,没有联系现实。我们应该以古鉴今,放眼当下,切实关注社会问题,如生育率问题、"双减"政策等国家大事。正如邓小平同志在改革开放之际,让人们懂得社会主义也可以搞市场经济一样,我们应该借助类比推理发挥创造力,从而为中国特色社会主义建设服务,为实现中华民族伟大复兴服务。

第三组评价组:第三组所举案例贴近现实,而且易于理解,推理结构基本完整,但是对应的属性分析有些瑕疵。第一点,将酒桶和胸腔进行类比,虽然它们都是"容器",但是二者在材质上存在很大的差异;第二点,用酒桶中酒的量不同,叩击时产生的声音不同,类比判断胸腔积液的多少,但是胸腔积液可能是血性胸腔积液、炎性渗出液或脓液,胸腔脓液黏稠,不似酒液清爽,两者之间存在着一定的差异,它们的对应性不强。

教师:那两者不能类比了吗? 现实中就是根据叩击木桶,凭声音估计桶内有多少酒的方法类比发明叩诊法的。你觉得你的主要困惑是什么?

第三组评价组:我的主要困惑在于这两者的属性差异性较大,为什么还可以进行类比推理呢?

教师:首先,纠正一个误解,叩诊法不是通过叩击听音来判断胸腔积液的类型,而是通过叩击胸腔发出的声音是清音还是浊音来判断是否有胸腔积液。其次,类比推理是根据两个或两类对象在某些属性上相同或相似,推出它们在其他属性上也相同或相似的推理。抓住两个或两类对象的本质属性进行类比,即使它们有所差异,只是相似,也不妨碍推出新知识。

第四组评价组:首先,类比推理的两类对象恒河猴和人类都是高等哺乳动物,都会被病毒感染,都具有完备的免疫系统和生理系统,这些属性属于恒河猴与人类相似的本质属性,并且这些属性都是影响疫苗发挥作用的重要因素,属性之间的相关程度越高,结论的相关程度也会越高。其次,前提中确认的属性没有与结论,即疫苗在人体中安全发挥作用,相互排斥的属性,因此可以得出结论。最后,该小组结论可靠程度较高,推理较完善,选择案例较为合理。

教师小结:类比推理的结论是或然的,却被誉为"思维创新的先锋",是因为:(1)类比推理使人们的思维富于联想,产生新的思维火花,有利于人们提出新的认识课题与实践课题。(2)类比推理是发现真理的方法。(3)类比推理也是一种发明创造的方法。(4)类比推理在社会生活中同样有着广泛的应用。(5)类比推理在教育和教学中有着重要的意义……

【设计意图】　本环节意在为学生创设开放式学习环境,凸显学生的自主性。在开放式学习氛围中,学生亲历思维的碰撞,通过分享交流,可以发现自身认识的偏差,及时调整自己认识问题的方式和角度,教师也可以发现学生的困惑点、疑难点,并根据学生的学习情况更有效地确定教的策略,从而提升课堂效率。

环节四:评析常见的推理错误

教师:请同学们评析以下推理——

人类社会是有机的,生物界也是有机的,

人类社会是不断进化的,生物界也是不断进化的,

人类社会有生存竞争,生物界也有生存竞争,

生存竞争是生物进化的基本动力,
_____

所以,生存竞争也是人类社会发展的基本动力。

学生活动:自主思考,分享交流。

学生:这种推理犯了"机械类比"的错误。将人类社会与生物界进行类比,虽然它们都是有机的、不断进化的、存在生存竞争等多种相同或相似的属性,然而生物进化有其客观规律,人类社会发展也有自身的发展规律,生存竞争不是人类社会发展的基本动力。因此,从这个案例中可以看出,不能仅仅根据对象间表面上某些性质相同或相似,就推出它们在本质属性上也相同或相似。否则,就容易犯"机械类比"的逻辑错误。

教师:根据马克思主义理论,人类社会发展的基本动力是什么?

学生:人类社会发展的基本动力是生产力和生产关系、经济基础和上层建筑的矛盾运动。

教师:我们回顾前面那道判断题,按图索骥中伯乐的儿子将"马"与"癞蛤蟆"进行类比,却没有区分二者之间本质属性上的差别,也是犯了"机械类比"的错误。

【设计意图】　评析"机械类比"的逻辑错误,从纠错角度再次验证学生解释与论证、辨析与评价的能力。此环节可以及时检测学生的学习成果,加深学生对知识的理解和运用,从而为学生科学思维的形成、科学精神的培育打下坚实基础。

(三)课堂总结

学生活动:回顾和总结本节课所学知识。

教师:波利亚曾说"类比是一个伟大的引路人",我们在生活中要学会正确地运用类比推理,培养创新思维。另外,我们学习了三种推理形式。演绎推理对人的思维保持严密性、一贯性有着不可替代的校正作用;归纳推理在帮助人们发现认识对象的规律方面,类比推理在帮助人们获取新知识方面,都具有自身价值。因此,在实践中,我们将演绎推理、归纳推理和类比推理结合在一起使用,能够更好地发挥不同推理类型的思维功能。

【设计意图】　总结课堂核心知识,突出学习重点,帮助学生在掌握学科必备知识的基础上形成学科核心素养、提升学科关键能力。

八、板书设计

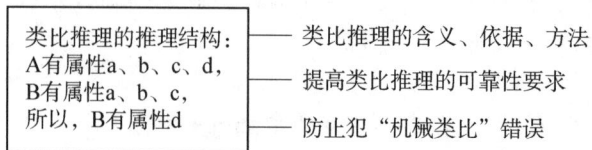

九、教学反思

1. 评价贯穿始终,进阶检测学习效果

整堂课采取多种评价形式,递进检测学习效果。从导入时的判断,前置性检测学生已有知识,到简单情境简单任务评价,再到复杂情境复杂任务评价、分享会主动展示,层层推进逻辑知识学习的同时,也在实时检测学生描述与分类、解释与论证、预测与选择、辨析与评价能力。第五次评价运用纠错的方式评析常见的逻辑错误,将学习、评价再次合二为一。评价贯穿始终,通过各种具体任务的执行,将学生的学习品质和能力外显为行为表现特征,从而借助这些行为表现评价思想政治核心素养发展水平。

2. 评价任务量分处理,分层设置学习难度

课标要求界定基本的学科任务类别,并逐一分析影响其任务难度的基本因素,作为任务设置的参考。然而在本教学设计初稿时,并未细致分析任务难度的基本因素,因而在复杂情境教学时,教师不敢放手,主导性过强。在试课过后,反思教学预设与教学时效的反差,并将评价任务量分处理,分层设置学习难度,让评价引领教学。

十、专家点评

杨老师的这节课是在"浙江省普通高中思想政治学科基地校建设研讨暨高中思政教研组长培训活动"中开设的研讨课。整节课以学会正确运用类比推理为主线,引导学生从初步掌握类比推理的推理结构和规则,到运用类比推理的方法分析复杂的社会问题,充分体现了逻辑的秩序之美与论证之美,可圈可点之处颇多,这里仅谈两点。

1. **教材语言如何向课堂语言转化?** 教材是教学的主要依据,但要充分发挥教材在课堂教学中的作用,必须过好教材语言向课堂语言转化这一关。杨老师在这节课中,将教材第64页的一个"示例评析"改造为"探究与分享",通过巧妙的问题设计和呈现方式的改变,让教材的这个示例活了起来,给我们提供了教材语言转化为课堂语言的经典范例。

2. **教学评价如何在课堂有效实施?** 新课标强调教学评一致,但在日常的课堂教学中,教学评价仍然是一块短板、一个薄弱环节。杨老师这节课的最大亮点之一,就如她在教学反思中所说的"将评价贯穿始终"。不但从导入到结课,在教学的每一个环节,都有意识地安排了评价的内容,尤其是环节三的案例分享环节,专门设置了评价小组从推理过程或选取案例

的角度进行简要点评,让学生在评价中自我发现、自我感悟、自我成长,令人耳目一新。这也启示我们,教学评一致需要我们有一种评价的视角,从评价视角进行教学设计,推进教学进程。

把握逻辑规则　纠正逻辑错误

嘉兴市第一中学　王静慧

本框课件下载

一、理论基础和依据

逻辑思维过程是由概念、判断和推理来承担和表现的。只有做到准确把握概念、正确运用判断、精确进行推理，才能合乎逻辑的要求。准确把握概念就是要准确把握概念的内涵和外延，要学会用下定义和划分的方法来明确概念。正确运用判断就是要深刻理解不同判断的具体结构及其逻辑特征，学会在不同的思维环境中正确运用简单判断和复合判断。精确进行推理，就是要认真辨别不同前提的逻辑性质，区分不同推理的基本规则，努力保证演绎推理结论的必然性，提高归纳推理和类比推理结论的可靠性。

澄清概念、准确判断、严密推理、清理矛盾、合理论证、辨别谬误、纠正错误，是逻辑思维的题中之义，学习形式逻辑不仅有利于提升逻辑思维能力，有助于提升理性思维的素养和科学思维的水平，也有助于培养自尊自信、理性平和、积极向上的社会心态。

二、课标要求

《普通高中思想政治课程标准(2017 年版 2020 年修订)》内容要求：2.1 知道概念是反映事物本质属性的思维形式；理解任何概念都是内涵和外延的统一。2.2 知道判断的基本特征；了解形成恰当判断的条件；学会正确运用判断；结合具体的判断活动，区分判断的不同类型。2.3 掌握演绎推理的方法；评析常见的推理错误。

教学提示：列举生活中正、反两方面的事例，通过讲述故事、主题演讲等形式，分享如何运用科学思维处理生活、学习中遇到的困难。运用所学逻辑知识，分析日常生活中常见的各类逻辑和推理错误，培养逻辑思维能力。

三、学情分析

本单元涉及的形式逻辑知识和技能，对学生而言是抽象而陌生的，同时它又是本课程的重要内容，所以必须在综合探究活动中进行细化和深化。在综合探究活动中，期待学生能够将书本上的逻辑原理在思维实践的训练中融会贯通，掌握正确进行逻辑思维的本领，学会以形式逻辑为基础工具发现问题、分析问题和解决问题，但这对学生来说是具有挑战的，是综合探究教学需要关注和提升的地方。

四、教学目标

（一）核心素养培育目标

1. 科学精神

结合日常思维材料和现实生活中的真实问题,运用逻辑知识驳斥诡辩、辨析论证、领悟逻辑思维的要义,提升逻辑思维能力。

2. 公共参与

在发现和合作解决生活中真实问题的过程中,提升对话协商、沟通合作、表达诉求和解决问题的能力,勇于担当社会责任。

（二）学科能力目标

1. 学习理解

结合日常思维材料,运用明确概念的知识,掌握澄清概念的方法。结合具体的判断活动,运用所学判断的知识,理解正确运用判断的逻辑要求。分析因果关系的逻辑材料,辨析其中的逻辑推理方式,领悟演绎推理的要义,学会归纳推理和类比推理的方法,提升逻辑推理能力。

2. 实践应用

能结合具体材料分析存在的逻辑错误,并对其进行合理的解释。

3. 迁移创新

结合情境,在运用逻辑规则的过程中,以自觉的逻辑意识去反思日常思维,检查日常思维中有哪些不合逻辑的问题,并以科学思维的求真精神处理和解决生活中遇到的问题,树立积极向善的价值观念。

五、教学重难点

1. 教学重点:综合运用逻辑规则分析问题、解决问题

逻辑思维过程是由概念、判断和推理来承担和表现的。只有做到准确把握概念、正确运用判断、精确进行推理,思维才能合乎逻辑的要求。本节课是第二单元的综合探究,旨在提升学生合乎逻辑的思维能力,因此在课时内容学习的基础上,需要提升学生综合运用逻辑知识解决问题的能力,培养学生以事实为依据、以实践为检验认识真理性标准的求真务实的科学精神。

2. 教学难点:在解决真实情境问题中灵活选择和运用合适的逻辑方法

澄清概念、准确判断、严密推理、清理矛盾、合理论证、辨别谬误、纠正错误,是逻辑思维的题中之义。当学生面对真实复杂的问题情境时,先需要灵活、正确选择合适的逻辑方法作为工具去分析问题,进而才能创造性地解决问题,这对学生的迁移创新能力提出了挑战,也是教学中学生能力的提升点。

六、教学方法

1. 阅读梳理法

本节课教学主要是组织学生进行探究式学习。在学习过程中,首先需要学生查找逻辑学中经典的逻辑悖论,这为课堂探究奠定基础。其次,本节课是本单元的综合探究,需要学生通过自主阅读整合逻辑知识,为此需要运用课外和课内阅读相结合法。

2. 小组合作学习

本节课教学涉及驳斥诡辩、辨析论证、领悟逻辑思维要义等相关主题,需要以小组为单位,分主题讨论;在组织学生进行探究式学习过程中,由于面对的是真实复杂的情境问题,需要小组合作完成,因此小组合作学习方法适用于本节课教学。

3. 社会调查法

本节课教学引导学生运用归纳和类比推理,分析和解决真实的问题。为了更好地撰写一份食堂就餐问题的分析报告,需要获取大量真实数据,这就需要学生走入社会开展调查。

七、教学流程

(一)课前准备

课前教师组织学生进行分组,引导学生在教师给定的三个任务中选取其中一个进行合作探究。

课前探究任务 1:驳斥诡辩　多角度解读"白马非马"逻辑悖论

(1)阅读中国近代著名哲学家冯友兰先生撰写的《白马论》,说明他的论证主要是从哪个角度展开的,进而指出公孙龙诡辩之处。

(2)战国时期有个名学学者叫公孙龙,他有一篇非常著名的文章叫《白马论》,其中的主要论断是"白马非马"(即白马不是马),后来有人编撰了一个故事来阐明他的这个论断。公孙龙和城卒的对话如下:

城卒:先生,白马不是马吗?

公孙龙反问道:难道白马是马吗?

城卒肯定地说:白马当然是马,这毫无疑问。

公孙龙笑了:好,你认为白马是马,那么黄马、黑马是不是马?

城卒点了点头,说:黄马、黑马都是马。

公孙龙道:你确定黄马、黑马都是马吗?

城卒坚定地说:同样毫无疑问,黄马、黑马都是马。

公孙笑道:既然如此,那么你告诉我白马是黄马还是黑马?

城卒摇了摇头,说:白马就是白马,怎么会是黄马和黑马?

公孙龙依然笑容满面地说道:刚才你已经确认黄马、黑马是马,现在又确认白马不是黄马、黑马,那么白马怎么会是马?难道白马是黄马和黑马吗?

城卒只能眼睁睁看着公孙龙牵着马扬长而去。

任务:运用所学的逻辑知识,分析这一论证过程中公孙龙的诡辩是如何体现的。

课前探究任务2:辨析论证　校园交往的误会

小雅和小玉周五相约:"如果明天上午不下雨,9点我们去体育馆运动。"第二天上午下起了小雨,小玉想竟然下雨了,小雅就不会去体育馆运动了,于是小玉去小雅的宿舍,想约小雅一起去图书馆查资料。谁知小雅仍然去了体育馆。两人见面后,小玉十分生气地责备小雅食言,小雅却说小玉的推论不合逻辑。两人本是好友,因为这事弄得很不愉快。

任务:(1)运用所学逻辑知识,帮助小雅和小玉解开他们之间的误会。

(2)请列举生活中或学习中碰到类似交往中的真实案例,并运用所学的逻辑知识加以分析、纠正。

课前探究任务3:领悟逻辑思维的要义　探因校园食堂食品安全问题

学校教师微信群中,大家对校园食堂食品安全问题议论纷纷。

李老师:我们办公室几位老师买了食堂的青团,都出现了程度不同的腹泻等不良反应。食堂阿姨说这些青团是从外面进货的,上面只有生产日期,没有保质期,不知道有没有过期。每次春夏之交,总有学生吃了食堂食物出现腹泻呕吐,这是极大的安全隐患。

总务钟老师(回复):收到,一定严查。

总务钟老师(第二天回复):首先代表食堂表示抱歉,其次经过查看,货物进货渠道、检测数据、生产日期、保质期都没有问题。感谢你对食堂工作的关心和支持!

李老师(回复):这已经是食堂第二次向我道歉了,去年我们班学生也发生过就餐后腹泻呕吐问题,所以还请您再深入调查。

郑老师:我也是在食堂就餐后出现腹泻的亲历者。

作为食堂就餐人员或者学校总务工作人员,你自然希望能找到出现食品安全隐患的真正原因。那么,如何才能找到真正的原因呢?那就请你完成以下任务吧。

任务:撰写一份食堂就餐问题的分析报告。

(1)请你根据老师们在微信群里反映的问题,通过实地调查并使用恰当的推理方法,分析师生出现的腹泻等不良反应与食堂就餐之间是否存在因果关系。如果确实存在因果关系,探求出真正的原因。

(2)报告应包含得出结论的可靠性分析,以及可能存在的不可靠性及其原因分析。

(3)我们将根据以下标准评价你报告的科学性。

① 指向教师们反映的真实问题。

② 实地调查数据的翔实性。

③ 推理方法使用的准确性。

④ 报告内容的全面性。

【设计意图】　三个任务指向了概念、判断、推理的相关内容,重点指向了概念的外延、三段论推理、归纳推理、类比推理等逻辑知识,学生自主选择感兴趣的任务,在合作探究中综合运用逻辑知识解决真实问题,提升迁移和创新、批判能力。

(二)课堂导入

教师: 课前我们围绕"驳斥诡辩""辨析论证""领悟逻辑思维要义"这三个主题,以小组为单位,分主题进行探究和讨论。下面就请同学们分小组展示探究成果,三个小组成果展示结束后,三个小组进行相互评价。

【设计意图】 聚焦主题,围绕本单元学习中的重难点内容,学生在任务驱动下进行课前探究,分组汇报课前探究成果,在运用逻辑知识的过程中学会把握逻辑规则,纠正逻辑错误。

(三)新课教学

环节一:驳斥诡辩 多角度解读"白马非马"逻辑悖论

第一小组代表 1: 我们小组查阅了中国近代著名哲学家冯友兰先生讨论《白马论》的文章《白马非马》,他认为公孙龙有关"白马非马"的论证主要是从以下三方面展开的:

第一,强调"白"和"马"的内涵不一样。"白"的概念指的是颜色,"马"的概念指的是动物,两个字的内涵不一样,于是得出"白马非马"的结论。

第二,强调"白马"和"马"的外延不一样。"白马"指的是白色的马,以颜色作为区分,而"马"是各种种类的马的统称,不以颜色作为区分,可见两个词的外延是不一样的,因此得出"白马非马"的结论。

第三,强调"马"和"白马"的共同属性也是不一样的。"马"表现的是所有马共有的属性,也就是"马是马",不包含颜色的意思,而"白马"指的是白色的马,可见两个词的共同属性是不一样的,因此得出"白马非马"的结论。

我们的分析结果:这个论证是符合概念内涵和外延的正确解读,但是公孙龙论证中的诡辩体现在利用"歧义"来混淆事实。所谓"歧义",即一个词可以有两个或两个以上的内涵。在一个讨论中,若某个字的两个不同内涵同时被使用,则可能会造成这种类型(歧义)的谬误。"是"这个字可以被用来表达"属于"的关系,也可以被用来表达"等于"的关系。城卒的意思是:马不可进城,白马是马,所以白马不可以进城。在这里,"是"被用来表达"属于"的关系。当公孙龙子论证"白马不是马"时,"是"被用在表达"等于"的关系。

第一小组代表 2: 在这个论段中,公孙龙用了三段论推理。

黄马、黑马是马;

白马不是黄马、黑马;

所以白马不是马。

在这个推理中大前提是肯定判断,大项"马"是大前提的谓项,是不周延的;而结论是否定判断,马是结论的谓项,否定判断的谓项是周延的。这个三段论的大项在前提中不周延,却在结论中周延了,违反了"在前提中不周延的项,在结论中也不得周延"的规则,犯了"大项不当周延"的错误。

【设计意图】 聚焦主题一,从驳斥诡辩的角度入手,引入历史上经典诡辩论。学生在查阅相关资料的基础上,在合作讨论中丰富对"白马非马"论证的认识,分析其诡辩论的表现,运用概念的内涵和外延的相关知识、三段论知识,学会把握逻辑规则,纠正逻辑错误。

环节二:辨析论证　校园交往的逻辑问题

第二小组代表1:显然这是由于小玉不理解"如果……那么……"这一充分条件假言判断的逻辑性质,"如果明天上午不下雨,9点我们去体育馆运动",其中"上午不下雨"是"去体育馆运动"的充分条件,根据充分条件假言推理有效式,如果肯定了假言判断的前件,结论就可以肯定假言判断的后件,这样的推理结论正确;如果否定了假言判断的后件,结论就可以否定假言判断的前件,这一推理结构是正确的。小玉推理犯了"否定前件"的谬误,当然小玉犯这种错误是不自觉的。如遇到第二天下雨的情况,为了避免误会,小玉和小雅可以这样约定:

除非明天下雨,否则我们就去体育馆运动。

第二天下雨了,

小玉和小雅按约定不去体育馆运动。

第二小组代表2:在我们校园生活中,一次小王期中考试成绩不理想,他的朋友小韩这样鼓励他——

小韩:小王,只要努力学习,期末考试你就能考100分。

小王:真的吗?

小韩:相信我,肯定能行。

后来小王同学努力学习了,但期末没有考到100分,因此小王觉得朋友的话不可信。

这其实涉及了一个必要条件假言判断,小韩却把它视为一个充分条件假言判断。事实上,"努力学习"是"考100分"的必要条件,因为决定"考100分"除了"努力学习"之外,还有其他很多因素。"只要努力学习,期末考试你就能考100分。小王同学努力学习了,所以他能考到100分",这是一个必要条件假言推理,前提肯定必要条件假言判断的前件,结论肯定后件。根据必要条件假言判断的逻辑特性,应遵守以下两条逻辑规则:(1)否定前件就要否定后件,否定后件不能断定前件;(2)肯定后件就要肯定前件,肯定前件不能断定后件。按此两条规则,有否定前件式和肯定后件式两种正确的形式。因此,当肯定必要条件假言判断前件,是不能在结论中肯定必要条件假言判断的后件的,因此这一推理犯了必要条件假言推理"肯定前件"的谬误。因此,当小韩想帮助好朋友尽快调整情绪,应该和朋友一起分析成绩不理想的各种原因,如果确实是主观不努力,可以这样劝解他的朋友——小王,除非你努力学习,否则你就不会有进步。

【设计意图】　聚焦主题二,从学生日常思维中的惯性出发,发现其日常自发性思维的问题,引导学生以自觉的逻辑意识去反思日常思维,运用假言推理的相关逻辑知识,检查日常思维中有哪些不合逻辑的问题,养成科学的思维方式。

环节三:领悟逻辑思维的要义　探因校园食堂食品安全问题

第三小组代表:为了查明真相,我们走访了在食堂就餐后有过不良反应的教师和学生,结合他们的叙述,征得了食堂管理者的允许,在学校总务处老师的带领下,得到了如下信息。

表1中在学校食堂就餐的9位师生都出现腹泻等不良症状,这些老师和同学购买的食物各式各样。使用求同法我们发现,所有人唯一共同购买的食物是青团。("＋"表示有,"－"表示没有)

表1 出现不良症状的师生购买食物表

场合	人员	食物					不良症状
		青团	烧卖	黑木耳	青菜	红烧肉	
1	王同学	＋	－	＋	＋	＋	＋
2	张同学	＋	－	＋	＋	＋	＋
3	陈同学	＋	＋	－	－	＋	＋
4	何同学	＋	＋	＋	＋	＋	＋
5	陆同学	＋	－	＋	＋	＋	＋
6	胡同学	＋	＋	＋	＋	－	＋
7	李老师	＋	－	＋	＋	＋	＋
8	郑老师	＋	－	＋	＋	＋	＋
9	俞老师	＋	＋	＋	＋	＋	＋

但这一结论只能是可能的，并不很可靠，比如，可能是放置青团的餐具受污染，那么出现不良症状就可能是由这个原因导致。

为此，我们又对食用青团的同学在使用餐具方面进行深入调查：

表2 使用餐具与出现不良症状关系调查

场合	人员	使用餐具		不良症状
		铁制餐具	塑料餐具	
1	王同学	－	＋	＋
2	盛同学	＋	－	－
3	陈同学	－	＋	＋
4	丁同学	＋	－	－
5	张同学	－	＋	＋
6	何同学	－	＋	＋
7	仲同学	＋	－	－
8	陆同学	－	＋	＋
9	胡同学	－	＋	＋

根据求异法的要求"如果被考察的现象a在第一场合出现，在第二场合中不出现，而在这两个场合之间只有一点不同，即第一场合有某一因素A，第二个场合没有这个因素A，其他有关因素都是相同的，那么，这个因素A与被考察现象a有因果联系"，我们发现在食用青团的同学中，王同学、陈同学、张同学、何同学、陆同学、胡同学都使用了塑料餐具，出现不良症状，盛同学、丁同学、仲同学均未使用塑料餐具，未出现不良症状，所以塑料餐具出现污染就可能是原因。

因此，我们报告的最终结论是，师生出现腹泻等不良反应与食用青团时使用的餐具之间存在很大的因果关系,最大的可能性是塑料餐具的问题。

【设计意图】 聚焦主题三,从学生日常生活中的真实问题,分析具有因果关系的真实问题,学生运用正确的逻辑推理方式,学会归纳推理的方法,科学解决现实中的问题,提升逻辑推理能力,追求真理,探求真相。

环节四:组际互评 拓展思维

教师:我们听取了三组同学的发言,接下来请大家谈谈今天对公孙龙提出的"白马非马""校园交往的误会""校园食堂食品安全问题"涉及的逻辑知识有了怎样的新认识。请大家评一评,在小组发言中,他们使用的逻辑知识是否正确、分析是否存在瑕疵等,也可以从其他角度评价,接下来就请同学们发表自己的看法吧。

学生1:公孙龙提出了"白马非马",要理解该判断的科学性,关键在于如何理解"非"。如果把"非"理解为"不是","白马非马"就是错误的判断。正因为如此,人们常常认为公孙龙是在诡辩。如果把"非"理解为"不等于","白马非马"就是正确的判断。因为"白马"是种概念,"马"是属概念,种概念的含义与属概念的含义是不同的。

学生2:在此基础上,我们也发现了概念是形成正确判断的基础,准确把握概念,就是要准确把握概念的内涵和外延,澄清了概念才能准确判断。

学生3:在"校园交往的误会"中,我们发现了严密推理不仅有助于提升我们的理性思维的素养和科学思维水平,还有利于人与人之间的和谐相处。

学生4:第三小组的探究成果还留存很多值得后续探究的问题,从这一问题探究中,我们发现归纳推理的科学性需要大量的事实作为依据,事实依据越多,归纳的科学性就越高。现实生活中影响现象产生的因素太多了,所以只能在限定一定条件中进行科学推理,提升归纳推理的可信度。

(四)课堂总结

日常"自发"思维向"自觉"逻辑思维的转化是本单元学习的重点,在没有学习形式逻辑知识之前,大家并非不在思维,也不是不会思维,或者说大家的日常思维并不都是违背逻辑的,但唯有掌握了逻辑规则,才能提升思维的科学性。今天我们对在日常生活中收集的思维案例进行逻辑的剖析,感悟了逻辑思维规则在实际生活中的价值,希望同学们运用逻辑视角去发现生活中的逻辑错误,纠正错误,树立理性平和、积极向上的社会心态。

【设计意图】 总结教学核心内容,促进学生认识和情感升华,对学生进行价值观的引领,努力坚持政治性和学理性相统一、价值性和知识性相统一。

八、板书设计

把握逻辑规则
纠正逻辑错误

驳斥诡辩——"白马非马":概念内涵、外延,演绎推理三段论

辨析论证——"校园交往的误会":复合判断的演绎推理——假言推理

科学探因——"校园食堂食品安全问题":归纳推理的可靠性

九、教学反思

逻辑思维具有自发性的特点。一般地,人们能够对推理有效与否具有朴素直观的看法,即使未学习研究过逻辑学或未受过专门训练的人,凭借这种直观的看法,往往也能正确地判别什么样的推理是正确的,什么样的推理是不正确的。但是这种朴素直观的看法存在严重的缺陷——模糊、不精确。所以,根据这种模糊看法判定有效性时有出错的可能。本节课为单元综合探究,主要是通过活动引导学生学以致用,从引入历史上经典诡辩论,引导学生分析,学会把握逻辑规则,纠正逻辑错误;从学生日常思维中的惯性出发,引导学生发现其日常自发性思维的问题,以自觉的逻辑意识去反思日常思维;从学生日常中的真实问题入手,引导学生分析具有因果关系的真实问题,运用正确的逻辑推理方式,学会归纳推理的方法,科学解决现实中的问题,提升逻辑推理能力,追求真理,探求真相。

但由于本节课为综合探究,对学生的知识、能力要求较高,需要教师课前布置好任务,并给予学生必要的指导和支持。

十、专家点评

1. **阅读·反思·践行:学习方式的进阶。** 学习方式是有不同层次的,王老师的这个综合探究教学,展现了高效学习方式的三层进阶。一是高质量阅读。学习离不开阅读,但阅读不是死读教材。探究任务一中,布置学生围绕《白马论》研读冯友兰先生撰写的《白马非马》,进而展开论证,就是在高质量阅读中学习。二是自觉性反思。知识是死的,要让知识"死去活来",就需要经过学生大脑的"加工"。探究任务二要学生运用逻辑知识帮助小雅和小玉解开他们之间的误会,列举生活中或学习中碰到的真实案例并运用所学的逻辑知识加以分析、纠正,就是在自觉性反思中学习。三是系统性践行。学习的目的最终是学以致用、知行合一,探究任务三要求学生进行调研,撰写食堂食品安全问题的分析报告,就是在系统性践行中学习。

2. **教材·生活·社会:学习意义的进阶。** 学习的意义也是有不同层次的,王老师的这个综合探究教学向我们展现了学习价值的三层进阶:一是掌握教材。这不仅仅是要掌握书本知识,更是在掌握知识的过程中提高能力,形成正确的世界观、人生观和价值观。本节课的三个探究任务其实都在致力于实现学科知识的素养化。二是观照生活。环节二中解开的是误会、剖析的是案例,但实际上关注的是学生的生活、反思的是学生的人生。三是关注社会。学习的价值最终还是需要在个人与社会的统一中实现。环节三要求学生调查校园食品安全问题,尝试用自己所学解决现实问题,正是学习的最终价值所指。

第三单元

运用辩证思维方法

第八课

把握辩证分合

第一框题 辩证思维的含义与特征

浙江省景宁畲族自治县景宁中学 朱 畅

一、理论基础和依据

辩证思维是人们自觉运用唯物辩证法分析问题和解决问题的科学思维方法,是马克思主义哲学的根本方法,是唯物辩证法在人们思维中的运用,是客观辩证法在思维中的反映。辩证思维突出体现在以下三个方面:一是坚持"两点论"。这就要求看问题要一分为二,既要看到有利的一面,也要看到不利的一面;既要看到自身的优势,也要看到面临的困难;既要看到发展的机遇,也要看到存在的风险与挑战。二是坚持"重点论"。辩证思维主张抓住主要矛盾和矛盾的主要方面,面对错综复杂的各种矛盾、问题,关键是要找准重点、抓住关键,同时科学把握事物之间的联系。三是坚持"转化论",抓早抓小、防微杜渐。

辩证思维具有两个重要特征:一是整体性。辩证思维的整体性是由认识对象的整体性决定的,世界上所有的认识对象都是由多个结构和多种关系形成的整体。辩证思维用全面的观点观察和处理问题,它将认识对象的多个结构与多种关系呈现在我们的思想中,从而思考如何从整体的视角来解决问题。这种具有整体性特征的辩证思维能够科学有效地处理矛盾对立双方的关系。整体性的辩证思维能够抓住矛盾双方相互独立与相互依存的辩证关系,能够把握矛盾双方相互过渡的特征,体现了矛盾的对立统一性。整体性的辩证思维还能够科学有效地处理事物整体与部分之间的关系,其原因在于,它认识并把握了整体与部分之间的辩证关系。它承认部分构成了整体,整体与部分之间相互依存,没有部分的整体和没有整体的部分都是不存在的。辩证思维强调整体的层次性,任何事物的整体与部分都是相对的。整体性的辩证思维实际上是把不同层次、不同角度的认识归纳统一在一起,完整地思考问题。

二是动态性。世界上的万事万物都处在不断的发展变化之中,人的思维若想准确反映事物,准确把握事物的发展变化过程,就必须以动态的方式去认识和把握对象。辩证思维的动态性要求,一方面认识问题和解决问题要用变化发展的观点,另一方面要用矛盾运动的观点。因此,要想真正地把握事物,既要注重对事物的现状进行考察,也要注重对事物的历史进行探究,还要注重对事物的未来进行预测。动态性的辩证思维有重要的作用与价值,它能够准确抓住事物的变化发展过程。一般而言,事物会随着时间、地点、环境等的改变而发生改变。

虽然辩证思维重视和强调事物的整体性和动态性,但并没有排斥与整体性相对应的部分的独立性存在,同时也没有排斥与动态性相对应的相对静止性的情况。实际上,辩证思维是在整体与部分的对立统一中以及动态性与静态性的变化中把握事物的。

二、课标要求

《普通高中思想政治课程标准(2017年版2020年修订)》内容要求:3.1结合对复杂事物的把握,体会辩证思维的特征。

教学提示:以"如何认识辩证思维"为议题,探究辩证思维的含义、重要特征,辨析辩证思维与形而上学思维和唯心主义诡辩论的区别。通过美国挑战者号事故的情境分析,区别辩证思维与形而上学思维,以感悟辩证思维的发展并思考其形成的原因;再通过探究中国载人航天工程的发展,体会辩证思维的整体性特征和动态性特征,感受学习辩证思维的意义,培养辩证思维能力。

三、学情分析

从基础知识看,通过必修4"哲学与文化"的学习,学生已具备一定的哲学知识以及理解相关哲学理念的能力,为本节课的学习理解提供了知识支撑。

从认知发展看,该阶段学生已具备一定的思辨能力和理论分析能力,大多数能够对抽象的思维原理进行理解并作出正确的判断,也能够运用原理解决一些现实问题。

从教学难度看,本节课教学容量适中,知识点难度不高,基于学生现有的知识水平和发展预期之间的差距,通过相应情境、活动、任务,学生能够把握辩证思维的方法,承认矛盾、分析矛盾、解决矛盾,提高抓住关键、找准重点、洞察事物发展规律的能力。

四、教学目标

(一)核心素养培育目标

1. 科学精神

通过美国挑战者号事故的情境分析,理解辩证思维和形而上学思维之间的区别,懂得用马克思主义哲学的基本原理,观察和理解社会现象,能够运用辩证唯物主义基本观点和方法对社会现象中的问题进行追本溯源,用开放而敏锐的眼光,辨识和分析不同信息和观点,以感悟人生智慧,过有意义的生活。

2. 公共参与

通过对中国载人航天工程的发展进行分析,体会辩证思维整体性、动态性的特征,掌握事物变化发展的规律,积极发挥主观能动性,增强对事物的认知和辨析能力,提升辩证解决问题的基本素养,培养对话协商和沟通协作的能力,有序参与公共事务,勇于担当社会责任。

（二）学科能力目标

1. 学习理解

领会辩证思维的含义，能够辨析辩证思维与形而上学思维、唯心主义诡辩论的区别，从整体性和动态性的角度解释辩证思维的特征。

2. 实践应用

能在具体情境中自觉运用辩证思维看待问题，用整体性的辩证思维和动态性的辩证思维来分析问题和思考问题，体悟辩证思维的意义。

3. 迁移创新

学会运用辩证思维方法看待生活中的事例、现象，辩证分析日常生活中遇到的问题，培养应用辩证思维解决问题的能力，理性面对困难，过有意义的生活。

五、教学重难点

1. 教学重点：体会辩证思维的特征

世界的运动、变化、发展的根源在于事物本身的相互联系，相互联系构成了事物的相互作用和运动，而事物的相互作用又推动了事物的发展。辩证思维具有整体性与动态性两大特征。辩证思维的整体性要求人们用全面、联系的观点看问题，从而将各要素联系起来，从整体的角度科学处理"此"与"彼"之间的关系、整体与部分之间的关系。辩证思维的动态性则要求人们用发展、矛盾的观点看问题，即科学地把握事物的发生发展，辩证分析事物变化发展的规律。学习辩证思维的两大特征，能够更好地在实际工作中创造性地运用普遍联系和永恒发展的思想。

2. 教学难点：培养辩证思维能力

辩证思维是用联系、发展、全面的观点看待事物和思考问题，其实质和核心是运用矛盾分析方法，在对立统一中把握事物，而辩证思维能力就是承认矛盾、分析矛盾、解决矛盾、善于抓住关键、找准重点、洞察事物发展规律的能力。通过本节课的学习，学生能够了解辩证思维的含义与特征的具体内容，但辩证思维能力的培养无法通过一节课的学习达成，需要在长期的教学与实践中养成，因而需要教师在长期的教学活动中渗透辩证思维方法，培养学生的辩证思维能力。

六、教学方法

1. 案例教学法

本节课的教学主要是帮助学生理解辩证思维的含义与特征，培养辩证思维能力。通过对不同案例的辨析，给学生提供独立思考的空间，锻炼自身独立思考的能力，促进不同学生之间的交流沟通，提高他们的人际交往能力，引导学生由重知识向重素养转变。

2. 合作探究法

根据组间同质、组内异质原则，组织学生进行分组探究和学习讨论。结合情境内容，引导学生思考不同情境背后的本质,同时鼓励不同能力的学生代表团队进行发言,激发学生学习兴趣,提高团队学习效率和合作意识。

3. 坚持价值性和知识性相统一

本节课需要学生掌握辩证思维的含义、特征,学习辩证思维的意义等知识,而学习知识的本质是使学生的情感态度价值观有所培养与升华,因而在教学设计上设置相关环节,让学生体悟辩证思维的应用,培养辩证思维能力,达到价值性与知识性的统一。

七、教学流程

(一)课堂导入

教师:在哲学的学习中,我们了解了辩证法和形而上学这两种基本的发展观,大家还记不记得这两种基本的发展观分别主张用什么样的观点来看问题呢?

学生1:辩证法主张用联系、发展、全面的观点看问题。

学生2:形而上学用孤立、静止、片面的观点看问题。

教师:别看我们今天要学习的是新的内容,其实它与我们之前学习的辩证法和形而上学有着十分密切的联系。这节课,就让我们带着已有的知识,一起走进"辩证思维的含义与特征"的学习,看一看辩证思维到底是什么,它又具有什么样的特征。

【设计意图】 从必修4中学生熟悉的辩证法和形而上学入手,利用回顾知识的方式,减轻学生学习新知识的压力,也为后续的学习作好知识准备。用已知内容作铺垫,也有利于新旧知识的过渡,增进对新知识的理解。

(二)新课教学

环节一:从挑战者号失事感悟辩证思维之含义

材料一 挑战者号航天飞机于美国东部时间1986年1月28日上午11时39分在美国佛罗里达州发射。挑战者号航天飞机升空后,因其右侧固体火箭助推器(SRB)的O型环密封圈失效,毗邻的外部燃料舱在泄漏出的火焰的高温烧灼下结构失效,使高速飞行中的航天飞机在空气阻力的作用下于发射后的第73秒解体,机上7名宇航员全部罹难。挑战者号航天飞机灾难导致美国的航天飞机飞行计划被冻结了长达32个月之久。在此期间,美国总统罗纳德·里根委派罗杰斯委员会对该事故进行调查。罗杰斯委员会发现,美国国家航空航天局(NASA)的组织文化与决策过程中的缺陷与错误是导致这次事件的关键因素。NASA的管理层事前已经知道承包商莫顿·塞奥科公司设计的固体火箭助推器存在潜在的缺陷,但未能提出改进意见。他们也忽视了工程师对于在低温下进行发射的危险性发出的警告,并未能充分地将这些技术隐患报告给他们的上级。

教师:请同学们阅读材料,结合教材,就下列问题进行讨论。

(1)从材料中寻找发生挑战者号事故的原因。

(2)从思维方式角度谈谈产生这一事故的原因。

(3)从思维方式角度为中国航天事业的发展建设提两点建议。

学生活动：讨论，分享交流。

学生1：NASA的管理层事前已经知道承包商莫顿·塞奥科公司设计的固体火箭助推器存在潜在的缺陷，但未能提出改进意见。他们也忽视了工程师对于在低温下进行发射的危险性发出的警告，并未能充分地将这些技术隐患报告给他们的上级。

学生2：原因是NASA管理层用孤立、静止、片面的形而上学思维来认识事物。

学生3：①学会运用联系、发展、全面的观点看待中国航天事业的发展建设，避免用孤立、静止、片面的形而上学思维来思考问题。②着眼于中国航天事业的整体及发展趋势，推动中国航天事业的发展。

教师：为什么要避免用形而上学思维认识事物，而强调要用辩证思维认识事物呢？

学生1：形而上学思维具有孤立、静止、片面的特点，容易完全切断事物及其各个部分、各个性质之间的联系，不能正确反映事物本来的面貌。但从辩证思维的角度来看，认识是人脑对客观世界的反映，而世界又是普遍联系、变化发展着的。因而在认识过程中，人们需要将普遍联系着的对象及其各个部分、各种性质、各种关系，相对地独立起来、区别开来，分别加以研究，这样才能获得具体、深刻的认识。但把它们完全割裂开来、对立起来，那就会犯错误。

学生2：认识应该反映客观事物变化发展的规律，因为事物是以绝对运动和相对静止相结合的方式存在的，因而我们认识事物时，不仅要分别认识事物的各个局部、各种层次、各个阶段及个别属性，而且要着眼于事物的整体及其发展趋势，用联系、发展、全面的观点看待事物和思考问题，即用辩证思维看待事物和思考问题。

教师：同学们分析了运用辩证思维的必要性，那大家是否了解辩证思维的发展和人们研究辩证思维的历程呢？我们用开小火车的方式，以时间顺序来进行了解。

学生1：古代人以朴素的辩证思维方式把握世界的整体发展和矛盾运动。其主要特点是以直观的方式把自然界作为一个整体，从总的方面和变化发展的角度来考察世界，但它缺乏严密的、科学的考察和证明，仅是种猜想。

学生2：随着近代科学的产生和发展，人们开始自觉地、系统地研究辩证思维，但这时的研究大多带有唯心主义的性质。

学生3：在总结人类最新科学成果、批判地继承以往辩证思维研究的合理因素，特别是黑格尔的辩证法的基础上，马克思和恩格斯创立了科学形态的辩证思维学说。

学生4：随着社会实践和现代科学的发展，特别是研究复杂大系统的系统科学的兴起与发展，辩证思维学说得以进一步丰富和深化。

教师：从同学们的交流中，我们可以感悟到辩证思维的含义，辩证思维就是用联系、发展、全面的观点看待事物和思考问题，其实质和核心是运用矛盾分析方法，在对立统一中把握事物。

【设计意图】 通过对美国挑战者号事故的分析，以"辩证思维是什么""为什么要学习辩证思维"和"辩证思维是怎样发展的"为主线，让学生获得相关理论知识。本环节设计坚持主体性和主导性的统一，让学生在理解辩证思维的同时锻炼分析能力、思辨能力，培养学生着眼于事物的整体及其发展趋势，在变化发展中认识事物。

环节二:从中国航天事业发展理解辩证思维之特征

材料二 1992年9月,中国载人航天工程被正式批准、命名为"921工程"。这是中国航天史上迄今为止规模最大、系统最复杂、技术难度最高的工程。该工程由7个分系统组成,包括航天员系统、飞船应用系统、载人航天飞船系统、运载火箭系统、发射场系统、测控系统、着陆场系统。其中,载人航天飞船系统是核心。

材料三 1992年9月,中国载人航天工程"三步走"发展战略被批准实施。

第一步是发射无人和载人飞船,将航天员安全地送入近地轨道,进行对地观测和科学实验,并使航天员安全返回地面。随着我国第一名航天员杨利伟于2003年10月16日安全返回,中国载人航天工程的第一步任务已经完成。

第二步是继续突破载人航天的基本技术:多人多天飞行、航天员出舱在太空行走、完成飞船与空间舱的交会对接。在突破这些技术的基础上,发射短期有人照料的空间实验室,建成完整配套的空间工程系统。发射神舟六号标志着中国开始实施第二步计划。2019年7月19日由我国自主研发的"天宫二号"空间实验室圆满完成任务返回地球指定位置,第二步任务已经完成。

第三步,建立永久性的空间实验室,建成中国的空间工程系统,航天员和科学家可以来往于地球与空间站,进行规模较大的空间科学试验。中国载人航天"三步走"计划完成后,航天员和科学家在太空的实验活动将会实现经常化,为中国和平利用太空和开发太空资源打下坚实基础。

教师:请同学们结合材料,分析中国载人航天工程体现的思维方式具有什么特征。

学生活动:针对活动任务进行5分钟的小组讨论,讨论结束后,派出小组代表进行发言,在讨论的过程中,及时做好讨论记录。

小组1:中国载人航天工程包括航天员系统、飞船应用系统、载人航天飞船系统、运载火箭系统、发射场系统、测控系统、着陆场系统。这些系统既相互独立,又相互联系,体现了辩证思维的整体性。

小组1:我还想补充一下我们小组的发言。中国载人航天工程是一个整体,其中包括很多要素,但中国载人航天工程的核心是载人航天飞船系统,说明我们国家在发展载人航天工程时,不仅关注航天工程这个整体,同时也关注到局部的独立性。

小组2:我们小组想着重从辩证思维的整体性特征分析。1992年9月,中国载人航天工程"三步走"发展战略被批准实施,辩证思维把多层次、多视角的认识综合起来,整体性地思考中国载人航天工程的发展,体现了辩证思维的整体性。而载人航天工程需要在完成前一步的基础上才能推进下一步的建设,由此也体现出整体是由部分构成的。只有三步战略都完成,才能表明中国载人航天工程"三步走"发展战略全部完成,可见整体与部分因为有了对方才能够存在,而不是孤立地存在着。体现出整体性的辩证思维能够科学地处理整体与部分之间关系的作用。

小组2:我们小组认为整体性的辩证思维还有一个作用是能够科学地处理"此"与"彼"之间的关系。就像小组1分享的一样,中国载人航天工程包括很多系统,这些系统既相互独立,又相互联系、相互依存,体现的是整体性的辩证思维能够科学地处理"此"与"彼"之间的关系。

小组3:中国载人航天工程设定了"三步走"发展战略,但没有设定每一步发展战略的时间,而是用变化发展的观点看待中国载人航天工程,体现了辩证思维的动态性。因为客观事物是变化发展的,要想思维能够正确反映事物的实际存在,就必须以动态的方式去思考认识对象。所以用动态性辩证思维看问题,就是用变化发展的观点看问题,用矛盾运动的观点看问题。

小组4:中国载人航天"三步走"计划完成后,航天员和科学家在太空的实验活动将会实现经常化,为中国和平利用太空和开发太空资源打下坚实基础。辩证思维不仅看到发展的历史和现状,还能想到载人航天工程的未来,体现了辩证思维的动态性。宇宙空间是不断变化发展的,我们只有用动态性的辩证思维看问题,才能把握事物变化发展的规律。

小组4:辩证思维强调动态性,但是不排斥相对的静态性,辩证思维还要求我们在动态性与静态性的对立统一中把握事物。

小组5:我代表我们小组点评一下前面四个小组的分享。小组1先从整体性的角度来分享组员的观点,而组员的补充让我们注意到了可能在讨论过程中容易忽视的局部独立性,所以我们觉得这个补充十分惊艳。小组2依靠小组的力量,完整地向我们分享了整体性的辩证思维的作用,所以我觉得小组在合作的过程中,已经渗透了整体性的辩证思维。小组3和小组4的分享都是从动态性的辩证思维角度进行的分享,小组3的分享是想告诉我们动态性的辩证思维是什么样的,而小组4则分享了动态性辩证思维的作用,还补充说明了动态性与静态性的对立统一规律。我觉得四个小组各有各的特点,也各有侧重,将大家的分享结合起来,让我对辩证思维的特征有了更多、更全面的理解。

教师:对学生们的总结分析进行归纳,分别梳理辩证思维整体性特征和动态性特征的原因、含义及作用(具体略)。

【设计意图】　本环节以中国航天工程的建设为情境,设计小组讨论活动,引导学生们自主思考、分析辩证思维的整体性特征与动态性特征。以代表发言、组员补充、学生互评、教师总结的方式,锻炼学生的小组合作能力、分析能力及独立思考的能力,在自主解决学习重点的同时突破学习难点,初步达成培养辩证思维能力的目标。

环节三:从航天团队建设畅想航天强国之未来

材料四　播放视频:《"80后"航天青年黄震:永攀航天新高峰》

航天科技集团五院载人航天领域副总设计师黄震:"年轻,也是我们这个航天团队的一个特点,愿意冒险,而且就是愿意和敢做一些之前没有人做过的事情,经常有一些无限的创意,我们也经常把这些想法和创意变成现实。美国宇航局前局长迈克尔·格里芬曾经说过,中国航天最令人感到可怕的,并不是它已取得的成绩,而是它所拥有的一大批年轻的科学家和工程师。"

教师:1956年中国航天事业创建以来,一代代航天青年在党的坚强领导下,积极投身党领导的革命、建设、改革的伟大事业,把最美好的青春献给祖国和人民,为国防建设献身、为科技自立自强奋斗,创造了中国航天事业的一个又一个辉煌,谱写了一曲又一曲壮丽的青春之歌。请围绕"新时代中国青年如何担当航天强国重任"这一主题,写一篇200字左右的小论文。课堂上列出小论文提纲,在班级中分享。

学生活动:独立思考,撰写小论文提纲,交流分享。

学生1:我的提纲是：①加强青年思想引领,旗帜鲜明跟党走;②发挥青年自身优势,青春建功新时代;③激发青年创新精神,奋斗实现强国梦。

学生2:我的提纲是：①立大志;②明大德;③成大才;④担大任。

学生3:我的提纲是：①勇担"加快科技自立自强"的历史大任,以青春奋斗努力夺取自主创新的伟大胜利。②勇担"建设航天强国"的历史大任,努力让几代航天人矢志追求的航天强国梦成为现实。③勇担"推动融合发展"的历史大任,努力在促进国防实力和经济实力同步提升中实现人生价值。

教师:同学们的提纲中,有从航天青年的发展辩证认识中国航天发展的提纲,也有以动态的方式认识我国航天发展现状及发展未来的提纲,但不论是哪一个,老师都看到了那蕴藏在文字背后的辩证思维——从整体角度思考问题的辩证思维,用变化发展的观点看问题的辩证思维。回顾我国航天事业的发展长卷——"东方红一号"升空、第一颗返回式卫星升空、"神舟五号"载人飞船升空以及"嫦娥一号"成功奔月等,正是一代代科学家撑起了航天大梁,引领着无数青年航天人接力奋斗。青年航天人用青春为航天梦"添砖加瓦",辩证思维的学习也让我们明白,青年人要树立远大理想,保持热情,持之以恒才能拥抱星辰大海,探索更多宇宙的奥秘。请各位同学根据自己的提纲完成小论文写作,作为今天这节课的作业。

【设计意图】 本环节教学内容的设计旨在通过写作,引导学生运用已有的辩证思维知识搭建论文框架、构思论文内容,自觉运用科学精神,践行公共参与核心素养,提升政治认同感。

(三)课堂总结

通过今天的学习,想必大家对辩证思维都有了自己的理解。通过辩证思维的学习,希望大家在认识事物时,能将事物看得全、看得深、看得远、看得活、看得真。辩证思维能够让我们充满智慧,也希望智慧的你们,在往后遇到问题或是困难时,能够运用辩证思维看待问题、解决问题。

【设计意图】 总结本节课教学内容,对课堂进行情感升华。

八、板书设计

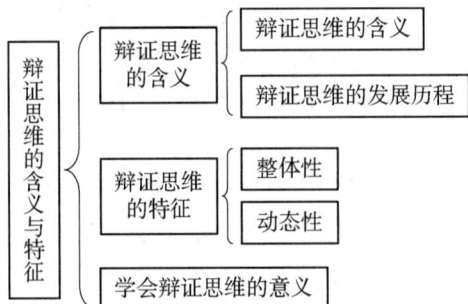

九、教学反思

本节课通过案例分析、合作探究、学生互评等活动,引导学生区分形而上学思维与辩证思维,又在辩证法的基础上分析理解辩证思维的两大特征,体悟辩证思维在生活实践当中的应用,在教学过程中有效提升科学精神素养与公共参与素养。

本节课的教学重点是通过学生的合作探究进行突破的,对学生的自主思考能力和团队协作能力要求较高,对于不同层次的学生,教师要依据学情提前做好小组成员的搭配。本节课的教学需要多激发学生的自主思考,在教学的过程中,教师要及时发挥引导者的作用,控制好活动时间并及时进行知识点的补充性讲解。

辩证法的知识点虽然在哲学当中学过,但不同学生对于辩证法的接受能力不同,因而在本节课辩证思维的教学中,教师可以应用生活当中的例子为学生进行举例讲解,帮助学生增进对本节课知识点的理解。

十、专家点评

1. **纵横比较中练本领。**这节课的教学以航天发展为主线,设计了三个环节。其中第一、二个环节内蕴了中外比较,让学生在美国挑战者号失事的原因中感悟辩证思维的含义,在中国航天事业的发展中理解辩证思维的特征;而第三个环节则是对中国航天事业发展的未来瞻望,与环节二构建起了中国航天事业发展的前后连接。在纵横比较中,让学生学习和训练辩证思维这种重要的本领,同时感受中国航天事业的发展,坚定中国特色社会主义事业发展的信心。

2. **内外结合中强担当。**环节三中要求学生围绕"新时代中国青年如何担当航天强国重任"这一主题列小论文提纲并写小论文,实际上是在把学生从小课堂引向大社会。中国航天事业的发展的成就离不开中国航天人的奉献精神,也离不开航天人的辩证思维、创新思维,中国的航天事业需要接续奋斗、后继有人。本节课的教学在一定程度上能很好地引导学生努力学习,练好本领,强化为航天梦"添砖加瓦"的担当意识。

第二框题　分析与综合及其辩证关系

浙江省景宁畲族自治县景宁中学　朱　畅

本框课件下载

一、理论基础和依据

分析与综合在人类思维中有两种类型:一是普通思维(初级)的分析与综合,另一是辩证思维(高级)的分析与综合,其中辩证思维的分析与综合是辩证逻辑研究的范围。辩证的思维方法常常是从辩证的分析与综合开始的,分析与综合的思维方法是更深刻地揭示事物内在本质的方法。

分析就是把整体分解为部分、方面、要素,以便逐个地加以研究的思维方法。分析的任务就是从事物或现象的总体中,首先把整体的各个部分和要素暂时分离开来,然后对它们进行细致的考察和研究。早期的分析方法仅仅是定性分析,随着现代科学认识的发展,逐步产生了定量分析、因果分析、结构分析、功能分析、系统分析、矛盾分析、整体分析、辩证分析等不同种类的分析方法。其中辩证分析是较全面、科学、内在的分析方法,是分析事物的矛盾,对事物的各个矛盾以及矛盾的各个侧面分别加以深刻的考察,以找出对象各方面的本质特征的思维过程,也是思维必不可少的工具。

综合方法则是与分析方法相反的思维方法,是在把整体分解为各个要素、属性、方面的基础上,再度组合成一个整体的思维方法。早期的综合方法表现为机械的、线性的综合,其特点是抽象的、机械的。现代系统科学的发展创立了整体组织部分、整体的功能大于部分之和的综合方法,强调了整体内部各要素之间的有机协调作用,强调部分之间的协同性。它体现了辩证思维的特点,体现了辩证综合把各个部分按其内在本质和规律有机地统一为整体的方法。辩证综合还强调人的思维的建构性质,不但要按事物的本性综合地认识事物的整体,而且要按照事物的规律性创造出自然界所不具备的事物之间有机联系着的整体。

分析和综合虽然是两种相反的思维方法,但二者相互依赖、相互转化。一方面,综合离不开分析。分析是综合的基础,没有经过系统的、仔细的分析,那么综合就没有意义,就不可能有正确的综合。另一方面,分析也离不开综合。如果没有综合的指导,分析就不可能得出正确的分析结论,分析本身就是为了综合,如果没有综合,分析的目的就无法实现。分析与综合也是互相转化的。在认识的过程中,分析进行到一定程度时,就要转变为综合;综合进行到一定程度时,也要转变为分析。认识的深化就是由分析到综合,又从综合到分析,如此不断向前发展的过程。

分析与综合的辩证统一是思维的要求,也是思维从具体到抽象,又从抽象到理性具体的前提。人的思维只有通过分析与综合、抽象和具体的统一,才能达到建构更深刻的理论体系的目的。

二、课标要求

《普通高中思想政治课程标准(2017年版2020年修订)》内容要求:3.1 理解分析与综合的辩证关系。

教学提示:以"2022年全国高温现象"为议题,探究分析与综合的方法,理解辩证思维中分析与综合的辩证关系。通过分析高温现象的原因,切实体悟分析方法与综合方法,增进对这两种思维方法的理解;再通过小组讨论的方式,合作分析高温现象带来的危害,思考分析与综合的辩证关系,学会运用辩证思维中的分析与综合方法认识矛盾,把握事物的本质与规律以解决矛盾。

三、学情分析

从基础知识看,学生通过必修 4"哲学与文化"的学习,已初步了解唯物辩证法的有关内容。在其中"用联系的观点看问题"这一课时内容的学习中,学生已经掌握整体与部分的辩证关系及系统优化的方法。通过前一节课的学习,学生也增进了对辩证思维的理解,为本节课"分析与综合"这一抽象概念及其辩证关系的学习打下理论基础。

从认知发展看,学生知道普通思维的分析与综合,但对辩证思维中的分析与综合还需进一步理解与体悟。好在该阶段学生已具备一定的思辨能力和理论分析能力,大多数能够对抽象的思维原理进行理解并作出正确的判断,也能够运用原理解决一定的现实问题。

从教学难度看,本节课教学容量适中,学生已掌握普通思维的分析与综合方法,可能会将其与辩证思维中的分析与综合方法相混淆。基于学生现有的知识水平和发展预期之间的差距,通过相应情境、活动、任务的设计,帮助学生掌握辩证的分析和综合方法,体悟与评价这两种方法对把握事物本质的重要性。

四、教学目标

(一)核心素养培育目标

1. 科学精神

通过探究高温现象出现的原因、危害及应对高温的对策,理解分析与综合的含义及特点,掌握分析与综合的辩证关系,增强合作精神,培养探索能力,强化保护环境、低碳生活的价值理念。

2. 公共参与

通过高温天气的案例分析,体悟分析与综合在日常生活中的运用,学会运用辩证思维的分析与综合方法来指导实践,积极参与社会生活,自觉树立社会责任感和担当意识,有序参与公共事务,勇于担当社会责任。

(二)学科能力目标

1. 学习理解

知道分析与综合的含义、方法及特征;理解分析与综合的辩证关系,学会在分析与综合的对立统一中推动认识不断向前发展。

2. 实践应用

能自觉运用辩证的分析与综合方法,在分析与综合的对立统一中把握事物的本质和规律,提升认识问题、分析问题、解决问题的能力。

3. 迁移创新

学会分析的方法与综合的方法,在面对复杂情境时,能够运用相关知识解决问题。将理论运用于实践,培养自身的逻辑思维,作出正确的价值判断与价值选择,同时能够更好地参与社会生活,为社会发展建言献策。

五、教学重难点

1. 教学重点:理解分析与综合的辩证关系

分析和综合是两种方向相反的思维方法,同时又是相互联系、相互转化、辩证统一的。分析与综合密不可分,理解分析与综合的辩证关系,能够指导我们在综合的基础上进行深入分析,在分析的基础上进行综合考察,从而帮助我们更好地认识事物的本质。掌握分析与综合的辩证关系能够为学生学习辩证思维的其他思维方法作好理论准备,推动认识不断地由低级向高级发展。

2. 教学难点:区分普通思维与辩证思维中的分析与综合方法

普通思维的分析与综合是人们在日常生活中常常用到的思维方法,而辩证思维中的分析与综合方法是辩证逻辑研究的范围,是客观事物的矛盾在思维中的反映,同时也是矛盾分析法的体现。因而进行辩证思维的分析与综合,其基础在于客观世界的一切事物都是对立统一的,要求要在分析的基础上揭示事物的整体,在综合得到的整体中指导分析,从而更深刻地揭示事物的内在本质。学生已掌握普通思维的分析与综合方法,现在需要掌握的是辩证思维的分析与综合方法,学生在学习上可能会存在一定难度,对普通思维与辩证思维的分析与综合的理解也可能会存在一定程度的混淆。

六、教学方法

1. 情境教学法

本节课教学主要是帮助学生掌握辩证思维的分析与综合方法,推动认识不断由低级向高级发展。教师有目的地引入 2022 年全国高温现象,从学生的体验感受入手,引导学生分析理解教材内容。针对不同的案例、情境进行理性分析,能够培养学生的逻辑思维,同时锻炼学生的独立思考能力和自主创新能力,激发学生情感。

2. 合作探究法

根据组间同质、组内异质原则,组织学生进行分组探究和合作讨论。以学生们经历过的高温事件为素材,引导学生们积极主动地探索高温现象的特点及原因,同时鼓励不同能力的同学代表团队进行发言,激发学生的学习兴趣,提高团队学习效率和合作意识,进行创造性学习。

3. 坚持理论性和实践性相统一

本节课需要掌握辩证思维的分析方法与辩证思维的综合方法,用高温现象这一贴近现实、贴近生活、贴近学生思想实际的事例对学生进行教学,能从理论层面对学生的要点困惑、价值选择进行解惑释疑和价值引导。而理论学习的最终目的在于实践,因而要用科学理论培养人,重视实践教学,把思政小课堂同社会大课堂结合起来。

七、教学流程

（一）课堂导入

教师：2022 年的夏天和往年大不一样,不知道大家有没有感受到这个夏天的不同寻常之处?

学生 1：这个夏天特别热。

学生 2：这个夏天的雨水比较少,往年夏天经常下雨,今年都是好几个星期才下一场雨。

教师：老师也和大家有同样的感受,甚至觉得今年夏天的时间比往年的更长一些。造成这个夏天变得与往年不同的原因是什么呢? 持续的高温天气又会造成哪些影响呢? 就让我们带着这些问题,一起走进"分析与综合及其辩证关系"的学习。

【设计意图】　从学生切身感受到的天气变化入手,将社会生活实践融入思政课堂学习,激发学生学习兴趣。对于天气变化方面的知识,学生在地理学科的学习中已有较多了解,将地理学科知识与思政学科知识融通起来,让学生在思考问题的过程中体悟综合思维的运用,为后续知识点的学习作铺垫。

（二）新课教学

环节一：析高温原因,明思维方法

材料一　夏季以来(2022 年 6 月 1 日至 8 月 15 日),全国平均高温日数 12.0 天,较常年同期偏多 5.1 天。截至 8 月 15 日,此次高温热浪事件已经持续 64 天,为 1961 年有完整气象观测记录以来历史同期最多(超过 2013 年的 62 天)。35℃以上覆盖 1680 站、37℃以上覆盖 1426 站,均为历史第二多(仅次于 2017 年,分别为 1762 站和 1443 站),但 40℃以上覆盖范围为历史最大;高温极值站数 262 站,已超过 2013 年(187 站)和 2017 年(133 站)。根据国家气候中心专家的综合研判,我国此次区域性高温热浪事件的持续时间还将会继续延长,综合强度将进一步增强。(注:"站"指气象站)

教师：请同学们运用所学地理知识,思考可能导致此次高温现象的原因。

学生 1：温室效应导致全球气候变暖,所以夏天的气温普遍升高。

学生 2：城市热岛效应。由于城市建筑密集、人口密度大,使得城市地区储存了较多热量,导致同一时间城市的温度较郊区偏高。

学生 3：受地理因素的影响。比如,中国历史上曾出现过的三大火炉城市——南京、武汉和重庆,其中重庆和武汉都位于长江流域的河谷盆地,易蓄热,不易散热,就容易形成高温天气。

教师：刚才大家运用地理知识对这一现象进行了判断,接下来让我们看看专家是如何分析的。

材料二　中国气象局气象服务首席专家高歌女士从三方面解释本轮高温形成的原因:一是大气环流异常的影响。在今年(2022 年)夏天,大气环流系统表现出一致性的暖性高压环流系统控制,形成大范围的整体环球暖高压带,受高压系统的影响,热空气会留在地面,散不出去就会让这个地方非常热。第二方面的原因,是跨越三年的拉尼娜气候事件对大气环流异常推波助澜。第三方面的原因,是全球气候变暖的增暖放大调节的作用。

教师：请同学们思考，我们分析原因和专家分析原因的过程中运用了哪些思维方法，具体是如何体现的。

学生1：我们从不同的角度对产生高温现象的原因进行了猜测，运用的是分析的思维方法，专家把通过分析得到的各个要素按照一定的方式联系起来，从而得出更确切的原因，运用的是综合的思维方法。

教师小结：同学指出了两种思维方法。分析就是把认识对象分解为各个部分、各个要素、各个层次，或者把认识对象的复杂的发展过程分解为若干阶段，分别加以认识的一种思维方法。而综合是一种把认识对象的各个部分、各个要素、各个层次和不同发展阶段，按照其固有的联系联结和统一起来进行考察的思维方法。

教师：大家有没有想过，我们为什么要运用这些思维方法来认识事物呢？

学生2：因为复杂多样的客观事物是以有机整体的方式存在和发展的。为了把握事物的本质和规律，需要把认识对象的各个部分、要素暂时地分割开来，把被考察的部分、要素从对象整体中抽取出来。只有这样，才能逐步"解剖"认识对象。认识认识对象以后，要把通过分析得到的对事物的各个部分、要素、层次，以及事物发展过程中的若干阶段的认识，按照对象所固有的联系重新组合，从而形成对事物整体的认识。

教师：从为什么的角度学习分析方法和综合方法，让我们更好地了解到掌握这两种思维方法的必要性。请大家结合教材第77—78页的内容思考，我们在分析高温现象产生的原因时，具体运用了哪些分析方法与哪些综合方法？

学生3：对引起高温现象的原因进行分析，运用的是因果分析；对大气环流的作用、影响进行分析，运用的是功能分析；对当天的天气属不属于高温天气的分析属于定性分析，而对高温天气的数量有多少的分析是定量分析。

教师小结：这位同学能够依据问题找方法。依据问题的不同，分析的具体内容和方法也不同。从具体内容来看，人们需要对社会生活中的基本矛盾、主要矛盾进行科学分析。从方法上看，有确定研究对象是否具有某种性质或某种成分的定性分析，有确定研究对象在某个方面的量有多少的定量分析，有确定研究对象是否具有某些功能或具有哪些功能的功能分析，以及确定引起某一现象发生或变化原因的因果分析。其中，辩证唯物主义阐明了事物矛盾的普遍性和特殊性的关系、主要矛盾和次要矛盾的关系、矛盾的主要方面和次要方面的关系，有利于人们在实践中抓住重点问题，认清事物的性质。

教师：还有其他同学要分享自己找到的综合方法吗？

学生4：从城市人口密度、建筑范围等因素整体考虑得出的城市热岛效应体现的是功能综合。

教师小结：在不同的认识领域有着不同的认识目的和综合范围，所以除了功能综合还有其他的综合方法。在科学研究中，人们常常运用结构综合和功能综合等多种方法，获得对研究对象整体结构、所具功能的认识，从整体上把握具体研究对象的性质和规律。哲学中的综合旨在把握物质世界的本质和事物发展的普遍规律。

教师：对比分析与综合这两种方法，能否谈谈这两种方法有什么区别？或者这两种方法分别有什么优缺点？

学生1：分析的方法将注意力集中在问题的"点"上，能够对问题的"点"获得更透彻的认识，其优点是精确。但如果认识只局限在问题的"点"上，难免会产生片面的认识。

学生2:综合方法将注意力主要放在各部分之间的联系上,所以它的优点是关注整体。而它的缺点在于任何一次综合的结果都只是对认识对象相对完整的认识,只是对现实原型的近似描述。

教师小结:通过思考讨论我们可以看出,只有将分析与综合辩证地统一起来,才能全面而又深刻地把握认识对象。

【设计意图】　通过对高温现象出现的原因进行分析,引导学生思考什么是分析方法、什么是综合方法。在教师的引导之下,学生理解掌握分析方法与综合方法的必要性及特征。本环节的设计坚持灌输性和启发性相统一的教学方法,利用对问题链的思考,锻炼学生的思维能力,提升科学精神素养。

环节二:思高温危害,悟辩证关系

教师:事实上,近年来全球气候系统的不稳定已经在加剧,持续高温天气,给诸多方面带来不利影响。请同学们运用分析与综合的方法,进行课前调研、课堂讨论,高温会带来哪些不利影响?

学生活动:课前搜集高温天气产生的不利影响的实例,课堂小组讨论3分钟,讨论过程中做好相关记录,讨论结束后各组派出一位代表进行发言。

小组1:我们小组搜集的实例是,2022年8月17日,江西部分地区旱情持续,我国最大淡水湖鄱阳湖水体面积快速缩减,湖区的落星墩(见图1)完全展露出来。截至8月18日10时,鄱阳湖通江水体面积为737平方公里,比去年同期减少2 203平方公里,约为去年同期鄱阳湖通江水体面积的25%。这个实例反映高温天气会带来干旱,给河流湖泊带来储水量减少的不利影响。

图1

小组2:我们小组搜集的实例是,中央气象台于2022年8月16日发布的《全国农业气象情报》显示,目前正值我国大部地区秋收作物产量形成的关键期。未来10天,四川盆地、江淮、江汉、江南及陕西南部等地仍将持续高温天气,最高气温可达37—39℃、局地超过40℃,处于孕穗抽穗和灌浆的一季稻、开花结铃期的棉花等遭受高温热害风险较高;安徽中南部、四川盆地东部、贵州北部等地农业干旱将有所发展,影响玉米、水稻和蔬菜及经济林果等生长。四川、重庆、湖北、湖南、江西、安徽6省(市)耕地受旱面积1232万亩。这个实例反映高温会带来干旱,给农业带来产量减少的不利影响。

小组3:我们小组搜集的实例是,2022年8月17日18时28分许、20时30分许,重庆市涪陵区荔枝街道、江北街道所辖山林相继发生火灾。这个实例反映高温会增加山林火灾发生的可能,给人民的生活和财产安全带来不利影响。

小组4:我们小组搜集的实例是,2022年7月以来,四川遭遇大范围长时间极端高温干旱天气,主要江河来水量较常年同期偏少二到五成,导致四川水电发电能力不断降低。四川面临历史同期最高极端温度、最少降水量、最高电力负荷——"三最"叠加的局面。这个实例反映高温会对电力的供应造成压力,引起电力供需矛盾。

小组5: 我们小组搜集的实例是,2022年夏天,西安建筑工人王某某因热射病倒在了收工回家的路上;宜昌搅拌站工人何某某在工作地突发疾病去世,生前曾被医院诊断为"热射病可能"。这些实例反映高温会对人的身体健康造成无法逆转的危害,甚至威胁生命。

学生:(点评组小组分享后)我们先对高温天气造成的不利影响进行分析,再综合我们分析的要素,得出高温会对人类的生产生活产生不利影响的结论,由此得出——分析是综合的基础,综合是分析的先导;分析为综合作准备,而综合的结果又指导人们继续对事物进行新的分析。

教师小结: 世界充满了矛盾,人们要深刻认识事物,就必须认识事物的矛盾,认识矛盾的普遍性和特殊性、主要矛盾和次要矛盾、矛盾的主要方面和次要方面。辩证分析与综合的方法是矛盾分析法的体现。只有运用矛盾分析的方法,在分析与综合的对立统一中揭示事物的整体,才能推动认识不断地由低级向高级发展。

【设计意图】 在课前布置任务,让学生自主收集高温天气带来不利影响的具体事例,能增进学生对高温天气危害的认识。在活动中,利用小组合作、代表发言、组员补充等方式引导学生认识分析与综合的辩证关系,也在活动中渗透分析方法与综合方法,增强学生独立思考、合作学习、综合探究的能力,发挥学生的主体作用,提升科学精神素养。

环节三:寻应对策略,促思维发展

教师: 刚才我们一起探讨了这次高温天气的成因,以及由此带来的各种危害。接下来我们继续探讨以下问题。

(1)结合高温天气产生的原因及所学知识,分析我们可以采取哪些措施来减少极端天气的发生。

(2)搜集相关资料,思考我们可以采取哪些措施来正确应对这种极端天气以减少损失。

注:极端天气是指天气、气候的状态严重偏离其平均态,几十年一遇甚至百年一遇的小概率事件,包括干旱、洪涝、高温热浪和低温冷害等。

学生活动: 以小组为单位,讨论5分钟,讨论结束后各小组派出两位代表进行发言,讨论过程中做好相关记录。

小组1: 针对全球气候变暖问题,我们小组认为要减少温室气体的排放,具体可以采取以下措施:①逐步改变以煤为主要燃料的能源结构,充分利用太阳能资源,推广使用太阳能电器,开发利用风能、水能、核能等新能源;②植树造林,减少人为干预生态环境,不滥捕滥杀,不滥砍滥伐,保护生态系统的平衡,降低地质破坏,降低污染,减少环境污染物的排放,提高资源与能源的利用效率;③转向更环保的交通出行方式,推广使用电动汽车、自行车等交通工具。

小组1: 面对高温带来的干旱,我们小组认为可以适时开展人工降雨。有关部门应根据天气情况适时开展人工降雨作业,能够在一定程度上缓解湖泊干旱、农作物因干旱减产和山林起火等问题。

小组2: 针对城市热岛效应,我们小组认为可以科学规划和布局城市建设,降低各种工程的数量、规模及提高各种建筑物的使用年限、利用效率,减少不合格建筑物及短寿命建筑物的数量。增加城市绿化,调节市内气温和空气湿度等,缓解城市的热岛效应。

小组2: 面对四川的电力供需矛盾,我们小组在搜集相关资料的时候发现四川在2022年

8月21日启动突发事件能源供应保障一级应急响应。国网四川省电力公司、各级政府机关、市政用电带头降负荷,尽最大可能让电于民。广大工商业用户积极响应,综合采取停产让电、提高空调温度、减少景观照明、优化用电时间等各类措施,降低整体用电需求。其实,在问题面前、困难面前,我们每一个人都可以作出自己的贡献。

　　小组3: 我们小组从宏观方面提出相关措施,我们认为对于极端气候造成的灾情,提早预报消息、及早应对非常重要。所以,我们小组建议可以建立健全信息发布机制,即建立完善灾害信息发布传播机制,通过互联网、手机、农村大喇叭等设施,将预报信息尽量传递到最基层的民众中。

　　小组3: 针对热射病,我们小组建议加强个人防护。①尽量避免高温天气出门,尤其是在10:00—16:00不要在烈日下多作停留。若要外出,应采取必要的防护措施,如打遮阳伞、带上充足的水等。②加强营养。除补充足够的蛋白质外,还要补充必要的维生素,并适量饮用淡盐开水、凉茶、绿豆汤等。③当出现头晕、恶心、口干、胸闷气短等早期中暑症状时,应立即到阴凉通风处休息,喝一些凉水降温,病情严重时应立即到医院治疗。

　　教师小结: 从大家给出的方法中,老师感受到大家已经在运用分析与综合的方法去思考问题。掌握辩证的分析与综合的方法,在一定程度上能够更好地帮助我们掌握矛盾分析法,我们要学会在分析与综合的对立统一中,推动认识不断地由低级向高级发展。

　　【设计意图】　在前两个环节的学习中,学生已经从理论层面理解了分析与综合的方法及分析与综合的辩证关系。本环节从解决措施角度引导学生思考,从情感态度价值观角度培养学生,提升公共参与意识,教育学生做有理想、有本领、有担当的时代青年。

(三) 课堂总结

　　高温的"烤"验,让我们学会在全球视野下客观地看待环境问题,也唤起了更多公众的环境保护意识。希望大家真的能够学会这些方法,做好个人的防护,同时也能运用这些方法,践行低碳生活的价值理念,为我们的美好家园建设贡献一份力量!

　　【设计意图】　总结教学核心内容,促进学生认识和情感升华。

八、板书设计

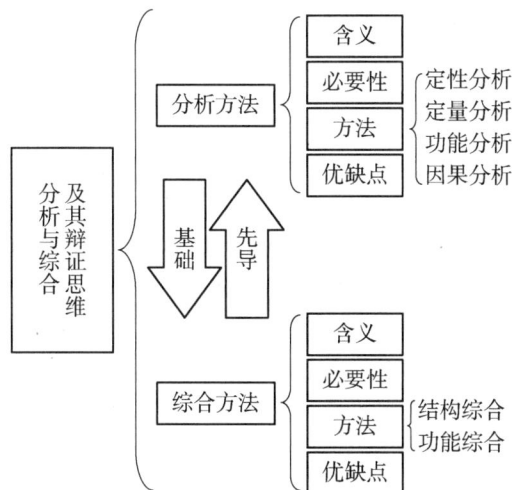

九、教学反思

本节课通过合作探究、案例分析等方式引导学生对生活化的案例进行分析思考,学习分析与综合的含义并理解辩证思维中分析与综合方法的辩证关系,发展公共参与和科学精神的核心素养。

由于学生已经掌握普通思维的分析与综合方法,因而在教学中设计了较多的探究活动,发挥学生的主动性。合作探究活动对学生的自主思考能力和团队协作要求较高,对于不同层次的学生,教师要依据学情提前做好小组成员的搭配。在教学的过程中,教师要及时发挥引导者的作用,控制好活动时间及知识点的补充性讲解。

也正是因为学生对普通思维的分析与综合已有自己的理解,而本节课学习的是辩证思维的分析与综合方法,二者有相同之处又有所不同,因而要及时引导学生作好区分。最后引导学生思考现实问题及应对策略,增进学生对本节课知识点的理解,同时培养学生运用理论指导实践的能力,锻炼辩证思维。

十、专家点评

1. **用逻辑教逻辑**。逻辑与思维的教学,对老师自身的逻辑素养是一种严峻的考验。朱老师这节课的教学,围绕 2022 年持续高温现象,巧设活动,让学生在析原因中明辩证思维方法、在思危害中悟辩证关系、在想对策中促思维发展,层层推进,浑然一体,逻辑严密,体现了教师自身的逻辑思维素养,反映了用逻辑教逻辑的魅力。

2. **学逻辑用逻辑**。逻辑与思维的教学,对学生来讲,重在逻辑与思维知识的运用,重在逻辑与思维的训练。朱老师的这节课注重引导学生用分析与综合的相关知识,分析高温天气的成因、危害,寻找高温天气对我们的启示,体现了浓厚的学逻辑用逻辑的特点,让学生的思维能力、思维素养在学逻辑用逻辑的过程中得到切实提升。

第九课

理解质量互变

第一框题　认识质量互变规律

浙江省景宁畲族自治县景宁中学　周雨欣

一、理论基础和依据

随着矛盾的展开,事物的变化呈现两种状态:质变与量变。从量变到质变,又从质变到量变,是事物变化的普遍形式。一切事物的发展变化都表现为由量变到质变和由质变到新的量变的质量互变过程。世界上一切事物的存在,都是由质与量两个方面构成的。质与量是事物的两种不同的规定性。质是一事物成为自身并区别于他事物的内部固有的规定性。

人们依据不同的质来区分事物,那么人们又怎样在区分质的基础上把握相同的事物呢?这就必须过渡到对事物的量的认识。量是指事物存在和发展的规模、程度、速度等可以用数量表示的规定性,以及事物构成因素在空间上的排列组合方式。任何事物都是质与量的统一体,在现实世界中,质与量总是结合在一起的。"任何事物的发展变化方式都不是绝对的,质量互变规律也是如此,质量互变规律是自然界、人类社会和思维领域中普遍起作用的规律。总的量变中包含部分质变。而部分质变又有阶段性的部分质变与局部性的部分质变两种。部分质变在事物的渐变性的变化中是不明显的"[1]。

任何事物量变超过一定限度必然引起质变,然后在质变的基础上又开始新的量变,新的量变会引起新的质变,如此周而复始,推动事物不断向前发展。"练脑力,要高度重视知识的不断积累,注意思想的细小变化,不能揠苗助长、急于求成;等到知识和认识水平积累到一定程度,就会发生质的变化,进而对事物有一个全新的认识;然后在质变的基础上继续思考,进行量的积累,超过一定限度会再次发生质变,最终使思考更加深化。同时,要克服思考的消极因素,尤其对'蜻蜓点水'式的思考要防微杜渐,促使自己连续思考、深入思考,进而达到深思熟虑的阶段"[2]。

---

① 郑祥福等编著:《马克思主义哲学教程》,杭州:浙江大学出版社,2013年,第117—120页。
② 张述存:《增强脑力　打造精品力作》,载《光明日报》,2019 - 12 - 19。

二、课标要求

《普通高中思想政治课程标准(2017年版2020年修订)》内容要求:3.2 联系事物发展过程中的渐进性和飞跃性,懂得事物的发展过程是量变与质变的统一;理解质量互变规律。

教学提示:结合学习、生活实际,理解量变与质变是事物发展的两种基本状态。以时政热点事件为背景,充分挖掘有效新闻资源,引导学生通过事物发展中的量变与质变的关系,领悟事物发展过程中的渐进性和飞跃性,从而由表及里,理解质量互变规律、事物发展需要遵循质量互变规律。

三、学情分析

通过必修4"哲学与文化"第三课第二框第二目"用发展的观点看问题"的学习,学生对事物发展的形式或状态是量变和质变,事物的发展总是从量变开始,量变是质变的必要准备,质变是量变的必然结果,质变又为新的量变开辟道路等知识有所了解,为本框题的学习打下了基础;在日常生活中,学生能通过观察和积累发现,生活中遵循质量互变规律的例子普遍存在。在教学中,让学生关注到做任何事都要坚定遵循质量互变规律,不仅是为了凸显这一规律的重要性,还要引导学生在具体事例中体会质量互变规律的内涵。

为了更好地了解学情,在时间充裕且条件允许情况下,可以基于学生在必修4中所学的量变与质变的有关知识,制作有关质量互变规律的问卷,邀请学生填写,以此了解学生对此前所学内容是否仍然掌握。如果数据显示学生对此前知识普遍已经遗忘,那么教学就不能抱着学生已有学习哲学的基础的心理,还是要一步一个脚印。调查得到的数据还能让教师知道哪些学生有良好的基础,教学时可以让这些学生发言唤醒基础薄弱同学的记忆。

四、教学目标

(一)核心素养培育目标

1. 科学精神

通过对我国脱贫攻坚战取得成就的原因和过程的探究,知道脱贫攻坚不是一蹴而就的,了解脱贫攻坚的过程具有渐进性和连续性,深入理解质量互变规律的科学性和遵循这一规律的必要性,发展科学精神核心素养。

2. 政治认同

通过讲述、分享党和国家脱贫攻坚的事例,认识并理解党和国家在脱贫攻坚实践中遵循质量互变规律的正确性,增强爱党爱国爱人民的理想信念,坚决拥护党的领导,坚定"四个自信"。

（二）学科能力目标

1. 学习理解

知道质与量、量变与质变的含义；理解质与量的区别、量变与质变的统一；领悟质量互变规律的要求。

2. 实践应用

能结合具体材料说明量变和质变的辩证关系；能用质量互变规律的知识分析党带领人民脱贫攻坚的过程，说明坚持质量互变规律的重要性和价值。

3. 迁移创新

坚持理论联系实际，分析和说明贯彻质量互变规律的要求对于脱贫攻坚的重要性，进一步认同坚持中国共产党的领导是中国特色社会主义制度的最大优势。

五、教学重难点

1. 教学重点：遵循质量互变规律

任何事物都是质与量的统一体。量变与质变是事物发展变化的两种基本状态。量变是质变的必要前提。质变是量变的必然结果，体现并保存量变的成果，并为新的量变开辟道路。事物的质量互变规律具有普遍性，普遍存在于各种各样发展着的事物中。

2. 教学难点：理解事物发展的过程特点

事物发展的连续性强调事物只在量上变化，事物仍是自身，也就是此物还是此物。事物发展中的间断性强调事物在质上变化，从旧质飞跃到新质，即此物不再是此物，而出现了新事物。学生不易理解之处在于，旧质到新质的飞跃，是渐进性过程的中断，或连续性的间断。事物发展过程中的渐进性与飞跃性、连续性与间断性相互区别又相互包含。难理解的原因在于教材中有对于连续性与间断性的概念阐述，但并没有分别对渐进性与飞跃性的概念进行阐述，教材是在连续性的概念中引入了渐进性，在间断性当中涉及渐进性和飞跃性。因此，学生要领悟理解有了渐进性与连续性的积累，才产生了飞跃性和间断性，进而得出飞跃性和间断性包含渐进性的结论。

六、教学方法

1. 情境教学法

本节课教学的主要意图是引导学生形成对质量互变规律、事物发展的渐进性与飞跃性、连续性与间断性的理解，教学内容比较抽象。运用情境教学法，通过精选案例、活动设计等，依托脱贫攻坚大背景，辅以生活化的例子，引导学生在具体情境中、在分析和解决实际问题的过程中，较好地达成学习目标。

2. 坚持理论性与实践性相统一

本节课涉及的概念性知识较多，包括质与量、量变与质变等，要帮助学生理解这些概念的由来，围绕课题理清概念之间的内在联系，离不开科学理论的支撑，为学生形成相对完整的认识体系打好基础。要用透彻的学理分析回应学生,以彻底的思想理论说服学生;同时又要注重辅以较为通俗易懂的语言,进而帮助学生深入理解和科学建构知识,形成和内化学科核心素养,把思政小课堂与社会大课堂结合起来,逐步探索理论性与实践性的有机统一。

七、教学流程

(一)课堂导入

2021年2月25日,习近平总书记在全国脱贫攻坚总结表彰大会上庄严宣告:"经过全党全国各族人民共同努力,在迎来中国共产党成立一百周年的重要时刻,我国脱贫攻坚战取得了全面胜利。"那么,你知道为什么我国脱贫攻坚战能够取得全面胜利?遵循和贯彻了辩证思维中的什么规律?今天,我们就带着问题,学习"认识质量互变规律"。

【设计意图】 从全国脱贫攻坚总结表彰大会习近平总书记的宣告开始,引入课题,通过展示国家大事引起学生注意,也为学生学习教学内容打下良好的时政基础,有助于学生形成政治认同素养。

(二)新课教学

环节一:聚焦人口脱贫验收标准　领悟质与量的区别与联系

材料一　国务院扶贫开发领导小组办公室主任刘永富表示,中国的脱贫标准是一个综合性的标准,包含"一收入、两不愁、三保障"。具体标准是:该户年人均纯收入稳定超过国家扶贫标准且不愁吃、不愁穿,义务教育、基本医疗、住房安全有保障,共6项指标,全部达标后方可脱贫。

2020年贫困人口脱贫验收的标准为年人均纯收入稳定超过4 000元。

教师:请同学们围绕2020年贫困人口脱贫验收标准,以及教材第80—81页关于质与量的知识,以小组为单位进行讨论和探究,尝试解释和论证这一标准如何体现质与量的含义、质与量的统一。组长负责,每个小组成员都要参与讨论,指定记录员做好记录和整理,确定小组发言人代表小组总结发言。

学生活动:小组合作探究,形成共识,发言人代表小组展示观点。

小组1:课本上对量是这么解释的,量是事物存在和发展的规模、程度、速度等可以用数量表示的规定性,以及事物构成因素在空间上的排列组合方式。中国的脱贫标准是一个综合性的标准,包含"一收入、两不愁、三保障"。我们小组认为,中国脱贫规定的指标体现了在量上的规定。

小组2:我们小组的看法跟前面小组的看法是类似的,我们也认为中国脱贫规定的指标体现了在量上的规定。除了上一组提到的综合标准,"2020年贫困人口脱贫验收的标准为年人均纯收入稳定超过4 000元"这个具体标准也体现了量上的规定。关于质的体现,小组多数同学认为全面脱贫的实现是质的飞跃,但怎样去形容脱贫质与量的统一,我们还没有思路。

小组3:质是一事物成为自身并区别于他事物的内部固有的规定性。根据我们平时的了解和积累,中国的大规模脱贫不同于西方的少数脱贫。量的规定性不同于质的规定性,在一定范围内量的增减并不影响某物之为某物。所以,我们小组认为 2020 年年人均纯收入稳定超过 4 000 元,在 4 000 元以上的范围内的增减不改变人口已脱贫的事实。

教师小结:各组同学的发言能够结合课本质与量的定义,从所给的脱贫验收标准出发,力图说明质与量分别是如何体现的,有的从综合标准、具体标准佐证量的体现,有的从脱贫的实现角度说明质的飞跃,还有的能够结合日常积累来解释。如果能将质与量联系起来看,方能更好地体现质与量的统一。

2020 年贫困人口脱贫验收的标准为年人均纯收入稳定超过 4 000 元。这里的质指向脱贫,量指向年人均纯收入稳超 4 000 元。质规定着量,2020 年贫困人口脱贫标准规定着年人均纯收入稳定超过 4 000 元;量规定着质,2020 年只有年人均纯收入稳定超过 4 000 元了,才证明贫困人口实现脱贫。

教师:质与质变、量与量变是否一样?

学生:不一样,质变是质的变化,量变是量的变化。

教师:相比质与量,量变与质变更体现动态。那么量变与质变的关系是怎么样的呢?

学生:量变是质变的必要前提。质变是量变的必然结果,体现并保存量变的成果,并为新的量变开辟道路。

【设计意图】　通过组织课堂讨论,引导学生结合脱贫标准与教材知识,领悟质与量的统一,以及量变与质变及其关系,培育学生科学精神素养。

环节二:分享对脱贫攻坚的认知　感悟脱贫攻坚中的量变与质变

材料二　2015 年,中共中央政治局审议通过《关于打赢脱贫攻坚战的决定》。11 月,《中共中央　国务院关于打赢脱贫攻坚战的决定》发布。国务院总理李克强在发布的 2019 年国务院政府工作报告中提出,打好精准脱贫攻坚战。

国务院总理李克强在发布的 2020 年国务院政府工作报告中提出,2020 年要优先稳就业保民生,坚决打赢脱贫攻坚战。11 月 23 日,贵州省宣布所有贫困县摘帽出列,至此,中国 832 个国家级贫困县全部脱贫摘帽。

教师:请同学们结合我国脱贫攻坚的历程以及平时积累的有关报道,交流分享自己对脱贫攻坚的认知。根据你的描述,结合对必修教材中量变与质变的理解,你认为脱贫攻坚是一场怎样的战役?并说明理由。提示:如"持久战""跨越战"……

学生活动:交流分享自己的看法和理由。

学生 1:2015 年,中共中央政治局审议通过《关于打赢脱贫攻坚战的决定》。国务院总理李克强在发布的 2019 年国务院政府工作报告中提出,打好精准脱贫攻坚战。国务院总理李克强在发布的 2020 年国务院政府工作报告中提出,2020 年要优先稳就业保民生,坚决打赢脱贫攻坚战。同年 11 月 23 日,贵州省宣布所有贫困县摘帽出列。从 2015 年通过这一决定到 2020 年贵州所有贫困县摘帽,经过长期的努力才取得脱贫攻坚战的全面胜利,这个过程是艰难的,是持久的,这个过程是一次量的积累过程,是量变。

学生 2:2020 年,贵州所有贫困县摘帽,至此,中国 832 个国家级贫困县全部脱贫摘帽。从我国决定打赢脱贫攻坚战到实现脱贫攻坚战的全面胜利,这是一种跨越。因此,我认为脱贫攻坚战是一场跨越战,这是质变。

教师小结:脱贫攻坚既是一场持久战,又是一场跨越战,更是一场奇迹之战。脱贫攻坚不是一蹴而就的,各地脱贫攻坚小目标一个又一个实现,通过这样的量变促成了脱贫攻坚全面胜利的质变。

综合以上同学们分享的对我国脱贫攻坚战的看法,我们对此有了更全面的了解,知道脱贫攻坚的不易和成就是量变与质变的体现。

【设计意图】 本环节通过引导学生畅所欲言、分享交流对脱贫攻坚战是一场怎样的战役的认识,将国计民生与教材知识建立联结。教师所提供的脱贫攻坚历程的文字材料,是学生分析脱贫攻坚战的主要依据,不仅有助于学生培养细节阅读、分析理解的能力,也有助于学生政治认同素养的形成。

环节三:巩固拓展脱贫攻坚成果 坚定遵循质量互变规律

材料三 在全国脱贫攻坚总结表彰大会上,习近平指出,"改革开放以来,党团结带领人民实施了大规模、有计划、有组织的扶贫开发,着力解放和发展社会生产力,着力保障和改善民生,取得了前所未有的伟大成就。党的十八大以来……党中央把脱贫攻坚摆在治国理政的突出位置,把脱贫攻坚作为全面建成小康社会的底线任务,组织开展了声势浩大的脱贫攻坚人民战争。党和人民披荆斩棘、栉风沐雨,发扬钉钉子精神,敢于啃硬骨头,攻克了一个又一个贫中之贫、坚中之坚,脱贫攻坚取得了重大历史性成就。农村贫困人口全部脱贫,为实现全面建成小康社会目标任务作出了关键性贡献……脱贫地区经济社会发展大踏步赶上来,整体面貌发生历史性巨变……脱贫群众精神风貌焕然一新,增添了自立自强的信心勇气……党群干群关系明显改善,党在农村的执政基础更加牢固……创造了减贫治理的中国样本,为全球减贫事业作出了重大贡献"。

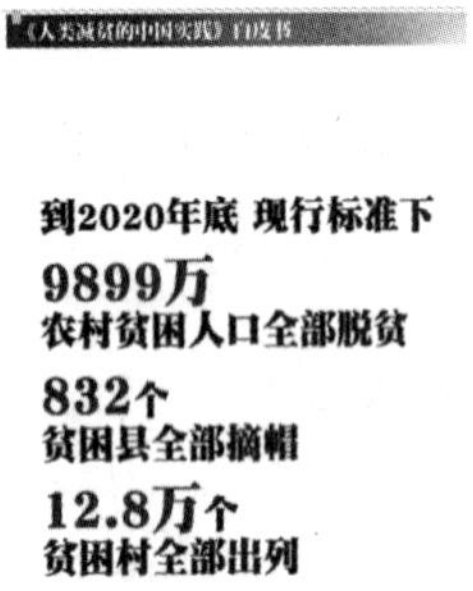

图左侧文字:

《人类减贫的中国实践》白皮书

到2020年底 现行标准下
9899万
农村贫困人口全部脱贫
832个
贫困县全部摘帽
12.8万个
贫困村全部出列

图1

材料四 脱贫攻坚目标任务完成后,设立5年过渡期

到2025年,脱贫攻坚成果巩固拓展,乡村振兴全面推进,脱贫地区经济活力和发展后劲明显增强,乡村产业质量效益和竞争力进一步提高,农村基础设施和基本公共服务水平进一步提升。

教师:请同学们阅读教材第82页,结合脱贫攻坚的伟大成果,小组讨论并回答问题。

(1)中国在推动脱贫攻坚目标任务完成的进程中,是如何坚持遵循质量互变规律的?

(2)为什么脱贫攻坚目标完成后,还要设立5年过渡期?

学生活动:解读情境,小组讨论,思考回答。

小组1:在中国脱贫攻坚目标任务完成之前,贫困人口逐渐减少、贫困发生率逐渐降低,这体现了它发展的连续性,只是量上变了,但是只要贫困县还未全部摘帽,仍然处于全面脱贫未完成阶段。此外,我们小组讨论认为,5年过渡期,有承上启下的作用,承接脱贫攻坚的成果,开拓未来新发展。

小组2:2020年底中国贫困县全部摘帽,体现了它发展的间断性,因为质发生了变化,从未完成全面脱贫进入实现全面脱贫阶段,这就是旧质到新质的飞跃。正如我们必修4"哲学与文化"模块所学,量变到质变,在新质的基础上开始新的量变,如此循环往复,不断前进。

因此,发展的间断性是渐进性过程的中断,或连续性的间断。对于第二问,我们小组认为,既然设立了 5 年过渡期,那么过渡时期的任务和脱贫攻坚未完成时期的任务定然有所不同,不同阶段有不同的具体任务,这也符合实践需要。

小组 3:前面两个小组都是从脱贫攻坚总目标上,来说明质量互变规律如何体现的。我们小组结合对脱贫攻坚的了解,从一个个小目标上来看,2019 年西藏贫困县率先清零,西藏也率先促成了有贫困县到无贫困县的质变,而当时其他省仍然有贫困县,还在量变尚未实现质变的过程中。虽然当下我国全面脱贫攻坚目标已经完成了,但是我们国家的发展并没有停止,要巩固拓展脱贫攻坚成果,全面推进乡村振兴。当新的量变积累到一定程度的时候,还会形成新的质变、新的飞跃。比如,到 2035 年,我们基本实现社会主义现代化。因此,我们在脱贫攻坚目标完成后,还要设立 5 年过渡期。

教师小结:客观事物的质量互变规律要求我们以统一性的观念,正确把握事物发展过程中的量变与质变、渐进性与飞跃性、连续性与间断性的关系。渐进性与连续性的每一步进展都是对自己的破坏,都在走向自己的反面,即飞跃性与间断性。这正体现了我们在必修 4"哲学与文化"模块中就已经涉猎过的辩证否定观,自己否定自己,自己发展自己。我国全面脱贫攻坚目标的实现离不开质量互变规律的坚定遵循。不破不立、敢为人先、不畏困难,勇于作出适时的调整和改变,通过渐进性和连续性的积累,才实现了全面脱贫的飞跃,从旧质到新质体现了间断性和飞跃性。

【设计意图】　在我国脱贫攻坚实践中,党和国家始终坚定遵循质量互变规律,但学生直接从质量互变规律的理论来理解脱贫攻坚仍比较困难。本环节采取案例教学法,通过精选典型事例,设计学习任务和问题链来突破教学难点。本环节借助案例这一载体进行综合性教学,综合不同模块的内容,将质量互变规律与全面脱贫的实现建立起密切联系,在培育学生政治认同素养的过程中培育科学精神素养。

本环节中提出的问题,具有很强的开放性。教师要把握好学生回答问题的思维过程与结论表达之间的关系,既关注过程,又不忽视结论;要有效掌控问题的原则性与开放性的关系,学生畅所欲言必须是在符合社会主义核心价值观的基础上,而不是无原则地随意发言。

(三)课堂总结

准确地把握事物发展过程中的量变与质变,正确地认识事物发展过程中的渐进性与飞跃性、连续性与间断性,对我们认识事物的本质、遵循事物的发展规律具有重要意义。习近平总书记说:"脱贫摘帽不是终点,而是新生活、新奋斗的起点。"

【设计意图】　总结教学核心内容,促进学生认识和情感升华。

八、板书设计

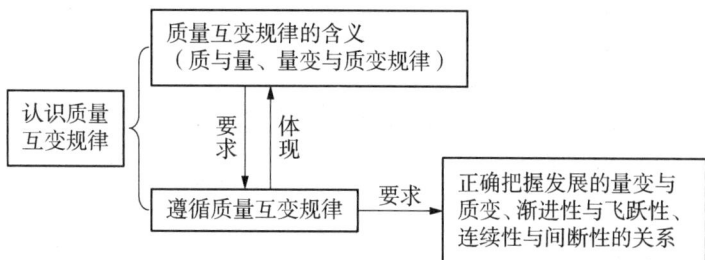

九、教学反思

本节课探索了活动型学科课程的教学设计,通过合作探究 2020 年贫困人口脱贫验收标准如何体现质与量的含义、解读脱贫攻坚伟大成果如何遵循质量互变规律等活动,设计多种类型的学习任务,引导学生经历分析解决问题、完成特定学科任务的过程,理解和认同党和国家坚定遵循质量互变规律,使学科核心素养得到培育和提升。

概念是思维的基本单位,是思想政治学科知识系统的基本要素。准确把握概念是深入进行学科理论探索,并在生活中科学应用学科知识、提高学科核心素养的前提所在。本节课包含着质与量、量变与质变、渐进性与飞跃性、连续性与间断性等多个概念,厘清这些概念,明确概念之间的内在联系,才能为学生理解其他观点扫清思维障碍。因此,清晰建立起主要概念的网络系统,帮助学生形成结构化的认知成为本节课关注的重点。

本节课教学中,如何坚持贯彻质量互变规律,这一问题比较抽象,尽管设计了解读情境、思考问题的任务,但学生在理解上仍然存在困惑。对此,建议选取更多贴近学生和社会生活的生动事例,增加学生的感性认识,引导学生透过直观生动的现象抓住本质,形成理性认识。

十、专家点评

新课标提出了"优化案例,采用情境创设的综合性教学形式"的建议,强调"优化案例"的关键在于"优化情境的功能"。周老师的这节课,在优化情境的功能上,给我们作了一个很好的诠释:以我国脱贫攻坚战取得了全面胜利为情境,为科学精神、政治认同等学科核心素养的培育提供了有效的支持和服务;我国的脱贫攻坚事业本身就是一个质变量变相统一的过程,以此为情境能很好地呈现逻辑与思维中质和量、质变和量变、度等核心概念,并引导学生在实际中运用质量互变规律;从脱贫标准领悟质与量的区别与联系、从脱贫认知中感悟脱贫攻坚中的量变与质变、从脱贫成果中坚定遵循质量互变规律,教学情境切实充当了组织教学内容、贯彻逻辑线索的必要环节。

第二框题 把握适度原则

浙江省景宁畲族自治县景宁中学 周雨欣

本框课件下载

一、理论基础和依据

度是事物保持其质的量的限度、幅度、范围,是和事物的质相统一的数量界限。度是质与量的相互统一,在度中,事物的质是一定量的质,事物的量则是一定质的量。

认识事物的度对于科学研究与实践活动有重要的意义。首先,我们可以做到胸中有数,即对情况和问题要首先注意它的数量,对它进行量的分析,任何质都表现为一定的量,没有对事物的数量方面的认识,就谈不上对事物的认识。其次,只有了解了事物的度才能提出指导实践活动的正确原则,如果没有对度的把握,就无法指导实践活动,特别是现代化建设过程中,需要对事物的度的把握越来越严格、准确,否则就会造成重大损失。再次,人们在一切实践中都要掌握适度的原则,既不能过火,也不能不及,要把方针政策严格限制在一定的范围内,如果超出这个范围,就会犯"左"的或右的错误①。

二、课标要求

《普通高中思想政治课程标准(2017 年版 2020 年修订)》内容要求:3.2 把握适度原则。

教学提示:可从有实践意义的社会热点事件入手,带着对"度""关节点""适度"含义的疑问走进事件,深入理解这些概念的含义和遵循适度原则的必要性,提升描述和阐释、分析和论证事物的水平和能力。

三、学情分析

通过选择性必修 3"逻辑与思维"第九课第一框题"认识质量互变规律"的学习,学生对质与量的含义与联系、量变与质变的辩证关系、事物发展过程中的渐进性与飞跃性、连续性与间断性等知识有所了解,为学习本框题内容打下理论基础;在日常生活中,学生能通过观察和积累发现生活中遵循适度原则的例子普遍存在。在教学中,需要让学生关注到做任何事都要坚定遵循适度原则,不仅要凸显这一原则的重要性,还要引导学生在具体事例中体会适度原则的内涵以及其与质量互变的联系。

四、教学目标

(一)核心素养培育目标

1. 科学精神
通过讲述、分享袁隆平杂交水稻的培育故事,领悟适度的含义,感知质与量在度中统一,把握适度原则,发展科学精神核心素养。

2. 政治认同
通过解读杂交水稻的教育故事,学习袁隆平等科研人员埋首田野做科研,为推动中国农业发展和解决粮食问题无私奉献的崇高精神,从而增强践行社会主义核心价值观的自觉性。

---

① 郑祥福等编著:《马克思主义哲学教程》,杭州:浙江大学出版社,2013 年,第 118 页。

（二）学科能力目标

1. 学习理解

知道事物质与量的统一体现在度中；理解度和关节点的内涵与联系；领悟适度的含义、适度原则的内涵以及遵循这一原则的要求。

2. 实践应用

能结合具体材料说明事物质与量的统一体现在度中，以及度和关节点的内涵与联系；能用适度原则分析袁隆平培育杂交水稻的过程，说明坚持适度原则的重要性和价值。

3. 迁移创新

坚持理论联系实际，分析和说明贯彻适度原则的要求对于培育杂交水稻的重要性；增进对袁隆平等科研人员坚持培育杂交水稻的认同感和敬佩感，将适度原则灵活贯彻到其他领域和日常工作中。

五、教学重难点

1. 教学重点与难点：把握适度原则

人们的一切实践活动都离不开对适度原则的把握。度是一事物保持自身质的稳定性的量的限度。学生容易理解度，但在实践中不容易把握这个度，因此在教学中，教师需要举一些贴近生活、容易理解的事例，帮助学生理解和把握适度原则。

六、教学方法

1. 情境教学法

本节课教学主要引导学生形成对适度的含义、适度原则的内涵以及遵循要求的理解，教学内容具有一定抽象性。运用情境教学法，通过精选案例、活动设计等，依托杂交水稻的研究背景，在课中辅以生活化的例子，引导学生在具体情境中、在分析和解决实际问题的过程中，较好地达成学习目标。

2. 坚持理论性与实践性相统一

本节课涉及的概念性知识较多，要帮助学生理解这些概念的由来，围绕课题理清概念之间的内在联系，离不开科学理论的支撑，为学生形成相对完整的认识体系打好基础。同时，要注重由思政小课堂走向社会大课堂，实现理论性与实践性的有机结合。

七、教学流程

（一）课堂导入

第三代杂交水稻 2019 年 10 月首次测产取得亩产 1 046.3 公斤的成绩，耐盐碱水稻（海水稻）稻作改良试验面积增至万亩以上，2020 年在全国推广超级杂交稻品种"超优千号"千万亩以上……在袁隆平等科研人员的努力下,我国水稻良种培育不断创新,产量屡攀高峰。那么,你知道为什么我国水稻良种培育能够不断创新、产量屡攀高峰吗? 今天,我们就带着问题,学习"把握适度原则"。

【设计意图】 从近年来袁隆平等科研人员进行的杂交水稻良种培育引入课题,通过事关国计民生的大事引起学生注意,也为学生学习教学内容打下良好的时政基础,有助于学生形成政治认同素养。

(二)新课教学

环节一:分享海水稻的故事　感知质与量在度中统一

教师:请同学们结合预习以及课前所搜集的资料,交流分享自己准备的海水稻的故事,并根据你讲述的故事,谈谈你对质与量在度中统一的理解——你认为海水稻的培育是如何体现质与量在度中的统一的?

学生活动:(1)课前预习课本"把握适度原则"的内容。(2)搜集海水稻的含义和"海稻86"的培育故事,课上交流分享。

学生1:耐盐碱水稻指的是能够在一定浓度盐碱地中生长的水稻品种,也被形象化地称为"海水稻"。有一次,气温一下涨到三十多摄氏度,洒水的时候,工人发现有部分海水稻秧苗蔫了,根据以往培育本地粳稻秧苗的经验,这种情况很难救回来,但科研人员没有放弃,最后海水稻也坚强地挺了过来。

我认为,部分海水稻之所以能够在蔫了的情况下仍然挺过来,正是因为海水稻的耐热性,说明气温到三十多摄氏度仍然在海水稻可耐受的范围之内,这个范围应当就是度。在这个度里,虽然气温升高了,量在变,但海水稻还是能顽强存活的,质不变。

学生2:1986年林果专业毕业的陈日胜在开展海滩红树林资源普查时,在芦苇地里无意间发现一株野生海水稻,并细心取下那株野生海水稻的522粒种子,从此开启了一条与海水稻交织在一起的人生道路。陈日胜花了5年时间最终选育定型名为"海稻86"的新品系。1992年起,陈日胜不断培育并将"海稻86"推广到全国各地的盐碱地上试种。

我认为陈日胜最终能够选育定型名为"海稻86"的新品系,就在于他找到了限定的度。在这个度的范围里,可以确定这种海水稻新品系。当然也离不开陈日胜日复一日,风吹日晒地观察和研究,没有这种坚韧,就难以找到限定的度并确定海水稻新品系。这种不怕困难、坚持不懈的精神值得我们学习。

学生3:山东省水稻研究所指出,利用"InDel分子指数法"鉴定"海稻86"的籼粳性,结果表明"海稻86"为籼稻,且初步确定其不是野生稻。"InDel分子指数法"是卢宝荣等专家通过比对粳稻品种日本晴和籼稻品种93-11基因组序列,筛选并实验验证出与栽培稻的籼、粳遗传分化密切相关的34个InDel特异位点,可以快速、准确地鉴定水稻品种的籼、粳特性及籼、粳分化程度的方法。

根据这种鉴定方法的含义,我认为与栽培稻的籼、粳遗传分化密切相关的34个InDel特异位点正是一种度,是限定"海稻86"为籼稻而不是野生稻的度。科研人员埋头苦干又不失专业的钻研精神,令人动容。

教师小结:海水稻的培育离不开量的变化与积累和质的飞跃,质与量的统一就体现在度中。度是一事物保持自身质的稳定性的量的限度。在度的范围内,质与量相互结合、相互规定。综合以上分享的海水稻的故事以及观点,我们对此有了更全面的了解,知道海水稻培育的不易和成就体现了质与量在度中的统一。

【设计意图】 本环节通过学生畅所欲言、分享交流海水稻的故事以及质与量的统一如何在度中体现,为国计民生与教材知识建立联结。教师布置学生课前预习和收集资料,是学生分析海水稻培育故事的主要依据,不仅有助于培养学生细节阅读、分析理解的能力,也有助于学生政治认同素养的形成。

环节二:着眼水稻催芽条件 领悟适度的含义

材料一 水稻催芽过程应掌握适宜的温度、适当的水分和适时换气。

水稻种子发芽最适宜温度是30—35℃,超过45℃时就会引起"烧芽"。

稻种发芽所需的最低吸水量,籼稻一般为其种子重量的15%,粳稻为18%。在催芽过程中,水分过高或过低不仅影响水稻种子发芽的整齐度和速率,也会造成水稻种子根芽生长的不协调。

水稻种子若浸种时间过长,会造成种子缺氧,妨碍种子的正常呼吸。因此水稻种子常采用的浸种方法是短浸多露。具体做法:消毒后的种子用清水冲洗干净,露种8小时。以后每浸6—8小时露种3—4小时,总浸水时间不要超过30小时。

教师: 请同学们围绕所给水稻催芽的条件(每小组选择一个方面),结合教材第83页有关知识,以小组为单位进行讨论和探究,尝试解释和论证上述条件如何体现适度的含义、度与关节点的内涵与联系。组长负责,每个小组成员都要参与讨论,指定记录员做好记录和整理,确定小组发言人代表小组总结发言。

学生活动: 小组合作探究,形成共识,发言人代表小组展示观点。

小组1: 适度应该就是要保持度在合理的范围。水稻催芽过程应掌握适宜的温度,也就是在合理的温度范围中。我们还认为水稻种子发芽最适宜温度是30—35℃,超过45℃时就会引起"烧芽",这部分可以较好地分析关节点。当量的变化达到或超出定量限度时,事物就开始发生质的转化。这里的30℃和35℃很容易被当成是关节点。但是30—35℃是水稻种子发芽最适宜温度范围,并不意味着36℃就不适宜水稻种子发芽。也就是说,离开了30—35℃温度范围,水稻种子不一定就发生质变。因此,30℃和35℃不是关节点。超过45℃时就会引起水稻种子"烧芽",也就是说45℃以上,水稻种子会发生"烧芽"这一质变。45℃是水稻种子烧芽的关节点。

小组2: 我们认为水稻种子发芽所需的最低吸水量,籼稻一般为其种子重量的15%,粳稻为18%,这部分用于分析关节点也很合适。不同稻种发芽所需最低吸水量的关节点不同,对于籼稻来说是种子重量的15%,而对于粳稻来说则是18%。在催芽过程中,水分过高或过低不仅影响水稻种子发芽的整齐度和速率,也会造成水稻种子根芽生长的不协调。因此,要把握催芽水分的度,才能有利于水稻根芽健康生长。

小组3: 水稻种子若浸种时间过长,会造成种子缺氧,妨碍种子的正常呼吸。因此,水稻种子常采用的浸种方法是短浸多露。那么若浸种时间过短,是否会对水稻种子生长不利呢?短浸多露的"短"有范围,也就是有度的限定。每浸6—8小时露种3—4小时,总浸水时间不要超过 30 小时。6—8 小时是每次浸种时间的度,而 30 小时则是总浸水时间的关节点,如果总浸水时间超过了 30 小时,那么就可能造成水稻种子缺氧。

教师小结:各组同学的发言能够结合课本度与关节点的有关概念,从所给的水稻催芽条件出发,力图说明度与关节点是如何体现的,有的结合自己的认知理解适度的含义,从水稻催芽温度范围角度说明度的幅度,还有的能够结合细化分析来解释。如果能将度与关节点联系起来看,方能更好地体现适度的含义。我们只是在课堂上进行水稻种子催芽条件的讨论,而科研人员则是用毕生的时间,不辞辛苦地寻求水稻生长各个环节中最适宜的条件,从而研究出更能满足人民需求的水稻。因为坚守,铸就伟大,他们都是我们的榜样、我们的英雄。

教师:那么,区分量变与质变的根本标志是什么?

学生:事物的变化是发生在度的范围之内还是超出度的范围,这是区分量变与质变的根本标志。

教师:超出度的范围事物如何变化? 要求遵循的原则是什么?

学生:超出度的范围,事物会发生质变,质与量的统一就会破裂。要求我们在实践活动中遵循适度原则。

【设计意图】 通过组织小组探讨,引导学生结合水稻催芽条件与教材知识,领悟度、适度与关节点的含义,理解事物变化是否在度的范围之内是区分量变与质变的根本标志,能够自然推出我们要遵循适度原则,培育学生科学精神素养。

环节三:总结超级水稻培育经验　坚定遵循适度原则

材料二　2021 年袁隆平超级杂交水稻蒙自基地中实施了中密度种植与高密度种植的对照实验——保持秧苗行距 30 厘米不变,株距由 11.6 厘米缩短至 10 厘米。"虽然看起来只是细微的调整,但这 1.6 厘米的改变将使得每亩水田能多栽种 2 000 株秧苗"。工作人员表示,同样的面积栽种更多的秧苗意味着将获得更高的产量,但过高的栽种密度并不利于秧苗健康生长,最终适得其反。

材料三　通过对比实验进一步研究高密度种植对秧苗的光照、通风等生长条件带来的影响,以科学严谨的手段找到栽种密度与产量的最佳平衡点,稳步创造"超优千号"超级杂交水稻的亩产新高。

教师:请同学们阅读教材第 83—84 页,了解掌握适度原则的必要性、内涵、具体要求等。阅读情境材料,结合"超优千号"超级杂交水稻伟大成果的取得,思考回答问题。

(1) 袁隆平团队在研究"超优千号"超级杂交水稻的进程中,是如何遵循适度原则的?

(2) 在稳步创造"超优千号"超级杂交水稻的亩产新高后,科研人员是否还要继续研究高产杂交稻?

学生活动:解读情境,小组讨论,思考回答。

小组 1:2021 年袁隆平超级杂交水稻蒙自基地中实施了中密度种植与高密度种植的对照实验——保持秧苗行距 30 厘米不变,株距由 11.6 厘米缩短至 10 厘米,为了保持超级杂交稻的正常生长,所以株距的调整变化控制在度的范围内。

超级杂交水稻的亩产新高固然已经令人欢呼雀跃,但只要生命不息,科研不止,科研人员还会继续研究,站在巨人的肩膀上,站在前人共同努力的台阶上,继续挥洒汗水,贡献智慧的力量,坚守在科研的岗位。

小组2: 适度原则要求我们在思考和处理问题时把握好分寸,不犯极端化的错误。工作人员表示,同样的面积栽种更多的秧苗意味着将获得更高的产量,但过高的栽种密度并不利于秧苗健康生长,最终适得其反,这是遵循了适度原则的要求。如果栽种密度过高就会犯极端化的错误。通过对比实验,以科学严谨的手段找到栽种密度与产量的最佳平衡点,说明水稻科研人员积极地认识和推动超级杂交稻在合理密度里达到最佳状态。

此外,我们小组认为,超级杂交稻的亩产创新高已经是伟大的成就,但科研向来都是精益求精的,探索永无止境。因此,科研人员会选择继续研究高产杂交稻。

小组3: 前面两个小组对于第一问的回答,已经把我们小组想表述的内容说出来了,这里我们就不重复了。我们小组重点谈谈对第二问的理解,其他小组都是从精神层面去理解,我们是从理论层面去理解的。

虽然我们稳步创造了"超优千号"超级杂交水稻的亩产新高,但并不代表研究结束,还是要继续研究,找到更精确的栽种密度范围,坚持适度原则,促进新量变向新质变的转化,以达到我们期望的更高产量。

教师小结: 要改变我们不需要的事物的特定的质,就应当积极创造条件,促进事物量的变化,并使其向度的边缘不断发展,使该物转化为他物。"宜将剩勇追穷寇,不可沽名学霸王",讲的就是量变已达到一定程度时,我们要积极促成事物的质变使其达到我们所期望的存在状态。我国超级杂交稻亩产新高的实现离不开适度原则的坚定把握。科研人员不断地进行对比实验,正是在积极创造条件,坚持贯穿适度原则,促进我国杂交水稻产量持续稳步提高。

【设计意图】 在我国杂交水稻研究中,科研团队始终坚定把握适度原则,但鉴于学生直接从适度原则的理论来理解有一定难度,本环节采取案例教学法,通过精选典型事例,设计学习任务和问题链来突破教学难点。本环节借助案例这一载体进行综合性教学,综合不同模块的内容,将适度原则与超级杂交稻亩产新高的实现建立起密切联系,在培育学生政治认同素养的过程中培育科学精神素养。

(三)课堂总结

每个季节、每个环节,袁隆平超级杂交水稻蒙自基地的负责人员严格按照技术标准进行耕种、管理,使这块基地的水稻长势均衡,穗大粒多,结实率高。目前这一地块已经连种5年,2022年或将重新选择地块进行高产攻关关键技术与示范项目。中国超级杂交水稻的发展,将适度原则贯彻到底!我们在对待学习压力时,也要贯彻适度原则。压力过大或者压力过小,都不利于学习。只有保持适度压力,才能让我们处在最佳的学习状态。大到杂交水稻,小到我们每个人的学习生活,都要贯彻适度原则。

【设计意图】 总结教学核心内容,促进学生认识和情感升华。

八、板书设计

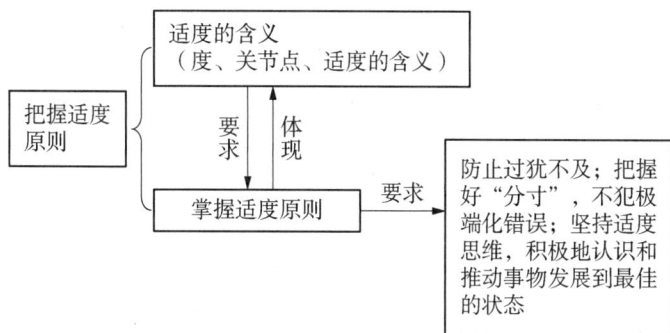

九、教学反思

本节课探索了活动型学科课程的教学设计,通过分享海水稻故事、合作探究水稻催芽的条件如何体现适度的含义、解读"超优千号"超级杂交水稻如何遵循适度原则等活动,设计多种类型的学习任务,引导学生经历分析解决问题、完成特定学科任务的过程,理解和认同杂交水稻的培育,坚定把握适度原则,使学科核心素养得到培育和提升。

概念是思维的基本单位,是思想政治学科知识系统的基本要素。准确把握概念是深入进行学科理论探索,并在生活中科学应用学科知识、提高学科核心素养的前提所在。本节课包含着度、关节点、适度等多个概念,厘清这些概念,明确概念之间的内在联系,才能为学生理解其他观点扫清思维障碍。因此,清晰建立起主要概念的网络系统,帮助学生形成结构化的认知成为本课关注的重点。

本节课教学中,如何坚持贯彻适度原则,这一问题比较抽象,尽管设计了解读情境、思考问题的任务,但学生在理解上仍然存在困惑。对此,建议选取更多贴近学生和社会生活的生动事例,增加学生的感性认识,引导学生透过直观生动的现象抓住本质,形成理性认识。

十、专家点评

活动质量直接决定着在活动型学科课程的教学效果,而活动的质量又取决于学习任务的设计。周老师的这节课,在学习任务的设计上,带给我们两点启示。

1. **任务设计的指向要明确。**任务不是一个简单的问题,需要有明确的指向,具有较强的操作性。环节一中有个课前搜集海水稻的含义和"海稻86"的培育故事的任务,从学生课堂分享的效果看,效果还是不错的。这得益于与之配套的、预习课本"把握适度原则"的内容这一要求。如果没有这一要求,学生搜集的资料可能就会缺少目标,分享时就可能天马行空,影响活动目标的达成。

2. **任务设计的意图要明确。**教学需要目标,活动开展需要有明确的意图。环节三中设置的第二项任务是"在稳步创造'超优千号'超级杂交水稻的亩产新高后,科研人员是否还要继续研究高产杂交稻","科研人员是否还要继续研究高产杂交稻"似乎并不成为问题,因为学生一般都知道"要继续"。但学生真的明白"要继续"的理由,并能清晰地表达出来吗? 如果我们把这个任务设计的意图定位于此,就能感受到这个任务设计的好处所在了。看似简单的内容,在学生的脑袋里真正"过一遍",在学生的口中再"过一遍",可能效果就不一样了。逻辑与思维的教学特别需要强调"训练"。

第十课

推动认识发展

第一框题　不作简单肯定或否定

浙江省春晖中学　刘　帅

本框课件下载

一、理论基础和依据

马克思主义哲学的创立把实践观点引进认识论,把辩证法应用于反映论,应用于认识的过程和发展,真正形成和丰富了唯物辩证法的思维理论。辩证思维是马克思主义唯物辩证法和认识论在思维领域中的延伸和具体化。

认识运动的反复性和无限性,并不表明认识是一种圆圈式的循环运动。从实践到认识、从认识到实践的循环是一种波浪式前进或螺旋式上升的过程。这种形式下实践和认识之每一循环的内容,都比较地进到了高一级的程度。

与辩证唯物主义认识论观点相反的循环论者,片面地夸大事物发展中的重复现象,把事物发展中的回复性看成是简单的周而复始的循环,并把它看作是一切事物的正常秩序。直线论者则把事物发展的前进性绝对化,认为事物的发展道路总是笔直的。这两种观点都是形而上学的表现,反映到认识论上就是简单肯定一切或否定一切的思维方式。简单肯定与否定违背了唯物辩证法关于肯定与否定之间的辩证关系原理,用这样的思维方式看待事物、解决问题,会陷于主观、极端化的思维误区。

辩证否定观是关于辩证否定的根本观点,即否定是事物内在矛盾引起的自我否定;辩证的否定是发展环节和联系环节的统一,既不是简单地肯定一切,也不是简单地否定一切,而是既肯定又否定,既克服又保留。这一辩证否定的过程既使新事物和旧事物之间有着本质的差别,又使新旧事物联系起来成为有机的整体而向前发展。坚持辩证否定观是认识遵循客观事物发展规律的体现。

二、课标要求

《普通高中思想政治课程标准(2017 年版 2020 年修订)》内容要求:3.3 辨析简单肯定一切或否定一切的危害,解析认识经由"感性具体——思维抽象——思维具体"的途径;了解辩证否定观的实质;体会认识不断深化的历程。

教学提示:以"坚持辩证否定"为议题,通过分析生活中的具体事例,辨析简单肯定一切或否定一切的危害,理解辩证否定的要义,自觉坚持辩证否定观。

三、学情分析

辩证唯物主义和历史唯物主义的学习为理解本节课的内容提供了知识支撑,但学生要理解"辩证的否定包含着肯定,同时又有比肯定更为丰富的内容",则是一项挑战。本节课内容和学生已有的生活阅历以及平时积累的时政关系密切,学生能够清晰地描述社会现象,学习的生活储备基础较好,但由于没有系统学习过"自否定"的概念,较难从"肯定"和"否定"的相互作用中理解辩证法的本质,把握辩证的否定观,这是教学中最需要关注的地方。

四、教学目标

(一)核心素养培育目标

1. 科学精神

通过反思"存在即合理"这句生活俗语,辨析简单肯定或否定的危害,并尝试通过解读哲学经典原著的有关内容,了解辩证否定观的实质,领会唯物辩证法的本质,学会在扬弃中推动认识不断发展,采取科学分析的态度对人对事,自觉运用辩证思维,增强解决中国改革发展中复杂问题的本领。

(二)学科能力目标

1. 学习理解

完整地表述肯定和否定的对立统一关系;理解辩证的否定的双重特性;领悟唯物辩证法的本质。

2. 实践应用

结合具体材料说明肯定和否定的对立统一关系;从史实和现实中选择恰当事例分析辩证否定观的意义。

3. 迁移创新

从辩证的否定的角度出发,把握唯物辩证法的本质,领悟辩证精髓,处理复杂问题。

五、教学重难点

1. 教学重点:掌握辩证的否定观

掌握辩证的否定观对推动认识发展的意义在于,辩证的否定观把否定看作事物的发展环节和联系环节的统一。任何事物的发展都要否定自己从前的存在形式,否则就没有新旧事物的区别。同时,任何事物的发展过程又具有连续性,新事物是从旧事物中产生的,它必然要吸收旧事物的合理因素来丰富自己。掌握辩证的否定观才能真正坚持唯物辩证法,反对形而上学。

2. 教学难点:理解肯定和否定的对立统一关系

任何事物内部都包含着肯定和否定两个方面。这两个方面既对立又统一,而且否定是较后也是较高的环节,它包含着肯定,同时又具有比肯定更为丰富的内容,更能体现出事物发展的辩证法。理解了肯定和否定的关系,明确事物通过自我否定而实现"自己运动",才能理解否定之否定的规律和否定性的辩证法。因而在教学时,不能仅仅引导学生在生活逻辑层面上感知它,更要将之置于整个哲学史发展中,通过解读相关经典文本,在辨析唯物辩证法和形而上学中掌握其深层内涵。这一方法虽然能够切实有效提高学生理论思维能力,但是距离学生生活较远,学生理解有一定困难,教师应结合学生以往所学加以阐释。

六、教学方法

1. 情境教学法

本节课教学内容高度抽象,运用情境教学法,将熟悉的生活场景移入课堂,使之转换为教学素材,有助于学生在具体情境中分析和解决实际问题,联结生活逻辑和理论逻辑,从而较好地达成教学目标。

2. 文本解读法

本节课涉及的是否定之否定这一规律,哲学原著中的相关内容较多,教师可以有选择地指导学生对原著进行解读,将教材相关原理置于经典著作的大脉络之中,凸显课堂的思辨韵味,提高学生的理论思维能力。

3. 坚持建设性与批判性相统一

本节课要达成的主要目标是引导学生坚持辩证否定观,不作简单肯定或否定。本节课不仅教学内容涉及较多的概念性知识,而且要厘清辩证的否定观与形而上学思维方式的根本区别。因此,要用透彻的学理分析帮助学生掌握辩证思维,为学生思维品质的提升打好基础。同时又要注重批判性教育,引导学生在比较鉴别中确认观点,剔除错误思想,在自否定中实现自身发展和完善,进而深入理解和科学建构知识,形成和深化学科核心素养。

七、教学流程

(一)课堂导入

教师:"存在即合理"这句话同学们或许都听说过。正式上课之前,老师想请大家结合自己的生活和学习经历,谈谈对这句"熟知"的话的看法和理解。

学生1:万物存在自然有它的道理,并不是强调其本身对错或好坏,而更强调自然界中与生俱来的规律,是用一定的辩证观点来看待每个事物存在或每个事件发生背后的必然性。

学生2:"存在"不一定"合理"。若"存在即合理",便再无在发展中超越自己。但整个世界确实一直在自我否定中前进,所以,"存在"不一定"合理",而是要不断自我否定。

学生3:"存在即合理"有一定的合理性。世上存在着的万物在某一阶段都可被称为"新事物",都符合当时历史发展的必然趋势,其存在、出现都是有意义的。固然随着时代发展,它可能被淘汰,但正是由于它的存在推动了更好的未来。

教师:同学们经过了自己的思考,表达了自己的看法。那么"存在即合理"真的合理吗?我们一起来看看这种思维方式的现实表现。

【设计意图】 "熟知并非真知",而哲学恰恰是要从"熟知"到"真知"。从"熟知"入手,通过讨论、交流引起学生注意,为学习本节课内容打下良好的认识基础。

(二)新课教学

环节一:反思生活俗语,明确简单肯定或否定的危害

材料一 维生素是人和动物维持正常的生理功能不可或缺的微量有机物质,在人体生长、代谢、发育过程中发挥着重要作用。有人由此认定,"补充维生素多多益善",甚至采信所谓的"维生素疗法",为预防癌症,治疗高血压、高血脂和动脉硬化等,大剂量地服用维生素,结果导致维生素中毒。

教师:请同学们思考以下问题。

(1) 从哲学上来看,"补充维生素多多益善"是一种怎样的思维方式?

(2) 这种思维方式的认识误区在哪里?

学生活动:对于第一个问题,由于有导入环节的铺垫,学生一般会把"补充维生素多多益善"这种观点和"存在即合理"联系起来。在这个基础上,学生可能会从矛盾观的角度进行回答,指出它的片面性。

教师点拨:同学们的回答中已经显现出"补充维生素多多益善"与"存在即合理"一样,是一种"简单地肯定一切"的思维方式。马克思主义矛盾观告诉我们,任何事物都包含着既相互对立又相互统一的两个方面。如果我们把"保持自身存在的方面"看作"肯定"的一面,那么必定存在着"促使事物灭亡的方面",即"否定"的一面。就像维生素一样,它有保持自身存在的方面,即对人体有益的方面,但同时也有否定自身存在,即促使它转为其他事物的方面,如从"维生素"变成了"毒素"。"肯定"和"否定"这两个方面是既对立又统一的关系。我们不能因为维生素对人体有益,就忽视它的否定方面;同样,我们也不能因维生素服用过量会造成中毒,就无视它对人体有益的、肯定的方面。简单地肯定一切或否定一切是形而上学否定观,不利于我们全面客观地认识事物。

教师:否定的力量来自哪里呢?请同学们结合课前搜集的有关芝诺悖论的材料作一简要的分析。

学生活动:由于这个问题非常抽象,难度很大。教师应事先布置任务,并引导学生搜集黑格尔、列宁等人对该问题的看法,以利于后面的教学。课上,请3—4名学生交流分享。学生学习过马克思主义运动观,可能会从运动的内在性角度进行探究。

教师点拨:芝诺作为古希腊的大哲学家,当然不会不知道在现实生活中乌龟是跑不过人的,射出去的箭一定是在运动的。列宁后来在《哲学笔记》里批注到,用肉眼可见的事实去反驳芝诺,这根本不算反驳。芝诺悖论令人困扰之处在于,明明知道它与现实不符,但是在逻辑上似乎找不到漏洞,也就是列宁说的"问题不在于有没有运动,而在于如何用概念的逻辑表达它"。恩格斯批判杜林的形而上学时说:"运动本身就是矛盾;甚至简单的机械位移之所

以能够实现,也只是因为物体在同一瞬间既在同一个地方又在另一个地方,既在同一个地方又不在同一个地方。这种矛盾的连续性产生和同时解决正好就是运动。"哲学上所说的运动是自己运动的,在这个意义上,否定的力量来自自己——自否定,即列宁所说的"差异的内在发生",事物是通过自我否定而实现"自我运动"的。

教师: 我们再回到"存在即合理"这句生活俗语上。刚才有同学提到了,这句话是对黑格尔的一句话的简单化处理。黑格尔的原话是这样的:"凡是合乎理性的东西都是现实的,凡是现实的东西都是合乎理性的。"现在请大家思考一下,对比"存在即合理",黑格尔这句原话告诉了我们怎样的哲学道理。

学生活动: 由于这个问题非常抽象,难度很大。教师应事先布置任务,并引导学生搜集黑格尔、列宁等人对该问题的看法,以利于后面的教学。课上,请3—4名学生分享。学生可能会从动态和静态的角度区分黑格尔的原话与"存在即合理"的区别,即指出黑格尔的原话蕴含了发展的可能性,而"存在即合理"则是静止的观点的表现。

教师点拨: 同学们刚才的回答精练、到位。的确,黑格尔的原话蕴含了存在着的事物是会发生变化的,现在看起来是合理的事物,过若干年后可能就极不合理了。一旦这个事物极不合理,那就意味着失去了存在的必要性,迈向更高级、更合理的事物,即通过自己否定自己,实现自己发展自己。所以,恩格斯在《路德维希·费尔巴哈和德国古典哲学的终结》里指出,黑格尔这句话可以推演出另一个革命性的命题:"凡是现存的,都是应当灭亡的。"这是事物自己运动的自在性在思维方式上的映射,很好体现了我们在必修4学习的发展观。反之,如果只是简单地肯定一切,那么事物将无法发展;或者如果只是简单地否定一切,那么事物便无发展可言。这种"在绝对不相容的对立中思维"的形而上学否定观是我们要克服和避免的。

【设计意图】 本环节第一个活动通过介绍有人过量服用维生素导致中毒的事例,引导学生了解"补充维生素多多益善"的认识是片面的,用事例说明导入环节提到的"存在即合理"这一观点是不合理的。通过"探究否定力量的源泉"和"对比生活俗语与黑格尔原话"这两个活动,一方面使学生能够由浅入深地理解"简单地肯定一切或否定一切"的危害,另一方面,在这个过程中,让学生在潜移默化中体会到哲学概念的说理方式,提高学生的辩证思维能力。

环节二:品味辩证法的本质,坚持辩证的否定观

教师: 那么,我们该如何坚持辩证的否定观呢?

学生活动: 课前搜集从中西方两个视角展示坚持辩证的否定观的事例。要求围绕主题,分工明确,独立思考,团队合作。

学生1: 如果没有毛泽东对"中心城市武装起义"的否定,就不会指出"农村包围城市"这条正确的革命路线。

学生2: 如果没有邓小平对沿袭前苏联计划经济体制的否定,就不会有我们今天的中国特色社会主义市场经济道路。

学生3: 如果没有爱因斯坦对牛顿"时空观"的否定,就不会提出著名的"相对论"。

学生4: 如果没有马克思对德国古典哲学和英国政治经济学的否定,就不会创立科学社会主义,也不会揭示资本主义社会运行的秘密。

教师：同学们举的这些例子体现了辩证法的本质。对于辩证法的本质，马克思是这样说的："辩证法在对现存事物的肯定的理解中同时包含对现存事物的否定的理解，即对现存事物的必然灭亡的理解；辩证法对每一种既成的形式都是从不断的运动中，因而也是从它的暂时性方面去理解；辩证法不崇拜任何东西，按其本质来说，它是批判的和革命的。"现在，请同学们思考，辩证法对现存事物如此这般理解的依据何在？这能给我们什么样的启示？

学生活动：自由讨论、探究、发言。学生可能会从唯物辩证法发展观的角度分析问题。

教师点拨：无论是同学们举的事例，还是马克思阐述的辩证法本质，都告诉我们要坚持辩证否定观，就要具有怀疑精神和批判意识。作为事物发展过程中的否定，是对旧事物整体、旧矛盾统一体的否定。没有对这一整体、统一体的否定，旧事物不能灭亡，新事物就不能产生。旧事物的灭亡和新事物的产生本质上是一个问题的两个方面。

教师：第一目我们学习了肯定和否定是对立统一的。对旧事物整体、旧矛盾统一体的否定体现了肯定和否定的对立，那么二者的统一在哪里呢？以牛顿的"时空观"和爱因斯坦的"相对论"为例，牛顿的"时空观"哪些内容是被保留在爱因斯坦的"相对论"中，又是以怎样的角色被保留的呢？

学生活动：学生根据所学的物理学和历史学知识，结合课前搜集的资料进行讨论。

教师点拨：爱因斯坦发动的这场物理学革命是由物理学危机造成的，19世纪后半叶，在物理学领域里边发现了热辐射现象。这个热辐射现象导致了普朗克的量子论的发现。普朗克的量子论无法跟牛顿物理学融合，爱因斯坦于是提出了狭义相对论，进行了范式转换。范式转化的结果是，原先的范式成了新范式当中的一个环节，牛顿物理学不是被彻底推翻了，而是把牛顿物理学降低为爱因斯坦物理学的特例。从中我们可以体会出，辩证否定在对旧事物整体、旧矛盾统一体的否定时，对其中的合理因素进行了肯定和保留，并且这种保留并非原封不动地照搬到新事物之中，而是经过改造，把它们以适合新事物要求的方式容纳到新事物之中，进而产生一种新的规定性。

【设计意图】 "坚持辩证的否定观"是本框题内容的重点。本环节通过课前搜集、小组探究、代表发言等活动充分发挥学生主体作用，坚持了主导性和主体性相统一、灌输性和启发性相统一，深化学生对教学重点内容的理解，培养学生概括、分类、归纳和分析能力，提高学生对之前所学知识的运用能力，深刻把握辩证否定双重性之间的关系，培育科学精神素养。

（三）课堂总结

教师：简单地肯定一切或否定一切会陷入主观的、极端的思维方式，犯形而上学错误。要矫正这种极端思维，需要坚持辩证的否定观，在否定中包含着肯定，同时又有比肯定更为丰富的内容，更能体现事物发展的辩证法，是认识深化，并获得对事物全面而具体的认识的前提和基础。

请同学们齐读黑格尔《小逻辑》中关于"扬弃"的论述："存在或直接性，通过自身否定，以自身为中介和自己与自己本身相联系，因而正是经历了中介过程，在这一过程里，存在和直接性复扬弃其自身而回复到自身联系或直接性，这就是本质。"并查阅相关资料，以"扬弃"为主题，撰写小论文。

学生活动:朗读,课后完成小论文撰写。

【设计意图】　赏析名言,布置撰写小论文,总结教学核心内容,促进学生认知升华。

八、板书设计

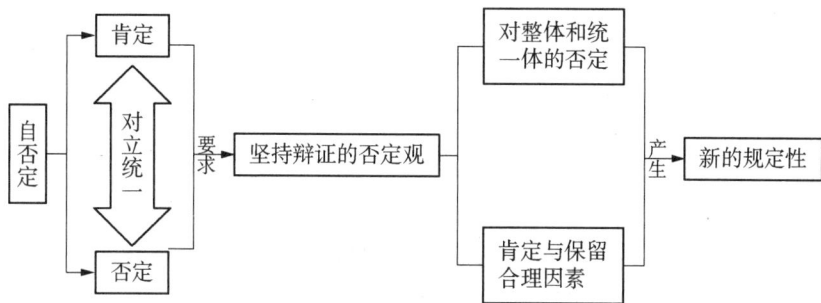

九、教学反思

本节课的教学是有哲学味的辩证思维课,或者说,辩证思维本身就是一种哲学。因此在教学中需要通过引导学生思辨,让学生感受到思辨的力量。这种思辨,首先体现在情境材料的透析上,不能把课上成材料展示课;其次,还体现在活动设计的思辨上,不能为活动而活动,降低了活动的思维含量。本教学设计让学生探究"存在即合理"与"凡是合乎理性的东西都是现实的,凡是现实的东西都是合乎理性的"这两句话的区别,就是一个很思辨、很哲学、很有辩证韵味的问题。

十、专家点评

习近平总书记在学校思想政治理论课教师座谈会上提出了八个"相统一"。刘老师自己在教学方法中也提到了坚持建设性与批判性相统一。其实,本节课在坚持政治性和学理性相统一、坚持主导性和主体性相统一方面,也能给我们很好的启发。

1. **坚持政治性和学理性相统一。**政治引导是思政课的基本功能,但政治引导功能"要以透彻的学理分析回应学生,以彻底的思想理论说服学生,用真理的强大力量引导学生"。刘老师的"不作简单肯定或否定"一课教学,无论环节一中的反思生活俗语,剖析芝诺悖论,还是环节二中的案例搜集与分析、牛顿"时空观"和爱因斯坦"相对论"的脉络梳理,直到课堂小结部分黑格尔《小逻辑》中关于"扬弃"论述的朗读,都浸润着浓浓的学术味,从学理上向学生展示了辩证思维是马克思主义唯物辩证法和认识论在思维领域中的延伸和具体化,充满力量、令人信服。

2. **坚持主导性和主体性相统一。**思政课教学离不开教师的主导,特别是"逻辑与思维"模块教学更是如此。有老师可能为认为"逻辑与思维"模块教学因其抽象、理论,很难发挥学生的主体作用。刘老师的这节课告诉我们,这实在是一大误区。刘老师通过让学生谈对"存在即合理"这一命题的认识,通过布置学生课前搜集展示坚持辩证的否定观的事例并在课堂上进行分享,通过现实问题的课堂探究与讨论等,把深奥的逻辑与思维课上得有声有色、有滋有味,很好地做到了学为中心,充分发挥了学生的主体作用。

第二框题　体会认识发展的历程

浙江省春晖中学　刘　帅

一、理论基础和依据

马克思主义哲学的创立,把实践观点引进认识论,把辩证法应用于反映论,应用于认识的过程和发展,真正形成和丰富了唯物辩证法的思维理论。辩证思维是马克思主义唯物辩证法和认识论在思维领域中的延伸和具体化。

认识是主体对客体的能动反映。感性认识和理性认识是人们对客观世界的两种不同水平的反映形式,也是认识过程的两个不同阶段。感性认识是人们在实践基础上由感觉器官直接感受到的关于事物的现象、事物的外部联系、事物的各个方面的认识。理性认识是人们借助抽象思维在概括、整理大量感性材料的基础上达到关于事物的本质、全体、内部联系和事物自身规律性的认识。感性认识是认识的初级阶段,理性认识是认识的高级阶段,感性认识有待于发展、深化为理性认识,理性认识依赖于感性认识,二者相互渗透、相互包含,具有辩证统一关系。

在认识深化的过程中存在着两条道路。第一条道路是"完整的表象蒸发为抽象的规定",即从感性具体上升到思维抽象。第二条道路是"抽象的规定在思维行程中导致具体的再现",即从思维抽象到思维具体。这两条道路不是对立的,而是相互依赖、相互依存和相互转化,共同构成了认识具体事物的完整过程。由感性具体到思维抽象的过程是逻辑认知的第一个阶段,它是思维抽象上升到思维具体过程得以进行的前提和准备。从思维抽象到思维具体,即从抽象的规定达到思维的具体是逻辑认识的第二个阶段,最终完成的思维具体是飞跃的重点。实现在思维中再现具体,正是思维通过概念、判断和推理展现研究对象本质和规律的理论思维的体现,才能克服由感性具体上升到思维抽象这个阶段的局限性,获得对于事物全面而具体的认识。

二、课标要求

《普通高中思想政治课程标准(2017 年版 2020 年修订)》内容要求:3.3 辨析简单肯定一切或否定一切的危害,解析认识经由"感性具体——思维抽象——思维具体"的途径;了解辩证否定观的实质;体会认识不断深化的历程。

教学提示:以"认识深化要经历怎样的历程"为议题,通过搜集并展示人类认识深化的具体案例,解析认识经由"感性具体——思维抽象——思维具体"的发展途径,体会认识不断深化的历程。

三、学情分析

学生通过必修4"哲学与文化"的学习,初步了解了马克思主义认识论和唯物辩证法矛盾观的有关知识,具备了一定的辩证思维能力,为全面理解认识经由"感性具体——思维抽象——思维具体"的发展途径奠定了理论基础;学生已学其他学科的内容对掌握认识发展的历程起到了感性积累的作用。但是本节课教学涉及的核心概念较多,学生理解上有一定的难度,这是教学中需要关注的地方。

四、教学目标

(一)核心素养培育目标

1. 科学精神
通过对生活中常见现象的分析,理解感性具体和思维抽象的特点、不足以及二者的关系,并尝试通过解读物理学和政治经济学的有关事例,理解思维具体的内涵,领会从感性具体到思维抽象,再从思维抽象到思维具体的思维过程,提升推动认识发展的能力和水平。

(二)学科能力目标

1. 学习理解
明确思维抽象的环节;了解思维从抽象走向具体的桥梁;完整地表述从感性具体到思维抽象,再从思维抽象到思维具体的思维过程。

2. 实践应用
从生活事例和学科理论中选择恰当内容分析思维具体的内涵;结合具体材料说明认识发展的两个阶段。

3. 迁移创新
从认识的发展途径出发,反思人类社会的发展历程,特别是对资本主义社会规律的认识,坚定历史唯物主义的基本立场和唯物辩证法的思维方式。

五、教学重难点

1. 教学重点:掌握思维抽象的具体环节
抽象,既可以从事物整体中抽取某一部分,抽取事物某一方面质的规定性,也可以从事物个性中抽取某种共性等。思维抽象的具体过程千差万别,但是分离、提纯、简略化和理想化是科学的思维抽象的重要环节。可以说,掌握了这些重要环节,也就能领悟思维抽象这种方法在认识过程中的运用了。教学中要注意的是,要在第一单元所学的思维的特征的基础上,引导学生从一个事例或理论出发来剖析思维抽象的具体环节。

2. 教学难点:领悟从思维抽象到思维具体

对辩证思维而言,重要的是从思维抽象上升到思维具体。这是一个以抽象为逻辑起点,通过各种形式的中介,达到以思维具体为逻辑终点的运行过程。思维具体是将反映事物各方面本质的抽象的规定,综合起来形成的关于统一事物整体的认识,是事物多样性的统一在思维中的再现,即具体在思维中的再现。如何从思维抽象到思维具体,并在思维中展现多样性的统一难度比较大,且学生缺乏相关的感性积累,领悟它并非易事。因而在教学时,教师要引导学生搜集相关的生活事实或学科知识,更要指导学生将它们背后的"各个上升环节"展现出来。这一方法虽然能够切实有效提高学生理论思维能力,但是难度较大,教师应结合学生以往所学加以阐释和指导。

六、教学方法

1. 情境教学法

本节课教学主要是引导学生掌握认识发展的途径,领会认识不断深化的历程,教学内容高度抽象。运用情境教学法,将熟悉的生活场景移入课堂,使之转换为教学素材,有助于学生在具体情境中分析和解决实际问题,联结生活逻辑和理论逻辑,形成思想的共鸣。

2. 概念分析法

本节课教学要求学生辨析感性具体、思维抽象和思维具体的含义及其相互间的关系。对这几个核心概念需要从逻辑层面和语义层面作详细而到位的分析,引导学生从着眼于知识转向关注知识背后的思维方式,更好地达成学习目标。

七、教学流程

(一)课堂导入

教师:(播放学校的宣传纪录片)我们初到一所学校,看到它的教室、宿舍、食堂、操场、花草树木,接触一些同学和老师,了解这所学校的规模以及它的周围环境,于是在头脑中形成了关于这所学校的一个比较完整的印象。请同学们回忆一下,你对学校的最初印象是什么?现在的看法又是怎样的?

学生活动:学生可能会结合自己的学习生活,从学校的建筑、环境、历史文化、食堂住宿条件、教学活动、课程设置、师生精神风貌等角度进行描述。

教师:生活中常听到"从感性认识上升到理性认识""透过现象看本质"的说法,这些说法反映的是人类的认识发展历程。"如何获得对一事物的感性认识""如何从感性具体到思维抽象,再从思维抽象到思维具体"就是我们今天这一节课要探讨的话题。

【设计意图】 学科内容只有与具体的情境相融合,才能体现出素养意义。通过创设贴近学生生活的情境,把知识还原到生活源头,引导学生面对生活世界的各种现实问题,以更好地支持、服务于学科核心素养的培育。因此,由朝夕生活学习于其中的学校引入课题,创设学生熟悉且有深刻体认的场景引起学生注意,也为后续的知识教学打下基础。

(二)新课教学

环节一:体验感性具体

教师:感性认识和理性认识都是关于事物的认识,只是层次不同。从这两种认识的区分中我们大体可以理解事物是现象和本质的统一体。那么,我们通过什么去了解现象呢?

学生:对于现象,我们一般是通过感官了解的。就像刚才同学们分享的对学校的感受一样,通过我们的视觉、听觉、嗅觉等感官,感知到一个事物。

教师:通过感官感知到的事物,会有怎样的特点呢? 同学们能不能从刚才对学校的看法中归纳出一些特点呢?

学生活动:学生可能会结合对学校的看法来分析感官感知到的事物的特点。

教师点拨:感官感知的总是对事物表象和外部的直观的、朴素的认识,通过感觉、知觉、表象三种形式呈现。与此同时,它又包含了许多丰富的信息,如我们用眼睛看到的一个人,是活生生的一个人,是有血有肉、有头发、有眼睛、有身材、有相貌的一个人,是十分具体的,因而我们称之为感性具体。

教师:既然通过感官所获得的认识是一种感性具体,那么为什么还要从感性具体上升到思维抽象呢?

学生活动:学生可能会从感觉的不确定性角度进行分析。

教师点拨:感性具体虽然是对事物整体的认识,但它只停留在事物的外部形象上,还没有揭示事物的内部联系和本质,没有把握本质与现象相统一的事物整体,因而它对事物的认识还不完全。此外,在日常生活的意义上,感官感知到的东西尽管丰富,但由于感觉是瞬息万变的,因而有不确定的弊端。以这种不确定的感性具体指导生活实践,是不能够令人安心的。所以,无论从认识论还是从生存论角度,认识都要向前发展,这就进入了思维抽象阶段。

【设计意图】 通过让学生分享交流对常见现象和事物的感知,在生活逻辑与学科知识逻辑之间搭起桥梁,培养学生语言表达、分析推理能力,使学生能够理解感性具体的特点,把握感性具体的不足。

环节二:理解思维抽象

材料一 数学中通过思维抽象形成"交换"概念的过程。以自然数表示具体事物的量,得到自然数之间相加或相乘的"第一级抽象";以 A、B 表示任一自然数,得到 A 与 B 之间相加或相乘的"第二级抽象";以 R 表示相加或相乘关系,得到 A 与 B 关系的"第三级"抽象。

教师:什么是思维抽象? 请举例说明思维抽象是如何作出的。

学生活动:前三大组的同学以大组为单位整理课前搜集的资料,并讨论、探究;同时指定一位同学做好记录和整理,确定代表上台发言。学生可能会结合课前搜集的资料和所学的自然科学和经济学等知识,根据自己的理解进行回答。评价组同学可以从表达内容是否契合主题、阐述的观点和事实之间是否存在恰当的因果关系、语言表达是否流利、形态是否大方等角度进行评价。

教师点拨:刚才同学们提到的"超市里的矿泉水是商品"舍弃了这瓶矿泉水的味道、容量、品牌等许多方面的属性,剩下的只是它作为"商品"的规定性,即用于交换的劳动产品;而教材中介绍的数学中通过思维抽象形成"交换"概念的过程,则是从事物个性中抽取某种共性。所以,抽象根据实践的需要不同,既可以从事物整体中抽取某一部分,抽取事物某一方面质的规定性,也可以从事物个性中抽取某种共性。

无论怎样的思维抽象,分离、提纯、简略化和理想化是其中的重要环节。例如,刚才同学们提到的对自由落体现象的研究。要研究自由落体运动,首先要明确这是一种物理现象,因此要撇开其他现象,如化学现象、生物现象以及其他形式的物理现象等,而把自由落体运动这一特定的物理现象从现象总体中抽取出来。这一步称之为抽离。然而,在地球大气层的自然状态下,自由落体运动规律的表现受到空气阻力因素的干扰。所以,人们直接观察到的现象是重物比轻物先落地,亚里士多德的观察就是如此。到了伽利略时代,人们虽然无法用物质手段创设真空环境来开展自由落体实验,但可以依靠思维的抽象力,在思想上撇开空气阻力的因素,设想在纯粹形态下的自由落体运动,进而得出了自由落体定律。这是思想实验,即提纯,也是对认识对象存在状态的纯然构想。伽利略只用公式 $S=1/2gt^2$(S 表示物体在真空中的坠落距离,t 表示坠落的时间,g 表示自由落体加速度)就表达了自由落体定律,可见思维抽象结果的表达是简略的,撇开了那些非本质的因素,进而更高地把握事物的基本性质和它的规律。概括起来,思维抽象的方式或特征在于过程的抽离、目标的纯粹、表达的简洁、理想化贯穿始终。

教师:你知道这瓶矿泉水是商品,你真的了解矿泉水吗? 请同学们各抒己见,发表对这个问题的见解。

学生活动:讨论并交流对这个问题的看法。学生可能会从矿泉水的其他属性,如味道、成分等要素展开思考。

教师点拨:(过渡)在这里,我们看到了思维抽象的不足,那就是零散和片面。只是抓住了某一方面的本质和规律,不能抓住事物整体的本质和规律。现象是整体的,思维抽象是片面的,没有达到现象和本质的统一。所以,从感性具体到思维抽象,马克思概括为"完整的表象蒸发为抽象的规定",这种抽象的规定就如晶体般纯净、光滑的冰面,但是我们无法在没有摩擦力的光滑的冰面上行走。如此,我们就要进到下一阶段,即思维具体。

【设计意图】 本环节通过引入学生已经学习过的数学、物理学知识和生活中常见的一些商品,采用从具体到抽象的教学方式,主要是引导学生在熟悉的情境中快速领悟思维抽象的核心要义。黑格尔把哲学比喻为"密涅瓦的猫头鹰",数学中的"交换"概念、自由落体运动、超市里的矿泉水等在平时学习过程中日用而不知,学生一般不会去思考它们得以存在的前提,本环节设置这一活动体现了哲学反思的思维方式特点。

环节三:领会思维具体

材料二 人们早已知道雷电,知道漆棒、玻璃棒与毛皮、绸布摩擦可以吸引纸屑、头发等轻微物质,还知道磁铁可以吸引铁屑等现象。人们还发现有电流的导线会使磁针发生偏转现象。在实验中,法拉第发现了电磁感应定律。麦克斯韦的电动力学出现以后,电磁理论更加系统。在电磁理论的基础上,人们开始利用电磁原理设计制造发电机、电动机等。电磁波理论推动了无线电技术发展,无线电发射机、接收机被制造出来,产生了现代遥控、导航等新技术。随着电子技术的飞速发展,人们的生活发生了一系列新的变化。

教师:请同学们阅读材料,思考以下问题:

(1) 请你运用学过的物理知识,说说人类对电磁认识的发展历程。

(2) 结合上述材料,谈谈你对认识发展道路的理解。

学生活动:以大组为单位进行讨论,并推选两名代表进行发言交流。其中一名代表阐述对问题(1)的看法,另一名代表在此基础上谈对问题(2)的看法。对于第一个问题,学生会从物理学角度来回答;对于第二个问题,学生可能会从矛盾的普遍性和特殊性的辩证关系及其方法论角度来回答,也就是从感性具体到思维抽象,即从特殊性到普遍性的过程,而从思维抽象到思维具体是从普遍性回到特殊性的过程。

教师点拨:从人们所熟知的生活现象出发,科学家们在猜想、假设、实验的基础上,发现了电磁的初步规律,形成了电动力学,丰富了电磁理论,使电磁理论更加系统化。在电磁理论的基础上,人们投身于社会实践,利用抽象理论指导发展新技术,推动电子科技的发展,改变了人们的生活。人们对电磁的认识过程不只是从感性具体中抽象共性,更是凭借思维抽象再现活生生的、内容丰富的具体事物,将思维抽象上升到思维具体,不断深化认识,获得关于对象的本质和规律的完整认识。我们可以作个比喻,类似于从"看山是山"到"看山不是山"再到"看山还是山"的过程。那么,该如何从思维抽象走到思维具体呢? 我们借助马克思在《资本论》中的相关论点进行分析。

材料三　在资本主义社会,商品关系是最普遍的社会关系。"商品"这个概念把各种具体商品的个性舍弃掉,只保留其最一般的规定。以"商品"这个概念为起点,能够揭示整个资本主义社会的内在联系和普遍规律。在《资本论》中,马克思把"商品"作为剖析资本主义社会的逻辑起点,通过对"商品"的内在矛盾的分析,引出了"货币"的概念。货币出现以后,发展到一定阶段会转化为资本。在进一步的发展中,由资本而产生剩余价值,社会财富大量集中,必然加剧劳动与资本之间的矛盾,促使社会主义革命不可避免的到来。《资本论》是对整个资本主义社会规律的具体阐述。

教师:请同学们思考,马克思是如何运用思维抽象上升为思维具体的方法进行研究的?

学生活动:前后左右四人小组进行讨论和探究。提醒学生对这个问题的回答要运用必修1第一课第一框题的有关知识。学生可能会从资本主义生产关系的特点、剩余价值、经济危机等角度进行分析、阐述。

教师点拨:同学们较多地运用了资本主义运行规律的有关知识来分析这个问题,分析的切入点很准确。商品之所以能成为剖析资本主义社会的逻辑起点,就在于资本主义社会中,价格把所有东西都卷进来,变成一个商品系统,使得每一样东西都只能按照它的价格彼此关联,商品关系因而变成社会关系。商品是用于交换的劳动产品,只有在流通中商品才能实现自身价值。然而商品又是具有限制性具体形态的存在物,无法广泛流通。物物交换是很困难的,其成功的前提是交换双方恰好能满足彼此。为了克服限制性具体形态,使得普遍流通成为可能,就需要抽象化的商品,即货币。当人类历史进入资本主义社会时,基于资本主义生产关系的特点,货币不仅作为商品交换的媒介而存在,而且成为能控制生产资料的工具。这就意味着货币转化为资本。当资本日益集中在少数资本家手上时,就产生了剩余价值,加剧了劳动和资本之间的矛盾。马克思是通过"商品"这个包含着整个资本主义社会变化发展的"胚芽"概念,逐步展开的思维具体,展现了完整的资本主义社会的发展景象,实现了对资本主义社会的内在联系和普遍规律的认识。

【设计意图】 本环节采用课前搜集、小组探究、代表发言等活动,充分发挥了学生主体作用,坚持了主导性和主体性相统一。本框题内容的教学难点在于如何理解思维具体,本环节设计富有思辨性的开放性问题,引导学生调用已学的知识,以提高学生的逻辑分析能力,进一步提高学生科学精神素养。

(三)课堂总结

教师:通过这节课的学习,我们了解了人类认识发展的历程。停留于现象,认识不深;驻足于抽象,认识片面。只有到了思维具体的阶段,才能把"感性具体到思维抽象"和"思维抽象到思维具体"这两个阶段结合起来,才能获得对事物全面而具体、完整且深刻的认识,反映事物现象和本质统一的本来面目。

学生活动:绘制本框题核心知识的思维导图。

【设计意图】 绘制思维导图,总结教学核心内容,揭示知识内在逻辑联系,促进学生认知升华。

八、板书设计

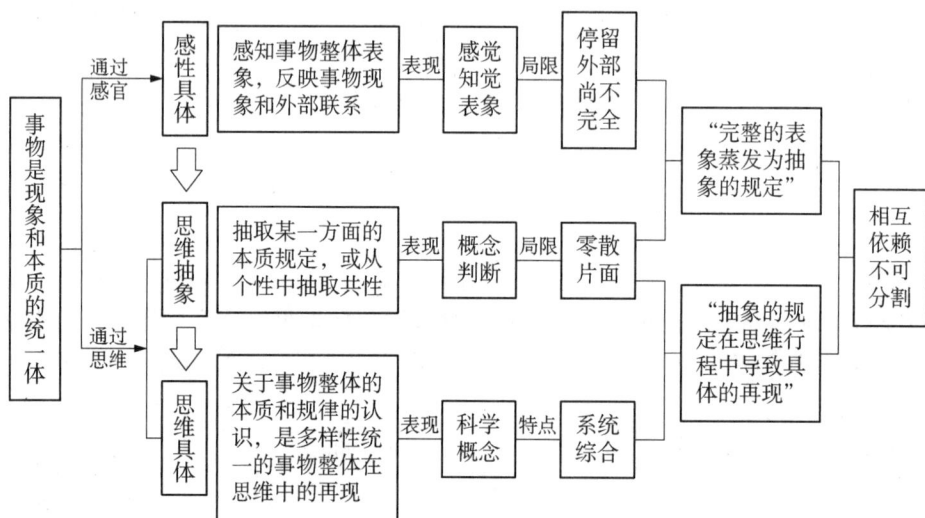

九、教学反思

本节课教学内容抽象程度高,教学过程本身就要遵循认识发展的历程。因此,从学生身边的生活情境入手,通过教师和学生分别讲述身边的事例,引起学生的感性共鸣,调动整堂课的氛围。但是,认识发展的历程不能停留在感性具体或思维抽象,而是要上升到思维具体。因此,在学习思维具体环节的时候,设计了"马克思是如何运用思维抽象上升为思维具体的方法进行研究的"这个任务。这个任务需要学生调动生活中对商品、资本等的了解,也需要学生调用所学对资本主义的相关既有知识,又与学生原有的知识相融合,增强了学生阅读经典著作的意识,培育学生辩证地认识问题、分析问题和解决问题的基本素养。但是这个任务是否能较好地完成,还取决于教师自身的功底素养。在这个意义上,上好这一节课对教师的知识储备、能力水平、生活阅历、视野格局等提出了很高的要求。

十、专家点评

思政课是美的课程,是有魅力的课程。刘老师的这节课,让我们感受到了知识的魅力、板书的魅力。

1. **知识:思政课魅力之源。** 刘老师的这节课,没有特别绚丽新奇、吸引眼球的情境,也没有别出心裁、轰轰烈烈的活动设计,只是一些平平常常的校园印象分享、矿泉水引发的思考、教材情境挖掘等,却能让人感觉到无时不在的思维张力、无处不有的教学吸引力。何也?这得益于刘老师对教材知识的深度把握和挖掘,让知识真正活起来了。而其背后,无疑就是刘老师过硬的学科功底、学术修养。教学中所有的深入浅出、所有的举重若轻,背后其实都是"知识储备、能力水平、生活阅历、视野格局"的高境界。大道至简,思政课的魅力,还得回到知识本身,重新思考"什么知识最有价值",以及"知识怎样更有价值"的问题。

2. **板书:思政课魅力之形。** 板书设计是教学设计的重要一环,但现实中很多老师对板书设计并没有给予足够的重视。刘老师这节课中的板书设计,能让我们很好地领略板书的魅力。板书不是教材知识点的简单罗列,而是要打通和构建知识之间的内在关联;板书不是教材内容的"死"的呈现,而要能够展现教学过程的思维展开过程;板书也不是教材知识的单方面反映,而是糅合了教师对知识的理解、拓展之后的创造性表达,蕴含着教师对教学的理解、对生活的关切和对学生的关爱。板书也是思政课魅力的一种外在的形上的绽放。

综合探究

领悟辩证精髓　处理复杂问题

浙江省景宁畲族自治县景宁中学　邢方方

本框课件下载

一、理论基础和依据

世界是纷繁复杂的，我们要认清这个世界，看明白这个世界，找到正确的解决复杂问题的方法，就要领悟辩证思维的精髓。

辩证思维重视和强调事物的整体性和动态性，它既不排斥与整体相对应的部分的独立性存在，也不排斥与动态性相对应的相对静止性的情况。实际上，辩证思维是在整体与部分的对立统一中以及动态性与静态性的变化中把握事物的。

辩证思维的分析是把认识对象的各部分、各方面、各要素以及各阶段分开考察，而辩证思维的综合是把对象的各种矛盾以及矛盾的各个方面和本质特征，按其内在联系结合成独立统一的过程。辩证法的分析与综合的主要特点是分析与综合被研究对象包含的矛盾。

事物的变化呈现两种状态：质变与量变。从量变到质变，又从质变到新的量变，是事物变化的普遍形式。一切事物的发展变化都表现为由量变到质变和由质变到新的量变的质量互变过程。世界上一切事物的存在都是由质与量两个方面构成的。

质与量的统一即是事物的度。度是事物保持其质的量的限度、幅度、范围，是和事物的质相统一的数量界限。度是质与量的相互统一，在度中，事物的质是一定量的质，事物的量则是一定质的量。

辩证思维是马克思主义唯物辩证法和认识论在思维领域中的延伸和具体化。认识运动的反复性和无限性，并不表明认识是一种圆圈式的循环运动。从实践到认识、从认识到实践的循环是一种波浪式前进或螺旋式上升的过程。这种形式下实践和认识之每一循环的内容，都相对地进入高一级的程度。

认识是主体对客体的能动反映。感性认识和理性认识是人们对客观世界的两种不同水平的反映形式，也是认识过程的两个不同阶段。感性认识是人们在实践基础上由感觉器官直接感受到的关于事物的现象、事物的外部联系、事物的各个方面的认识。理性认识是人们借助抽象思维在概括、整理大量感性材料的基础上达到关于事物的本质、全体、内部联系和事物自身规律性的认识。感性认识是认识的初级阶段，理性认识是认识的高级阶段，感性认识有待于发展、深化为理性认识，理性认识依赖于感性认识，二者相互渗透、相互包含，具有辩证统一关系。

二、课标要求

《普通高中思想政治课程标准(2017年版2020年修订)》：通过科学思维的训练，引导学生掌握科学思维的基本要求，把握逻辑思维和辩证思维的方法，提高创新思维能力，学会运用科学思维探索世界、认识世界。3.1 结合对复杂事物的把握，体会辩证思维的特征；理解分析与综合的辩证关系。3.2 联系事物发展过程中的渐进性和飞跃性，懂得事物的发展过程是量变与质变的统一；理解质量互变规律；把握适度原则。3.3 辨析简单肯定一切或否定一切的危害，解析认识经由"感性具体——思维抽象——思维具体"的途径；了解辩证否定观的实质；体会认识不断深化的历程。

教学提示：可利用小组学习的方式，分主题进行实践探究，读原著悟原理，通过沙龙式讨论分析实际。

三、学情分析

选择性必修3"逻辑与思维"第三单元的大部分内容，学生在必修4"哲学与文化"中已有所涉猎，通过前面第八、九、十课的学习，学生已具备最基本的辩证思维，以及利用最基本的原理进行分析事理的能力。

四、教学目标

（一）核心素养培育目标

1. 科学精神

通过阅读材料、分析案例、课外调研、参与学习沙龙等活动，调动已有知识阐释相关问题，运用辩证思维的科学方法分析和解决问题，增强相关学科能力，提升科学精神素养。

2. 政治认同

通过了解我们能够取得重大成就的原因，懂得共产党人照辩证法办事，用辩证法思维赋能良政善治，进而更加坚定拥护中国共产党的领导，增强政治认同。

3. 公共参与

通过三个环节的活动探究阐明辩证法的精髓，在处理和解决实际问题的过程中，增强社会责任感，提升公共参与素养。

（二）学科能力目标

1. 学习理解

通过本节课的学习，在解读原著、分析实际问题中，理解和感悟第三单元中的辩证思维方法。

2. 实践应用

通过分析景宁中学学校的变化与发展,学会运用辩证思维的方法分析解决身边发生的实践问题。

3. 迁移创新

通过本节课的学习,懂得正确认识事物的本质、把握事物的规律,不能用形而上学思维方式,要用辩证思维方式。领会辩证思维的精髓,会运用这些科学的思维方法来分析实践中遇到的问题。

五、教学重难点

1. 教学重点与难点:运用辩证思维的科学方法分析和解决问题

辩证思维的科学方法本身就比较抽象,学生理解上存在一定的困难。要把知识理解感悟透,然后再分析解决问题,很考验学生的能力,也很考验教师的引导功力。辩证思维的知识是未来接班人和建设者必须要掌握的方法,因此这既是教学重点,也是教学难点。

六、教学方法

1. 情境教学法

本节课教学内容具有一定的抽象性。运用情境教学法,通过精选案例、设计活动等,帮助学生在具体情境中、在分析和解决实际问题的过程中,较好地达成学习目标。

2. 探究教学法

本节课教学内容不仅抽象,还有一定的难度,要借助集体的智慧,开展小组合作、讨论、探究活动,鼓励学生分享思想,助力本节课教学目标的落实。

七、教学流程

(一)课前准备

资料收集:围绕景宁中学的学校发展,搜集景宁中学的校史资料(可以是图片,或校友访谈录,或文字资料,或实物等),对比景宁中学 84 年来发生了怎样的变化,有哪些没有变的,谈谈你对景宁中学未来发展的期望。

全班分成四个小组,开展活动:

小组 1:主要收集反映景宁中学发展历程的素材,如历届毕业合照、景宁中学不同时期校园的照片等。

小组 2:采访景宁中学退休老教师,收集他们的校园生活故事,拍摄采访影像,等等。

小组 3:采访景宁中学校领导、在校师生等,就景宁中学"十四五"的发展规划作主题采访,撰写采访手记。

小组 4:访谈小组成员的爸爸妈妈、亲戚朋友等,了解社会各界对景宁中学发展的期望。

（二）课堂导入

"事必有法,然后可成",中国特色社会主义事业越向纵深发展,越需要我们这群未来的建设者和接班人不断增强辩证思维能力,提高驾驭复杂局面、处理复杂问题的本领。辩证思维素养是我们核心素养中不可或缺的重要组成部分。今天,我们通过这一节课的学习,对这一单元中涉及的分析与综合的辩证性、量变和质变的辩证性、辩证否定观的实质、认识的深化与发展等知识进行回顾,更重要的是要尝试运用这样的思维去分析问题、理解问题,进而日后要能够解决问题。

【设计意图】　直奔主题,进入本课时内容的教学。本综合探究的具体知识学生在前面第八、九、十课中已经详细地学习了,这里更重要的还是要引导学生运用知识去分析和理解问题。

（三）新课教学

环节一:读原著,悟道理

教师:同学们,辩证思维方法既是中国共产党人认识问题的一把"金钥匙",也是推进工作的重要方法。中华人民共和国成立 70 多年来,我们之所以能在薄弱的基础上、复杂的国情下、经历挫折后,取得如此大的发展成就,一个很重要的原因就在于中国共产党人懂得照辩证法办事,用辩证思维赋能。接下来我分享一篇文章,是毛泽东主席在 1941 年写的《关于农村调查》中的片段,我们一起从原著中再次领悟辩证思维方法的魅力吧。

材料一　毛泽东《关于农村调查》(节选)

认识世界,不是一件容易的事。

……

当我们观察一件事物时,第一步的观察只能看到这件事物的大体轮廓,形成一般概念。好比一个初来延安的人,开始他对延安的认识是一般的、笼统的。可是当他参观了抗大、女大以及延安的各机关学校之后,他采取了第二个步骤,用分析方法把延安的各部分有秩序地加以细细的研究和分析。然后第三步再用综合法把对各部分的分析加以综合,得出整体的延安。这时认识的延安就与初来时认识的延安不同,他开始看见的是整个的延安,现在看见的也是整个的延安,但与开始的了解不同了,现在他对延安就有了科学的认识和具体的了解。观察一个农村,也同样是如此。

马克思的《资本论》就是用这种方法来写成的,先分析资本主义社会的各部分,然后加以综合,得出资本主义运动的规律来。

这里特别要注意的是分析。应该是分析而又综合,就是在第二步骤的分析中,也有小的综合。古人说:文章之道,有开有合。这个说法是对的。苏东坡用"八面受敌"法研究历史,用"八面受敌"法研究宋朝,也是对的。今天我们研究中国社会,也要用个"四面受敌"法,把它分成政治的、经济的、文化的、军事的四个部分来研究,得出中国革命的结论。

如果我们观察问题是走马看花的,各样都弄一点,这只是空花费了时间,一事无成。

教师:请全体同学齐读这篇节选文章。分小组合作探究,谈谈毛泽东主席所说的调查的思维方法对你有何启发。小组讨论形成共识,在班级交流:在我们的学习生活、校园活动中,应如何自觉地运用这种思维方法？请举例说明。发言人代表小组展示观点。

学生活动：齐读节选文章。学生小组讨论后，小组发言人展示观点。

第一小组：我们小组通过学习，认为毛主席所说的调查的思维方法，有分析，有综合。比如，我们高一刚进这所学校时，也是这种感受。现在回头分析我的感受，其实里面也就涵盖了分析和综合的分析方法。同时，我们认为毛主席还告诉我们一定要重视调查研究，注重抓住矛盾的特殊性，具体问题具体分析。

第二小组：我们小组有三个小结论与大家分享。

① 事物是多样性的现象和本质的统一体。人们通过感官感知到的认识对象总是具体的。因此，需要运用思维抽象从多样性统一的事物整体中抽取某一方面的本质规定，或者从其个性中抽取共性。

② 思维抽象只是停留在对事物的某一方面、某一部分或某种共性的认识上，还没有达到对事物本质和现象相统一的事物整体的认识。认识要深化，就需要进入思维具体的阶段。

③ 掌握感性具体——思维抽象——思维具体之间的对立统一关系，正确运用这种辩证思维方法，对于我们获得对事物全面而具体的认识具有重要的意义。

第三小组：毛主席这番话还为我们解答了认识发展的历程，从感性具体到思维抽象，再到思维具体，实现了思维的上升和飞跃。我们在进行类似的调查研究的时候也要遵循这样的认识深化过程。思维从最感性的具体开始，通过各个上升环节，达到再现事物多样性的统一，最终完成的思维具体是飞跃的终点。我和几个小伙伴在暑期的综合实践活动调研中，也是遵循了这样的认识发展，我们理清了花鼓戏的发展史、发展中存在的现实困难，并提出了促进花鼓戏发展的策略和建议。

教师小结：同学们都讲得很好，思考得也很深刻，这篇文章不仅告诉我们分析和综合辩证思维方法，还为我们梳理了认识发展的历程。它是对认识对象整体本质和规律的认识，从感性具体到思维抽象，再从思维抽象到思维具体，思维过程的这两个阶段相互依赖，不可分割。掌握这种辩证思维方法，对于我们获得对事物全面具体的认识具有重要的意义。

【设计意图】 本环节教学活动的设计，旨在通过读专著原文节选，让学生能够感悟辩证思维方法这一原理，懂得辩证思维方法既是中国共产党人认识问题的一把"金钥匙"，也是推进工作的重要方法。认识到中华人民共和国成立70多年来，我们之所以能在薄弱的基础上、复杂的国情下、经历挫折后，取得如此大的发展成就，一个很重要的原因就在于共产党人懂得照辩证法办事，用辩证思维赋能，增强学生的政治认同。

环节二：解案例，析原理

教师：请同学们阅读教材第93页探究三中的情境，并思考以下问题。

为防止学生沉溺于网游、刷朋友圈，有的学校禁止学生带手机上学。

(1) 你怎么看待情境所呈现的问题？

(2) 请你运用辩证思维方法，就解决情境中的问题提出建议。

学生活动：各小组讨论交流，合作探究，形成共识，发言人代表小组分享观点。

第一小组：为防止学生沉溺于网游、刷朋友圈，有的学校会在手机的使用上，对学生作出相应的规定，比如，禁止学生带手机上学，甚至禁止发朋友圈。作为学生应该要明白，这是学校为了让学生静心专注学习,可以理解。我们觉得禁止学生带手机进教室是挺好的举措。但希望学校要注意适度原则,正常上课期间可以禁止,但假期总要让我们学生刷下手机的。

我们要一分为二地看待手机问题,手机对于学生来讲是有利有弊的。学生的主要任务是学习科学知识和劳动技能,过度沉溺于网游、刷朋友圈,确实不利于学习任务的完成,这是手机给学生学习带来的不利影响。但是,在信息化社会,手机也给学生带来了很多好处,比如,拓展了学生的知识面,增加了学生的信息量,方便了学生的人际交往,在某种程度上舒缓了学生紧张的情绪等,学生不接触手机是不可能的,问题是如何合理使用。学校可不可以在教室门口放置一个收纳袋,让同学们上课时把手机放在收纳袋里,放学了再拿走?

第二小组:学校里禁止带手机,周末回家疯玩手机,这也是现在我们同学当中普遍存在的现象,因为在学校不能玩手机,大家就抓住周末时间拼命玩,甚至通宵,连续两天,缺觉少眠,会导致下一周的学习效率极低。这样很容易恶性循环,积累到一定的度,会生病的。我们小组认为,一味地禁止玩手机不是最好的方法,家长和学校应该要引导学生分辨手机的利与弊,趋利避害,与其不准玩手机,不如和学生沟通商量周末在家玩手机的时长,建议控制在2小时左右,不要玩太长、太迟,玩通宵是不允许的,因为有损健康。

第三小组:我们也认为学校的做法有利有弊,对督促学生专心读书来说,是有利的。但2020年疫情以来,如果遇到疫情防控形势严峻,进入校园都是需要刷健康码的,如果学校严禁带手机的话,对需要往返学校上学的通校生来说,还是不方便的,可能会造成进不了校园的情况。学校可不可以考虑让通校生带手机,但上课期间把手机放到班主任那里,放学了再领走。所以,我们认为在是否可以带手机的问题上,学校应该出台具体问题具体分析的制度,区别对待住校生、通校生。

第四小组:在现代社会,不让学生用手机是不可能的,主要还是在于要引导好学生科学使用手机。学校、家长可以利用手机发起一些积极向上的正能量的主题活动,让学生参与,引导学生向上向善,引导学生学会扬弃手机的功能,比如,策划"我的暑假生活""我的暑假阅读""行万里路"等假期朋友圈展示活动。

……

教师小结:感谢同学们的分享,在现实生活中,我们会遇到很多状况,手机问题只是万千问题中的一个。刚才大家在分享观点时,都用到了辩证思维方法。比如,分析和综合,同学们在刚才分享观点时都运用了分析和综合。比如,一分为二的方法,同学们刚才都提到了。比如,要具体问题具体分析。比如,要掌握适度原则等。大家已经有了不作简单肯定或否定的习惯,知道在扬弃中推动认识的不断发展,实现认识由感性具体到思维抽象、由思维抽象到思维具体的上升与飞跃。

【设计意图】　本环节教学活动的设计,旨在通过探讨,引导学生运用已有的辩证法思维知识解答理论问题和解决实践问题。引导学生自觉运用科学精神,践行公共参与核心素养,提升社会责任感。

环节三:思现实,用哲理

教师:刚才我们对辩证思维方法进行了深入的思考和感悟,那么本节课的第三个环节,让我们回归生活。我们的母校景宁中学经历了84年风雨,这84年间,起起落落,有高峰,有低谷,变化很多,但无论如何变化,"景中人"的精神一直在指引着"景中人"奋勇向前。特别是进入新时代后,景宁中学近10年的发展被称为"县中崛起"的典型案例。上个周末,大家收集了一些资料,接下来,咱们就景宁中学这个话题来谈谈吧。请大家在发表观点时要结合"逻辑与思维"第三单元所学的辩证思维的知识。

学生活动:请结合所收集的资料,选择下面任意一个感兴趣的话题来谈谈理解和感悟。

(1)景宁中学建校84年间,发生了怎样的变化?你最感兴趣的是哪一个时间段?

(2)景宁中学变化发展过程中,有哪些是不变的?

(3)在未来的发展中,你觉得景宁中学会有怎样的变化,你希望它怎么变化,拥有怎样的未来?

学生1:这是我们收集到的景宁中学老校园的照片和几张毕业照,将老校园的风景和现在的校园风景作对比,可以看到景宁中学校园比以前更美了,校园文化比以前更丰富了,以前的景宁中学校园,比较单调、绿化也不多。这是我从图片中获得对景宁中学具体的感受,这是感性具体的。我特别感兴趣的是搬入新校后的校园变化。

学生2:我最感兴趣的是景宁中学八九十年代的故事,那时候的景宁中学时不时会有市状元出现,经常有学生能考上清华、北大的。为啥现在的我们上个清华北大这么难呢?我运用辩证思维进行了思考和分析,这跟整个国家的高考政策有很大的关系吧,八九十年代是全国统考的阶段,进入21世纪,浙江省自己命题后,加上师资生源的自由流动等原因,我们就很难再出现之前的盛况了。

教师:两位同学都进行了非常好的分享,从他们的发言中,我们能够充分感受到他们运用了分析、综合、联系等辩证思维方法来分析思考问题。

学生3:我对比了几张毕业照,对不同时代的"景中人"有了一个初步的了解,这种认识是一般的、笼统的。我家刚好有四代"景中人",我采访了下,他们给我讲了自己在景宁中学求学的故事,我用课堂上学会的分析和综合的方法对这些信息进行处理,对景宁中学又有了更加具体的认识。时代变迁,"景中人"更新了一代又一代,但我通过采访的信息综合思考,知道了"景中人"身上有着一股"景中精神",他们勤劳肯吃苦,不畏困难勇往直前,肯动脑筋想办法,肯学习肯交流,更懂得分享。这点是不变的,是一代又一代"景中人"之间的联系。

学生4:景宁中学学子乐观向上,向阳而生的精神面貌没有变化。在采访中,我们听到了这样一个故事:说有一个考核组在我们学校考察,在反馈情况时,考核小组说,对他们触动最大的是景宁中学学子脸上灿烂的笑容,看着让人心动。无论是在艰难困苦的五六十年代,还是在新时代,景宁中学学子的笑是不变的。我们经过分析,综合得出笑是可以传承的,因为"景中人"身上有革命乐观主义精神。

教师:感谢两位同学给我们"不变"的分享,让我们知道了在景宁中学84年的发展历程中,始终有一样东西在联系着过去、贯穿着未来,那就是"景中精神"。

学生5:我们小组对几段采访录音进行了分析,又进行了综合,我们有了这样的认识——景宁中学能够成为"县中崛起"的典范,有其时代背景的影响,也是抓住了历史机遇不断努力的结果。景宁中学新时代发展比较快的那几年是整个浙江省高考改革开始的几年,我们学校抓住了时机,面对变化的形势,作出了正确的应对决策,并且我们十年如一日地坚持正确的东西,一直坚持去做,这就是我们所说的重视量的积累,并且在量积累到一定度的时候,不失时机地促成了景宁中学的飞跃,所以我们成功了。夏校长告诉我们,在接下来的"十四五"中,景宁中学将继续努力,踏实走好每一步,做好"量"的积累,以课堂改革为核心进一步推动景宁中学的高质量发展,迎接景宁中学未来美好的"质变"。这十年来景宁中学在课堂教学改革中,是在不断辩证否定的扬弃中推动学校教学质量不断发展。

学生6:"景中人"身上"不变"的精神有助于把握"变化"着的时势。我们在采访中明显感受到夏校长和他的团队很懂得照辩证法办事,用辩证思维赋能,相信景宁中学的未来会越来越好。当然,在景宁中学未来的发展中,一定还会遇到一些困难和挫折,这就是我们讲的事物发展过程中的渐进性,我们要关注景宁中学发展过程中的连续性和间断性。"景中人"的努力一定会"天道酬勤",景宁中学的前景一定非常美丽,这就是事物发展过程中的飞跃性。景宁中学发展史告诉我们一定要准确把握事物发展过程中的量变与质变,正确地认识事物发展过程中的渐进性与飞跃性、连续性与间断性。这样,我们认识景宁中学发展的本质,遵循学校的发展规律才具有重要意义。

学生7:景宁中学的发展充分体现了"变"与"不变"的辩证统一关系。为了景宁中学适应新时代的发展需要,党和政府把学校从原来老校区搬迁到了现在的150亩大的新校区,接下来还要再扩建150亩的校园,景宁中学校址发生了变化,校园面积发生了变化,校园面貌发生了变化,"景中人"在一代代变化,但建县以来,政府对景宁中学的大投入没有变过,老百姓对景宁中学的支持没有变过,"景中人"的"不辱使命、低进高出、负重拼搏、合作共赢"的精神没有变过,这些"不变"(联系)推进了景宁中学的"变"(发展)。我们希望景宁中学越来越美好。

……

教师小结:看来同学们对母校的了解还是很全面的,也分析得非常透彻,我在你们的观点分享中,充分感受到了辩证思维的魅力。景宁中学就是这样从点滴做起,踏实走好每一步的,一步步地积累,相信不久的将来,一定能够创造辉煌。

从母校到家乡,从家乡到国家,我们会发现,新时代,中国特色社会主义建设都在"变"与"不变"的辩证关系中。我们要牢固坚持新时代"不变"的主流与本质规定,同时又对新时代的"变"保持高度尊重,在"不变"的大框架下把握"变",在对"变"的理解中深化对"不变"的把握,这就是新时代"变"与"不变"的辩证法。

【设计意图】　本环节教学活动的设计,旨在通过同学们对熟悉话题的讨论,检测学生运用已有的辩证法思维、知识思考问题的能力,引导学生自觉运用科学精神,践行公共参与核心素养,提升政治认同感。

(四) 课堂总结

本节课我们充分运用了辩证思维方法来思考问题、解决问题,相信同学们对辩证思维方法的认识会越来越深刻,也希望同学们能够在日常生活中,想问题办事情时把辩证思维方法用起来,相信大家会受益匪浅的。最后,让我们一起来完成黑板上框架里的内容填写。

【设计意图】　通过板书梳理小结第三单元的知识,框架式的板书清晰展示辩证思维方法的知识层次,逻辑关系,助力学生建构辩证思维方法的知识框架。

八、板书设计

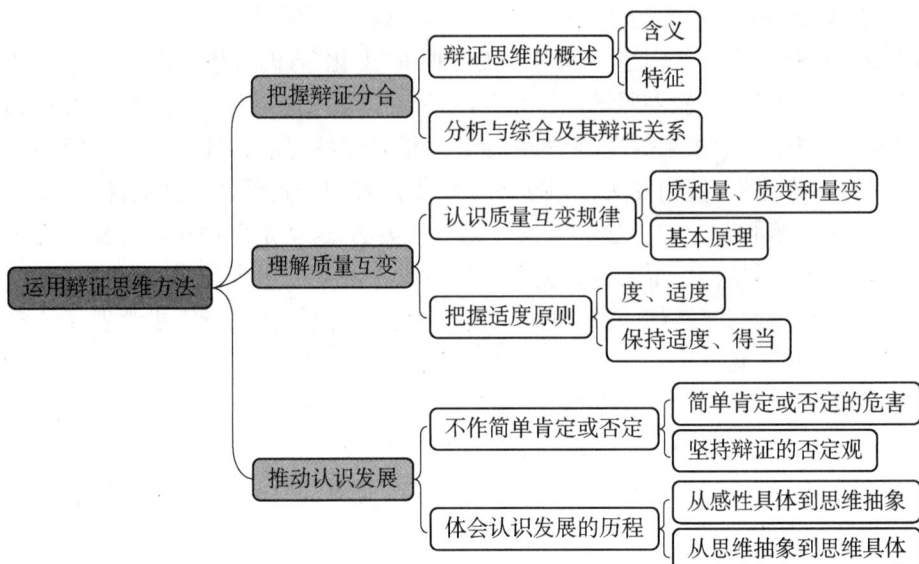

九、教学反思

本节课是第三单元的综合探究课,它既是对前面所学内容的应用,也是对前面所学内容的深化。本节课教学活动的三个环节充分体现综合探究的综合性、探究性、活动性,主要任务都是要求学生运用辩证思维方法来分析问题、解决问题,思维能力要求比较高。学生在完成活动任务的同时,能够真正理解感悟辩证思维方法。本节课教学活动中的部分情境材料选自课本提供的素材,是因为课本中的素材本身就比较精彩,有助于提高学生自觉运用辩证思维方法分析、解决实际问题的意识和能力。要让学习真正地发生,把课堂真正还给学生,我们的教学过程一定要是学生发现问题、提出问题、分析问题、解决问题的过程,我们要坚持不懈地在教学中培养学生的合作能力、探究能力、实践能力、创新精神和自主精神。

十、专家点评

1. 用好课本资源促进探究深度。新教材的综合探究提供了具体的探究活动建议与探究路径参考。如何用好教材中的这些资源,邢老师的这节课给我们提供了很好的思路。比如,环节二中,邢老师选取了教材探究三中提供的第二个情境,并对探究任务进行了重新设计,将原来的"选择走访对象,了解其生活中存在的突出矛盾,运用辩证思维方法向相关部门提出解决矛盾的建议"这项任务改为了两项,第一问丰富了任务的思辨性,第二问增加了问题的角度。通过这样的处理,一方面使得任务的辨析性、全面性更高,另一方面也让学生在分析问题、解决问题的过程中进行了自我教育。环节一中探究任务的处理也有异曲同工之妙。

2. 开发校本资源增强探究热度。本节课设计的另一大亮点,就是环节三中学校发展资源的引入和利用,增强了探究的热度,能很好地激发学生探究的积极性。邢老师巧设任务——布置课前资料搜集任务,课堂进行沙龙式分享,让学生在领悟辩证思维的精髓的过程中,有效地培养了学生的合作学习能力、公共参与能力,并从中深切地感受到母校发展中的"变"与"不变",激发起学生作为学校一员的自豪感与使命感,让思政课教学真正回归立德树人的根本任务上。

第四单元

提高创新思维能力

第十一课

创新思维要善于联想

第一框题　创新思维的含义与特征

宁波市第三中学　马宇婷

一、理论基础和依据

百年来,中国共产党在总结反思历史经验、顺应历史规律、洞悉历史矛盾、破解历史难题中,实现了创新思维的演进,并在遵循创新思维内在要求和辩证否定中,提升创新认知能力和实践能力。

创新推动着一个民族的进步和发展。创新思维是主体推动事物发展、推进社会进步的精神力量。中国共产党引领中华民族走向时代前列,战胜各种风险挑战,完成救国大业、兴国大业和复兴大业,并正在迎来强国大业,离不开党的创新思维。党的创新思维是指党在独立自主探索、开创、坚持和发展中国特色社会主义过程中,审时度势,破解时代之问,解决现实矛盾、攻坚克难、破旧立新、因时制宜的思维方式。这种创新思维引领党在推进伟大事业、追逐伟大梦想中不断实现实践创新与理论创新,创造出让中国人民为之自豪、令世界为之瞩目的伟大奇迹。中国共产党作为马克思主义政党,善于运用创新思维,不断深化对中国社会性质和革命性质的认识,着眼于解决中国革命道路问题,制定契合革命、建设和改革实践需要的路线、方针、政策和制度,实现了创新思维的演进。

创新思维不是与逻辑思维、辩证思维相并列的思维形态,而是运用逻辑思维和非逻辑思维,以创造性地解决实际问题为目的的一种思维方式。它自觉坚持问题导向,实事求是地直面问题,随着现实的变化而变化,不迷信权威、经验和教条,敢于进行前提批判,勇于综合利用多种理论资源,善于因地和因时制宜,大胆探索新的概念、思路和方法,坚定对未来的信念,辩证地把握过去、现在和未来的统一性,辩证地看待手段和目的的统一性,将感性和理性统一起来,将分析与综合统一起来,将历史与逻辑统一起来,执意于创造新的事物,开拓新的未来。因而,创新思维体现了真正的理想主义与现实主义的统一,而不是空喊口号的理想主义,也不是封闭狭隘的现实主义。

创新思维是以实践为基础的创造性思维。它始终坚持问题导向,强调直面现实,开拓未来。创新思维对现实生活的变化,有一种很强的敏感性,对各种理论有非常强的包容性,而不死守于某种理论教条,对新鲜事物有一种开放性,而不是因循守旧、故步自封。为了解决现实中存在的问题,敢为人先,勇于试错,勇于探索,在不断的尝试性探索中逐渐发现新的事物、方法或者措施。

创新思维是一种批判性思维。它不会把任何经验教条当作普遍的真理,不是一种简单的、被动的接受性思维,而是能动地去反思它们有效性的限度,对这些东西得以成立的前提进行批判,要么找到它们的逻辑错误,要么发现它们的历史局限性,从而理清这些经验教条和陈规的边界。与此同时,创新思维具有一种建构性,能够透过经验的表象,在否定性中看到肯定,看到现实中的积极力量。一切从实际出发,以一种超越的态度,坚持批判性和建构性的统一。

创新思维是一种辩证性思维。创新思维往往会拒斥非此即彼的形而上学思维方式,在对立面的统一中把握事物,在探索解决新问题的方法、举措和路径的时候,批判性地吸收前人的成果,运用分析与综合、归纳与演绎、抽象与具体相结合的方法去发现事物的本质和规律。

二、课标要求

《普通高中思想政治课程标准(2017年版2020年修订)》内容要求:"通过科学思维的训练,引导学生掌握科学思维的基本要求,把握逻辑思维和辩证思维的方法,提高创新思维能力,学会运用科学思维探索世界、认识世界。"

教学提示:以"汲取浙江改革智慧,培养创新思维"为议题,探究创新思维的含义与特征。可创设浙江改革初期场景的教学情境,理解创新思维的含义,体悟创新思维不可能凭空产生;可创设联系其他学科的教学情境,如卖梳子给和尚、巧找空皂盒等,从思路、步骤和结果三个角度具体分析创新思维的多向性、跨越性和独特性等特征;可创设观照社会现实的教学情境,如马云开创的互联网帝国,认清实践对创新思维的重要性,培育科学精神素养。

三、学情分析

从已有知识基础和生活经验看,学生在学习逻辑思维和辩证思维后,已初步具备科学思维,能从身边小事中认识创新思维及其意义。但由于学生的社会实践相对比较缺乏,其创新活动更多的是发生在校园内的学习活动,因此要理解创新思维的产生条件和评价标准较为困难,需要教师创设更多真实的情境。

从认知发展看,高中学生思维比较活跃,参与感比较强,具备小组合作探究的能力。教师通过引导学生,组织探究活动,调动学生学习的积极性,挖掘他们的潜力,活跃课堂,从而更好地完成教学目标,使学生在综合探究活动和合作学习中感受到学习的乐趣。

从情感态度价值观来看,要注重培养学生思维德性的问题。他们的思维立场和价值取向是关乎"为了谁""服务谁"的根本性问题,要把立德树人作为培养学生科学思维不可偏离的主题和主线。

四、教学目标

（一）核心素养培育目标

1. 科学精神

通过扮演改革背景下的人物，深入理解创新思维是以实践为基础的创新性思维，是批判性和辩证性统一的思维，提高思维水平，提升思维素养。

2. 政治认同

通过向改革先锋写致敬卡，深入领会创新思维的评价标准，增强对中国特色社会主义伟大改革的认同。

3. 公共参与

通过合作探究商业难题，把握创新思维多向性、跨越性和独特性的特征，积极参与社会实践，在实践中培养创新思维，用科学思维去创造幸福生活，过有意义的生活。

（二）学科能力目标

1. 学习理解

理解和把握创新思维的含义、基础和特征，明确创新思维是多种思维方式的综合运用，领会创新思维之"新"。

2. 实践应用

结合具体材料，分析、运用创新思维的方法；运用生活实例，总结归纳创新思维的意义。

3. 迁移创新

用创新思维分析说明中国特色社会主义的伟大改革，坚持学以致用，运用创新思维创造性地解决问题，坚定地投入到中国特色社会主义的改革浪潮中去。

五、教学重难点

1. 教学重点：理解和把握创新思维的特征

创新思维的思路具有多向性，步骤具有跨越性，结果具有独特性。这三个特征不是孤立的，是紧密联系的，它们统一于创新思维的过程中。这三个特征分别体现了创新思维的三个"新"：思路新、方法新、结果新。从这个角度看，讲清楚创新思维的特征，对学生创新思维的萌发与实践运用至关重要。理解和把握创新思维的特征，有利于增强学生用创新思维发现问题、分析问题、解决问题的能力。

2. 教学难点：辩证把握、正确运用创新思维与社会实践的关系

任何创新思维都不能凭空产生，创新思维要以实践为基础，失去实践基础，思维会陷入不切实际的幻想。同时，真正的创新思维之"花"能结出实实在在的创新之"果"，推动社会实践的发展。这一辩证关系距离学生生活较远，学生理解有一定困难，应结合实例加以说明并引导学生在实际生活中加以运用。

六、教学方法

(一)议题式教学法

议题式教学以议题为纽带,本节课教学以"汲取浙江改革智慧,培养创新思维"为议题,统领教学内容,把零散化的知识串联起来,让学生学到的内容有其内在的结构性和逻辑性。借助基于社会生活的议题情境激发学生学习兴趣、点燃讨论热情,是培育核心素养的要求,也是学科教学的旨趣。

(二)情境教学法

本节课教学内容重在引导学生用创新思维改造世界。运用情境教学法,通过精选案例、设计活动等,将经过加工的生活场景移入课堂,有助于学生在具体情境中、在分析和解决实际问题的过程中,较好地达成学习目标。

(三)政治性与学理性相统一

作为一门立德树人的关键课程,政治性是占据道义制高点的问题,它关乎思政课的价值取向和人民立场。学理性是占据真理制高点的问题,它关乎思政课的科学性和真理性。本节课教学只有占据了道义和真理的制高点,才能让创新思维吸引人、打动人、感染人。

七、教学流程

(一)课堂导入

大江奔涌,千帆竞发。70多年来,浙江大地沧桑巨变,从一穷二白到经济大省,从"鸡毛换糖"到"机器换人",再到"电商换市",一代代浙商走过的路是敢为人先、勇立潮头的创新之路。浙商的创新思维从何而来? 创新思维有何特征? 今天我们以"汲取浙江改革智慧,培养创新思维"为议题,学习新课"创新思维的含义与特征"。

【设计意图】 乡土素材是思想政治课程源源不断的生动素材。加强乡土素材的教育,对于开阔学生视野,激发学生兴趣,涵养家国情怀,培养学生政治认同、科学精神等学科核心素养具有重要意义。

(二)新课教学

环节一:潮起,走在前列谋新篇
——理解创新思维的含义与条件

材料一 浙江有着"先天劣势":"七山一水两分田"的地理环境下,95%以上资源靠外来输入。同时,浙江工业基础薄弱,1953年至1957年苏联援助中国的156个大项目中,没有一个落户浙江。加上1962年蒋介石提出"反攻大陆",两岸关系紧张,地处沿海前线的浙江也搞不了基础设施和工业建设。1978 年浙江人均 GDP 仅 331 元,低于全国平均水平。

教师: 从上述材料中,我们知道,在改革开放前,浙江在发展(　　)业、(　　)业方面存在劣势,可以找一条发展(　　)业的突围之路。

学生活动: 独立思考并畅所欲言。

学生: 在改革开放前,浙江在发展农业、工业方面存在劣势,可以找一条发展商业的突围之路。

教师小结: 回顾一下刚刚我们对浙江未来发展之路的认识描述可以发现,我们对一事物的认识不是简单的"照相"或"复制",而是要经过头脑的加工制作。比如,刚刚大家就设想了浙江在改革开放前的发展方向,发挥了思维的主观能动性,这也是创新思维之所以产生的基础。那现在我们就来看看大家有没有创新思维呢?

教师: 请同学们小组合作,结合材料二,完成以下任务。小组讨论完毕后,请两位同学扮演义乌农妇冯爱倩和海盐衬衫厂厂长步鑫生,说出心声。

(1) 假如你是冯爱倩,请结合当时的义乌实际和国家政策,准备一篇向县委书记要求支持摆摊的发言稿。

(2) 请你以步鑫生口吻,参考材料中的衬衫厂现状和外地经验,准备一篇主题为"打破大锅饭"的演讲稿来鼓励厂里员工提高劳动积极性。

材料二　角色一——义乌农妇冯爱倩

1980 年,有 5 个子女的义乌妇女冯爱倩开始了艰辛的从商之路,在县城偷偷摸摸地摆起地摊。1982 年 5 月的一天,货物屡次被没收的冯爱倩鼓足勇气站在了义乌县委门前,来跟新来的县委书记谢高华讨说法。

义乌情况:土地贫瘠、人均只有四五分地,农民吃不饱饭。自古经商,"鸡毛换糖"是义乌货郎们农闲时传统的谋生手段。

国家政策:摆摊做生意被称为"投机倒把",是要割掉的"资本主义尾巴"。政府专门设立打击"投机倒把"办公室,对商贩进行"围追堵截"。

角色二——海盐衬衫厂厂长步鑫生

红星服装社是家县属集体企业,十几年发展毫无起色。改为海盐衬衫总厂后仍吃"大锅饭",经营僵化,养了诸多闲人、"病号"。1981 年步鑫生担任厂长,全厂固定资产只有 2 万多元,年利润 5 000 元,发不出老工人的退休金。

外地经验:安徽凤阳等地的农村土地联产承包责任制,实行联产计酬制,极大激发了农民生产积极性。

学生活动: 小组内由主持人负责,每个小组成员都要发言,指定记录员做好记录和整理,确定小组发言人代表小组进行展示。

冯爱倩组: 我要摆摊,非摆不可! 死守教条,将会活活饿死啊。义乌地这么少,我们在不影响农业生产的前提下,从事小商品经营积累生产资金、贴补生活,有何不可? 就拿鸡毛换糖来说吧,我们义乌货郎走南闯北,千辛万苦,一家一户地去用糖换鸡毛、鸡内金。回来后,将上等的鸡毛出售给国家,用以制作日用工艺品;差的用作传统肥料,提高粮食产量;收购的鸡内金出售给医药公司作药品。这是一件利国利民的大好事啊!

步鑫生组: 最近,农村改革轰轰烈烈,家庭联产承包责任制让很多农民的腰包鼓起来了,改变了曾经贫穷落后的面貌。我们乡镇企业呢！连工人退休金都发不出！这还叫社会主义吗？企业也要向他们学习！日算月结,实超实奖,实欠实赔,奖优罚劣,一起打破"大锅饭",让我们的厂子活起来,日子火起来。

教师小结:冯爱倩组同学感染性强,据理力争,在政策不允许的状况下,他们敢于超越陈规,找到一条适合义乌人民走的路。这其实就是一种创新思维。

步鑫生组同学眼光独到,敢于并善于在学习别人的基础上有所发现、有所发明！这也是一种创新思维。所以,创新思维不是泛指所有思维都具有的能动性,而是特指人们在实践中破除旧观念、超越陈规、有所发现、有所发明的思维活动。

教师:冯爱倩和步鑫生的创新思维是凭空产生的吗？ 如果不是,那是从何而来？

学生1:冯爱倩想要摆摊的想法,是基于义乌曾有鸡毛换糖这个实践基础,而且也考虑了义乌人多地少这个客观实际情况。就因为有实践作为基础,她想要摆摊的想法就不是幻想。

学生2:步鑫生对工人工资分配改革的创新想法,离不开对农村家庭联产承包责任制的学习和继承,这也是创新思维产生的客观基础。

教师小结:是的,创新思维是一个人综合能力的体现,它不会凭空产生,需要我们去实践,也需要我们学习借鉴他人成果。正如习近平总书记所言,"生活从不眷顾因循守旧、满足现状者,从不等待不思进取、坐享其成者,而是将更多机遇,留给善于和勇于创新的人们"。

浙江的发展,离不开这些敢想敢闯敢干的改革先锋,同样也离不开一群干在实处的人民群众,他们用创新思维解决着身边的难题。接下来就让我们一起做一回创新的弄潮儿！

【设计意图】 创新思维的含义与产生条件作为间接经验向学生传递时需要创设学科知识生成的环境,引领学生亲身体验知识"因何而生,向何而去"的历程,启发学生经历思维过程,通过参与模拟的社会生活——当一回改革先锋人物冯爱倩和步鑫生,既发挥了学生的主体作用,又增强了情境的感染性,使学生置身于国家改革创新的事业之中。学生在引导下,从体验走向知识,实现了形象思维向抽象思维的过渡和转化,知识自然而然生发而成,情感自然而然内化于心。

环节二:逐浪,勇做创新弄潮儿
——学会运用创新思维

材料三 3个商业难题

难题1:有一家效益相当好的大公司,其负责人对应聘者出了一道考题:以10日为限,想办法把木梳尽量多地卖给和尚。如果是你,你会怎么卖？

难题2:某厂引进了一条香皂包装生产线,结果发现这条生产线有个缺陷:常常会有盒子里没装入香皂。总不能把空盒子卖给顾客啊,他们只得请了一个学自动化的博士后设计一个方案来分拣空的香皂盒。博士后拉起了一个十几人的科研攻关小组,综合采用了机械、微电子、自动化、X射线探测等技术,花了90万,成功解决了问题。每当生产线上有空香皂盒通过,两旁的探测器会检测到,并且驱动一只机械手把空皂盒推走。但是厂长觉得成本太高,你有什么性价比高的方法吗？

难题3:你们公司卖的是质量上乘的酒,有一次公司派你去参加商品展览会进行销售,你发现评委顾客都被包装精美的其他商品吸引了。而你虽卖好酒但因包装简陋无人问津。你该怎么办?

教师:你将如何用创新思维解决以上 3 个商业难题呢?

学生活动:阅读教材第 97—98 页内容,明确创新思维的特征。全班分为 3 个大组分别进行讨论和探究。3 个大组选一名主持人、一名记录员、一名发言人,以头脑风暴的形式讨论,尽量提出各种设想,记录在便利贴上,形成解决问题的最佳创新方案,发言人代表小组展示观点。其他小组从创新思维特征的角度对创意方案进行点评。

小组 1:梳子卖给和尚,但和尚没有头发,所以对和尚来说,梳子没有用。但是凡来进香者,多有一颗虔诚之心,宝刹应有回赠,保佑平安吉祥,鼓励多行善事。可以将梳子刻上方丈亲笔写的"积善梳",卖给进香者。

小组 2 点评:当和尚用梳子梳头发这一思路受阻时,小组 1 能够很快转向另一个方向,把梳子当作能保佑平安吉祥的赠品,体现了他们的思维具有多向性。

小组 2:经过复杂计算的精密仪器可以检测空皂盒,但成本太高。不如在生产线旁边放一台大功率电风扇猛吹,空皂盒都会被吹走,这样省时省力省钱。

小组 3 点评:创新思维不排斥一步一步的逻辑推导与分析,但它往往表现为对推理步骤的省略或跨越。正是这种省略或跨越,使得创新思维过程中的某些思维活动难以详细描述,以至于在其中起作用的直觉、灵感等思维活动,有时被披上神秘的面纱。也就是说,从思维形式来看,创新思维既需要像博士这样常规严谨,也可以用非逻辑的"直觉顿悟"的思维方法来解决问题。

小组 3:打碎酒瓶,让酒香四溢从而吸引顾客,然后再给顾客免费品尝。

小组 1 点评:生活中许多问题不是用常规方法就能解决的。按常规来讲,就要在重要场合让自己的产品包装更精美,小组 3 的同学选择打碎酒的包装,让酒香四溢从而吸引顾客,这种独特而巧妙的方法使问题出乎意料地得到解决。

教师小结:以上三个方案新在哪里? 一是思路新,突破陈规看问题,另辟蹊径想问题。思路决定出路,思路不落窠臼,出路才能巧妙。二是方法新,不局限于常规方法,敢用新手段,试用新工具,因为方法得当而事半功倍。敢用电风扇来检测空皂盒,充分考虑空皂盒轻的特点,敢用打碎商品来吸引顾客,充分发挥酒的商品优势。三是结果新,凡是创新思维的成果,不论是生产活动和科学实验中的新发明、新发现,还是理论上的新见解、新论证,总有其新颖独到之处。

由此可见,创新思维的三个"新",思路新、方法新、结果新分别对应了刚刚同学们提到的多向性、跨越性和独特性。

【设计意图】　本环节设计三个生活化的商业难题,引导学生以小组为单位进行头脑风暴,将思政小课堂与社会大课堂联系起来,将理论和实践联系起来,引导学生掌握创新思维的基本要求,鼓励学生正确运用创新思维方法观察和理解社会,处理生活中遇到的难题,实现知识的内化,提升公共参与素养和科学精神素养。

环节三:跨越,勇立潮头显担当
——坚定创新思维的评价标准

教师:浙江大地,历史上孕育过务实、知行合一、经世致用等思想,今天又形成了"干在实处、走在前列、勇立潮头"的浙江精神。在与时俱进、开拓创新的浙江文化滋养下,一代代浙江人书写了一个又一个浙江故事,创造了一个又一个浙江传奇。作为浙江学子,站在人生新起点,你对他们有着怎样的思考与评价。下面请同学们讲述新时代浙江人的创新故事,并撰写致敬卡。

致敬卡一般由两部分组成:一是标题,如《步鑫生:敢为人先》;二是正文,简要介绍他的事迹并对他作简要评价。

学生活动:把课前收集的改革先锋资料进行整理归纳,并及时记录准备分享发言。

学生1:致敬马云:时光不负奋斗者。

20多年前,在互联网还没有完全普及,很多人都还没上过网的大环境下,您就坚信互联网对我们未来的工作和生活的方方面面必然产生深刻的影响,看到了互联网发展的未来,这种超前思维、创新思维让人不得不佩服。如今,身边涌现的新事物——移动支付、共享单车、网购、直播课堂都离不开您的创新之举,您的创新思维之"花"结出实实在在的创新之"果",造福中国的千家万户。

学生2:致敬鲁冠球:敢为天下先。

改革开放初期,您以开拓者的胆识,主动与乡政府签订厂长个人风险承包合同,开创了浙江企业承包改革的先河,并首创浮动工资制。在您的带领下,万向集团从一个小作坊发展为第一个进入美国市场的中国汽车零部件企业,并开创乡镇企业收购海外上市公司的先河,向世界展示了中国企业家勇于改革实践的智慧和担当。

学生3:致敬屠呦呦:攻坚克难,百折不挠。

您致力于中医研究实践,带领团队攻坚克难,研究发现了青蒿素,为人类带来了一种全新结构的抗疟新药,解决了长期困扰的抗疟治疗失效难题,标志着人类抗疟步入新纪元。以双氢青蒿素、青蒿琥酯等衍生物为基础的联合用药疗法(ACT)是国际抗疟第一用药,挽救了全球特别是发展中国家数百万人的生命,产生了巨大的经济社会效益,为中医药科技创新和人类健康事业作出了独特且重要贡献。

教师小结:可见,创新思维以实践为基础,同样也要为实践服务。创新思维开出的花并不一定都能结果,比如,高考作弊工具之"新"、偷税漏税方法之"新"、大数据窥探个人隐私技术之"新",这些新成果终将被人民唾弃,经不起实践的检验。我们要用创新思维、创新精神投身于新时代中国特色社会主义建设的伟大实践,让它结出实实在在的创新之"果"。

【设计意图】 对创新思维的评价是本节课的出发点,也是落脚点。与其他学科不同的是,思政课教师应从思维方式角度引导学生的思想认识。因此,在这一环节中,让学生写致敬卡的过程也是引导学生认同中国特色社会主义制度和改革,培育其正确的政治价值观的过程,坚持了政治性和学理性的统一。布置前置性学习任务——搜集改革创新成功的案例和人物,帮助学生拓展视野,理清价值是非。

(三)课堂总结

中国特色社会主义进入新时代,更加需要我们进一步提高创新思维能力。我们取得伟大斗争的胜利,提高伟大工程的质量,推动伟大事业的发展,早日实现中华民族伟大复兴的中国梦,都必须根据时代变化的特点和要求,以创新思维为动力,推动各项事业健康发展。"惟创新者进,惟创新者强,惟创新者胜"。创新是一个民族进步的灵魂,是一个国家兴旺发达的不竭源泉,是引领发展的第一动力。浙江经济社会发展之所以又好又快,关键在于干部群众主动创新求变,勇于打破常规。从一只拨浪鼓拨动世界小商品市场的义乌模式到运用互联网催生生产要素的云栖小镇等,每一次成功都蕴含着浙江人的创新思维、创新精神! 在迈向"十四五"的新征程中,就让我们多一点"闯"的勇气、"进"的胆识、"冒"的精神,在不断的开拓创新中书写人生华章。

【设计意图】 总结教学核心内容,促进学生认识和情感升华。

八、板书设计:

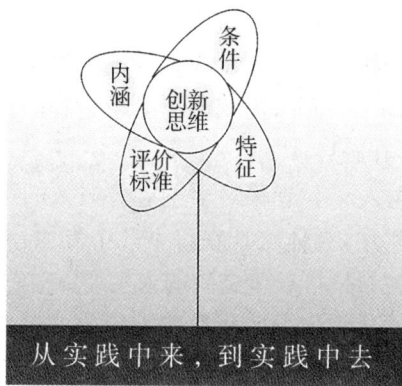

九、教学反思

《高中思想政治学科课程标准(2017 年版 2020 年修订)》指出,"考查学生的核心素养发展水平,需要以具体的真实情境作为执行特定任务和运用学科内容的背景与依托"。因此,本节课设计围绕"汲取浙江改革智慧,学会运用创新思维"这一核心议题,在有效学习情境的创设上,涵盖了两个基本维度。

1. 营造学习活动的场景:师生的、生生的、对话的。议题教学的关键在于"议"的过程,学习者之间围绕某个议题的深入交流,既是教的展开过程,也是学的活化过程,在这个过程中,尤其需要依托特定的情境,将核心议题转化为具体的问题链。本节课的教学中,我以浙江改革事件中的关键人物为真实情境,通过"角色扮演"和"写致敬卡"两组学习任务,指导学生开展合作学习、探究学习,层层深入、步步推进,具有很强的代入感,符合学生的认知规律,较好地激活了学生的思维张力和政治认同。

2. 开拓学习深入的前景:个人的、社会的、世界的。学科核心素养的培育在一定的意义上就是建构学科知识与学生真实的生活实践的关联,这种关联不仅是历史的、当下的,更是面向未来的、具有生长性的,创新思维不能仅当成工具,它还肩负着思想政治课程的学科教育任务和目标,有其特有的价值诉求。在创新思维训练和养成中铸造创新精神,目的在于让学生能够以创新精神投身于新时代中国特色社会主义建设的伟大实践,从而努力将自己塑造成为有理想、有本领、有担当的时代新人。因此,本节课教学的第二个环节,围绕"商业中可能遇到的难题",组织学习者进行实践假设,并鼓励他们提出自己的意见和建议,这样具有生活性、开放性、生长性的问题,正体现了核心素养"作为指向复杂情境需要的综合性品质,需要学习与任务情境持续互动,在不断解决问题、创生意义的过程中得以养成"的理念,也符合马克思主义更看重的"对世界的改造问题"的观点。

十、专家点评

马老师的这节课给人印象最深的一点就是始终把握学科本质,强化立德树人。

1. **一以贯之,凸显学科本质。**逻辑与思维模块虽具有明显的工具性,但作为高中思政课程的重要组成部分,同样是落实立德树人根本任务的关键课程。马老师这节课从学情分析强调"要注重培养学生思维德性的问题。他们的思维立场和价值取向是关乎'为了谁''服务谁'的根本性问题,要把立德树人作为培养学生科学思维不可偏离的主题和主线",到教学目标中政治认同、公共参与素养的确立,再到整个教学过程的精心设计,可以说思政课程的本质得到了一以贯之的坚持与凸显。

2. **多措并举,强化立德树人。**本节课对学生立德树人的引领,贯穿在学习和把握创新思维的含义和特征的整个过程中,具体表现在以下几个方面:一是在角色体验中感悟,让学生在义乌农妇冯爱倩和海盐衬衫厂厂长步鑫生的人生经历中感悟创新之于人生价值实现的意义;二是在合作学习中展示,让学生分小组解决三个商业难题,并在这个过程中让学生体会创新对于解决问题的意义;三是在寻找榜样中奋发,通过讲述新时代浙江人创新故事并撰写致敬卡,引导学生寻找榜样、激励自我。

第二框题 联想思维的含义与方法

宁波市惠贞书院 许奕人

本框课件下载

一、理论基础和依据

联想思维在认识活动的过程中起着桥梁和纽带的重要作用。联想思维能够在两个以上的思维对象之间建立联系。通过联想,可以在较短时间内在问题对象和某些思维对象间建立起联系,这种联系会帮助人们找到解决问题的答案。

首先,联想思维不同于创新思维,但联想思维能够为创新思维方法提供一定的基础。联想思维一般不能直接产生有创新价值的新的形象,但是它往往能为产生新形象的想象思维奠定一定的基础。其次,由于联想思维有由此及彼、触类旁通的特性,常常能够把思维引向深处或更加广阔的天地。联想思维能够活化创新思维的活动空间。再次,联想思维有利于信息的储存和检索。思维操作系统的重要功能之一,就是把知识信息按一定的规则存储在信息存储系统,并在需要时把其中有用的信息检索出来。

实现高水平科技自立自强,必须走出一条新路——依靠创新驱动。"发展是第一要务,人才是第一资源,创新是第一动力"。联想是创新思维的基础。提高联想思维的水平和能力,有助于提高创新能力,有助于培养创新型人才。

从建构主义理论的角度出发,学生学习的过程就是在旧的知识基础上认识新的问题,并对新旧知识进行整合的过程。教育心理学普遍认为,迁移主要是指先前学习的知识与技能对后来学习知识与技能产生的影响,也可以说是旧经验对学习新经验的影响。

迁移是思维展开联想的重要方式。了解迁移理论知识,有助于我们展开联想,有助于提高学习效率,有助于面对新的情况、解决新问题。

联想思维具有跨越的联结性,迁移是联想思维的"联结"方式。联想思维中的"迁移",是将不同认识对象的性质、作用等进行位置变迁与功能移植,以寻求解决问题的新思路。依据时间时序的不同,迁移可以分为顺向迁移和逆向迁移;从迁移效果的角度来看,可以分为正迁移和负迁移;按照迁移的水平和角度来划分,可以分为纵向迁移和横向迁移。

二、课标要求

《普通高中思想政治课程标准(2017 年版 2020 年修订)》内容要求:4.1 体会联想思维中的迁移、想象的运用;了解联想思维的方法和特点;知道迁移、想象在创新思维中的作用。

教学提示:可围绕"什么是联想思维"这一问题,通过思维小游戏开展联想思维训练,在活动中理解联想思维的含义、特点,懂得如何提高联想思维的水平,自觉进行联想思维训练。可围绕"如何培养联想思维"这一问题,组织学生展开活动,让学生在活动中体验,在体验中掌握联想思维的迁移和想象方法。可联系上一框题,帮助学生理清联想思维和创新思维的关系。

三、学情分析

在日常生活中,学生在不同场合自觉或不自觉地运用着联想思维。在平时的学习中,记忆英语单词和语句需要运用联想思维,理解语文的古诗词意境需要运用联想思维,学习数理化也离不开联想思维,鉴赏美术作品也需要联想思维,等等。因此,学生对联想思维已经有一定感受和体验,这有利于本节课的学习。

在学习逻辑思维和辩证思维后,学生的思维水平得到了提升。通过前一框题创新思维的学习,学生已经具备了相应的知识基础。但是,大多数学生对联想思维的含义、特征、方法、特点以及作用等缺乏系统认识,不清楚其中的内在联系。为了更好地了解学情,我们可以在课前进行简单的了解,为达成教学目标奠定良好的基础。

四、教学目标

(一)核心素养培育目标

1. 科学精神
通过词语联想的小游戏,围绕"宁波"一词进行联想训练,理解联想思维的客观基础和含义,在活动过程中把握联想思维的联结性和畅想性特征;通过对北京冬奥会的倒计时创意的分析和对"假如将来宁波办奥运会"的设想,掌握联想思维的迁移方法和想象方法,从而懂得如何提高联想思维质量,提升创新思维的能力与水平。

2. 政治认同

通过词语联想的小游戏,围绕"宁波"一词进行联想训练,增强对家乡的热爱之情;通过回顾北京冬奥会的创意和畅想未来奥运,增强对国家的热爱,坚定中国特色社会主义道路的信念,坚定文化自信,培养民族自豪感、归属感。

(二) 学科能力目标

1. 学习理解

理解联想思维的客观基础和含义,把握联想思维的联结性和畅想性特征,明确联想思维中迁移和想象的含义、分类及意义。

2. 实践应用

掌握联想思维的迁移方法,并自觉运用到日常生活和学习之中。

3. 迁移创新

用联想思维思考家乡发展,提升运用联想思维解决实践问题的意识和能力。

五、教学重难点

1. 教学重点:联想思维的方法与训练

联想思维是创新思维的基础。联想思维人人都有,但是水平和能力各有不同。实践证明,通过训练可以提升联想思维的水平。训练联想思维有很多方法,可以通过课堂之中的具体案例,让学生掌握联想思维的方法,更重要的是引导其自觉将联想思维用于日常生活,改变其思维方式,培养联想思维和创新意识。

2. 教学难点:把握联想思维的含义与特点

在平时生活中,学生常常会运用联想思维,但不一定会用哲学的思维去看待问题——事物之间是普遍联系的,而在思维领域,事物又是如何联系在一起的,学生对这些问题考虑较少。因此,这会对学生理解联想思维的含义和特点造成困难。只有理解了联想思维,才能展开联想思维训练,所以这是本节课必须突破的难点。

六、教学方法

1. 案例研讨法

案例研讨法是一种以案例为线索,引导学生进行议题探讨的教学方法。组织学生活动,充分调动学生的主体性,围绕教学案例设置多个议题,营造研讨的轻松氛围,有助于寓教于乐,培养学生的学习兴趣,从而落实核心素养的培育。

2. 情境教学法

本节课教学目标在于让学生掌握联想思维的方法,运用情境教学法,通过精选案例、活动设计等,将创设的情境移入课堂,引导学生体验,有助于学生在具体情境中、在分析和解决实际问题的过程中掌握联想的方法。

3. 学思用结合法

本节课相较于前面的课程内容,在重视基本理论知识学习的基础上,更注重实际应用。所以,需要引导学生自觉地加以训练,将联想思维运用到日常生活中去。

七、教学流程

(一)课堂导入

教师:有一个成语叫"风马牛不相及",这个成语的原意是说走失的马、牛也不会跑到对方的境内,形容地域广大距离遥远,也比喻事物之间毫不相干。风马牛不相及,你同意吗?事物之间真的毫不相干吗?风马牛一定不相及吗?

学生:不一定吧,我们也许可以通过联想,将毫不相干的事物"串联"起来。

教师:卢梭认为:"想象使我们对于将来能实现的事物,成为首先的真实发现者。"也就是说,我们要成为"首先的真实发现者"需要具备联想思维,认识世界和改造世界也需要有联想思维。今天,就让我们一起来学习"联想思维的含义与方法"。

【设计意图】 从"风马牛不相及"成语开始,引入课题,引起学生兴趣。通过"风马牛一定不相及吗"这个问题引发学生思考,也为学生学习联想思维的含义与方法打下认识基础。

(二)新课教学

环节一:脑洞大开 懂联想之含义
——什么是联想思维?

教师:我们现在通过一个思维小游戏一起体验联想之美。各位同学,请你在看到一个词语以后,将联想到的与之相关的内容立马记下来,然后我们请同学逐一说出你的"联想词",并说明理由。当然,后面同学不能与前面同学的答案重复。我们先来试一下。例如:"中秋"这个词,我会联想到"明月",你会想到什么呢?

学生:"嫦娥""月饼""故乡""团圆"等。

教师:经过简单的热身,大家准备好了吗?今天的词语是"宁波"。现在开始的两分钟时间,你可以和周围同学简单讨论一下,尽可能多地给出联想到的词语,并写下原因。

学生活动:简单讨论,通过联想写出词语。

学生1:看到"宁波"这个词,我就联想到了"汤圆"。因为汤圆是宁波特产,是经典的宁波味道。

学生2:我联想到了"缸鸭狗",缸鸭狗是宁波有名的百年老店,以小吃闻名,其中最负盛名的就是缸鸭狗汤圆。

教师:为什么两位同学会联想到"汤圆"和"缸鸭狗"呢?

学生:民以食为天。两位同学通过"味蕾"联想到了一起。

教师:这两个词确实都与"宁波"有关联。因此,他们的联想也并非巧合。脑科学研究揭示,人的大脑会根据主体的需要、兴趣、知识结构、个人经历等,将其对事物的认识进行归档,分门别类地储存在记忆之中。当主体面临需要解决的问题时,大脑会根据问题的性质,利用某种契机,将对相关事物的认识进行联结,产生回忆,在触类旁通的探索中寻求问题的解决。人间烟火味,最抚凡人心,相信大家对宁波味道,也有独家记忆。"宁波""汤圆""缸鸭狗"……为什么我们能够这样联想?这种记忆又是如何产生的?

学生:是因为这些事物之间本身有一定的关联。哲学上说,事物之间是普遍联系的。

教师:世界上的事物都是普遍联系的,因而联想思维是人的一种普遍而经常性的思维现象。联想思维是对事物之间普遍联系的反映。离开了事物之间的客观联系,思维中的联想只能是臆想。"宁波"和"汤圆"可以联系在一起是因为宁波汤圆历史悠久,以细腻纯净的绵白糖、黑芝麻和优质猪板油制成馅,本身口味令人称绝。口味和名气之间是存在联系的。这也是"汤圆"被大家一下就想到的原因。

而"缸鸭狗"这家宁波百年老店能够经久不衰也是因为它的汤圆口味极佳。我们会联系到"缸鸭狗"是因为联想思维就是通过相似、接近或对比等思维机制,寻求对事物在时间、空间和性质等方面的相关性认识,将事物之间可能存在的联系牵引出来,这就为人们解决问题提供了可能的选择。可见,联想不同于简单的回忆,而是带有思维加工的成分。那么,什么是联想思维呢?

学生:联想思维就是将记忆中对不同事物的认识进行联结与思考的思维活动。

教师:大家还可以从"宁波"这个词联想到什么?

学生3:我联想到了"宁波帮"。宁波帮是中国近代最大的商帮,中国传统"十大商帮"之一,它为中国民族工商业的发展作出了贡献,推动了中国工商业的近代化。"宁波帮"是"爱国爱乡、创新创业"的一个了不起的"商帮"。"宁波帮"崛起的奥秘在于坚强的意志和不断创新的精神。

教师:这个联想相当有水平,已经从"吃"上升到了精神层面。"宁波帮"是宁波另一张重要的名片,宁波人是很有创新精神和创新思维的,而创新成果往往离不开联想思维。当你将思路打开,将事物之间可能存在的联系牵引出来,可能性就多了起来,你发现了吗?那就请你们继续联想。

学生4:我联想到"天一阁""书藏古今,港通天下"。"书藏古今,港通天下"是宁波的美誉。这里"书藏古今"指的是宁波天一阁,天一阁是中国现存最古老的私人藏书楼,是当今现存亚洲最古老的私人藏书阁,是宁波的代表性建筑。"港通天下"成了宁波名副其实的写照。宁波自古是海上丝绸之路的起始港之一,宁波舟山港年货物吞吐量连续12年世界第一,把宁波和世界上100多个国家和600多个港口紧紧相连。

教师:"宁波"是城市,"天一阁"是建筑,大家能否从他的这个联想当中概括出联想思维的特点?

学生:"宁波"和"天一阁",城市和建筑是不同的事物。我们通过联想,把对不同的事物的认识联结起来。

教师:这个城市和这个建筑都是客观存在的,这又是我们对相同性质的事物的认识。于是,"宁波"和"天一阁"关联在了一起,天一阁是宁波的代表性建筑。所以,联想思维的"联"就是把对性质相同、相似甚至不同的事物的认识联结起来,建立新的关联,产生新的观念。

学生:我也可以绕过"天一阁",直接联想到"书藏古今"。我也可以绕过"宁波舟山港"直接联想到"港通天下"。

教师小结:那是因为联想思维的联结方式具有非连续的跨越性。从形式上看,联想思维既可以将对相关对象的认识联系在一起,也可以将对看似不相关对象的认识联系在一起。所以,联想思维具有跨越的联结性。这是联想思维的特征之一。

学生5:我联想到了"杨倩"。宁波姑娘杨倩以优异的成绩获得东京奥运会射击女子10米气步枪项目金牌,为中国队收获东京奥运会的首枚金牌。作为宁波人的我,为她感到骄傲。

学生6:我联想到了"奥运"。杨倩"射落"两金,石智勇"一举"夺魁,汪顺成为首位获得奥运会混合泳金牌的中国男运动员,管晨辰在平衡木上技惊天下……想到2021年的夏天,我觉得很自豪。

教师:那么,我们思路再打开一点!宁波将来有没有承办奥运会的可能呢? 宁波会不会变成奥运之城呢?

学生:怎么可能? 我们已经有了全球唯一"双奥之城"北京了,北京已经有了承办经验和条件,为什么要让宁波举办奥运会? 这想法有点荒唐。

学生:为什么不可能呢? 宁波历史悠久,文化底蕴深厚,而且经济发达,有强大的生命力。宁波人具有"诚信、务实、开放、创新""知行合一、知难而进、知书达礼、知恩图报"的宁波精神,我们可以发挥主观能动性,经过不断的奋斗,让城市发展更上一层楼,承办奥运会是有可能性的。我们甚至可以想象一下,等宁波变成了新晋的奥运之城,这会给宁波的发展带来怎样的机遇!

教师小结:在这位同学自由畅想未来、畅谈可能的时候,有的同学情不自禁地皱了眉头,也许你不同意他的观点,觉得这是荒唐的,而有的同学在点头和鼓掌,表示赞同他的观点。不论你同不同意都是被允许的,这不影响我们自由地"畅想",你可以自由地构想、想象甚至幻想,天马行空。因为思维在联想时发生了跨越性的联结,将看似不相关对象的认识"荒唐"地联系起来,也就是思维发挥了非逻辑制约的畅想功能。这体现了联想思维具有什么样的特征呢?

学生:联想思维具有非逻辑制约的畅想性。

教师:既然如此,我们任何人都可以在思维世界里天马行空地自由联想。人人都有联想思维,但是其联想的水平和能力并不相同。我们又要如何来衡量呢? 比如:我们在刚才的思维游戏当中,大家觉得谁的回答是最佳联想成果?

学生:学生4联想得更多,可是其他同学的联想成果也值得肯定,也体现了联想的思维过程。

教师小结:所以,思维在联想时的"联结"速度和"畅想"得到的结果的数量,是衡量联想思维水平和能力的重要依据。自觉地进行联想思维训练,在学习和生活中积极地运用联想思维,是提高联想思维水平和能力的重要途径。联想思维水平越高,联想思维水平能力越强的人,他越能展开联想的翅膀,越能够看到世界更多的可能性。

【设计意图】 通过一个简单的联想训练游戏,让学生通过对"宁波"这个词进行联想,在联想的过程中理解联想思维的客观基础和含义,又在分析联想各个词的原因中把握联想思维的联结性和畅想性特征。

环节二:大胆畅想 习联想之方法
——如何培养联想思维?

教师:人类有史以来的许多发明创造,都可归功于联想思维。蒸汽机的发明是源自英国发明家瓦特由沸腾的开水壶产生的联想,锯子的发明离不开中国古代工匠鲁班由割破手的锯齿边茅草产生的联想,"大陆漂移说"的创立与德国气象学家魏格纳由大西洋两岸地形相似产生的联想分不开……可见,联想思维对于创造是非常重要的。那么,我们应该如何培养联想思维呢? 联想思维的方法又有哪些?

材料一 北京冬奥会以立春之日的"一片雪花"拉开帷幕,在生机盎然的早春时节挥手作别。举世瞩目的北京冬奥会在国家体育场"鸟巢"开幕的一天,也是中国的立春节气。开幕式表演中,一段"二十四节气倒计时"短视频惊艳全世界,北京冬奥会将迎来闭幕的前一天则是雨水节气。北京冬奥会是冬奥赛事的第二十四届,开幕式恰巧定在 2 月 4 日,而二十四节气是中国文化的典型代表,三个"24"巧妙相遇,将二十四节气作为开幕式的重要元素再合适不过。北京冬奥会以二十四节气为元素,从"24"开始倒数,是一种打破常规的做法,又与中国古典诗词相结合,使"中国印象"更加深入人心,邀请全世界观众一起迎接新的春天。

教师:这样的创意从何而来?"二十四节气"与"开幕式倒计时"又是如何通过联想思维联系在一起给世界带来惊喜的呢?

学生:"二十四节气"表示自然节律变化的特定节令,反映自然节律变化,在人们日常生活中发挥了极为重要的作用,蕴含着悠久的文化内涵和历史积淀,是中华民族悠久历史文化的重要组成部分。恰逢三个"24"巧妙相遇,倒计时是随着时间的推移,而"二十四节气"包含着时间的推移,共通之处让这个创意好像发生了奇妙的"化学反应"。

教师:这奇妙的"化学反应"就是迁移。联想思维具有跨越的联结性,迁移是联想思维的"联结"方式。迁移的本义是离开原地而另换地点,或由于自然力的作用从某地移至他地。联想思维中的迁移,是将不同认识对象的性质、作用等进行位置变迁与功能移植,以寻求解决问题的新思路。同样都要表示时间推移,用"二十四节气"来倒计时,把这二者联系在一起,又挖掘了背后的"节气密码"古诗词,令人叹为观止。从这个例子中,我们可以总结出迁移有什么作用呢?

学生 1:"二十四节气"不是从零开始,古诗词也不是凭空而生,其实这都是以往的积累,是中华文化的底蕴。我们在认识新情况、解决新问题的时候,要汲取先前的经验,利用已经掌握的知识。只有将过去的经验和认识运用到新情况和新问题之中,才能开辟认识新情况、解决新问题的可能道路。因此,这样的创意只有中国可以拥有,这也是我们的文化自信。

学生 2:迁移对提高人们解决问题的能力具有重要作用。"二十四节气"与"开幕式倒计时"可以梦幻联动,其实点火仪式的创意也可以体现这一点。也就是运用迁移将先前的经验运用到对新情况的认识之中,将已经掌握的知识运用到解决新的问题中,实现由"此岸"到"彼岸"、触类旁通的认知过渡。

教师小结:所以,迁移可以为创新思维开拓可能的思路。迁移能够为创新思维搭建由此及彼的桥梁。知识越多、见识面越广,发散的范围就越大,联想的东西就越多,就越容易产生发明创造的灵感。这就要求我们开阔视野、增长见识,广泛涉猎各种知识,做到在学习和生活中会迁移,能迁移。

教师:爱因斯坦说:"提出新的问题、新的可能性,从新的角度去看旧的问题,却需要有创造性的想象力。"就让我们继续前面"宁波"与"奥运"的话题,再次开启联想之旅。

想象是联想思维的"畅想"方式。那么,我们不妨大胆地想象:将来的一天,假如宁波承办奥运会,那将会是一届怎么样的奥运会?

学生1:我想到2008年北京奥运会的主题口号是"同一个世界,同一个梦想",当时还提出了"新北京、新奥运"两大主题和"绿色奥运,科技奥运,人文奥运"三大理念,具有浓郁中国特色又富有科技创新。假如宁波承办奥运会,将会是一届有创新、有情怀的奥运会。

学生2:2022年,疫情之下,北京成功举办了冬奥会,创造了历史,惊艳了世界,中国为世界奉献了一届精彩、非凡、卓越的奥运盛会。假如宁波承办奥运会,当然会继续体现奥运精神,我相信将会是一届绿色环保、创意十足、震撼人心的奥运会。

教师:北京成为全球首个"双奥之城",承办奥运会我们是有一定的经验的。想象也不是凭空产生,想象就是在头脑中对已有的事物表象进行加工、改造,通过重新组合而产生新的事物形象的思维过程。想象以通过感知形成的表象为基本材料,但不是表象的简单再现,而是对表象进行积极的再加工、再组合,所产生的主观形象不一定直接反映现实对象。所以,大家对奥运会有着不同的想象。

就在我们说"假如"的时候,实际上这是一种假设,事实上宁波也并没有举办奥运会。将会是怎么样的,这是我们对可能前景的推测。通过提出"假如"式的问题,将与事实相反的情况作为事物发展的一种条件,仿照事物之间的条件关系,推测事物发展的可能前景。这种想象有助于打破人们对事物原有联系方式认识的局限性,帮助人们创造出多种多样的"虚拟世界",丰富人们的认识内容和精神世界。

中国办冬奥,言必信、行必果。其实,不论是承办奥运这类国际赛事,还是促进世界经济发展……你可以永远相信中国人的团结、勤劳和智慧。我们也可以想象,在实现中华民族伟大复兴的路上,不论碰到什么样的艰难险阻或困难挑战,中国的难题中国解,中国还为全球解难题。

材料二　2022年北京冬季奥运会的吉祥物是冰墩墩。熊猫是世界公认的中国国宝。将熊猫形象与富有超能量的冰晶外壳相结合,头部外壳造型取自冰雪运动头盔,装饰彩色光环,整体形象酷似航天员。熊猫整体造型像航天员,是一位来自未来的冰雪运动专家,寓意现代科技和冰雪运动的结合。冰墩墩寓意创造非凡、探索未来,体现了追求卓越、引领时代,以及面向未来的无限可能。这样设计既能代表举办冬奥的中国,又能代表中国味道的冬奥。怪不得同学们这么喜欢,也怪不得世界人民会疯抢冰墩墩。

教师:假如宁波承办奥运会,奥运吉祥物应该是什么样的呢?现在请大家充分发挥你的想象力来一同设计吉祥物,我们可以简单地画一画,然后向大家展示。

学生活动:设计奥运吉祥物,在设计中发挥想象,掌握联想思维的想象方法,明确联想思维中想象的含义、分类。

学生1:不管什么卡通形象,一定要有奥运五环标志,因为它象征着五大洲和全世界的运动员在奥运会上相聚一堂,同时强调所有参赛运动员应以公正、坦诚的运动员精神在比赛场上相见。

教师：这是把抽象的思想、概念形象化了，通过奥运五环体现"所有国家、所有民族"的"奥林匹克大家庭"主题。奥运五环一般会附着在某个卡通形象上，那我们可以设计怎么样的卡通形象呢？

学生2：我认为，这个卡通形象可以是一只可爱的螃蟹，所以我画了一只螃蟹，突出在沿海城市宁波举办的特点。宁波人自古就喜欢吃海鲜，尤其是螃蟹。宁波站还像一只红膏炝蟹笑迎八方来客。所以，我们可以通过螃蟹突出城市特点，体现宁波也将在建设"21世纪海上丝绸之路"的历史征程中谱写新的篇章。

学生3：我认为，这个卡通形象应该是汤圆。汤圆是汉族传统小吃的代表之一，汤圆起源于宋朝，历史悠久。更重要的是汤圆有团团圆圆的寓意，所以汤圆也是中国的传统节日元宵节所最具有特色的食物。这样既凸显传统文化，又能够表达美好的寓意。

教师：那么，你们是怎么想到这些可爱又有特色的形象的呢？

学生3：奥运吉祥物一定不是一个简单的卡通形象，它必须承载着特殊的寓意，体现着奥运精神。每一届奥运会都有自己的特色，吉祥物又要有不同的创意。

教师小结：这更加需要我们展开联想思维，通过想象去创作和表达。需要解决的问题不同，展开想象的方式也不同。想象可以分为无意想象和有意想象。无意想象是没有预定目标的想象，有意想象是在意识的控制下，按照一定目的自觉进行的想象。为了解决某个问题而展开的各种想象，属于有意想象。我们为了设计出一个吉祥物而开动脑筋，其实是在把抽象的思想、概念形象化，按照有意想象的要求去思考，是一种形象化的想象。而这种想象的意义在于可以填补经验知识的空白，帮助人们找出不同对象之间可能具有的关联，还可以给抽象的认识对象建立起富有创造性的新形象。

因为有想象力，我们才能创造发明，发现新的事物定理。如果没有想象力我们人类将不会有任何发展与进步。爱因斯坦能发现相对论，得益于他的想象力。牛顿能从苹果落地，而联想到万有引力这一个科学的重大发现也离不开想象力。想象可以帮助人们明确创新思维的目标。创新思维的根本动力来自社会实践的需要，想象在这里可以起到明确目标的重要作用。人们想象事物可能有更为完美的功能，问题有更好的解决方式，自己可以实现更高的工作目标和人生价值等，这样的想象可以促使人们以更高涨的热情和坚忍的意志投入创新活动之中。

而联想思维和创新思维是什么关系呢？联想是创新思维的基础，迁移和想象是联想思维的重要方式。我们如果能够在自发联想的基础上自觉加以训练，我们就可以提高联想思维的质量，提升创新思维的能力和水平。

【设计意图】 在此环节，通过回顾北京冬奥会的经典创意和畅想未来，使学生掌握联想思维的迁移和想象方法，明确其含义、分类及意义，同时培养民族自豪感、归属感。

（三）课堂总结

"创新是一个民族进步的灵魂，是一个国家兴旺发达的不竭源泉，也是中华民族最鲜明的民族禀赋"。想象力、创造力从哪里来？要从刻苦的学习中来。在新时代，作为担当民族复兴大任的新时代中国青年，我们更要掌握联想思维和创新思维，拥抱更美好的未来！

【设计意图】　总结教学核心内容,促进学生认识和情感升华,自觉提升思维方法。

八、板书设计

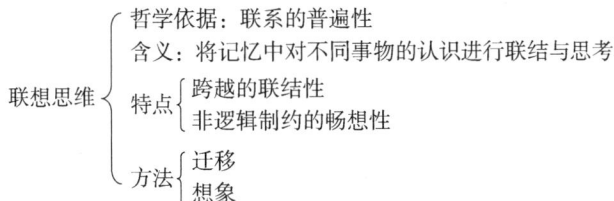

九、教学反思

活动型课堂是指"以活动为中心,学生自主学习"的课堂教学模式。本节课探索了活动型学科课程的教学设计,借助思维小游戏进行思维训练,增强代入感和体验感,激发学生的学习兴趣,提高参与度,使学生展开联想思维,在轻松愉快的氛围中,学习知识、获得能力、提高水平。

本节课在素材选择上,将生活情境融入教学,让真实社会生活情境和想象的联想成果相结合,通过学生感兴趣的家乡话题,以"宁波"一词为例,展开思维游戏活动,又通过"奥运"的话题,引导学生迁移与想象,激发学生的兴趣和活力,从而落实知识,提升素养。

当然,因为采用各种思维游戏的活动方式,学生的联想可能会天马行空,产生偏离,这就需要教师及时调整和积极引导,从而达成教学目标。

十、专家点评

1. 巧问,让学生在联想中学习联想。本框题的学习,并不仅仅是让学生知道联想思维的含义和方法,更要在此基础上运用联想思维。许老师这节课的一个鲜明特点,就是通过巧妙的问题(任务)设计,引导学生在联想中学习联想思维。从"宁波"开始联想,到宁波运动员的奥运金牌,再到北京冬奥会,再到宁波能否申办奥运会,以及假如宁波承办奥运会构想其吉祥物的设计等,在一路联想中,让学生了解联想思维的含义和特点,体会并尝试联想思维中的迁移、想象的运用。学生有话想说,有话愿说,有话能说,这得归功于许老师巧妙的问题(任务)设计,同时也离不开教学过程中恰到好处的点拨与点评。

2. 善引,让学生在社会中了解社会。思政小课堂要与社会大课堂相结合。逻辑与思维模块的教学,怎样与社会大课堂相结合? 许老师的这节课为我们提供了一个很好的范本。许老师通过巧妙的情境创设,引入丰富、学生熟悉且感兴趣的社会生活素材,以联想为径,以思维为马,从"宁波"出发又回到"宁波",立足当下回望历史、展望未来,让课堂联通世界、融通古今。相信学生在了解联想思维,体会迁移、想象的运用的过程中,对家乡宁波、对北京冬奥会一定有了更为全面、更为深入的了解。

第十二课

创新思维要多路探索

第一框题　发散思维与聚合思维的方法

玉环中学　卢　娇

一、理论基础和依据

发散思维，又称辐射思维、放射思维、扩散思维或求异思维，是指大脑在思维时呈现的一种扩散状态的思维模式。它表现为思维视野广阔，思维呈现出多维发散状，如"一题多解""一事多写""一物多用"等方式。不少心理学家认为，发散思维是创造性思维的最主要的特点，是测定创造力的主要标志之一。

聚合思维是指从已知信息中产生逻辑结论，从现成资料中寻求正确答案的一种有方向、有条理的思维方式。聚合思维法又称为求同思维法、集中思维法、辐合思维法和同一思维法等。聚合思维法是把广阔的思路聚集成一个焦点的方法。它是一种有方向、有范围、有条理的收敛性思维方式，与发散思维相对应。聚合思维也是从不同来源、不同材料、不同层次探求出一个正确答案的思维方法。因此，聚合思维对于从众多可能性的结果中迅速作出判断，得出结论是非常重要的。

发散思维不仅能够帮助我们发现新问题，还能为所要解决的问题提供众多新设想。思维发散技法有助于人们进行思维发散。但仅仅依靠几种思维发散技法，难以产生理想的结果。在思维发散的过程中，还需要其他思维因素的积极参与。思维发散的效果，与人们知识和经验的多少、实践能力的高低等密切相关。聚合思维的重要功能是在众多零散的知识之间建立起内在联系，从而把看似互不相关的知识贯穿起来，聚焦所要解决的问题。

发散思维与聚合思维是创新思维的两翼。事物既相区别又相联系。这是发散思维与聚合思维能够发挥合力作用的客观基础。发散思维与聚合思维是认识对象个性与共性的关系在思维活动中的体现。正如个性与共性不可分割一样，发散思维与聚合思维也不能分割。如果只有发散思维而没有聚合思维，思维就不能聚焦，不能实现解决问题的目的；反之，只有聚合思维而没有发散思维，就打不开思路，得不到新的想法，也不能创新地解决问题。因此，解决复杂问题，需要人们结合实际情况，反复地"发散——聚合——发散——聚合"，这样才能最大限度地发挥发散思维与聚合思维的合力。

二、课标要求

《普通高中思想政治课程标准(2017年版2020年修订)》内容要求:4.2 了解发散思维中所采取的推测方法;概括发散思维的特点;知道聚合思维和发散思维的功能。

教学提示:以"创新思维传递亚运精神"为议题,探究发散思维和聚合思维的特点及方法,理解发散思维和聚合思维两者的关系。可以查阅生活中发散思维和聚合思维的故事或案例,搜集科技发明背后的故事,了解科学家探究未知现象时的思维方法,尝试运用"头脑风暴"等创新思维的方法和技巧,举办创意大赛等活动,培养创新意识,提升创新能力,铸造创新精神。

三、学情分析

高二学生正处于逻辑思维形成的关键时期,也是培养创新思维的特殊时期。学生已有一定的思辨能力和逻辑思维能力,也有了一定的探究意识和探究能力,思想比较活跃,对发散思维和聚合思维的方法有所了解;在日常生活和学习中,也可能有意或无意地尝试过检核表法、信息交合法和头脑风暴法等发散思维的方法,对比较、分析、抽象、归纳、演绎、综合等聚合思维的方法,有一定的感受和积累。但是,学生逻辑与思维的理论基础薄弱,思维能力不强,理解层次还比较低,缺乏理性的认知,在行动方面也存在一定的盲目性。大多数学生对发散思维和聚合思维的含义、特点、方法、作用及两者的辩证关系等缺乏系统性认识,不清楚两者之间的内在联系与区别;而且,学生对如何在日常生活和学习中自觉运用发散思维和聚合思维也缺乏深入的思考,仍需要进行理论化、系统化的知识学习。教师需要帮助学生掌握发散思维和聚合思维的技法,培养创新思维的能力。

为了更好地了解学情,我们可以在课前进行简洁、必要的问卷调查或个别访谈,了解学生是否清楚发散思维和聚合思维的含义、特征、方法等内容,了解到什么程度等。依据调查结果确定学生认知、思维和情感的"最近发展区",为较好地达成教学目标奠定良好的基础。

四、教学目标

(一)核心素养培育目标

1. 科学精神

通过设想杭州亚运会工作和参与以"如何足不出户就能'身临其境'观看赛事"为主题的头脑风暴会议,正确认识发散思维的含义和特征,克服思维的单向性,提高思维品质,树立创新意识,提高分析问题的能力。通过为来杭旅行的外国友人提供更便捷的服务做攻略这一活动,理解聚合思维的特征和方法,加深对聚合思维和发散思维的认识,懂得思维的方式是多种多样的道理。

2. 公共参与

通过谈谈作为新时代的青年如何为建设创新型中国贡献自己的一份力量的活动,回归自身,拉近距离,增强进行发散思维和聚合思维的自觉性,切实参与到社会实践的创新活动之中。

(二)学科能力目标

1. 学习理解

了解发散思维中所采取的推测等方法,概括发散思维的特点。了解聚合思维的含义、特征、方法,比较聚合思维与发散思维。

2. 实践应用

观察生活,发现问题,克服思维的单向性,提高运用发散思维技巧的能力。加深对聚合思维和发散思维的认识,懂得思维的方式是多种多样的道理。

3. 迁移创新

通过辩证地看待发散思维与聚合思维的作用,形成对发散思维和聚合思维的深刻理解,把握事物的联系,提高从整体、全面的高度认识问题、解决问题的能力。树立科学的思维方法的理念,在提升创新思维能力的基础上铸造创新精神。

五、教学重难点

1. 教学重点:把握发散思维方法与聚合思维的特点及方法

发散思维具有流畅性、变通性、独创性三个主要特点。聚合思维具有过程的严谨性、思路的归一性和结论的论证性等特点。不同的人有不同的思维风格,也有不同的思维发散方法与诀窍。学习发散思维和聚合思维的特点及主要方法,一方面有助于学生打开思路,更新观念,另一方面又有助于学生聚焦特定问题,勇于创新,提高创新思维的水平,培育创新精神。

2. 教学难点:辩证把握发散思维与聚合思维的关系并正确运用

发散思维和聚合思维是创新思维的两翼,是认识对象个性与共性的关系在思维活动中的体现。但高中学生生活经验不足,逻辑思维能力不强,对于辩证认识发散思维和聚合思维的关系仍存在一定困难。教师应结合实例加以说明并引导学生在实际生活中加以运用,更好地在解决复杂问题时,把握事物的联系,进行系统认识,提高综合运用发散思维和聚合思维的能力。

六、教学方法

1. 情境教学法

本节课主要是引导学生掌握发散思维和聚合思维的方法,教学内容比较抽象。运用情境教学法,根据教学内容设置具体的情境,通过精选案例、活动设计等,将经过加工的生活场景移入课堂,让学生广泛、积极参与课堂活动,让学生直接感受知识产生的过程,使他们对知识的理解更深入、透彻,并能形成较深的印象。

2. 合作探究法

学生是学习的主体。创造一个舒适、宽松的课堂讨论环境,是实现以学生为中心、尊重学生话语权、培养学生积极思维能力、提高学生表达能力的有效方法;是培养学生知识探究能力、思维能力和人际关系沟通能力的有效方法。合作探究和活动体验有助于学生更好地分析和解决问题,较好地达成学习目标。

3. 理论性与实践性相统一

本节课涉及的理论知识较多,包括发散思维和聚合思维的必要性、含义、特点、方法、作用以及如何辩证地看待发散思维与聚合思维两者的关系。教师要帮助学生理清这些知识及知识之间的内在联系,就要用科学理论培养人,遵循不同学段学生的认知规律,把马克思主义的基本原理和基本方法讲清讲深讲透;同时,又要重视思政课的实践性,把思政小课堂同社会大课堂结合起来,在理论和实践的结合中,切实提高学生的创新思维能力和水平,引导学生把知识创新与实践创新紧密结合起来,以实践问题为导向开展创新,为满足人民日益增长的美好生活需要贡献自己的聪明才智。

七、教学流程

(一)课堂导入

教师:(播放杭州亚运会宣传视频)2015 年 9 月 16 日,杭州获 2022 年第 19 届亚运会主办权,成为继北京、广州后第三个举办亚运会的中国城市。亚运会的举办对于推动杭州城市能级提升、经济发展、科技进步、文化繁荣、社会进步都有着重要意义,对杭州来说是种挑战更是机遇。杭州如何把这次亚运会办成一届"中国特色、浙江风采、杭州韵味、精彩纷呈"的体育文化盛会呢? 大家有什么好见解吗?

有人说:"如果我们只有一个主意,就没有比这个主意更危险的了。"那么,更多的主意如何产生? 思路如何打开? 又如何聚焦到特定的问题上? 今天,我们就带着这些问题,围绕主议题"创新思维传递亚运精神",学习"发散思维和聚合思维的方法"。我们将学习发散思维与聚合思维的方法,提高创新思维的水平,解密杭州精彩亚运背后的思维奥秘。

学生活动:观看视频,初步感知杭州亚运会。

【设计意图】 以杭州亚运会宣传视频引入课题,引起学生注意,激发学生的学习兴趣,让学生对杭州亚运会有个初步的感知,也为学生学习教学内容打下良好的认识基础。

(二)新课教学

环节一:智创美好 赋能亚运

教师:办好亚运会,是光荣而神圣的! 而亚运会筹备和举办工作又是一项复杂的系统工程,为了给来自各个国家和地区的运动员、观众、志愿者、组织方提供高质量服务,杭州亚组委开展了大量的工作,假如你是亚组委的工作人员,你会提出什么设想?

学生活动:小组合作讨论,思考回答。

学生 1:秉持绿色、低碳、节俭的理念,杭州亚运会场馆建设可以充分利用浙江省内已有的场馆,这样可以充分利用现有资源,节约建设成本。

学生 2:亚运会的开闭幕式、会徽、口号、吉祥物、礼仪服饰、纪念品等设计都应该展现中国特色、浙江特色和杭州特色,彰显我们的文化自信和城市品位。

学生3:亚运会是个系统工程,除了体育比赛本身,还要完善相应的配套力量和宣传推广,同时还要加强道路交通、亚运主题公园等基础设施建设,整合各类城市服务,满足人们各方面的需求。

学生4:亚运会中人们最关注的就是观赛的体验,除了现场观赛外,还可以利用互联网、云技术等数字化成果给予观众全新的观赛感受。

教师小结:同学们打开思路提出的设想都极具参考价值。事物具有多种多样的性质和关系,为了揭示事物可能存在的其他性质和关系,寻求事物可能具有的其他功能和作用,我们常常需要运用一种思维方式,那就是发散思维。

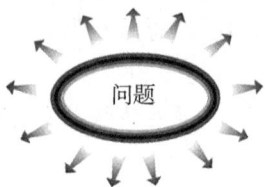

图1

发散思维是根据已知的事物信息,从不同的角度、不同的方向进行思考,以寻求解决问题的多样性答案的思维方式。发散思维在思维方向上的特点可以用图1来表示。

教师:在亚运会期间,人们最关注的就是观赛的体验。如何提升观众的观赛体验、凸显"智能亚运"品牌的金名片?面对市民最关心的问题,杭州亚组委专门召开意见征集会。

假如同学们都是此次参加意见征集会的代表,请以"如何足不出户就能'身临其境'观看赛事"为主题,以小组为单位展开讨论,要求小组内选出一人主持会议。

学生活动:以小组为单位进行讨论和探究。小组内由主持人负责,每个小组成员都要发言,指定记录员做好记录和整理,确定小组发言人代表小组进行展示。教师指导学生围绕讨论主题自由畅想,提示小组成员不要过早地评判、否定他人的设想。

学生1:对不能到现场观赛的人而言,足不出户却又能身临其境地观看杭州亚运赛事是种完美的体验。我们可以在家里安装投影幕布,将赛事影像投影到大屏幕上,打造私人家庭影院。

学生2:普通电视投影效果肯定不理想,可以借助高清电视、移动端以及 AR/VR 头显等设备投影观看赛事。

学生3:仅市民观赛采用 AR/VR 技术还不够,体育赛场中也要加入 VR 机位、AI 技术运用,以及 5G 网络通信的应用,给观众打造全新的沉浸式观赛体验。

学生4:赛事传播也可以通过 AR 混合虚拟+真实技术,观众可以通过 AR 技术与 AR 吉祥物互动,进行赛场虚拟合影等。

学生5:还可以配备 AR 虚拟解说员,进行个性化多种语言解说,如普通话、英语、本地方言等,为观众呈现独属于自己的解说。

学生6:通过 AR 观赛、AR 导览导航和 AI 陪伴式观赛,让观众自由选择现场第一排观赛视角、主视角、教练席视角以及运动员视角,多视角清晰看到场内比赛情况。

教师:上述会议的讨论方式,对我们有什么启发?

学生:以会议形式进行讨论、座谈,打破常规,有助于我们积极思考,畅所欲言,充分发表看法。受此启发,同学纷纷提出不同的设想,这次会议共征集了10多个方案。

教师小结:头脑风暴法是一种集思广益的群体思维发散技法。它以会议的形式开展,要求有人主持会议,会议有讨论的主题。在会议进入自由畅想阶段,不宜过早地评判他人的设想,以利于其他设想能够顺利地产生。这种会议的原则是"延迟评判""以量求质"。

所谓"延迟评判",是在经过相当长的一段时间的思考后仍然找不到问题之解时,不要马上下结论说"此问题无解",而应该耐心等待灵感的到来。

教师:同学们刚刚运用头脑风暴法这一思维发散技法为杭州凸显"智能亚运"品牌的金名片贡献了我们的智慧和力量。不同的人有不同的思维风格,也有不同的思维发散方法与诀窍。有人总结、发明了一些强制思维发散的技法,除了刚刚我们尝试的头脑风暴法,还有检核表法、信息交合法等。请同学们阅读教材第105—106页,了解什么是检核表法、信息交合法。

学生活动:阅读教材内容,了解相关概念。

教师:为进一步突出具有浙江辨识度的优势,更好彰显浙江省承办亚运会的特色。杭州亚运会首套个性化专用邮票发布,以邮票形式诠释"中国新时代·杭州新亚运"的定位,助力"中国风范、浙江特色、杭州韵味、共建共享"的杭州亚运。下面请同学们参加这次杭州亚运会邮票创意设计大赛,以小组为单位用"检核表法"或"信息交合法"设计杭州亚运会邮票方案。

学生活动:以小组为单位进行讨论和探究。第一至三组采用检核表法,第四至六组采用信息交合法,指定记录员做好记录和整理,确定小组发言人代表小组进行展示。教师指导学生围绕采用的思维发散技法进行邮票的创新设计。

小组1:刚刚头脑风暴时很多同学都提到了AI技术,AI技术可能应用于观看比赛比较多,也可以把AR技术他用迁移搭载到邮票上,让邮票具有"新玩法"。通过APP扫一扫功能,让用户可以通过邮票与亚运会产生互动,并更深入地了解杭州亚运会。

小组2:传统邮票的材质以纸质为主,大多采用正方形或长方形,可以改变邮票现有的形状、式样,采用金银等金属材质,设计圆形、三角形、多边形、不规则形状的邮票。通过邮票让人们对杭州亚运会留下永久的回忆。

教师小结:检核表法主要是通过对所设想问题的几个方面进行详细检查,从看似"毫无问题"的事物中找到思维创新的突破口,以求产生创新的思路。这一技法主要从他用、借用、改变、扩大、缩小、代替、调整、颠倒、组合几个方面进行思维发散。

他用:现有事物有无其他用途,或者稍加改变后是否可作他用? 如尼龙丝最初只用于军事,而尼龙袜就是将尼龙丝的用途进行了迁移。

借用:能否引入其他领域成功的办法解决某个问题? 如医生引入微爆破技术消除肾结石。

改变:改变现有事物的形状、颜色、意义、式样等,会产生什么结果? 如将平面镜改为多种曲面镜,制成哈哈镜。

扩大:现有事物能否另外加些什么? 伸一伸、扩一扩,行吗? 如在两块玻璃之间加入某些材料,制成防震、防碎、防弹的新型玻璃。

缩小:现有事物能减少什么? 变小、变轻、变短、浓缩将会如何? 如微型计算机、压缩饼干、折叠伞等。

代替:现有事物能否用其他材料、工艺、动力、结构、方法来代替? 如电子表代替机械表。

调整:调整顺序、速度、程序会怎么样? 如飞机诞生之初螺旋桨装在头部,后来装到顶部,便成了直升机。

颠倒:正反互换会怎么样?倒转事物的因果关系会如何?如化学能可以转化为电能,电能也可以转化成化学能。

组合:把这一事物与其他事物组合起来怎么样?如带橡皮的铅笔、带微型电扇的太阳帽、印有火车时刻表的一次性纸杯等。

小组3:把邮票的材质、形态结构、功能三个方面分列为 x、y、z 三个坐标轴,再把每个方面所可能包含的要素标注到坐标轴上。如:邮票材质有纸质、木质、金属、丝绸、皮质;功能有观赏、收藏、寄信、宣传;形态结构有"中国邮政"字样面值、志号、年号、图案的布局。将坐标轴上的各个点联结起来,便可以得出很多新奇的创意邮票。

教师:信息交合法利用已有的或引进的事物信息,通过列举的方法,将不同信息有目的地进行组合,以产生新的思路。在常规情况下,很多想法会被人们认为荒诞不经而不予考虑。其中有的想法看似荒诞,但实际上可能具有解决问题的价值。通过信息交合法,可以将事物可能具有的组合"一网打尽",供人们筛选。

教师小结:刚刚我们通过发散思维的三种技法助力杭州亚运会。发散思维不仅能够帮助人们发现新问题,而且能为所要解决的问题提供众多新设想。思维发散技法有助于人们进行思维发散,但仅仅依靠几种思维发散技法,难以产生理想的结果。在思维发散的过程中,还需要其他思维因素的积极参与。思维发散的效果,与人们的知识和经验的多少、实践能力的高低等密切相关。

【设计意图】 情境之于知识而言,犹如汤之于盐。要想更好地吸收盐,必须将盐溶于汤中。本环节通过扮演亚组委工作人员展开设想、召开意见征集会和设计亚运会创意邮票方案,引导学生形成对发散思维的认识并掌握检核表法、信息交合法和头脑风暴法等基本的思维发散技法。通过创设贴合发散思维含义和方法的教学情境,营造良好的课堂氛围,增加学生的课堂参与度。学生通过分析讨论,融理论于实际生活,更加深刻地理解理论知识。

环节二:创新聚能　智慧亚运

教师:看到杭州亚运会惊艳的场馆建设,体验杭州亚运会周到的服务,感受高科技在杭州亚运会中的完美呈现,杭州亚运会吸引着世界的眼球。不少外国友人对杭州——这座迅速发展的中国现代化城市表现出浓厚的兴趣,纷纷表示会来杭旅游,我们可以建议他们做哪些攻略让旅行更便捷?

学生1:首先要关注的就是交通出行方式,选择飞机、动车、地铁、公交车等公共出行方式及最佳交通线路,尽量避开车流密集拥堵地区和时段。同时,提前预订好酒店,这样更节约时间和成本。

学生2:旅游购票,现场排队费时费精力,可在网上提前购票,用支付宝、微信等移动支付,同时上网了解杭州当地美食景点,做到美食美景两不误。

教师小结:为了揭示不同事物之间的联系,把握事物的整体发展,刚刚我们围绕让外国友人在杭旅行更便捷这一目标聚焦展开思考,提出了很多有价值的建议。这种思维方式称之为聚合思维。

聚合思维是利用已有的知识和经验,把众多信息逐步引导到条理化的逻辑思路中,以便得出合乎逻辑的解决问题的方案。聚合思维在思维方向上的特点可以用图 2 来表示。

图 2

在思维方向上,聚合思维与发散思维正好相反。发散思维是从一个出发点向四面八方、新奇、独特之处想,是扩散、辐射。聚合思维是从四面八方向一个目标点想,向联系、共同之处想,是收敛、集中。聚合思维如同凸透镜把太阳光聚合在一起,让人们的注意力直接对准所思考的目标。它把有关信息集中起来,从中寻找联系,以寻求解决问题的最优方案。

教师:同学们围绕在杭旅行更便捷这一目标和轴心,提出了"食、住、行、游、购、娱"等多方面建议,但对于外国友人来说在操作上还是有不小的难度,不仅要下载×宝、×程、×滴、×导航等多个 APP,还要在不同的 APP 中切换获取需要的信息。不少外国友人都犯了愁。假设同学们是杭州亚组委相关工作人员,就"如何解决外国友人的苦恼",以小组为单位展开合作探究。

学生活动:围绕"如何解决外国友人的苦恼",以小组为单位进行讨论和探究,从多维度进行思考。组长负责,每个小组成员都要发言,指定记录员做好记录和整理,确定小组发言人代表小组进行展示。教师指导学生首先确定问题探究的角度,引导学生围绕目标轴心进行思维聚合,聚焦所要解决的问题。

小组 1:分析、比较各个 APP 的功能优点,汲取长处,为用户打造小而全、简而精的智能"指尖"服务。在一个平台中,接入杭州地铁、公交、水上巴士等公共出行服务,可一键扫码查验车票。

小组 2:聚焦观众服务核心业务,结合票务功能,综合整合各类城市服务,为外国友人提供从购票、出行到住宿、美食和旅游等"一站式"服务。

小组 3:运用人工智能、区块链等技术,将众多 APP 功能集合在一起,打造综合性功能 APP,无缝切换,让外国友人只需下载一个 APP,便能玩转杭州。

教师小结:聚合思维有一个明确的目标,一切思维活动都围绕这个轴心来进行。在思维聚合的过程中,需要多次运用比较、分析、抽象、归纳、演绎、综合等逻辑思维方法。这些逻辑思维方法的一项重要功能是在众多零散的知识之间建立起内在联系,从而把看似互不相关的知识贯穿起来,聚焦所要解决的问题。

同学们的观点和我们杭州亚组委不谋而合。"智能亚运一站通"平台作为浙江数字化改革"数字政府系统最佳应用",成为具有杭州辨识度的亚运数字化改革成果。赛前,"智能亚运一站通"是海内外友人全面了解亚运、体验亚运城市风貌、数联世界的重要窗口;赛时,"智能亚运一站通"是观众欣赏比赛项目,享受智能行程规划,品尝百县千碗美食等的官方平台;赛后,"智能亚运一站通"将形成宝贵的亚运数字遗产,持续释放亚运红利,成为未来城市数字服务门户的样本范例。

【设计意图】　聚合思维是本节课重点之一,不能仅停留在感知层面。本环节坚持主导性和主体性相统一,通过小组合作探究为外国友人在杭旅行更便捷提建议,发挥学生主体作用,在民主平等的对话关系下,让学生以主体的身份投入"教"与"学"的活动中,通过师生之间、生生之间的交流与合作,完成知识的建构和能力的培养塑造。通过及时必要的方法指导,内化学生对聚合思维方法的理解及运用。

环节三:同心畅想　筑梦亚运

教师:杭州充分发挥"全国数字经济第一城"的特色和优势,依托"城市大脑"建设,用"黑科技"为亚运赋能,为世界带来了第一届智能化的亚运会。祝福亚运,祝福杭州! 作为新时代的青年,请你谈谈如何为建设创新型中国贡献自己的一份力量。

学生活动:围绕问题展开畅想,发散思考,并及时归纳记录准备发言。

教师:指导学生不空谈,要与个人实际相结合。

学生1:努力学习,提高自身的科学文化素养,在生活中有意识地培养自己的创新思维,提高运用创新思维的能力。

学生2:多学习类似发散思维和聚合思维等思维创新的方法,并用这些思维方法指导实际,加以运用,如做一些科技小发明、小创造,积极参加科技创新比赛等。

学生3:我未来的理想是当一名科学家,可以走访当地的科学家,了解他们的生平事迹,并以他们为榜样,激励自己向他们学习。

教师小结:事物既相互区别又相互联系,这是发散思维与聚合思维的客观基础。发散思维与聚合思维,是认识对象个性与共性的关系在思维活动中的体现。解决复杂问题,往往需要人们的思维结合实际情况,反复地"发散——聚合——发散——聚合"。发散思维与聚合思维是创新思维的两翼,只有在两翼相互作用所形成的"合力"下,事情才能办好,科学才能进步,真理才能发展。思维之花,创新之花才能绽放得更加绚丽多彩! 相信在同学们的助力下,未来有你,中国可期!

教师:播放杭州亚运会主题曲《心心相融》视频。

学生活动:观看视频,升华情感。

【**设计意图**】 发散思维和聚合思维的方法离学生的生活较远,学生运用有一定的难度。本环节中提出的问题具有很强的开放性,教师要把握好学生回答问题的思维过程与结论表达之间的关系,既关注过程,又不忽视结论。通过回归自身的思考,拉近距离,让学生有更多带入感,更好指导学生将知识创新与实践创新紧密结合,以实际问题为导向,开拓创新,将创新思维的培养与担负民族复兴的历史责任进行联系,培育学生的政治认同、公共参与等核心素养。

通过播放视频,让学生产生情感上的共鸣,激发和唤醒学生的情感,陶冶学生高尚的情操,潜移默化地引导他们树立科学的思维方法的理念,提高创新意识,为满足人民日益增长的美好生活需要贡献自己的聪明才智。

(三)课堂总结

本节课我们围绕主议题"创新思维传递亚运精神",通过"智创美好　赋能亚运""创新聚能　智慧亚运""同心畅想　筑梦亚运"三大环节,了解了发散思维和聚合思维的含义,理解发散思维和聚合思维各自的特点和技法,能够通过杭州亚运会这一具体实例来分析两种思维方法,从而在以后的生活和学习中更好地把握事物之间的联系,提高解决问题的能力。让我们一起期待与世界各地的朋友们相聚美丽杭州!

【**设计意图**】 总结教学核心内容,促进学生认识和情感升华。

八、板书设计

九、教学反思

1. **以生为本,情境激趣。**本节课紧紧围绕主议题"创新思维传递亚运精神",通过"智创美好 赋能亚运""创新聚能 智慧亚运""同心畅想 筑梦亚运"三大环节,清晰流畅地串联起了整个课堂结构,采用专题会议、设计创意邮票、为外国友人提供旅行攻略、新时代青年如何为创新型国家建设贡献自己的一份力量等活动,设计多层次、多类型的学科任务,贴近学生生活,层层递进,让学生在合作探究的过程中分析问题并解决问题,升华教学主题。

2. **厘清概念,升华素养。**实践是马克思主义理论的基本观点。准确把握发散思维和聚合思维的方法,并在生活实践中加以运用,是培育和提高学科核心素养的前提与要求。本节课包含发散思维和聚合思维的含义、特点、方法及两者关系等多个概念,厘清这些概念才能帮助学生更好地在生活中加以运用,这也成为本节课关注的重难点。整个教学设计中,努力创建活动型政治课堂,通过课堂价值引领,从而实现培育学科核心素养的目标。

3. **分层引导,多措并举。**本节课教学中,主要创设了杭州亚运会这一情境让学生展开合作探究,虽然设置了不同层次的任务帮助学生理解,但学生在发散思维和聚合思维方法的运用上可能仍然存在困惑。对此,建议选取更多贴近学生和社会生活的生动事例并加以说明运用,从而提高学生创新思维的能力。

十、专家点评

1. **聚焦亚运,课程内容活动化。**本节课教学以杭州亚运会为主线,创设情境,设计任务,开展活动,很好地诠释了新课标所倡导的活动型学科课程的理念,在课程内容的活动化方面,作出了很好的探索。在为亚运会组织方提出提高服务质量的设想中学习发散性思维,在模拟专题研讨会中学习头脑风暴法,在设计纪念邮票方案中学习检核表法、信息交合法,在为解决外国友人的苦恼的探究中学习聚合思维方法,在为建设创新型中国贡献自己力量的畅谈中学习发散思维和聚合思维的关系,等等。

2. **学为中心,思维活动外显化。**学生是学习的主体,是学习的主要责任人,也是学习的直接受益者。学生的思维需要在思维活动的开展过程中进行训练,需要在课堂中通过学生的言行特别是语言表达出来。本节课教学中,卢老师借助杭州亚运会这一热门话题,通过设计多样任务让学生进行活动,开展交流分享,并在这个过程中让学生的思维得以外显,让思维活动可见、可评、可比较。也只有在这个过程中,学生的思维品质才能得到真正的优化,思维素养才能得到切实的提升。

第二框题　逆向思维的含义与作用

浙江省景宁畲族自治县景宁中学　毛荣芬

一、理论基础和依据

矛盾是逆向思维产生的客观基础。事物包含着矛盾,矛盾双方既对立又统一,人们已经认识的往往是其中的某一部分、某一方向。为了全面认识事物,往往需要基于事物的矛盾性质,从反方向进行思考,这就运用了逆向思维。从哲学的角度看,逆向思维包含着丰富的辩证法思想和哲学智慧。

逆向思维是人们从过去所把握事物原理的反面、构成要素的反面、功能结构的反面,去思考、去求索,以实现创新目的的思维方法。如果原有思路是正向思维,那么与原有思路方向相反的思路就是逆向思维。逆向思维的突出特征就在于反向求索,因此也被称作反向法。

作为创新思维的常用方法,恰当的逆向思维具有积极作用。在日常生活、学习、工作中,逆向思维可以变挫折、困境等"不利事"为"幸运事";科学技术领域,逆向思维可以变废钢、废气为宝;当国家发展遇到危机,逆向思维也可变危局为深化改革、创新发展的契机。逆向强调转换方向与视角,恰当的逆向思维有助于超越思维困境、走出心理阴影、驱除悲观情绪,从而实现思维创新,破解难题。

二、课标要求

《普通高中思想政治课程标准(2017年版2020年修订)》内容要求:4.3分析逆向思维的依据和优势;发挥正向思维和逆向思维的互补作用。

教学提示:以"如何理解和运用逆向思维"为议题,探究逆向思维的含义与作用。可查阅科技发明背后的故事,了解科学家探究未知现象时的逆向思维,尝试运用"头脑风暴"等创新思维的方法和技巧,举办创意大赛。可搜集生活中逆向思维的经典故事并设置悬念,尝试运用逆向思维解决问题,感知逆向思维的含义与方法。可辨析关于逆向思维的常见观点,同时结合生活中的实际案例,理解如何发挥思维正逆互补的作用。可运用反问推理,对人生之路进行由远及近的规划。

三、学情分析

通过前面三个单元的学习,学生对科学思维、逻辑思维、辩证思维有了较为深入的认识,思维水平得到了较大提升。同时,通过本课第一框题"发散思维与聚合思维的方法"的学习,学生对思维的方向性已具备一定的认识;在日常的学习与生活中,学生或多或少接触过逆向思维。但是,大多数学生对逆向思维的含义、优势、方法以及如何发挥正逆互补的作用等知识缺乏系统认识,不清楚其中的深刻内涵,可能也没有尝试过用逆向思维解决问题。

因此,面对逆向思维这个离学生既近又远的话题,需创设趣味化、生动化的教学情境,鼓励学生参与思考,带领学生进行由近及远、深入浅出的探究,从而引导学生感悟逆向思维的含义、方法,培养学生运用逆向思维解决问题的能力。

四、教学目标

(一)核心素养培育目标

1. 科学精神

通过出谋划策、以小见大、举一反三、明是辨非、以终为始等活动,理解逆向思维的含义、方法以及如何发挥正逆互补的作用,坚持用马克思主义的科学世界观和方法论探索世界、认识世界,增强用创新思维解决问题的能力,在实践中弘扬科学精神。

2. 公共参与

通过就具体情境出谋划策、以终为始规划好人生道路,理解与运用逆向思维解决问题,增强公德意识和参与能力,追求更高的道德境界。

(二)学科能力目标

1. 学习理解

理解逆向思维的客观基础、含义、特点和方法,明确如何发挥正逆互补的作用,把握正向思维与逆向思维之间的辩证关系。

2. 实践应用

掌握逆向思维的具体方法,恰当运用逆向思维创造性地解决学习、生活、工作中的实际问题。

3. 迁移创新

用逆向思维为个人成长、社会进步、国家发展和人类文明演进助力赋能,抓住事物变化发展的契机,实现期待的目标。

五、教学重难点

1. 教学重点:掌握逆向思维的方法,正确发挥思维正逆互补的作用

怎样运用逆向思维解决问题是学生最感兴趣的话题,因此,本节课的教学重点之一就是掌握逆向思维的四个具体方法,即反向思考事物结构顺序、转换性思考事物存在状态、反向思考事物功能、交换性思考事物之间因果关系。逆向思维能帮助人们突破思维的困境,但并非逆向思维总比正向思维效果好,也并非所有问题都靠逆向思维解决。因此,本节课的教学重点之二是恰当发挥逆向思维的作用,即逆向思维应当合"理",逆向思维要以正向思维为基础,正逆互补,携手共进。

2. 教学难点：理解正向思维与逆向思维的辩证关系

在创新思维过程中，逆向思维主要解决突破传统观念的问题，但是仅靠逆向思维而忽视正向思维的基础性作用，是难以实现创新的。当通过逆向思维提出新想法后，还得运用正向思维去解决常规性构思问题。只有掌握了正向思维的"正"，即人们对事物已有的常规认识，才能合理有效地进行逆向思维的"逆"，即对常规认识作反向思考。在通常情况下，正向思维方式比较有效，能解决大部分常规问题。因此，正向思维是解决问题的首选方法，是解决问题的基础。总之，逆向思维是建立在正向思维基础之上的，二者是相互依存、相辅相成的辩证关系，这是矛盾双方既对立又统一的属性在创新思维方向上的体现。

六、教学方法

1. 情境教学法

本节课涉及逆向思维的四个具体方法，选取了四个生动有趣的教学情境并设置悬念，鼓励学生为解决问题出谋划策，以激发学生的学习兴趣。同时，基于"学习的目的在于运用"，本节课还从抗旱保生产这一生活情境出发，启发学生正确发挥创新思维的作用。

2. 合作探究法

学生以小组为单位，通过合作探究，为解决具体问题出谋划策，对常见观点进行深入辨析，在活动中感知逆向思维的含义、方法以及如何恰当运用逆向思维，实现"课程内容活动化""活动内容课程化"，增强公共参与意识与能力，提升科学精神素养。

七、教学流程

（一）课堂导入

教师：创新思维的思路具有多向性，因此，创新思维要进行多路探索。上一节课我们学习了哪两个思维方式？

学生：发散思维、聚合思维。

教师：这一节课我们继续从思维的方向性进行探索，今天，就让我们一起来学习"逆向思维的含义与作用"。

【设计意图】 温故导入，带领学生简单回顾上一节课的学习内容，找到第十二课两框题内容的共性，自然过渡到本节课新知的学习，帮助学生建构严密的内在逻辑。

（二）新课教学

环节一：以小见大，感知逆向思维之义

材料一 快马比慢

1174年，成吉思汗的父亲统治的部落打了一个胜仗，夺回大片领地和许多牲口。为了庆祝胜利，特意安排了一场赛马，优胜者的标准不同往常，最后到终点的马才能得奖。骑手们想方设法，一个比一个慢，过了好一阵，跑在最前面的马才行进到赛程的十分之一。眼看

夕阳不等人,比赛又难以结束,大家有点儿耐不住了。

任务一:怎样尽快结束这场僵局呢?

材料二 哭婆婆 笑婆婆

古时候,有个老婆婆总是不停地在一座庙前哭泣,晴天哭,雨天也哭。人们都叫他哭婆。

一天,有个老和尚问她:"老人家,你为什么哭得这么伤心?"

老婆婆说:"我有两个女儿,大女儿卖伞,小女儿卖布鞋。天晴的时候,大女儿的雨伞卖不出去;下雨天的时候,又没有人去买小女儿的布鞋。她们挣不到钱,可怎么生活呀! 一想到这些我就难过。人呀,怎么这么难?"

说完,老婆婆又悲悲切切地哭了起来。

任务二:怎样安慰老婆婆好呢?

材料三 用短为长

两个老板碰面交流经营心得。其中一个老板抱怨自己公司的三名员工不成才。

另一个老板询问原因。

老板答道:"他们一个吹毛求疵,整天嫌这嫌那;一个杞人忧天,总为些莫名其妙的事情担忧;而另一个游手好闲,喜欢在外面瞎逛乱混。"

另一个老板想了想,说:"干脆让他们三人到我的公司上班吧,这样也省了你解雇他们的麻烦。"第一个老板高兴地答应了。

任务三:怎样给三人重新分配工作?

材料四 先开业后修路的游乐园

经过三年的施工,某游乐园马上就要对外开放了。然而各景点之间的道路该怎样联络呢? 对游乐园各景点之间的道路安排,设计师已修改了50多次,仍不满意。于是,焦急的设计师让司机带他去散心。汽车奔驰在乡间公路上,这里满山遍野都是葡萄园,一路上他看到人们将无数的葡萄摘下来,提到路边向过往的车辆吆喝,然而很少有人停下来。当他的车子进入一个小山谷时,却发现在那里停着许多车。原来这是一个无人看守的葡萄园,只要在路边的箱子里投入5法郎就可以摘一篮葡萄。据说这是葡萄园主因年迈无力料理而想出的办法。谁料到在这绵延百里的葡萄产区,她的葡萄总是最先卖完。这种给人自由、任其选择的做法使设计师深受启发。回到驻地,他给施工部发了一封电报:……(仅10个字)。

任务四:怎样设计道路连接各景点? 尝试写出电报内容。

教师:请同学们出谋划策,为上述困境寻求最佳解决方案。

学生活动:1. 全班分成四大组,每组完成一个任务(第一大组完成任务一,第二大组完成任务二,依次类推)。大组内分成若干4人小组,以小组为单位进行合作探究。如果在规定时间内完成本组任务,可任意选择其他情境继续探究。2. 每个小组选好发言代表,先由指定组发言,其他小组若有不同想法再补充。3. 讨论时间为3分钟。

教师:同学们讨论得很热烈,也很开心,看来是集思广益,寻求到最佳方案了。现在请第一大组派代表来讲讲你们是怎样尽快让这场僵局结束的。第一大组发言完毕,其他组可以进行补充。当听到金点子时,请大家主动鼓掌。

学生1:可以限定一个时间,在规定时间内最慢的马获胜。

学生2:让骑手们相互调换坐骑,A骑B的马,B骑C的马,C骑D的马……这样一来,每个骑手都希望自己骑的别人的马跑得最快,不能得奖,使自己的马落在最后,从而取胜。

(学生鼓掌)

教师:从同学们的掌声中,我们已经感受到这组同学想到的办法很妙,还有没有其他办法?(停顿)那我们来看看当时是怎么结束这场僵局的。

材料一(补充) 成吉思汗的父亲想了一会儿,下令道:"谁有办法尽快结束比赛,给予重赏。但是,不能改变赛马规则。"众人绞尽脑汁,仍然想不出一个万全之策。这时,年仅12岁的成吉思汗跑到赛马队伍前,在每个骑手面前如此这般进行了一番安排,然后厉声发出号令:跑。只见骑手们争先恐后地纵马向终点狂奔。

很快,比赛结束了。原来,成吉思汗让骑手们相互调换坐骑,甲骑乙的马,乙骑丙的马,丙骑丁的马……这样一来,每个骑手都希望自己骑的别人的马跑得最快,不能得奖,使自己的马落在最后,从而取胜。这样一来,一举打破了众骑手踟蹰不前的僵局。

教师:祝贺第一组同学成功突破僵局,下面请第二大组派代表来讲讲你们是怎样安慰老婆婆的。

学生1:老婆婆,你想啊,晴天,你小女儿的鞋店前门庭若市;雨天,上街的行人又都往你大女儿的伞铺里跑。你的两个女儿都生活得很幸福呢,你应该高兴才是。

(学生鼓掌)

教师:哇,我们这组同学好会安慰人呀,第一个发言就赢得了掌声,其他同学还有不同的安慰吗?

学生:差不多。

教师:相信听了同学们这样的安慰,哭婆婆会变成笑婆婆。下面请第三大组派代表来讲讲你们是怎样给三人重新分配工作的。

学生1:爱吹毛求疵的一位负责监督,能让公司精益求精;杞人忧天的一位负责安全,能防患于未然;喜欢闲逛的负责外出考察市场。

(学生鼓掌)

学生2:我们组讨论出来的也差不多。那个爱吹毛求疵的一位负责质量监督;喜欢闲逛的负责外出考察和宣传。

(学生鼓掌)

教师:各位老板很会用人啊,能充分做到人尽其才,故事中的老板也是同样的做法,一段时间过后,这三人在各自的工作上做出了优秀的业绩,那个老板的公司也因此迅速发展起来。下面请第四大组派代表来讲讲你们是怎样设计道路连接各景点的,电报内容写了什么。

学生1:这个比其他组要难。我们想不出来,不过我们注意到故事的标题是"先开业后修路",所以,我们觉得可以先开业,看看人们喜欢走哪些路再作决定。

(学生鼓掌)

教师:是个好方法,不过本就是光秃秃的路,人们走了也看不清痕迹呀?谁能有更好的方法?

学生2:我之前听过这个故事,好像是先撒上种子,种上草。

教师:虽然很难设计,但同学们很聪明,几乎和著名设计师想得一样,同学们未来可期啊。我们来看看设计师是怎么解决的。

材料四(补充)　回到驻地,他给施工部发了一封电报:撒上草种,提前开放。很快整个游乐园的空地都被绿草覆盖,在游乐园提前开放的半年里,草地被踩出的小道有窄有宽,方便自然。后来,设计师按这些踩出的痕迹铺设了人行道。1971年,在伦敦国际园林建筑艺术研讨会上,该游乐园的路径设计被评为"世界最佳设计"。

教师:刚才的小组合作出谋划策环节,同学们表现很棒,相信同学们从自己的掌声中也感受到了。现在,请同学们独立思考1分钟,想一想这些故事给我们解决问题带来什么启示。

学生活动:独立思考1分钟,积极发言。

学生1:心情不好的时候,可以进行换位思考,主动改变一些消极的想法能让我们更快乐。

学生2:评价一个人的时候要全面,不要只看到缺点而看不到优点,我们要学会取长补短。

学生3:办事情的时候,不一定按常规思路,可以打破原有的先后顺序。

学生4:遇到一些用常规套路解决不了的问题,我们可以尝试着用逆向思维进行思考。

教师小结:同学们的思考很有哲学智慧。事物都包含着矛盾,矛盾的双方既对立又统一,因而事物具有复杂的相反相成的性质与功能。为了认识事物可能具有的其他性质与功能,人们往往有意识地逆向性地思考既有的认识,即进行反向探索,这就是逆向思维。

教师:在刚才的探究中,同学们就很自然地运用了逆向思维的方法解决问题,相信同学们已经感受到逆向思维的优势了。现在,请同学们先阅读教材第109—110页的内容,再以小组为单位反思你们运用了逆向思维的哪种方法解决问题,并尝试着列举用同类方法解决问题的事例。

学生活动:自主阅读教材,归纳逆向思维的方法。活动时间3分钟。

学生1:骑手们相互调换坐骑,为了让自己的马落在最后,骑手们尽力让自己骑的别人的马跑得最快,比赛很快就结束,这是对事物结构顺序的已有认识进行反向思考。类似的例子有,有些动物园将游客关在游览车中观赏自由游荡的动物。

学生2:哭婆婆听了老和尚的劝告,改变了对晴天和雨天的认识,这是对已有的有关事物存在状态的认识作转换性思考。类似的例子有,将一幅幅连续变化的图画挂在地铁的墙壁上,乘客坐在列车里,向窗外望去,可以欣赏到引人入胜的动画电影。

学生3:用短为长,把人的缺点变为优点,这是对已有的有关事物功能的认识作反向思考。类似的例子有:变废为宝;受吹尘器启发发明了吸尘器;受炒菜热锅启发发明炒冰的锅。

学生4:先开业再修路,由果溯因,这是对已有的有关事物之间因果关系的认识作交换性思考。我们暂时还没举出类似的例子。

教师小结:同学们总结得很好,反向思考事物结构顺序、转换性思考事物存在状态、反向思考事物功能、交换性思考事物之间因果关系,这就是我们进行逆向思维的四种常用方法。

【设计意图】　选取生动有趣的逆向思维故事,设置悬念,让学生运用逆向思维解决问题,引导学生从小故事中感悟大道理,在解决问题的基础上感知逆向思维的含义。针对逆向思维的具体方法这个重点,让学生结合具体情境经历自主阅读、小组讨论,主动突破这个重点。总之,把课堂还给学生,充分发挥学生主体性,让学生在活动中感悟知识,提升思维。

环节二：明是辨非，发挥正逆互补之用

教师：通过环节一的探究体验，我们已经充分感受到逆向思维的优势，很多人特别崇拜逆向思维。他们一般有以下三个观点，你赞成吗？请说明理由。

观点一：逆向思维就是否定性思维，即什么事情都"倒着来""对着干"。

观点二：不知道正向思维，就谈不上逆向思维。

观点三：逆向思维总比正向思维的效果好。

学生活动：(1)全班分成四个大组，每个大组内又分成若干4人小组，以小组为单位展开讨论。每个大组确保讨论一个观点(第一大组讨论观点一，依次类推，第四大组任选观点)，然后派代表发言。(2)讨论时间为2分钟。

学生1：我们觉得观点一是错误的。逆向思维是反向求索，往往是在运用常规思维难以解决问题的情况下使用的一种思维方法。那种什么事情都"倒着来""对着干"的是逆反心理。所以我们觉得，逆向思维应当合"理"，即逆向思维的反向是有合理性的思维反向，如果不顾客观规律，盲目地"反向"，不仅难以实现创新思维的目的，而且可能付出惨重的代价。

学生2：我们觉得观点二是正确的。在通常情况下，正向思维方式比较有效，能解决大部分常规问题。因此，正向思维是解决问题的首选方法和普遍方法。只有掌握了正向思维的"正"，即人们对事物已有的常规认识，才能合理有效地进行逆向思维的"逆"。而且，我们觉得当逆向思维提出新想法后，还得运用正向思维去解决常规性构思问题。所以，正向思维始终起着基础性的作用。

学生3：我们觉得观点三是错误的。正向思维和逆向思维，究竟哪种思维的效果好，取决于具体情况。正如第二组同学讲到的，通常情况下，正向思维方式比较有效，能解决大部分常规问题，这说明正向思维很多情况下是有效的。当然，今天我们学习了逆向思维，也发现在常规思维突破不了困境的情况下，尝试运用逆向思维可能会很有效地解决问题。所以，应该是把正向思维和逆向思维结合起来使用更好。

教师小结：同学们的观点都很有见解，我们把三组同学的观点结合起来看看，一是逆向思维应当合"理"；二是只有掌握了正向思维的"正"，才能合理有效地进行逆向思维的"逆"；三是正逆互补携手共进，如此，才能正确发挥正逆互补的作用。

【设计意图】《普通高中思想政治课程标准(2017年版2020年修订)》提出了"强化辨析，选择积极价值引领的学习路径"的教学建议。让学生亲历自主辨识、分析的过程，理性看待不同的观点，对正逆互补形成完整准确的认识。

教师：今年入夏以来，多地持续出现高温少雨天气，人们积极抗旱保生产，降低旱情对农业生产的影响。请同学们结合所见所闻，想一想可以通过哪些措施抗旱保生产。

学生1：引水灌溉。

学生2：企业和居民在生产和生活中节约用水。

学生3：人工增雨。

材料五 长江流域水库群实施抗旱保供水联合调度专项行动，调度上中游水库群，加大出库流量为下游补水；四川各地积极落实抗旱措施，组织农村提灌站提水保苗，努力减轻灾害损失，同时，对于受旱较重绝收田块，适时改种、补种短平快的晚秋粮食、蔬菜；浙江、湖北、

江西等地纷纷进行人工增雨作业……

教师：我们来看看材料五各地的抗旱举措，请同学们从创新思维角度，谈谈这些抗旱措施对你的启发。

学生1：人工增雨需要具备必要的条件，启发我们逆向思维应当合"理"，即要尊重客观规律。

学生2：各地的抗旱举措既有正向思维，又有逆向思维，启发我们要做到正逆互补。

学生3：各地的抗旱举措除了运用正向思维与逆向思维外，还运用了发散思维与聚合思维，启发我们不同方向的思维方法是相辅相成的。

教师小结：创新思维是有方向的，是以问题为导向的。在创新思维过程中，人们运用发散思维与聚合思维、逆向思维与正向思维等多向的思维方法，目的在于从不同的方向和角度认识事物，以求获得常规思路难以得到的新认识。因此，不同方向的思维方法之间不是彼此孤立、相互排斥的，而是相辅相成、相得益彰的。

【设计意图】 发挥思维正逆互补的作用是本框题的教学重点，学生在辨析中形成对如何正确发挥正逆互补的作用的初步认识，需要结合具体情境进行巩固提升。因此，选择抗旱保生产这一生活化的情境引导学生正确运用创新思维解决实际问题。

环节三：以终为始，走好漫漫人生之路

教师：现在，让我们尝试着用逆向思维将人生理想进行倒向推理。请仔细想想5年后（大学毕业）的你最希望得到什么。

学生活动：(1)仔细想想5年后（大学毕业）的你最希望得到什么。(2)你的第四年、第三年、第二年、第一年应该做什么事情？独立思考1分钟，积极发言。

学生1：我想考上C9名校的研究生。

学生2：我想考公务员。

学生3：我想出国留学。

学生4：我想自己创业。

学生5：我想在大公司就职。

教师：好，现在请你继续想想你的第四年、第三年、第二年、第一年应该做什么事情呢。

学生1：第四年、第三年我在努力备考，第二年我适应大学生活，第一年我要好好学习，争取考上理想的大学。

学生2：第四年、第三年我在努力学习的同时积极参加社会实践，第二年我适应大学生活，第一年我要好好学习，争取考上理想的大学。

教师小结：我想，同学们现在应该已经清楚这个星期、这个月、这半年、这一年的安排了，那就行动起来，让过程更加美丽，让结果更加灿烂，我们一起加油！

【设计意图】 熟知的目的在于运用，本节课学习了逆向思维，所以，在课尾安排了这样一个简单运用逆向思维的活动，引导学生确立目标，立足当下。

（三）课堂总结

通过第十二课的学习，我们知道创新思维不仅与我们的生活、工作密切相关，还与科学技术领域、国家发展息息相关，是非常重要、非常实用的思维方法。希望同学们把所学运用

到实际生活中,用创新思维赢得未来!

【设计意图】 从整体上总结本节课教学内容,鼓励学生运用创新思维解决实际问题,将所学化为所用。

八、板书设计

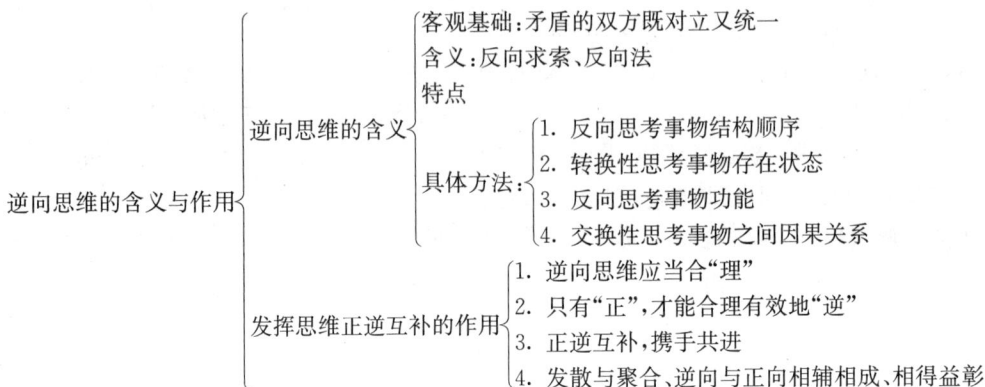

九、教学反思

《普通高中思想政治课程标准(2017年版2020年修订)》将高中思想政治定性为"活动型学科课程",并提出了相应的教学与评价建议。本节课的设计与实施以新课标为遵循进行了尝试。

1. **优化案例,在情境中感悟新知。**本节课涉及的知识面较广,因此,通过精选趣味化、生活化的五个情境材料引导学生展开探究,进而整合教学资源。前四个情境分为三步使用,第一步设置悬念,激发学生运用逆向思维解决问题的兴趣;第二步以小见大,引导学生从小故事中感悟大道理,进而关联本节课新知;第三步反观案例,讨论逆向思维的具体方法。通过以上三步,基本上实现学生主动探究,获取知识,提升思维、素养的目的。第五个情境用于巩固提升学生新知,并引导学生运用新知思考、解决问题。

2. **围绕议题,在活动中提升思维。**本节课围绕总议题"如何理解和运用逆向思维",设计五个小活动引导学生参与课堂。在环节一设置层层递进的三个活动,第一个活动"出谋划策",鼓励学生为解决故事中的问题提出金点子,意在让学生尝试运用逆向思维;第二个活动"以小见大",邀请学生谈谈四个经典故事的启发,意在让学生感知逆向思维的客观基础、含义;第三个活动"举一反三",引导学生从自身经验出发归纳总结逆向思维的具体方法。在环节二设置"明是辩非"这一活动,辨析常见观点,意在让学生形成对正逆互补完整准确的认识;在环节三设置"以终为始"这一活动,意在让学生运用逆向思维规划人生。值得一提的是,本节课设计的三个环节(以小见大、明是辩非、以终为始)本身就蕴含着丰富的辩证法思想,也是在为逆向思维作铺垫。

3. **强化辨析,在比较中达成共识。**辨析式活动是根据高中学生思想活动具有一定的独立性、选择性、多变性和差异性的特点,引导他们经历自主辨认、分析甚至辩论的思维活动过程,从而对纷繁复杂的问题作出理性判断。辨析式活动的实施为学生学习理解、迁移运用知识搭建了综合性的平台,是对学生学习成果和素养达成的有效检测。本框题第二目"发挥思维正逆互补的作用"比较理性,且有好几个易错易混的观点,因而选择用辨析的方式展开教学比较合适。

十、专家点评

习近平总书记指出,"思政课的本质是讲道理,要注重方式方法,把道理讲深、讲透、讲活"。能把道理讲深、讲透、讲活的思政课,一定是有灵气的思政课。毛老师的这节课给人的感觉,就是一节充满灵气的思政课。

1. **情境空灵**。毛老师的这节课中,没有令人眼花缭乱的情境,用到的只是四个简短的小故事,再加一则抗旱保生产的小情境。但正因为如此,才给课堂教学留下了思维绽放的足够空间。这为教学的灵动奠定了坚实的物理基础。

2. **思维灵动**。教学的灵动,根本上是思维的灵动。微观层面,如环节一中出谋划策、以小见大、举一反三三个活动,有化腐朽为神奇的效果,让我们在平常的小故事中感悟了思维魅力。宏观层面,从环节一的故事激趣让课堂"形"动,到环节二的明辨是非让课堂"思"动,然后恰到好处地引入抗旱保生产的现实思考,再到环节三的以始为终,引导学生思考人生,则进入了一个更深层次的思维境界。于平平淡淡当中,将学生的思维不断引向新的深度,举重若轻,意味深长。

第十三课

创新思维要力求超前

第一框题　超前思维的含义与特征

玉环中学　卢　娇

本框课件下载

一、理论基础和依据

　　超前思维始于超前意识。超前意识是不满足于现状的意识,是居安思危的意识,是自觉地站得更高、看得更远的意识。超前意识的基本品质是善于反思、勇于质疑。这里的"疑"指的是怀疑、质疑,既包括对答案的确定性的怀疑,也包括对答案的正确与否的质疑。有"疑"才能发现问题,有问题才能引发对事物发展状况的探索和思考,才会产生超前思维。超前思维是在多角度、全方位地分析事物的历史和现状的基础上,从事物发展的现实情况出发,认识和把握事物的发展状态,运用合理的推理和想象,判断事物未来发展趋势的思维方式。由于超前思维运用了合理的推理和想象,判断了事物未来发展的趋势,形成了对事物未来变化发展可能性的认识,而不是沉溺于对事物过去的或现在的已有认识,因此,超前思维是对迷信于过去的经验和陈规的思维方式的突破和超越。

　　超前思维的探索性。超前思维是建立在对事物发展的历史和现实把握之上的,却又不局限于事物的过去和现在的存在状况,而是对事物认识中落后的、过时的、丧失优势的东西予以否定,肯定其中进步的、先进的、有价值的东西,并在此基础上构想事物发展的可能趋势。超前思维对事物发展可能趋势的构想,体现了它的探索性特征。

　　超前思维的预测性。思维具有能动性,能动的思维能够在头脑中创造观念的对象,超前思维正是利用思维的创造性,超越了事物发展的具体时间和空间,以及事物发展的具体环节,在头脑中推想事物发展的未来状况。相对于事物的现状而言,超前思维的结果具有"事先得知"的预测性特征。

　　超前思维是探索性的和预测性的,这就表明它不是已经掌握的和现实存在的,更不是发生在过去的。超前思维指向未来,但未来并不是现实的单向直线的延伸,而是存在多向变化的可能性。人们对事物发展规律的把握存在正确或错误、深刻或肤浅之分,事物在其发展过程中会受到各种各样的环境和因素的影响,事物发展的具体状况不一定完全按照人们事先预测的方式展开。所以,超前思维必然具有不确定性的特征。

　　从哲学层面看,创造性预测事物发展态势有助于人们能动地认识世界,也有助于人们趋利避害、防患于未然,成功地改造世界。超前思维能使人们通过前瞻性思考,把握事物发展状态,帮助人们规划和调整思路,从而进行正确的决策,抓住有利的发展机遇。从现实层面看,运用超前思维的前瞻性功能,有利于我们规划成长成才的方案,有利于企业开发供给侧的产品和市场,有利于社会绘制更为全面合理的服务蓝图,有利于国家和民族进行科学的顶层设计和整体谋划,推动经济社会持续健康发展。

二、课标要求

《普通高中思想政治课程标准(2017年版2020年修订)》内容要求:4.4体会超前思维是对常识局限性的突破和超越;把握超前思维的探索性、预测性特点;了解创造性预测事物发展态势的意义。

教学提示:以"美丽中国,未来有约"为议题,探究超前思维的含义与特征,理解超前意识是产生超前思维的前提。可以查阅生活中超前思维的故事或案例,搜集中华优秀传统文化中体现超前处理问题的智慧典故,在交流讨论中引发对事物发展状况的探索与思考。尝试运用推理、想象等超前思维的方法和技巧,理解超前思维的特征。进一步明确超前思维是对常识局限性的突破和超越,学会运用超前思维,提高思维的创新性,深刻领会超前思维在哲学层面和现实层面的意义。立足现实,用超前思维规划美好的未来。

三、学情分析

经过前一阶段的学习,学生已有一定的思辨能力和逻辑思维能力,也有了一定的探究意识和探究能力。在日常生活中,学生对超前思维及其在具体事例中的应用有一定的接触和感受,他们对一些社会现象也能够主动思考,但学生要系统理解把握超前思维的含义与特征,并进行知识的迁移、深化、理解和运用,仍需要进行理论化、系统化的学习。许多问题需要教师进行正确的解释和合理的引导,在此过程中激发他们对于学习超前思维的兴趣和热情,从而正确运用科学思维方法观察和理解社会,处理学习和生活中遇到的问题,提升自己的思维品质,提高创新思维的能力。

为了更好地了解学情,我们可以在课前进行简洁、必要的问卷调查或个别访谈,了解学生是否清楚超前思维的含义、特征等内容,了解到什么程度等。依据调查结果确定学生认知、思维和情感的"最近发展区",为较好地达成教学目标奠定良好的基础。着眼于思维方法的引导以及科学思维方法的学习与训练,进一步培养学生的思想政治学科核心素养。

四、教学目标

(一)核心素养培育目标

1. 科学精神

通过创设生态环境部有关负责人组织召开"美丽中国建设论坛"这一情境,结合代表们的发言正确认识超前思维的特点,明确超前思维的探索性、预测性和不确定性的特征;通过学习习近平总书记的论断,辩证看待超前意识和超前思维的关系,认识把握超前思维的积极意义,树立超前思维意识,提升科学精神。

2. 公共参与

通过调研分享"美丽中国"的提出背景活动,正确理解超前思维的含义,运用矛盾分析的方法、推理和想象的方法以及调查研究的方法,提高超前思维的正确性;通过结合国家发展和自己未来的职业规划,谈谈未来如何为建设"美丽中国"贡献自己的一份力量这一活动,运用超前思维规划未来,助力"美丽中国"建设,切实提高在生活和实践中运用超前思维的能力。

(二)学科能力目标

1. 学习理解

搜集超前思维的典例,理解超前思维的含义和特征,把握超前思维的探索性、预测性和不确定性,理解超前思维与超前意识的关系。

2. 实践应用

从事物发展的现实情况出发,观察生活、善于反思、勇于质疑,体会超前思维是对常识局限性的突破和超越,理解创新思维要力求超前。

3. 迁移创新

认识和把握事物的发展状态,运用合理的推理和想象,判断事物未来发展趋势,培养超前意识,提高超前思维能力,树立创新思维。

五、教学重难点

1. 教学重点:把握超前思维的含义及特征

超前思维主要是指能从全局视角和长远眼光把握事物发展总体趋势和方向、客观辩证地思考和处理问题的科学思维。学生只有掌握超前思维的含义及特征,有了理论储备,才能更好地运用超前思维去观察事物、分析问题、解决问题。通过学习才能更好地立足现实,用超前思维规划美好的未来。

2. 教学难点:理解超前思维与超前意识的关系

人的思维既可能近似于等同地反映事物的存在状态,也可能以超前或落后的方式反映事物的存在状态。学生对事物发展状况的探索和思考往往停留在"疑"或"问"的初级层面,缺乏反思和质疑,需要教师引导学生深入理解超前思维生成的思想条件,把握超前思维与超前意识的关系,这对学生创新思维的培养和思维品质的提高都至关重要。

六、教学方法

1. 情境教学法

本节课教学主要是引导学生掌握超前思维的含义与特征,教学内容离学生生活较远,比较抽象。运用情境教学法,通过精选案例、任务设计和活动开展等,将经过加工的生活场景移入课堂,有助于学生在具体情境中、在分析和解决实际问题的过程中,加深对知识的理解和运用。在情境的感染中获得真知、培育情感、提升素养,较好地达成教学目标。

2. 坚持灌输性与启发性相统一

本节课涉及的概念性知识不多,包括超前思维的含义和特征,但这些概念都比较抽象,要帮助学生理解这些概念的由来,理清超前思维和超前意识之间的内在联系,离不开理论灌输,为学生形成相对完整的认识体系打好基础。同时,又要注重启发性教育,引导学生结合自己已有的生活经验和具体的教学情境,在合作探究中理解和建构知识,从而较好地达成教学目标,促进学科核心素养的形成与落地。

七、教学流程

(一)课堂导入

教师:(播放歌曲视频《我和 2035 有个约》)党的十九大,结合"两个一百年"奋斗目标,对决胜全面建成小康社会、开启全面建设社会主义现代化国家新征程作出战略部署和安排。第一阶段,从 2020 年到 2035 年,在全面建成小康社会、实现第一个百年奋斗目标的基础上,再奋斗 15 年,基本实现社会主义现代化。第二阶段,从 2035 年到本世纪中叶,在基本实现现代化的基础上,再奋斗 15 年,把中国建成富强民主文明和谐美丽的社会主义现代化强国。

这让很多人对 2035 年充满了憧憬,对未来充满信心。歌曲《我和 2035 有个约》也成功入选第六批中国梦主题新创作歌曲。为什么我国要制定 2035 远景目标规划? 未来还没发生,为什么能规划未来? 今天,我们就带着这些问题,围绕主议题"美丽中国,未来有约",学习"超前思维的含义与特征",理解什么是超前思维及超前思维的特征,从而更好立足现实,运用超前思维规划美好的未来。

学生活动:观看歌曲视频,初步感知我国 2035 远景目标规划。

【设计意图】 从《我和 2035 有个约》歌曲视频引入课题,通过趣味直观的内容展示吸引学生的注意,激发学生的学习兴趣,从而拉近学生与国家 2035 远景目标规划之间的距离,让学生对国家规划有个感性的认识,也为学生接下来的学习打下良好的认识基础。

(二)新课教学

环节一:深谋远虑 携手共建

教师:"美丽中国"是中国共产党第十八次全国代表大会提出的概念,强调把生态文明建设放在突出地位,融入经济建设、政治建设、文化建设、社会建设各方面和全过程。党的十九大提出了中国特色社会主义现代化建设的新目标,到 2035 年基本实现现代化,生态环境根本好转,美丽中国目标基本实现。未来都还没发生,为什么我们能规划未来?

学生 1:规律具有普遍性,国家发展也是有规律可循的,我们可以遵循规律预测未来的发展趋势。

学生 2:人能够能动地认识世界和改造世界,意识是对物质的能动反映,我们可以充分发挥自己的主观能动性畅想规划未来。

教师小结: 同学们运用了必修 4 中哲学的知识来解释原因,非常棒! 我们把两位同学的答案综合起来就很全面了。事物的发生和发展有其规律性,人的思维对事物的反映具有能动性。思维在某种程度上能够对事物的发展趋势作出预测。所以,我们能充分发挥思维的作用对未来进行规划。

教师: 我国为什么要制定"美丽中国"这一目标? 这一目标是在什么样的背景下提出的呢? 下面请同学们结合课前查阅的资料和调研,派代表分享小组调研成果。

学生活动: 以小组为单位进行调研成果分享展示。

小组 1: 当下我国大气环境面临的形势非常严峻,中国大多数城市的大气环境质量超过中国规定的标准。塑料包装物和农膜导致的白色污染已蔓延中国各地。生物多样性破坏较严重,农业、渔业、矿产资源和化石燃料等资源枯竭。环境问题日益严重这一现实情况迫切要求我们作出改变,推动绿色发展。

小组 2: "美丽中国"特别强调把生态文明建设放在突出地位,融入经济、政治、文化、社会建设各方面和全过程,这是尊重自然、保护自然,实现人与自然和谐相处规律的要求。努力建设美丽中国,也是实现中华民族永续发展的要求。

小组 3: 小康全面不全面,生态环境质量很关键。中国特色社会主义进入新时代,社会的主要矛盾转变为人民日益增长的美好生活需要同不平衡不充分的发展之间的矛盾。随着经济和社会水平的提高,人民期盼有更舒适的居住条件、更优美的环境、更好的生活。

小组 4: 山要绿起来,人要富起来。建设"美丽中国"不仅可以满足人们对美好生活的需要,而且可以向世界展示一个更美丽的中国,从而让世界更好地了解中国,更好地树立中国在国际上的形象,让中国拥有更强的影响力和公信力。

教师小结: 同学们准备得非常充分,展现了丰富的知识积累和娓娓道来的表达能力。生态兴则文明兴。建设生态文明是关系人民福祉、关乎民族未来的千年大计,是实现中华民族伟大复兴的重要战略任务。"美丽中国"正是我们在把握自然发展规律、认清现实的基础上,对未来合理的判断和预测而制定提出的。这种在"美丽中国"目标制定过程中所运用的思维形态,我们称之为超前思维。

超前思维是在多角度、全方位地分析事物的历史和现状的基础上,从事物发展的现实情况出发,认识和把握事物的发展状态,运用合理的推理和想象,判断事物未来发展趋势的思维形态。

近年来,在"美丽中国"这一目标理念的指引下,我国生态文明建设从实践到认识发生了历史性、转折性、全局性变化。绿水青山就是金山银山的理念,成为全党全社会的共识和行动,生态文明建设进入快车道,神州大地的"颜值""气质"不断提升。

教师: 2022 年 3 月 30 日,习近平总书记在参加首都义务植树活动时说道:"实现中华民族永续发展,始终是我们孜孜不倦追求的目标。新中国成立以来,党团结带领全国各族人民植树造林、绿化祖国,取得了历史性成就,创造了令世人瞩目的生态奇迹。党的十八大以来,我们坚持绿水青山就是金山银山的理念,全面加强生态文明建设,推进国土绿化,改善城乡人居环境,美丽中国正在不断变为现实。同时,我们也要看到,生态系统保护和修复、生态环境根本改善不可能一蹴而就,仍然需要付出长期艰苦努力,必须锲而不舍、驰而不息。"学习了习近平总书记的论断,你有什么感想?

学生1:习近平总书记的观点高瞻远瞩。我们既要看到"美丽中国"的成就,又要有居安思危意识,看到当下生态环境中仍存在的问题与不足,找差距以谋求更大的进步。

学生2:我们不能被眼前的成绩冲昏头脑,只有善于反思、勇于质疑,才能更好地促进我国的生态文明建设,更好地推动中国的现代化建设。深入理解习近平总书记的讲话能让我们站得更高,看得更远。

教师小结:"疑"是"问"的前提,有"疑"才会追问,才能发现问题,有问题才能引发对事物发展状况的探索与思考。同学们刚刚强调的居安思危、反思质疑,正是超前意识的基本品质,习近平总书记正是基于这种超前意识,运用超前思维作出正确的论断。

超前思维是有超前意识的思维。超前意识是不满足于现状的意识,是居安思危的意识,是自觉地站得更高、看得更远的意识,是追求事物发展更好、更优、更强的意识。善于反思、勇于质疑是超前意识的基本品质。没有反思,不敢质疑,就不会有超前意识,更不会有超前思维。

教师:从人们的认识状态和认识对象的存在状态之间的关系看,思维都是超前反映事物的存在状态的吗?

学生:不是的,可能有时同步,也有可能超前或落后。

教师小结:没错,同学考虑得非常全面。从人们的认识状态和认识对象的存在状态之间的关系看,人的思维既可能近似于等同地反映事物的存在状态,也可能以超前或落后的方式反映事物的存在状态。思维落后于事物发展状况,是所谓的"后知后觉"或者"不知不觉"。而能够对事物发展情况作出正确预测的,人们将这种现象称为"先知先觉"。"先知先觉"是超前思维的表现。

山清水秀但贫穷落后不是美丽中国,强大富裕但环境恶劣不是美丽中国,经济发展而道德滑坡同样不是美丽中国。"美丽中国"是我党运用超前思维,立足我国环境和发展实际、顺应时代潮流和人民意愿而做出的目标规划,从党和国家事业发展战略和全局的高度深刻回答了"为什么建设生态文明、建设什么样的生态文明、怎样建设生态文明"等重大理论和实践问题,进一步丰富和发展了马克思主义关于人和自然关系的认识,把我们党对生态文明建设规律的认识和把握提升到一个新高度。

【设计意图】　创新思维离不开科学认知,学生习得了相关理论知识,具备了一定的认知能力,才能对认知对象的信息进行创新运用。本环节通过学生对"美丽中国"提出背景的调研分享,谈谈学习了习近平总书记论断的感悟等活动,引导学生形成对超前思维的产生条件、含义和表现的正确认识,增强学生对运用超前思维的兴趣。同时,通过创设有效的情境,把抽象的思维方式融入具体的生活情境中,有助于加深学生对超前思维的认知和理解。

环节二:聚言汇智　共话发展

材料一　十八大以来,中共中央始终把美丽中国建设放在突出地位,以前所未有的力度抓生态文明建设、生态环境质量的总体改善。但资源与环境、人与自然的矛盾与危机依然形势严峻,面临很多困难与挑战。为了更好地推进美丽中国建设,生态环境部有关负责人组织召开"美丽中国建设论坛",代表们纷纷畅所欲言。

环保专家 A:总体来看,污染防治攻坚战取得决定性成就,生态环境质量持续改善,全面建成小康社会的绿色底色更加鲜亮。但生态环境保护结构性、根源性、趋势性压力总体上尚未根本缓解,以重化工为主的产业结构、以煤为主的能源结构和以公路货运为主的运输结构没有根本改变,污染排放仍然远远超过环境容量。我们必须锚定目标,对标对表,肯定坚持有效做法,改进不足之处,深入打好污染防治攻坚战,治理城乡生活环境,持续改善环境质量,为人民群众提供更多优质生态产品。

人大代表 B:党中央从全球生态文明建设的视角谋划"美丽中国",明确建设美丽中国的两个阶段性目标——到 2035 年,生态环境质量实现根本好转,美丽中国目标基本实现;到 21 世纪中叶,生态文明全面提升,实现生态环境领域国家治理体系和治理能力现代化。我们要充分发挥主观能动性,对照"美丽中国"的美好未来,不断完善法律法规,革新环保体制,让生态文化深入人心。

政协委员 C:现有经济发展趋势和生态环境保护管控措施下,到 2035 年,生态环境质量根本好转的目标可以实现,但不能忽略在经济、能源、技术、国际等方面存在诸多不可预料的因素,国际形势风云变幻,未来自然气候条件变化等,也可能导致中国生态环境建设不确定性加大。我们要充分作好准备,迎接"美丽中国"道路上的各种挑战。

教师:下面请同学们结合论坛中代表们的发言,以小组为单位展开讨论,谈谈你是如何看待代表们发言的,他们的思维方式具有什么特点。

学生活动:小组合作探究,形成共识,组长负责,每个小组成员都要发言,发言人汇总观点并代表小组展示观点。

小组 1:既要看到我国生态环境的成就,也要看到存在的不足,生态环境保护依然任重道远。环保专家在把握历史和现实的基础上,肯定成绩又发现不足,体现了思维的探索性,从而更好地推动生态环境的治理。

教师小结:"探索性"三个字非常准确。超前思维具有探索性,它是在把握事物发展的历史和现实基础上,构想事物发展的可能的趋势。

小组 2:人大代表的发言展现了党中央对"美丽中国"美好前景的预测和展望,推测了未来生态环境的发展状况,充分发挥了思维的能动性和创造性,不断激励我们向着目标前行!

教师小结:思维具有能动性,能动的思维能够在头脑中创造观念的对象。超前思维的预测性正是利用思维的创造性,在头脑中推想事物发展的未来状况。

小组 3:政协委员对"美丽中国"的预测指向未来,但也不能忽略发展道路上还存在各种不可预料性,如经济结构转型升级面临内外部挑战,生态环境保护与经济社会协调发展仍是重大难题等,推进"美丽中国"目标的实现需要研判好不确定因素。

教师小结:没错,研判好不确定因素正是超前思维具有不确定性的体现。一个天蓝、地净、水清的美丽中国,是全国人民的共同期盼。近年来,"美丽中国"建设迈出重大步伐,我国生态环境保护发生历史性、转折性、全局性变化。但也要对各种不确定因素深入分析,作好研判、未雨绸缪,更加稳妥地推进"美丽中国"目标的实现。

教师:"美丽中国"的提出是运用超前思维的一个生动体现,展现了超前思维探索性、预测性和不确定性的特征。超前思维无处不在,请同学们结合历史和社会生活实际,列举体现超前思维的实例,并分析所举例子是如何体现超前思维的特点的。

学生 1: 第十三届全国人民代表大会第四次会议审查通过《中华人民共和国国民经济和社会发展第十四个五年规划和 2035 年远景目标纲要(草案)》,提出 2035 年中国将基本实现社会主义现代化等目标。这一系列目标的提出主要体现了超前思维的预测性,可以"事先得知"。

学生 2: 面对战争前笼罩的阴影,美国石油大王洛克菲勒运用超前思维思考如何利用战争来获得附加利益,并一反常人的想法,设法大量贷款购物,结果使物品增值好几倍,获得巨大效应。在对事物现实把握的基础上构想事物发展的可能趋势,体现了超前思维的探索性。

学生 3: 在生活和学习中,尤其是大型考试临近时,我们往往会在全方位、多角度分析自身的基础上,根据自己的实际情况合理推断自己的上升空间,并针对自己的薄弱学科制订提升计划,进而确定学习目标,拟定将来一段时间的学习内容,这体现了超前思维的探索性。但有的时候计划又赶不上变化,需要我们不断调整完善计划,说明超前思维具有不确定性,存在多向变化的可能性。

教师小结: 同学们举的例子非常棒,加深了我们对超前思维三个特征的理解。习近平总书记强调:"人不负青山,青山定不负人。"党的十八大以来,在以习近平同志为核心的党中央坚强领导下,在习近平生态文明思想指引下,中国人民凝心聚力,坚定不移走绿色发展之路,人与自然和谐共生的美丽中国正在从蓝图变为现实。要不断提高超前思维预测推断的科学性和准确性,需要人们立足实践活动,充分认识和把握事物的规律,创造有利的条件,促使事物向有利于人们预测的方向发展。最终,交出一份建设"美丽中国"的绿色答卷,一份人民群众满意的时代答卷!

【设计意图】 超前思维的三个特征是本节课重点,不能仅停留在感知层面。好的活动设计能够让教学效果事半功倍,通过创设生态环境部召开"美丽中国建设论坛"的情境,让学生对代表们的发言展开讨论思考,从而引导学生发现问题、分析问题、思考问题,充分发挥学生的主动性,深化学生对重点知识的理解;同时通过必要的方法指导,启发得出结论,坚持灌输性和启发性相统一,从而使学生真正成为课堂的主人、学习的主人。

环节三:久久为功　共赢未来

教师: "美丽中国"作为生态文明建设的理想愿景,是在一定的物质文明、社会发展进步基础上,人们对精神文化家园的美好追求,是美的价值形态和幸福生活的实现路径。我们要继续保持加强生态文明建设的战略定力,坚定不移走生态优先、绿色发展之路,驰而不息、久久为功。下面请同学们结合国家发展和自己未来的职业规划,运用超前思维谈谈未来如何为建设美丽中国贡献自己的一份力量。

学生活动: 围绕问题展开畅想,发散思考,并及时归纳记录,准备发言。教师要指导学生不空谈,要与个人未来职业规划相结合。

学生 1: 每个人都是生态环境的保护者、建设者、受益者。未来我想从事技术研发工作,为企业治污整改提供科学可行的综合方案、先进适用的技术设备。

学生 2: 未来我想当一名社区工作者,推动生态文明教育进家庭、进社区。促使公众切实改变生活方式,勤俭节约,推进垃圾分类收集,倡导绿色、低碳生活,做良好生态环境的保护者。

学生3:我想从事新闻媒体工作,通过报刊、电视、网络等平台,广泛宣传生态环境污染防治法律、政策和知识,积极引导舆论,让绿色发展理念深入人心,以大局为重,以可持续发展为重。同时,加大环境违法问题曝光力度,设立"曝光台"栏目,让违法者接受群众监督。

学生4:我未来想从事法律方面的工作,制定修订相关生态文明建设上的法律法规,为实现人民群众期盼的"常态蓝"贡献自己的力量。

教师小结:美丽中国,你我共建。我们都应积极行动起来,增强节约意识、环保意识、生态意识,培育生态道德,开展绿色行动,以实际行动减少能源资源消耗和污染排放,为促进人与自然和谐共生作出贡献。相信未来在同学们的助力下,我们一定能不断改善生态环境质量,建成青山常在、绿水长流、空气常新的美丽中国。让我们向着美丽中国的建设目标,进发!

【设计意图】 由于学生生活阅历较浅,准确理解和把握超前思维的含义及特征还存在一定难度。本环节设置的活动和任务具有很强的开放性,将超前思维与学生个人未来的职业规划、个人生活和发展、个人价值的实现建立起密切联系,通过基于自身的思考,让学生有更多带入感,能从自身的思想认识变化,逐步迁移到自己的行为倾向上,对学生进行价值观的引领,为他们将来投身国家建设奠定坚实的思想基础,从而促使素养落地。

(三) 课堂总结

本节课我们围绕着"美丽中国,未来有约",学习了超前思维的含义及特征。展望2035年,我国将基本实现社会主义现代化,广泛形成绿色生产生活方式,碳排放达峰后稳中有降,生态环境根本好转,美丽中国建设目标基本实现。人民生活更加美好,人的全面发展、全体人民共同富裕取得更为明显的实质性进展。相信在党中央的坚强领导下,我国一定能建成美丽中国,更好地回应人民群众的所想、所盼、所急,实现人们对美好生活的向往与追求,让美丽中国的画卷更加生动,实现中华民族伟大复兴中国梦!

【设计意图】 围绕主议题总结教学核心内容,促进学生认识和情感升华。

八、板书设计

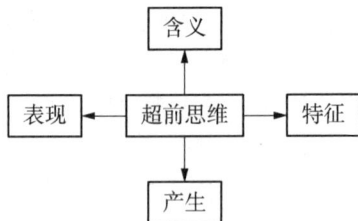

九、教学反思

1. **优化情境,升华核心素养。**本节课围绕着主议题"美丽中国,未来有约",设计了"深谋远虑 携手共建""聚言汇智 共话发展""久久为功 共赢未来"三个教学环节,犹如一条红线贯穿整节课。通过分享调研"美丽中国"的提出背景和"美丽中国"建设论坛活动,创设情境、组织活动,合理串联知识,层层推进,充分调动了学生的积极性,让学生在议中学,议中悟,通过活动来达到素养落地,增强学生的创新意识,培养学生的科学精神和公共参与的能力。

2. **问题导向,引领能力提升。**本节课教学内容理论性强,"美丽中国"建设这一问题比较宏大抽象,学生在理解上可能仍然存在困惑,教学活动要建立在学生的认知发展水平和已有的知识经验基础上。教师在设计任务中要注重前后知识结构之间的逻辑联系,引导学生透过直观生动的现象提升本质,厘清这些概念的内涵及其之间的内在联系,增强理性思考,形成对超前思维的理性认识,提高理性分析的能力。

3. **联系实际,强化实践体验。**通过结合国家发展和自己未来的职业规划,运用超前思维谈谈未来如何为建设美丽中国贡献自己的一份力量这一活动,有效拉近课堂与学生的距离,使课堂教学变得亲切,容易产生共鸣,为学生在生活和学习中运用超前思维扫清思维障碍,实现理论与实践的对接,达到"润物细无声"的效果。当然也可以适度延伸,增强实践体验,通过课堂外的社会实践活动为教学提供更广阔的空间、更丰富的资源、更真实的情境。

十、专家点评

1. **在真情境中真思,培育科学精神。**卢老师的这节课,围绕"美丽中国,未来有约",从"美丽中国"建设提出的背景、当前的努力、未来的瞻望三个维度,创设真实情境,展开宏大叙事,引导学生真思、深思,将科学精神素养的培育落到了实处。

2. **在真参与中真行,增强公共参与。**通过课堂教学的三个环节,卢老师设计学生课前调研、课堂分享、课堂模拟、现场剖析、未来规划、畅谈理想等活动,让学生真正参与到课内外各类学习活动中,通过真参与,引导学生真行动,切实提高公共参与素养培育的实效性。

第二框题　超前思维的方法与意义

金华市外国语学校　陈　洋

本框课件下载

一、理论基础和根据

创新思维作为思维的高级形式,它本质上是一种富有首创性的(亦称独创性)的思维形式。其本质是出新、超越和突破,这也就离不开超前思维。超前思维是具有超前意识的思维。超前意识是不满足于现状的意识,是居安思危的意识,是自觉地站得更高、看得更远的意识。中医讲究"治未病",体现超前意识是不满足于现状的意识;"生于忧患,死于安乐",体现超前意识是"居安思危"的忧患意识;治理国家强调"下好先手棋",体现超前意识是自觉地站得更高、看得更远的规划意识。

善于反思、勇于质疑是超前思维的基本品质。超前思维是意志力、想象力和认识力相结合的机能系统,由感性认识到理性认识再到感性创造的质的飞跃。超前思维的"超"是以"否定"为起点,这种"否定"不是天马行空的胡思乱想,不是毫无根据的胡乱质疑,它是一个从主体认识经过艰苦探索达到"豁然通达"的醒悟状态。这就要求我们运用推理和想象等思维方法,对事物未来发展趋势进行预测。

基于马克思主义哲学的认识实践论,结合实践理解超前思维,是作为主体的人充分发挥自身能动性,以对客体的反映为基础,进行主观加工,以期通过实践创造出崭新的、为世界所需的对象物的思维方法。脱离现实和历史的超前思维没有客观存在作为对象物,缺失了应有价值。因此,超前思维应当关注实际而不是放弃对历史和现状的诠释,应以当代世界为对象,进入其各领域,并将其核心作用充分展示发挥。超前思维作为一种实践性思维,应当从现实出发批判否定现实中与社会发展不相符合的现实因素,关注现实,不满足于现实状况,否定现实存在,进而把现实变成理想现实,达到"应然"。这就要求我们运用马克思主义唯物辩证法客观地、具体地看待现实。

二、课标根据

《普通高中思想政治课程标准(2017 年版 2020 年修订)》内容要求:4.4 体会超前思维是对常识局限性的突破和超越;把握超前思维的探索性、预测性特点;了解创造性预测事物发展态势的意义。

教学提示:以"'两山'理论谱新篇,同心共筑中国梦"为议题,探究超前思维的方法,理解超前思维的意义。通过具有前瞻性的理论,了解探究未知现象时的思维方法;尝试运用"头脑风暴"等创新思维的方法和技巧,举办创意大赛,培育超前思维,提升创新能力。

三、教学目标

(一) 核心素养培育目标

1. 科学精神

在安吉县"两山"理论的发展以及扶贫之路的相关情境中,思考推行"两山"理论运用到的思维方法,锻炼、提升理性分析的能力;通过设计"致富方案",体悟超前思维离不开科学的思维方法,进而理解创新思维、超前思维的方法在经济、社会治理中的作用,在行为选择上贯穿辐射科学精神。

2. 政治认同

通过分析安吉县的发展,感知和认识习近平新时代中国特色社会主义思想的前瞻性,认同中国特色社会主义的强大生命力和优越性,坚持和加强中国共产党的领导,坚定走中国特色社会主义道路的决心和信心。

3. 公共参与

以我国创新发展战略需要创新型人才为背景,运用科学的超前思维规划人生,将"小我"融入"大我",树立共产主义远大理想和中国特色社会主义共同理想。

（二）学科能力目标

1. 学习理解

认识超前思维的方法，理解超前思维的运用对于认识世界、改造世界，对于个人、社会、国家和民族的意义。

2. 实践应用

结合具体材料，分析运用超前思维的方法；运用生活实例，总结归纳超前思维的意义。

3. 创新迁移

学会用科学的超前思维分析和预测事物的发展方向，掌握创新性解决问题的能力，用超前思维的方法规划人生，坚定参与中国特色社会主义伟大复兴的实践中。

四、学情分析

经过前面十二课的学习，学生已经掌握了逻辑思维和辩证思维的基本方法，已具备培育创新思维的理论知识和思维基础。学生对于自然、科技、历史均有一定程度了解，这为课堂教学提供了生活的基础。

从认知发展来看，经过思政必修模块、选择性必修 1、2 的能力提升，学生具备了搜集、讨论、研究的基本素养，提升了探究的自主性以及求真的积极性，学生的逻辑和思维能力能够在一定程度上产生行为延伸和知识迁移。课堂教学中可以通过组织自主思考、合作探究等活动完成教学任务，实现"课程内容活动化""活动内容课程化"。

本框题内容作为本册教材的最后一框，目的在于提升学生创新性解决实践问题的能力，是对多种科学思维方法的综合性运用。本阶段的学生在知识基础上能够了解和感知超前思维的方法和意义，但还不能很好地理解超前思维的实践应用性，不能自主地将抽象的思维与具体的理论相联系。这是教学中需要突破和提升的关键点。

五、教学重难点

1. 教学重点：掌握超前思维的方法

第一，超前思维要运用矛盾分析法，矛盾分析法是创造性预测事物发展态势的根本方法。矛盾分析法需要学生透过现象看到本质，从根本上把握和分析事物发展的态势。第二，超前思维要运用推理和想象等思维方法，预测事物未来的发展态势，要把握事物发展的因果关系，就需要运用推理的方法。学生已经学习了推理和想象的方法，但将它们运用到科学实践仍有差距。第三，超前思维要运用调查研究方法，超前思维建立在对事物发展情况的把握之上，而把握事物的发展情况离不开调查研究。没有调查就没有发言权，也就不能创造性地预测事物发展的态势。学生具有探索精神和合作精神，还应具备科学的调查研究能力。正确运用超前思维的方法有助于学生学会用科学思维认识世界、探索世界，用科学的方法投身实践、改造世界。

2. 教学难点：理解超前思维的意义

基于马克思主义哲学的认识实践论，理解超前思维的意义，不应当脱离现实和历史，而是要结合实践,始终坚持"一切从实际出发"。从哲学层面来看,创造性预测事物发展态势有助于人们能动地认识世界,也有助于人们趋利避害、防患于未然,成功地改造世界。从现实层面看,运用超前思维的前瞻性功能,有利于我们规划成长成才的方案,有利于企业开发供给侧的产品和市场,有利于社会绘制更为全面合理的服务蓝图,有利于国家和民族进行科学的顶层设计和整体规划,推动经济社会的持续健康发展。是否正确领会超前思维的意义还应通过实践检验,体现在学生能够自觉地运用科学精神投入中国特色社会主义的伟大实践中,努力将自己塑造成有理想、有本领、有担当的时代新人。超前思维的意义无论是"从实践到认识"还是"从认识到实践"均有一定难度。教师虽有"启",学生却难"发",可结合实例加以说明并创设情境加以运用。

六、教学方法

1. 案例分析法

以浙江省安吉县践行"两山"理论打造的绿色发展样本为案例,引发学生的思考和兴趣,从中感受超前思维的科学性,体悟超前思维的精髓。通过"两山"理论三个阶段的发展,引导学生领会科学的超前思维需要综合运用多种思维方法,离不开矛盾分析法、推理和想象的方法、调查研究法。借助具有时代性和典型性的案例引起学生探究的兴趣,提升学生的科学精神和时代责任感,是思政学科教学的使命所在。

2. 坚持学思践行相统一

本框题内容要求学生综合运用科学的思维方法,又要求学生在理解超前思维意义的基础上主动将超前思维运用到中国特色社会主义实践当中。本框题教学设计包括四个环节,以"思"联结"学"与"践",引导学生在理性分析、行为实践中感悟,作出正确的价值判断与价值选择。

七、教学流程

(一)课堂导入

教师:"绿水青山就是金山银山"的理念,如今已经成为全社会的共识。"绿水逶迤去,青山相向开",浙江省湖州市安吉县作为全国践行"两山"理论的先行者,在发展中保护、在保护中发展,走出了一条与以往不同的、以绿色为底色的高质量发展之路。"两山"理论正引领中国经济社会绿色转型。习近平总书记提出"两山"理论,用到了哪些思维方法?创造性预测事物发展态势有什么意义?今天我们以"'两山'理论谱新篇,同心共筑中国梦"为议题,学习新课"超前思维的方法与意义"。

【设计意图】 红色应当是思政课的底色,逻辑与思维能力是理性分析的基础。习近平新时代中国特色社会主义思想,具有前瞻性、科学性、实践性、创造性。这是培育学生科学精神的典型资源,也是激发学生政治认同的生动素材。

（二）新课教学

环节一:两片叶子,"两山"之道

教师:请同学们观看视频《两片叶子染"绿"的山村》,独立思考,安吉县的这个小山村是如何被染"绿"的? 可以分为哪几个阶段?

学生活动:独立思考,根据视频中的信息进行概括并分析。教师关注学生并及时用板书记录学生发言中有关安吉县发展的几个阶段的内容以及关键字词。

学生:安吉县的发展可以分为三个阶段:

第一阶段"矿山变荒山"。安吉县的农村靠山吃山,办起了很多矿山、水泥厂,整天烟尘漫天,竹林都是灰茫茫的,每一片竹叶上都是开矿的扬尘。

第二阶段"荒山变茶山"。在"两山"理论的指导下,安吉县封山护水,关停矿山,依托"竹海"资源和优美的自然环境,因地制宜发展白茶、椅业等产业。

第三阶段"茶山就是金山银山"。安吉县大力发展生态休闲旅游经济,从卖石头到卖风景,实现了"一片叶子富一方百姓"。

教师:刚才这位同学提到,安吉县的发展得益于习近平总书记的"两山"理论,它们两者是理论与实践的关系。习近平总书记在不同场合多次说过,人们对"两山"关系的理解可以分为三个阶段:"用绿水青山去换金山银山""既要金山银山,但是也要保住绿水青山""绿水青山本身就是金山银山"。

材料一　《从"两座山"看生态环境》(节选)

第一个阶段是用绿水青山去换金山银山,不考虑或者很少考虑环境的承载能力,一味索取资源。

第二个阶段是既要金山银山,但是也要保住绿水青山,这时候经济发展与资源匮乏、环境恶化之间的矛盾开始凸显出来,人们意识到环境是我们生存发展的根本,要留得青山在,才能有柴烧。

第三个阶段是认识到绿水青山可以源源不断地带来金山银山,绿水青山本身就是金山银山,我们种的常青树就是摇钱树,生态优势变成经济优势,形成了一种浑然一体、和谐统一的关系。这一阶段是一种更高的境界,体现了科学发展观的要求,体现了发展循环经济、建设资源节约型和环境友好型社会的理念。

以上这三个阶段,是经济增长方式转变的过程,是发展观念不断进步的过程,也是人与自然关系不断调整、趋向和谐的过程。

教师:请同学们以小组为单位,结合所学知识,进行合作探究。

(1) 安吉县的发展是如何体现"两山"理论的前瞻性的?

(2) 分析习近平总书记提出"两山"理论蕴含的科学的思维方法。

学生活动:以小组为单位进行分析,并总结、记录讨论结果。小组代表分享探究成果,将安吉县的发展与"两山"理论的三个阶段对应起来。

学生1:第一阶段"矿山变荒山"对应"用绿水青山去换金山银山"。只讲金山银山不顾绿水青山,甚至牺牲绿水青山换取金山银山是一种不可持续的发展方式。安吉县的过度开发造成了严重的山体破坏、水土流失、空气污染。

第二阶段"荒山变茶山"对应"既要金山银山,也要保住绿水青山"。当安吉县烟囱林立、灰尘笼罩,他们痛定思痛,关掉矿山、封山护水,走向了绿色经济发展道路。这也验证了在特定发展阶段绿水青山和金山银山之间具有一定的取舍关系。当两者需要权衡时,习近平总书记提出了"保护环境就是保护生产力"的统一之法。

第三阶段"茶山就是金山银山"对应"绿水青山本身就是金山银山"。安吉县发展生态旅游,从卖石头到卖风景。这说明绿水青山本身就是重要的生产要素,找到了绿水青山优势转化为金山银山优势的路径,就能在"两山"之间架起桥梁,也就找到了中国经济发展方式转变的着力点。

安吉县现在取得的成绩证明,绿色发展的路子是正确的,"两山"理论是具有前瞻性的理论。

教师:习近平总书记的"两山"理论是具有前瞻性的科学理论,以中国社会发展为实际,强调了生态保护建设的优先论,体现了经济发展与环境保护的统一论,蕴含了生态优势向经济优势的转化论,充满了唯物辩证法的思想光辉。接下来请你们分享探究成果,谈谈习近平总书记提出具有前瞻性的"两山"理论采用了什么科学的思维方法。

学生活动:小组发言人代表小组进行发言,分享合作探究成果。

学生1:我们组认为运用了矛盾分析方法。"两山"理论分析把握了生态保护和经济发展的性质,以及"金山银山""绿水青山"的特点,又分析了生态保护和经济发展在不同发展阶段需要采取的不同方针,最后得出结论"绿水青山就是金山银山"。

学生2:我们组分析发现"两山"理论运用了推理、想象的方法。习近平总书记是根据我国发展的基本国情以及生态保护和经济发展的性质特征,运用推理、想象的方法预测(定性预测与定量预测)"两山"关系的三个阶段。

学生3:我们组了解到"两山"理论是习近平总书记在有计划、有目的地了解、分析、综合浙江省生态建设情况,认识生态、经济发展规律后经过调查、研究总结得出的。

教师:结合以上三个小组代表的发言,我们能够发现"两山"理论是习近平总书记综合运用科学思维方法的产物。接下来,让我们沿着习近平总书记的脚印,继续走进安吉县。

【设计意图】 以"两山"理论在安吉县的实践为载体,引导学生探索超前思维的方法。在自主思考、合作探究中提升科学精神。

环节二:扶贫之苗 再谱新篇

材料二 播放视频:《一片叶子 共富多方百姓》。

饮水思源,不忘党恩。2018年4月,安吉县黄杜村20名党员代表给习近平总书记写信,汇报村里种植白茶致富的情况,提出捐赠1500万株茶苗帮助贫困地区群众脱贫。当年10月起,扶贫茶苗被陆续送往三省四县种植。

"授人以鱼"更要"授人以渔"。2021年5月,安吉县牵头成立"白叶一号"乡村振兴党建联盟,持续推进"先富带后富"。"种茶的效益与预期目标还有差距,茶产业带动致富的成效需要提升……"安吉县溪龙乡黄杜村举行了一场特殊的圆桌会——"白叶一号"乡村振兴党建联盟圆桌会。省党代会代表、黄杜村党总支书记、村委会主任盛阿伟与湖南古丈、四川青川及贵州普安、沿河等三省四县"白叶一号"受捐地代表一起,商议后续白茶技术帮扶、产业发展事宜。

目前,白茶产业在贫困地区的发展仍存以下问题:

(1) 贫困地区群众想法保守,缺乏种植动力;

(2) 贫困地区资金、技术、人才匮缺,未形成健康业态;

(3) 种植效益与预期仍有差距,茶叶品质待提升。

安吉县黄杜村与古丈县翁草村、青川县青坪村、普安县屯上村、沿河县志强村、雷山县高岩村等5个村党组织开展支部结对,在组织建设、产业发展、人才交流等方面建立互助机制,探索绿色低碳共富之路。

教师:请同学们小组合作。"群策群力集民智　奋发图强聚民心",运用超前思维为3省4县接过"白叶一号"茶苗后,如何用好扶贫之苗设计致富方案。各小组按照分工完成任务,做好过程性记录并派代表上台总结。

学生活动:第一小组、第二小组、第三小组作为设计小组,根据视频中反映的问题,针对性地运用超前思维的方法设计致富方案。第四小组作为评审小组,观察、记录设计小组的表现并进行点评,针对本活动的开展发表感悟。在此过程中教师与学生互动,积极反馈和点拨学生的回答,引导学生更全面地展示自己的设计方案。

设计小组1:我们小组运用矛盾分析法分析出3省4县最主要的问题在于贫困地区群众想法保守,从而导致扶贫动力缺乏可持续性。结合视频中对于村民的访谈信息,我们小组从问题出发,设计了"党建联盟"致富方案。首先,党建引领,通过发挥党员的先锋模范作用激发当地农民生产积极性,从而解决茶叶种植积极性不高的问题。其次,与安吉县"共同富裕"示范村帮扶对接,先富带动后富,让"一片叶子"飞进千万家。

设计小组2:我们小组通过视频了解到要想"先富带动后富"帮助3省4县实现脱贫致富,就要提供茶苗和技术,更要输出产业经营理念,设计了"扶贫先扶智"致富方案。村民的劳动成果由于缺乏经营经验没有产生理想的经济效益。因此要想通过"白茶一号"脱贫致富,各地应该在组织建设、产业发展、人才交流等方面建立互助机制,建立"村级组织＋公司＋合作社＋农户"的利益联结机制,采取政府领建、村级组织主建、合作社承建、农户参建的运作方式。

设计小组3:我们小组为解决3省4县茶叶种植中对茶叶品质担忧的情况,设计了"科技赋能"的致富方案。运用5G技术搭建起的"茶智慧平台",为白茶精细化管护插上科技的翅膀。浙江的茶叶专家通过摄像头,可以清楚看到茶苗长势。智慧系统安装的土壤传感、土壤墒情监测等设备,对茶叶生长的温湿度、土壤肥力等情况实时精准监测,分析出管护要求。

评审小组学生1:我们评审小组发现设计小组1从动力问题出发,充分调动当地资源和别地的成功经验,努力促进当地经济发展。设计小组2、3根据自己发现的问题提出了方案,体现了自己的特色。从共性上来说,这几个小组的方案都立足实际。其次,这些小组都运用了科学的思维方法,让人耳目一新。

评审小组学生2:通过设计小组的展示,我们感受到科学的超前思维能够帮我们创造性地解决问题。我们要立足实践活动,充分认识和把握事物发展的规律,坚持从事物发展实际出发,综合运用科学思维方法,提高超前思维的正确性,创造有利条件,促使事物向预测的方向发展。

教师小结:没错,通过刚才的活动,我们能够感受到科学的超前思维既包含对历史和现实的综合分析,也包含对未来的思考和预见,具有探索性、预测性和不确定性。超前思维不同于不切实际的胡思乱想。

【设计意图】 学而思,思而行。本环节发挥学生的主体作用,通过引导学生设计"致富方案",在实践层面体验超前思维,提升综合运用科学的思维方法的能力;通过评审小组的总结与点评,感悟总结出科学的超前思维需要立足实际的道理。在行思结合中,感受辩证思维的魅力,育创新之果。

环节三:未雨绸缪　下先手棋

教师:刚才我们领悟了"两山"理论背后的思维智慧。接下来请同学们结合所见所闻,分享有关创造性预测事物发展态势的事件或者与超前思维有关的歇后语。

学生活动:分享自己所知道的与超前思维有关的事件、歇后语。

学生1:毛泽东同志的《论持久战》是一部体现其思维、具有预见性和超前性的著作。他在书中指出抗日战争必然是持久战,最后的胜利必然属于中国。同时,他科学地预见了这场持久战将经历三个阶段:第一个阶段是敌之战略进攻、我之战略防御;第二个阶段是敌之战略保守、我之准备反攻;第三个阶段是我之战略反攻、敌之战略退却。

学生2:《礼记·中庸》中指出,"凡事豫则立,不豫则废"。做任何事情,事前有准备就容易成功,没有准备就容易失败。说话先有准备,就不会词穷理屈站不住脚;行事前先有计划,就不易发生错误或发生让人后悔的事,要发挥超前思维的作用。

学生3:邓小平同志提出的"一国两制"是一个超前且符合实际的制度,从宏伟的构想到基本国策,再到国家制度体系,成就有目共睹。它是为恢复对香港、澳门行使主权,解决台湾问题,实现祖国和平统一而提出的重大战略决策和科学构想。

学生4:计算机的发明和互联网的创立,为人类开创电商新时代创造了条件。马云根据客观规律和事物发展的趋势,带领团队开创了网上购物的新模式,创建了阿里巴巴和淘宝、天猫等电商商城,开创了电脑、手机网上支付,大大改变了人们的生活方式,改变了人们的购物消费习惯。

教师小结:根据前面学生的回答进行分类、总结,并补充"不治已病治未病""先有都江堰,后有天府之国"、雄安新区建设、华为鸿蒙系统的开发等创造性事件。

教师:请同学们结合之前的讨论,谈谈超前思维对我们有什么影响。

学生1:通过"不治已病治未病"等歇后语,我感受到超前思维有利于我们更好地认识世界和改造世界。"两山"理论、雄安新区的建设、华为鸿蒙系统的开发等让我感受到前瞻性思维对于国家的发展、企业的腾飞具有重要的意义。

学生2:马云的事例让我感受到超前思维不仅对于国家、社会具有影响,对于每一个个体也有重要的意义。每一个人的发展应当与时代的发展同呼吸共命运,每个人都应该提前规划好自己的人生。我们生逢其时、重任在肩,应当努力成为堪当民族复兴重任的时代新人。

学生3:毛泽东同志的《论持久战》给了我非常大的触动。毛泽东发挥超前思维,高瞻远瞩地进行决策,这样才能正确把握时机,"星星之火,可以燎原"。

教师小结:没错,超前思维是人类预见和把握事物发展的未来状况,并用未来趋势和目标引导现实的一种创造性思维活动。超前思维能使人们通过前瞻性思考,把握事物发展状态,帮助人们规划和调整思路,从而进行正确的决策,抓住有利的发展机遇。超前思维在当代的运用也有利于个人、企业、社会、国家和民族的发展,树立过去、现在、未来相统一的科学预见观,拨云见日,确立正确的发展目标、策略和价值取向。

【设计意图】 坚持教学中的点、线、面相结合,将学生固有知识点串成知识面。本环节通过分享已知的体现超前思维的事件,在启发式的师生对话中将不同事件串起来,引导学生归纳总结超前思维对于哲学、对于当代的意义。

环节四:规划未来　知行合一

教师: 新时代要求新担当,新担当创造新作为。请同学们运用科学的超前思维方法规划人生,努力实现成为符合时代需要、为国家改革发展服务的创新型人才这一目标。思考并完成人生规划表,并与全班同学进行分享。

表1　人生规划表

我的职业理想是	
为实现理想需要作好的准备有: (1) 通过高中三年的学习,我…… (2) …… (3) ……	

学生1: 中国的国际地位日益提升,国际环境日益复杂。我的职业理想是成为一名外交官,以语言为盾维护中国的大国形象。我需要通过高中三年的努力学习,考入北京外国语大学,学好语言、锻炼口才,持之以恒地全方面提升自己。

学生2: 科技兴则民族兴,科技强则国家强。我的职业理想就是长大后投身于我国的航天强国建设,通过发展航天科技,探索浩瀚宇宙。我要学好数理化,为今后的深造奠定知识基础;关注航空航天前沿科技发展态势,探索今后深入研究的方向。

学生3: "师者,所以传道授业解惑也"。我的职业理想是成为一名人民教师,像您一样在三尺讲台上教书育人。我要努力学习,考入师范类院校。在未来,我要扎实地学习专业基础知识,学会"教书";也要学习心理学知识来丰富自己,更好地实现"育人"。

教师小结: 面对激烈的国际政治、经济竞争,面对新时代的新矛盾、新任务,我们比历史上任何时期都更需要把握时代的脉搏,前瞻性地规划未来。

【设计意图】 思政课作为立德树人根本任务的关键课程,承载着铸魂育人的重要任务。本环节通过学生的人生规划活动打通现在与未来、贯穿"小我"与"大我",将个人发展与国家战略规划结合起来,提升学生的公共参与与政治认同。

(三)课堂总结

新时代是中华民族大发展大作为的时代,在这样的时代超前思维日益重要。在思想上,我们要树牢超前思维的坚实根基,提升判断时代发展趋势的能力,综合运用科学的思维方法;在行动上,要将超前思维落到实处,在促进自身发展完善和价值提升的同时,将自己的价值和实践成果与社会的创新发展同频共振,实现个人价值与社会价值的统一。"凡事豫则立,不豫则废",唯有前瞻者才能发展前进,唯有超前者才能保持强大。

【设计意图】 总结本节课的核心内容,进行情感升华。

八、板书设计

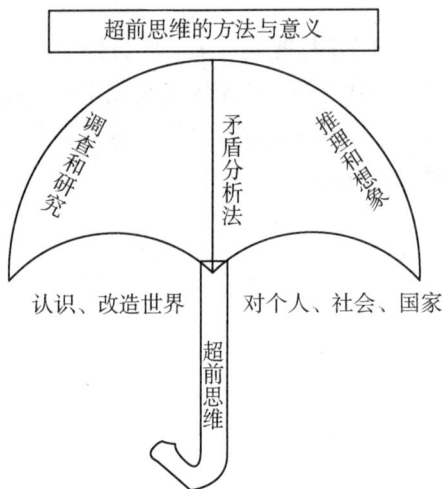

九、教学反思

本节课按照"上不挂空""下不失联"的原则进行设计。以活动为载体,以党的伟大理论成果和实践成果为素材,立足实际;以国家复兴与个人担当的贯通为落脚点,落实素养。

1. **逻辑与思维教学要突出科学精神。** 思政课除了要帮助学生掌握认识世界、改造世界的正确方法,更要引导学生树立认识世界、改造世界的正确立场。教师在引导过程中,要将学生的视角从个人发展、家庭利益拓展到政治认同、公众参与的"大抱负"中去。但是,教师应当尊重不同的声音和想法,善于利用不同观点全面看待问题,坚持科学精神与公众参与相结合。教师应当引导"实然"而非"应然",引导学生运用超前思维方法的教学活动应当是脚踏实地的展望,而非不切实际的漫谈。

2. **逻辑与思维教学要讲好中国故事。** "两山"理论是习近平生态文明思想的核心,是既能够蕴含科学精神也能够渗透政治认同的教学素材。通过设计个人思考与团队探究等教学活动,引导学生在活动中逐步掌握超前思维的科学方法,经历熟悉、熟知、熟练三个阶段,实现超前思维从有感而发到自觉行为的转化。在这一过程中,课堂生成是落实知识点的关键。教师应当坚持学生主体原则,充分调动学生的积极性,在学生探究成果的基础上总结和提炼超前思维的方法与意义。

十、专家点评

1. **善用乡土资源**,化"高"为"低"。陈老师的这节课以湖州安吉余村践行"两山"理论、打造绿色发展样本为主线,设置四个环节,完成超前思维的方法与意义的教学,将习近平新时代中国特色社会主义思想重要组成部分——生态文明思想学习的"高立意",巧妙地转化为了学生所熟悉、有切身感悟的"低落点",让理论更显生命力、亲和力。

2. **创设现实情境**,化"虚"为"实"。超前思维的内容虽然相对比较抽象、枯燥,但陈老师在本节课的教学中,创设了丰富的现实,如余村发展、白茶扶贫、鸿蒙系统的开发等,尤其是最后环节学生分享职业理想,将看似很"虚"的内容与现实生活,甚至与学生自己的生活直接相连,一下子由"虚"转"实",展现了课堂活力,也引导了知行合一。

综合探究

结合社会实践　勇于开拓创新

宁波市第三中学　马宇婷

一、理论基础和依据

时代不断前行,发展日新月异,创新是一个民族进步的灵魂,是国家兴旺发达的不竭动力。"纵观人类发展历史,创新始终是一个国家、一个民族发展的重要力量,也始终是推动人类社会进步的重要力量","在激烈的国际竞争中,惟创新者进,惟创新者强,惟创新者胜",习近平总书记在不同场合多次发表重要讲话,强调创新的重要性。党的十九届六中全会通过的《中共中央关于党的百年奋斗重大成就和历史经验的决议》明确将"坚持开拓创新"作为中国共产党百年奋斗积累的十条宝贵历史经验之一,指出"创新是一个国家、一个民族发展进步的不竭动力。越是伟大的事业,越充满艰难险阻,越需要艰苦奋斗,越需要开拓创新"。党的二十大报告提出,必须坚持"创新是第一动力","坚持创新在我国现代化建设全局中的核心地位"。深刻理解和准确把握这一历史经验,对我们继往开来、推动中国特色社会主义不断走向新的胜利,意义重大而深远。

坚持问题导向是马克思主义的鲜明特点。问题是认识产生和创新的起点。习近平总书记指出,"问题是创新的起点,也是创新的动力源"。创新思维要以问题为导向,彰显出强烈的问题意识。推动创新必须坚持问题导向,通过发现问题、分析问题、解决问题,不断推动人类社会发展进步。人民的需要和呼唤是科技进步和创新的时代声音,人民群众对美好生活的憧憬是创新生生不息的源泉。因此,创新思维应坚持和体现出以人民为中心的价值取向。实践是认识的来源、认识发展的动力、检验认识真理性的唯一标准、认识的目的。坚持创新思维,根本目的是要回答中国和世界"向何处去"的重大理论和实践问题。面对这样的"百年未有之大变局",习近平总书记指出,"改革创新成为各国化解挑战、谋求发展的方向"。解决发展中遇到的矛盾,破解发展难题,离不开创新思维指导下的创新实践。

现代社会各种各样的竞争归根结底是人才的竞争,人才是创新的根基和核心要素,人才竞争的实质是创新能力的竞争。人才是通过教育培养出来的。教育肩负着传授知识和发展智力的双重目的和功能;肩负着实现教育对象个体"渴望自己成为全面发展的人"和国家社会"期待着个体成为有创造价值的人"的双重目标。从人类发展史的角度看,传授知识的最终目的是发展知识,使受教育者能运用所学知识去创造性地解决问题,从而创造国家和社会需要的物质的和精神的财富。但无论是发展知识还是创造财富,首要的是创造者的创新精神与创新思维,没有创新精神与创新思维,是不可能有创造者自觉的创造活动和创新成果的。因此,培养学生的创造精神和创新思维是新时代中国特色社会主义教育的题中之义。

二、课标要求

《普通高中思想政治课程标准(2017年版2020年修订)》:通过科学思维的训练,引导学生掌握科学思维的基本要求,把握逻辑思维和辩证思维的方法,提高创新思维能力,学会运用科学思维探索世界、认识世界。

4.1体会联想思维中迁移、想象的运用;了解联想思维的方法和特点;知道迁移、想象在创新思维中的作用。4.2了解发散思维中所采取的推测等方法;概括发散思维的特点;知道聚合思维和发散思维的功能。4.3分析逆向思维的依据和优势;发挥正向思维和逆向思维的互补作用。4.4体会超前思维是对常识局限性的突破和超越;把握超前思维的探索性、预测性特点;了解创造性预测事物发展态势的意义。

教学提示:开展创新思维的实践活动,在学习和生活实践中发现课题,并自觉地运用所学的创新思维方法分析问题,提出解决问题的策略。可就教材列举的案例,开展头脑风暴法、培养新时代青年学生创新意识等主题分小组展开讨论,可搜集和剖析典型案例,从理论和实践两方面进一步掌握创新思维的要义,可举办主题为"改进思维方式,提升思维品质"的主题交流会,查找资料,准备发言稿,在班级交流会上分享交流成果,明确提高创新思维能力要自觉遵循思维规律。

三、学情分析

从本节课探究活动的综合性要求看,经过第十一至十三课的理论学习,高二学生已分门别类地了解了有助于实现创新的各种思维方式。而在具体实践中,创新思维的运用往往具有一定综合性,其意义也需要具体分析,这对学生的理解和运用能力提出了更高的要求。

从本节课探究活动的开放性要求看,学生的认知水平和实践能力有所欠缺。课堂探究要求充分调动起学生的积极性,以实践为基础,把知识创新和实践创新结合起来,以实践问题为导向开展创新,但探讨主题或远离或高于学生生活日常,在学习中可能出现重知识积累、轻思维习惯养成与实操能力有待提升的问题。因而,本节课需要从实际学情出发,通过贴近生活实际的素材和适宜有效的教学设计引导学生从个人层面、社会层面和国家层面多角度理解创新思维的要义,并创造性地解决实际问题。

四、教学目标

(一)核心素养培育目标

1. 科学精神

在研读"校园爱心义卖活动方案"的真实情境中,体会发散思维在解决问题中的运用,克服思维的单向性,提高思维品质。通过对爱心义卖活动的优化和评议,体验"头脑风暴法"的操作流程与方法的同时,自觉运用发散思维、聚合思维、正向思维、逆向思维、超前思维等思维方式,切实提高在社会实践中的创新思维能力。

2. 公共参与

通过设计与完善爱心义卖活动方案,切实参与社会实践的创新活动,初步体会创新创业的不易,在实践中积累经验,凝聚斗志。

(二)学科能力目标

1. 学习理解

体会联想思维的迁移或想象在解决问题中的运用;理解发散思维与聚合思维、正向思维与逆向思维的特征与方法,分析不同思维方式的依据和优势,领悟他们之间的互补关系。把握超前思维的要义,理解超前思维的特征,体会其在创造性预测事物发展态势方面的意义。

2. 实践应用

分析创新思维方式,在应用中发现问题,知道不足,在学习和理解科学思维的知识,再次运用到实践中,形成"学——思——用"的学习方式。

3. 迁移创新

把知识创新与实践创新紧密结合起来,以实践问题为导向开拓创新,为满足人民日益增长的美好生活需要贡献自己的聪明才智。

五、教学重难点

1. 教学重点:围绕核心议题,参与头脑风暴

头脑风暴法,又称为智力激励法,是一种集体创新的思维方法。这种方法的本意是让大家相互启发和激励,让思维火花发生碰撞,以期在大脑中"刮起风暴",为本节课议题的展开和讨论作好铺垫。同时,头脑风暴可以有效克服传统课堂教师"一言堂"的缺陷,让所有学生在自由愉快、畅所欲言的气氛中,通过信息交流引起思维共振,提升整个班级的创新能力和水平。

2. 教学难点:对各种创新思维方式的分析、归纳、评价与反思

联想是创新思维的基础,迁移和想象是展开联想的重要方式。运用联想思维为创新思维开拓可能的思路,搭建由此及彼的桥梁。发散思维与聚合思维是创新思维的两翼,揭示事物可能存在的其他性质和关系,可能具有的其他功能与作用,从而有利于我们把握不同事物之间的联系和发展。逆向思维是人们从过去所把握的事物原理的反面、构成要素的反面、功能结构的反面等去思考和求索,它和正向思维携手共进,相得益彰。超前思维是从事物发展的现实情况出发,认识和把握事物的发展状态,运用合理的推理和想象,判断事物未来发展趋势的思维形态。它的前瞻性功能使我们更好地认识世界和改造世界。在真实问题情境中能够灵活运用这些思维方法,对学生的迁移创新能力提出了挑战,这是教学中学生能力的提升点。

六、教学方法

（一）议题式教学法

本节课教学以"创新思维方法在校园爱心义卖活动方案设计中的运用"为议题,统领教学内容,如贯穿教学活动全过程,结构完整,把理论逻辑、认知逻辑与生活逻辑三者融为一体。借助来自校园生活的真实议题情境激发学习兴趣、点燃讨论,是培育核心素养的要求,也是学科教学的旨趣。

（二）理论性与实践性相统一

教师要激发学生发现问题、分析问题和解决问题的主动性,积极开展创新思维的实践活动,让学生在学习和生活实践中发现课题,并自觉地运用所学的创新思维方法进行分析和解决,这样才能实现本节课综合探究的目的——在思想政治素质过硬的前提下,提高学生的创新思维水平,增强学生富有时代特色的创新精神,增强理论性和实践性的统一。

七、教学流程

（一）课堂导入

"如果你是一滴水,你是否滋润了一寸土地? 如果你是一线阳光,你是否照亮了一分黑暗……"为了响应毛泽东同志"向雷锋同志学习"的号召,并进一步学习助人为乐的雷锋精神,我校即将举办"学雷锋精神,做新时代雷锋"的爱心义卖活动。此次爱心义卖所得的善款将通过教育局组织的读书节活动全部捐献给山区的孩子用以购买各类图书。义卖以班级为单位,在校园内举行,我们要在义卖活动中尽可能多地募集爱心资金。今天就让我们用前面学过的创新思维方法为校园爱心义卖活动赋能助力。

【设计意图】 通过创设"校园爱心义卖"的真实情境,激发学生发现问题、分析问题和解决问题的主动性,让学生在学习和生活实践中自觉运用所学的创新思维方法分析和解决问题,从而实现创新知识学习和创新活动开展的统一。

（二）新课教学

环节一:研读方案　发现问题
——发挥创新思维的作用

教师: 上周我们班班委围绕这场义卖活动,设计了一个思维导图。有请这次活动的总策划师班长同学为我们介绍下。(PPT 展示班委设计的"校园爱心义卖"活动方案思维导图,见图 1)

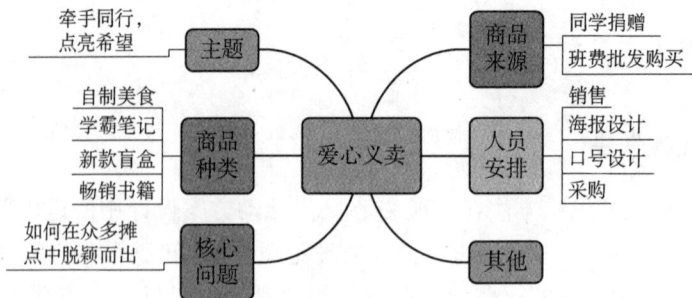

图 1

班长：针对这次学校的爱心义卖主题和要求，我们讨论后觉得可以从义卖主题、商品种类、商品来源、人员分工等几个方面来展开设计，其中核心问题是如何让商品和服务脱颖而出，以此来筹集最多的善款。请大家在本节课里继续献计献策。

【设计意图】 创新思维来源于实践，最终又要服务于实践。以请班委讨论、设计并展示本活动的思维导图作为课堂预热环节，旨在引导学生运用创新思维解决实际问题并培养学生的领导力。

教师：请同学们完成以下任务。(1) 独立思考，运用已学知识分析该方案的设计主要运用了什么思维方法，并指出这一思维有哪些具体方法。

(2) 小组合作探究：该义卖方案还缺少对哪些方面的考虑？请补充完整。

学生 1：运用了发散思维。这是一种根据已知的事物信息，从不同角度、不同方向，以寻求解决问题的多样性答案的思维方式。该爱心义卖从学校总体方案出发，结合班级实际，从商品种类、人员安排等 5 个角度来寻求筹集善款的方法。运用这种思维方式的主要方法有：检核表法、信息交合法、头脑风暴法等。

学生 2：运用了聚合思维。聚合思维是从四面八方向一个目标点想，向联系、共同之处想，是收敛、集中的思维方式。该方案设计始终围绕"如何让商品和服务在义卖中脱颖而出"这个目标，把商品种类、人员安排等看似不相关的内容贯穿起来，聚焦所要实现的目标。这种思维方法需要多次运用比较、分析、抽象、归纳等逻辑思维方法。

学生 3：运用了超前思维。超前思维是在多角度、全方位地分析事物的历史和现状的基础上，从事物发展的现实情况出发，认识和把握事物的发展状态，运用合理的推理和想象，判断事物未来发展趋势的思维形态。该方案未雨绸缪，运用矛盾分析、推理和想象、调查研究等方法让这份方案不是胡思乱想，而是追求义卖活动比去年更好、更优、更强。

小组 1：人员分工还不够完整，还需要资金结算人员、统筹协调人员、运送商品人员、布置摊位人员。

小组 2：主要环节中缺乏前期启动资金来源、义卖款去向。

小组 3：既然要尽可能多地筹集善款，还需要考虑的核心问题是如何最大程度节约成本。

小组 4：以往义卖中存在部分同学买到的商品质量不合格或者义卖场面混乱拥堵局面，影响了部分同学的购买体验感。建议今年的爱心义卖可设置服务台(义卖联络点、投诉处)，为经营者和顾客们提供服务，也可以组织一批志愿者维护市场秩序，让整个市场运行有条不紊。

教师小结:刚才同学们用创新思维,不仅发现了我们班"爱心义卖活动"方案中存在的问题,而且还提出了很多新设想。可见,要想拥有一个好想法的最佳方式是拥有许多的想法。

【设计意图】 让学生在具体情境中体会创新思维的运用,培养缜密的思维能力。以思维导图的形式呈现活动方案,可以引导学生掌握基本的思维工具,体现科学思维的张力。

环节二:头脑风暴　汇聚智慧
——自由点燃义卖方案

教师:在校园义卖激烈的竞争下,"如何在众多摊点中脱颖而出,筹集最多善款"确实是重中之重。让我们在班长的主持下,举办一场"头脑风暴",寻找新颖的义卖举措。小组合作探究,选定一名记录员和一名发言人,以头脑风暴的形式讨论,尽量提出各种设想,记录在便利贴上,形成解决问题的最佳创新方案,发言人代表小组展示观点。其他小组发言时,记录员还需在表格上(见表1)及时记录和梳理不同观点。

表1　"头脑风暴"核心观点记录表

组别	观点	存在问题/修改建议/补充完整

学生活动:小组合作探究,形成共识,每个小组成员都要发言,发言人汇总观点并代表小组展示观点。记录员及时记录和梳理其他组观点。

小组1:平时商店在节假日搞活动的时候会拉来明星助阵从而吸引客流量,扩大商场影响力。我们决定在本次义卖时派出"校园十佳歌手"进行才艺表演来拉拢同学前来购买。

小组2:才艺表演可以作为助阵项目,也可以作为商品。让顾客自行点歌,我们进行清唱,然后改变经营者定价模式,让顾客以"打赏"(自己定价)的方式,提高消费体验感。

小组3:卖才艺也可以包括画画,去年我们班派出了画画最好的同学来给其他班同学现场速写画像,但生意冷淡。据我们调查,第一,是因为消费者不想长时间待在同一个地方;第二,当场画出来,速度比较慢,能接的顾客不多。今年我们可以成立一个画像团队,给顾客当场拍照,挑一张满意的照片后根据顾客需求在一定时间内完成作品送到他所在的班级。这样既可以发挥爱画画同学的特长,也可以满足顾客需求。

小组4:往年的义卖活动我们在进货时没有充分考虑到可能出现的滞销问题,导致最后折本出售,影响了义卖收入。我们组建议班级应该组建一个市场调研小组,在进货前充分了解本校学生的实际需求,并搜集其他班级打算出售的商品信息,做到人无我有,人有我优。

同时货比三家,寻找底价合作商家,并与之签订书面协议,一旦商品遇冷滞销,可以原价退货,以避免各班同质商品出现价格大战。

小组5:我们可以主卖鲜花这类商品,因为妇女节快到了,既可以回家送妈妈,也可以向老师表达敬意。为了在和别的班的竞争中胜出,我们可以给鲜花"增值",如部分同学负责写量身定制祝福文案;部分同学负责校园内"跑腿",在指定时间送给指定的人;还有部分同学负责鲜花的简易包装。这样我们就优势鲜明,定能在校园义卖中有一席之地。

小组6:受疫情影响,很多商品都采用了直播形式售卖。我们的爱心义卖也可模仿,可走向校外筹集资金。利用学校视频号进行直播,让在电脑前观看的人可在线上下单,方便时来学校门卫登记领取。

【设计意图】 "头脑风暴法"是本节课"探究路径参考"中主要推荐的一种面向集体的发散思维方法。在实施中,学生要在一定的规则下紧扣主题自由畅想,提出尽可能多的方案,方便后期以量求质、综合改善,在实践中相互倾听、共同合作,求大同存小异。

环节三:观察评议 优化方案
——多路探索创新思维

教师:下面请同学们结合"头脑风暴"环节中各小组代表们的发言,将左边"头脑风暴"核心观点记录表中的观点与右边创新思维方法进行连线(见表2),并以小组为单位展开讨论,综合运用所学的创新思维方法对刚才的发言进行点评。

表2 "头脑风暴"核心观点记录表(连线)

组别	观点	存在问题/修改建议/补充完整		创新思维方法
				联想思维
				逆向思维
				正向思维
……	……	……		……

学生1:在义卖时派出"校园十佳歌手"进行才艺表演来拉拢同学购买。用了联想思维方法,并用了迁移的方式为创新思维的开拓提供了可能的思路。但可能会受到场地、硬件条件的限制。音响、麦克风这些设施耗费较大,得不偿失。

学生2:让顾客自己定价"打赏"的方式用了逆向思维,打破了单方面定价的限制,避免了思维的僵化和极端化,也更能吸引消费者眼球。

学生3:另辟蹊径卖绘画才艺的过程中,围绕"绘画才艺如何售卖"的问题多次运用了比较、分析、抽象、归纳、演绎等逻辑思维方法,也运用了灵感、想象等非逻辑思维方法,发挥了聚合思维与发散思维的合力。但绘画毕竟是个费时费力的事情,最好成立一个绘画小分队一起完成。

学生4:开展前期市场调研和与进货商家签订退货协议,具有市场前瞻意识和居安思危意识,体现了超前思维的预测性和探索性,注意到了调查研究方法的运用。在实际实践过程中,应当注意讲商业道德,切不可把模拟市场调研搞成"商业谍战",影响班级之间的友谊。

学生5：卖鲜花并用多种方式给鲜花增值赋能，用了发散思维和聚合思维。发散思维与聚合思维是创新思维的两翼。事物既相区别又相联系。这是发散思维与聚合思维能够发挥合力作用的客观基础。该同学结合实际情况，反复地"发散——聚合——发散——聚合"，最大限度地发挥发散思维与聚合思维解决复杂问题的能力。如果还有需要改进的地方，就是我们可以先做个摸底问卷，如需多少鲜花、需要什么种类的花，因为鲜花是易耗品，万一浪费就可惜了。

学生6：直播爱心义卖汲取先前经验，利用已经掌握的知识来解决义卖场地、人数受限的缺陷，非常具有前瞻性。但考虑到实际情况，仅凭一个班可能无法完成，需要联合其他班并获得学校的支持才具有可行性。

教师小结：（1）创新思维需要我们在社会实践中，以问题为导向，以调查研究为基础，以事物发展状况为根据，综合运用逻辑思维和非逻辑思维等多种思维方法，知难而进，因时制宜，开拓求新。我们要积极训练联想思维，灵活运用发散思维和聚合思维，辩证使用正向思维与逆向思维，要有超前意识，切实提高创新思维能力和水平。

（2）在认识世界和改造世界的过程中，创新思维能力的提高与科学思维观念、逻辑思维规则、辩证思维方法相辅相成，不可偏废。

（3）"校园义卖"活动的方案设计，从产生雏形到发展完善，需要我们基于实践不断打磨修正。在真正的市场经济大潮中，任何创新创业经历的过程都要比我们今天的课堂讨论和校园模拟来得艰难。希望大家能够将"逻辑与思维"课程中所学的知识，灵活地运用到生动的实践中去，让思维闪光，为实践助力！

【设计意图】　要完善方案，必须引导学生认真倾听方案，有选择地将信息记录在案；既要学会小组合作论证，也要大胆质疑探索。这一教学过程中，通过同学间的合作和老师的点拨，无论对学生创新意识的培养，还是学生对创新创业的理解，都将去粗取精，去伪存真，由此及彼，由表及里，更加科学和深刻。同时，教师围绕主议题总结教学核心内容，促进学生认识和情感升华。

八、板书设计

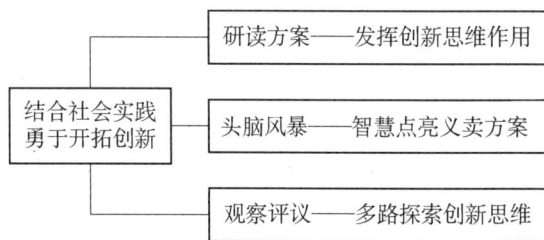

九、教学反思

本综合探究着眼于理论逻辑和实践逻辑的统一。本单元既展现了创新思维方式自身的知识系统，也是多种科学思维方式的综合应用。这就涉及两种逻辑的交叉，一是思维方式知识系统的理论逻辑，二是应用这些知识的实践逻辑。在本节课中，我以"爱心义卖"方案的补充、完善和优化为情境,重心放在实践逻辑的应用上,让学生在应用中发现不足,知道不足,然后再学习和理解创新思维的知识原理,符合新课标倡导的"课程内容活动化"和"活动内容课程化"的理念。

同时,本节课在引导学生提升思想政治学科核心素养中的"科学精神"的同时,辩证理解其与"公共参与"之间的关系,提升学科核心素养的整体水平。在爱心义卖的校园实践的创新活动中培养的科学精神,既是理论联系实际的,更是实事求是的。这样的科学精神是坚持马克思主义立场、观点和方法的,也将促进学生在科学精神的养成中强化公共参与。

十、专家点评

这节综合探究的教学设计,给我们很多启示,其中最大的启示有两点:

1. **思维活动与实践活动的深度融合。**新课标确立了活动型学科课程的理念,强调"学科内容采取思维活动和社会实践活动等方式呈现"。据此,有老师可能在活动型学科课程教学中把"活动"机械地分为思维活动和社会实践活动两大类。这显然是有问题的。实际上,课堂教学中的活动,往往是思维活动和社会实践活动的结合体,思维活动不可能完全没有社会实践的因素,社会实践活动也不可能没有思维活动的参与。本节课的教学设计就很好地体现了思维活动和社会实践活动的深度融合:在爱心义卖这一社会实践活动中,培养和锤炼学生的创新思维,运用创新思维方法完善和优化爱心义卖活动方案。

2. **科学精神与公共参与的高度统一。**思想政治学科核心素养是一个在内容上相互交融、在逻辑上相互依存的有机整体。如何理解它们之间内容上的相互交融、逻辑上的相互依存? 马老师的这个综合探究教学设计给我们提供了一个很好的思路。"结合社会实践　勇于开拓创新"的教学,围绕爱心义卖方案设计,一方面是发现问题、汇聚智慧、优化方案,这个过程就是"用马克思主义基本立场、观点和方法,观察事物、分析问题、解决矛盾"的过程,是培养科学精神素养的过程;另一方面又是研讨方案、头脑风暴、观察评议的过程,这个过程又是"对话协商、沟通合作、表达诉求和解决问题""勇于担当社会责任"的过程,体现的是公共参与素养的培育。

后　记

　　2022年1月26日组建编写团队,制订编写进程,落实编写任务,熟悉编写要求;2月26日召开线上编写会议,明确具体要求,正式启动本书的编写。其间经过不断的研讨、反复的修改,《高中思想政治教学设计·逻辑与思维》终于与读者见面了。

　　本书是北京师范大学马克思主义学院、大中小学德育一体化国家教材建设重点研究基地副教授,博士生导师,普通高中思想政治课程标准修订组核心成员李晓东老师担任总主编的"高中思想政治教学设计丛书"的一册。全书包含4个单元、13课、28框题和4个单元综合探究的教学设计。湖州市教育科学研究中心的何振华老师、嘉兴教育学院的沈毓春老师、景宁畲族自治县景宁中学的邢方方老师带领的三个团队和"浙江高中思政"公众号维护团队的共16位老师参与了本书的编写。全书由浙江省教育厅教研室高中思想政治教研员,浙江省特级教师、正高级教师王国芳老师统稿。

　　本书的编写遵循了"高中思想政治教学设计丛书"的编写要求和总体格式,展示了编写者对新课标、新教材教学的独特理解、探索和实践。每一个教学设计均包括理论基础和依据、课标要求、学情分析、教学目标、教学重难点、教学方法、教学流程、板书设计、教学反思、专家点评等板块。这里需要特别说明的是,新课标关于选择性必修模块的教学提示相对比较简单,故本书"课标要求"部分的"教学提示"基本上是教师根据自己的理解而作出的。

　　社会在不断发展,理论在不断创新,课改也在不断地深化。希望我们的探索能为广大思政课同仁实施新课标、新教材,优化课堂教学,提升育人实效,提供更加多样的视角、更加丰富的路径。由于编者水平、能力有限,纰漏和问题在所难免,敬请读者朋友批评指正,提出宝贵的意见和建议。

编者

2022年9月23日

图书在版编目（CIP）数据

高中思想政治教学设计. 逻辑与思维/李晓东总主编;王国芳主编. —上海:复旦大学出版社,
2023.3
ISBN 978-7-309-16527-2

Ⅰ.①高…　Ⅱ.①李…　②王…　Ⅲ.①政治课-教学设计-高中　Ⅳ.①G633.202

中国版本图书馆 CIP 数据核字(2022)第 193781 号

高中思想政治教学设计·逻辑与思维
李晓东　总主编
王国芳　主　编
责任编辑/张彦珺

复旦大学出版社有限公司出版发行
上海市国权路 579 号　邮编:200433
网址: fupnet@ fudanpress.com　http://www.fudanpress.com
门市零售: 86-21-65102580　团体订购: 86-21-65104505
出版部电话: 86-21-65642845
上海华业装潢印刷厂有限公司

开本 787×1092　1/16　印张 20　字数 474 千
2023 年 3 月第 1 版
2023 年 3 月第 1 版第 1 次印刷

ISBN 978-7-309-16527-2/G · 2432
定价: 72.00 元